教育部经济管理类主干课程教材

会计与财务系列

Valuation

资产评估学

（第2版）

刘玉平　主编

中国人民大学出版社

· 北京 ·

图书在版编目（CIP）数据

资产评估学/刘玉平主编. —2 版 .—北京：中国人民大学出版社，2018.5
教育部经济管理类主干课程教材 . 会计与财务系列
ISBN 978-7-300-25721-1

Ⅰ.①资… Ⅱ.①刘… Ⅲ.①资产评估-高等学校-教材 Ⅳ.①F20

中国版本图书馆 CIP 数据核字（2018）第 069444 号

教育部经济管理类主干课程教材·会计与财务系列
资产评估学（第 2 版）
刘玉平　主编
Zichan Pingguxue

出版发行	中国人民大学出版社		
社　　址	北京中关村大街 31 号	**邮政编码**	100080
电　　话	010－62511242（总编室）		010－62511770（质管部）
	010－82501766（邮购部）		010－62514148（门市部）
	010－62515195（发行公司）		010－62515275（盗版举报）
网　　址	http://www.crup.com.cn		
经　　销	新华书店		
印　　刷	北京市鑫霸印务有限公司	**版　　次**	2015 年 7 月第 1 版
规　　格	185 mm×260 mm　16 开本		2018 年 5 月第 2 版
印　　张	17.25 插页 1	**印　　次**	2021 年 12 月第 8 次印刷
字　　数	390 000	**定　　价**	37.00 元

第 2 版前言

《资产评估学》由中央财经大学刘玉平教授主编，杨志明、王奇超、乔志敏、张静静、兰颖文、陈颖等参编，于 2015 年 7 月出版发行。教材发行后广受资产评估业界欢迎，也被许多大专院校选为资产评估专业教材。

2016 年 7 月 2 日《中华人民共和国资产评估法》（简称《资产评估法》）颁布，使我国资产评估法制化进入全新阶段。2017 年 4 月 21 日、8 月 13 日财政部依据《资产评估法》，先后出台了《资产评估行业财政监督管理办法》和《资产评估基本准则》，同年 9 月 8 日中国资产评估协会公布了修订后的 24 项资产评估执业准则和 1 项资产评估职业道德准则。2018 年 10 月，中国资产评估协会又对《资产评估执业准则——资产评估报告》《资产评估执业准则——资产评估程序》《资产评估执业准则——资产评估档案》《资产评估执业准则——企业价值》进行了修订。为使该教材更好地符合我国资产评估行业目前所面临的监管和执业环境，我们对本教材进行了修订，并在每次加印时根据最新准则和增值税税率进行调整。

因主编刘玉平教授已于 2015 年 5 月 9 日病逝，修订工作由教材修订小组负责完成。

本教材的修订工作得到了中央财经大学马海涛副校长、中国资产评估协会杨松堂副秘书长等刘玉平教授生前好友的关心和大力支持，修订工作由杨志明负责，参加修订的人员有乔志敏、牛晓燕、赵兴莉、王崇虎、刘芳、可颖、洪瑛等。

修订后教材的框架体系及主要观点仍保持了原书的风格。修订中依据我国资产评估行业法律制度变化和最新发布的资产评估准则对原书各章节内容进行了更新、补充和调整。

第 1 版前言

随着社会主义市场经济的发展和经济体制改革的不断深入，资产评估的作用得以充分发挥，资产评估学科建设逐步完善。

为适应高等院校本科生、研究生教学需要，我们编写了《资产评估学》一书。本书力求全面、系统地反映资产评估理论和实践的最新成果，对于学术上争议较大、不成熟的理论和做法，教材中虽有所涉及，但尽可能求大同，不将作者的个人观点强加于书中。对于尚不成熟的内容，在本书中均未反映，留待修订时再做斟酌。同时，伴随着社会主义市场经济的发展和完善，资产评估业务量日益增加，业务范围逐渐扩大，资产评估理论研究取得了较大进展，资产评估法律、法规、准则体系建设取得了很大的成效。所有这些，都为本书的编写提出了要求，也提供了保证。

参加本书编写的人员有：刘玉平、杨志明、王奇超、乔志敏、张静静、兰颖文、陈颖等，最后由刘玉平教授总纂、定稿。本书编写中得到了业内同仁的关怀、支持和帮助，并参阅了大量资产评估的有关文献，在此表示衷心的感谢。

本书适合高等院校本科生、研究生使用，也适合资产评估中介机构、行业管理部门以及企事业单位的注册资产评估师、管理人员阅读。书中肯定存在缺点和不足，恳请读者批评、指正。

目　录

第一章

总　论

第一节　资产评估的含义

一、资产评估的概念

资产评估是一项动态化、市场化的社会经济活动，它是市场经济条件下客观存在的经济范畴。在我国，随着社会主义市场经济体制的确立和发展，资产评估作为社会性和公正性活动，在产权转让、企业重组、资产流动等方面，发挥了重要作用，成为社会经济活动中不可缺少的新兴行业。

一般来说，资产评估是指通过对资产某一时点价值的估算，从而确定其价值的经济活动。2016 年 7 月 2 日我国颁布的《中华人民共和国资产评估法》（简称《资产评估法》）从资产评估执业的角度对资产评估进行了定义：“资产评估是评估机构及其评估专业人员根据委托对不动产、动产、无形资产、企业价值、资产损失或者其他经济权益进行评定、估算，并出具评估报告的专业服务行为。”该定义认为：

（1）从事资产评估的主体是资产评估机构及其资产评估专业人员。资产评估专业人员包括资产评估师和其他具有资产评估专业知识及经验的评估从业人员。

（2）资产评估的客体（即对象）是不动产、动产、无形资产、企业价值、资产损失或者其他经济权益。

（3）资产评估是应委托所从事的专业服务，是一种受托民事行为。

（4）资产评估服务的内容主要是对评估对象的价值进行评定、估算。具体来说，就是由资产评估机构及其资产评估专业人员，依据国家规定和有关资料，根据特定的目的，遵循适用的原则，选择适当的价值类型，按照法定的程序，运用科学的方法，对约定时点的资产价值进行评定和估算。

（5）资产评估服务的成果通常是资产评估机构向委托人出具的资产评估报告。

通过以上解释分析可以看出，资产评估主要由六大要素组成，即资产评估的主体、客体、目的、程序、价值类型和方法。资产评估主体是指资产评估由谁来承担，它是资产评估工作得以进行的重要保证；资产评估客体是指资产评估的对象，它是对资产评估内容的界定；资产评估目的是指引发资产业务发生的经济行为，直接决定和制约了资产评估的价值类型和方法的选择；资产评估价值类型是对资产评估价值的质的规定，对资产评估方法的选择具有约束性；资产评估方法是确定资产评估价值的手段和途径。同时，整个资产评估工作是按一定程序系统进行的。资产评估的要素是一个有机组成的整体，它们之间相互依托，相辅相成，缺一不可。而且，它们也是保证资产评估价值的合理性和科学性的重要条件。

二、资产评估的特点

充分理解和把握资产评估的特点，有助于进一步厘清资产评估的实质，对于搞好资产评估工作，提高资产评估质量具有重要意义。一般来说，资产评估具有以下特点：

（一）现实性

现实性是指以评估基准期为时间参照，按这一时点的资产实际状况对资产进行的评定估算。

资产评估基准期是指确定的资产评估价值的基准时间。由于各种资产都处在不断地运动和变化中，资产的数量、结构、状态和价值也就不可能长期保持不变。因此，资产评估只能是评估某一时点的资产价值。为了科学实施资产评估，使评估结果具有可解释性，便于客户和公众对其合理利用，必须确定评估基准期。评估基准期一般以“日”为基准时点，选择与资产业务或评估作业时间较接近的时期。

资产评估的现实性表现在以下三个方面：

（1）资产评估直接以现实存在为资产确认、估价和报告的依据，没有与过去业务及其记录进行衔接、均衡、达成一致等约束，只需说明当前资产状况，而无须说明为什么形成这一状况，以及如何由过去状况变成当前状况。

（2）以现实状况为基础反映未来。

（3）现实性强调客观存在。形式上存在而实际上已消失者，或形式上不存在而事实上存在者，都要以实际客观存在为依据来校正。

（二）市场性

资产评估是来源于市场、服务于市场的经济活动，其市场性表现在资产交易活动发生后，资产评估通过模拟市场条件对评估对象做出价值评定、估算和报告，评估结果可以接受市场检验。

（三）预测性

资产评估的预测性是指用资产的未来时空的潜能说明现实。现实的评估价值必须反映资产的未来潜能，未来没有潜能和效益的资产，现实评估价值是不存在的。因此，通常用未来预期收益折现、预期使用年限和功能等来评估某类资产的价值，这是预测性特点的现实表现。

（四）公正性

公正性是指资产评估机构及其专业人员在从事资产评估业务的过程中，遵照国家有关法律、法规及行业准则，不偏不倚地公正发表资产评估意见。资产评估行为对于评估当事人具有独立性，它服务于资产业务的需要，而不是服务于相互矛盾的资产业务当事人的任何一方的需要。公正性的表现有两点：一是资产评估是按公允、法定的原则和规程进行的，具有公允的行为规范和业务规范，这是公正性的技术基础；二是评估人员通常是与资产业务没有利害关系的第三方，这是公正性的组织基础。

（五）咨询性

咨询性是指资产评估结论是为资产业务提供的专业化评估意见，这个意见本身并无强制执行的效力，资产评估专业人员只对结论本身合乎职业规范要求负责，而不对资产业务定价决策负责。事实上，资产评估为资产交易提供的评估结论往往由当事人作为要价和出价的参考，最终的成交价格取决于讨价还价的本领。咨询性除具有上述有限法律责任这一含义以外，还有另一含义，即资产评估是职业化专家活动，其表现是一定数量和结构的专家组成专业评估机构，形成专业化的社会分工，评估活动专业化、市场化。这种专业化、市场化的评估机构，拥有大量的资产市场信息，能够更好地为资产业务的优化和实现服务。

三、资产评估与会计计价的区别

资产评估有广义和狭义之分。广义的资产评估包括所有涉及资产价值的行为。但是，在理论界定和实际运用中，我们所称的资产评估是狭义的，反映的是在产权变动、投资决策等资产特定行为下的评估过程。因此，资产评估与会计计价具有明显的区别，表现在以下方面。

（一）二者发生的前提条件不同

会计学中的资产计价严格遵循历史成本原则，同时是以企业会计主体不变和持续经营为假设前提的。资产评估则是用于发生产权变动、会计主体变动或者作为会计主体的企业生产经营活动中断，以持续经营为前提的资产计价无法反映企业资产价值时的估价行为。明确这一区别，一方面说明资产评估虽不采用但也不能够否定会计计价的历史成本原则，因为其发生的前提条件不同；另一方面说明在企业持续经营的条件下，随意对企业资产进行评估，以资产评估价值替代资产历史成本计价的做法是缺乏理论依据的。如果随意进行评估，不仅会破坏会计计价的严肃性，违背历史成本原则，还会对企业的成本和收益计算产生不利的影响。当然，资产计价有时也需要根据物价变动情况进行评估（例如我国 1992 年开始试点、1995 年结束的清产核资中的价值重估），但这种评估要严格按照会计政策的统一规定，并且只是账面价值的调整而已，并不是我们所称的资产评估。

（二）二者的目的不同

简单来说，会计学中的资产计价是就资产论资产，使货币量能够客观地反映资产的实际价值量。资产评估则是就资产论权益，资产评估价值反映资产的效用，并以此作为取得收入和确定它在新的组织实体中的价值的依据。同时，会计学中资产计价的目的是为投资者、债权人和经营管理者提供有效的会计信息，资产评估价值则是为资产交易和投资决策等经济行为提供公平的价值尺度。

（三）执行操作者不同

资产计价是由企业的财会人员来完成的，只要涉及与资产有关的经济业务均需要计价，是一项经常的、大量的工作。资产评估则是由独立于企业的具有资产评估资质的社会中介机构完成的。而且，资产评估工作除需要有资产评估、财务会计知识以外，还需要具有工程技术、经济法律等多方面的知识才能完成，其工作难度和复杂程度远超过会计计价。

当然，资产评估与会计计价也是有联系的，会计计价有时需要以资产评估价值为依据，这在会计制度中有相应规定。财政部于2006年2月发布了包括1项基本准则和38项具体准则的新会计准则体系，于2007年1月1日起实施。近年来，会计准则又进行陆续修订，截止2017年，已形成了42项具体准则。在《企业会计准则——基本准则》中明确地将公允价值作为会计计量属性之一，2014年1月，财政部还颁布了《企业会计准则第39号——公允价值计量》，并在17个具体会计准则中不同程度地运用了这一计量属性。公允价值计量属性的采用，是企业会计准则的一项重大突破和改革。研究资产评估如何服务于会计计价，也是我国评估行业、会计行业面临的亟待解决的问题。但资产评估与会计计价毕竟是两个不同的经济范畴，无论在理论上还是实际工作中都必须明确区分。

第二节　资产评估的对象

一、资产的含义

资产评估的对象，是指被评估的资产，即资产评估的客体。什么是资产，并不是轻易可以回答的问题。作为资产评估对象的资产，有的是单项资产，有的则是若干项资产的组合体；有的是某一资产的所有权，有的则是资产的使用权，等等。对于资产的理解，研究角度不同，定义也不一样。

经济学中资产的概念相对而言是比较宽泛的。如果按经济本质来定义，资产是指未来的经济利益。D. 格林沃尔德主编的《现代经济词典》将资产定义为："由企业或个人拥有并具有价值的有形的财产或无形的权利。资产之所以对物主有用，或者是由于它是未来事业的源泉，或者是由于它可以用于取得未来的经济利益。"①

会计学对资产的定义，较为典型的有：

美国财务会计准则委员会（FASB）在1985年公开发布的第六号《财务会计概念公告》（SFAC No. 6）中的定义是："资产是可能的未来经济收益，它是特定个体从已经发生的交易或事项中取得或加以控制的。"

1993年，我国《企业会计准则》对资产的定义是："是企业拥有或者控制的，能以货币计量的经济资源，包括各种财产、债权和其他权利。"

---

① D. 格林沃尔德. 现代经济词典［M］. 北京：商务印书馆，1981：25.

2000 年 6 月，国务院第 287 号令《企业财务会计报告条例》指出："资产是指过去的交易或事项形成并由企业拥有或者控制的资源，该资源预期会给企业带来经济利益。"

2006 年颁布的《企业会计准则——基本准则》指出："资产是指企业过去的交易或者事项形成的、由企业拥有或者控制的、预期会给企业带来经济利益的资源。"进一步规定，符合资产定义和资产确认条件的项目，应当列入资产负债表；符合资产定义但不符合资产确认条件的项目，不应当列入资产负债表。

《国际评估准则（2017）》并未给出资产的定义，但是从资产的外延角度指出了资产的范围。该准则的框架部分指出：资产评估中的资产，除了资产之外，还包括负债或多项负债、资产组或负债组以及资产与负债组合。因此，《国际评估准则（2017）》明确了资产评估中的资产的概念，这一概念并不是通常意义中会计学中或者经济学中的资产。

对于作为资产评估对象的资产，可从以下几个方面理解：

（一）资产是一种权利

面对众多不同类型和形态的资产，要科学估算其价值，首先应判断其价值构成的内容。资产是一种权利，同样的资产载体，其权利是不同的。比如商标权的评估，其所有权价值和许可使用权价值是不同的。再如有关资源资产评估，涉及地质、矿藏、森林、旅游资源等。实际上，要准确地评估这些资源的价值是不容易的，甚至是做不到的。资产评估专业人员要评估的不是这些资源的本身，而应是这些资源某一方面的权利。

（二）资产是一种获利能力

判断和评估一项财产是不是资产，其价值如何，首要问题是判断其是否具有获利能力。如果不具备获利能力，也就不具备资产的特征，也就无所谓价值的存在。资产价值是由资产获利能力决定的，是一种客观存在，而不是评估人员评估出来的，即资产评估专业人员通过专业的评估活动，发现价值而不是创造价值。评估人员只是采用适当的方法将其价值反映出来。

（三）资产必须为某一主体所拥有和支配

资产作为能够带来经济利益流入的经济资源，必须有其拥有和支配的主体，因此权属问题也是资产的本质内容。例如有关定理、公式等，是社会共有财富，进而无法判断其特有权属，其价值也无从判断。因此，权属模糊不清，就无法界定资产范围，也就无从估算其价值。

二、资产的分类

为了科学地进行资产评估，应对资产评估对象按不同的标准进行合理的分类。

（一）按资产存在形态分类

按资产存在的形态，可以分为有形资产和无形资产。

有形资产是指那些具有实体形态的资产，包括机器设备、房屋建筑物、流动资产等。会计学中的固定资产，一般是指以使用年限在一年以上、单位价值在规定限额以上为标准的主要劳动手段。在资产评估中，固定资产具体是指机器设备、房屋建筑物等，评估时应分别进行，因为它们具有不同的功能和特性。

无形资产是指那些没有物质实体而以某种特殊权利和技术知识等经济资源存在并发挥作用的资产，包括专利权、商标权、非专利技术、土地使用权、商誉等。

（二）按资产是否具有综合获利能力分类

按资产是否具有综合获利能力，可以分为单项资产和整体资产。

单项资产是指单台、单件资产。比如机器设备、原材料、房屋建筑物、专利、特许使用权等都可以作为单项资产进行评估。资产评估业务中，单项资产还包括若干项以独立形态存在、可以单独发挥作用或以个体形式进行销售的资产。

整体资产是指由一组单项资产组成的具有获利能力的资产综合体。《企业会计准则第8号——资产减值》引入了资产组的概念，资产组是指企业可以认定的最小资产组合，其产生的现金流入应当基本上独立于其他资产或者资产组。资产组应当由创造现金流入的相关资产组成，因此，会计准则中提出的资产组满足整体资产的内涵要求。整体企业是典型的整体资产。

作为资产评估对象的资产，大多具有可辨认的存在形态，可以单件、单台地进行评估。例如，我们可以确切地评估厂房、机器设备的单项价值，可以评估确定某项技术专利等无形资产的开发或购置成本。以单项资产为对象的评估，称为单项资产评估。但是，如果不是变卖单项资产，而是转让整体资产如企业的全部股东权益或部分股东权益时，由于存在表外资产以及资产之间的协同效应价值，一般不能简单地按单项资产的评估价值总和作为交易价格的参考尺度，因而，就存在有别于单项资产评估的整体资产评估。典型的整体资产一般是一个企业，也可以是某一车间，或者是一组无形资产的综合体。企业整体资产不是企业各单项可辨认资产的汇集，其价值也不等于各单项可辨认的资产价值的简单相加，因为企业整体资产评估所考虑的是它作为一个整体资产的生产能力或获利能力，所以其评估价值除了包括各单项可辨认的资产价值以外，还包括不可辨认的资产，即商誉的价值。

（三）按资产能否独立存在分类

按资产能否独立存在，可以分为可辨认的资产和不可辨认的资产。

可辨认的资产是指能独立存在的资产，前面所列示的有形资产和无形资产，除商誉以外都是可辨认的资产。不可辨认的资产是指不能独立于有形资产而单独存在的资产，如商誉。商誉是由于企业地理位置优越、信誉卓越、生产经营出色、劳动效率高、历史悠久、经验丰富、技术先进等原因，能获得的投资收益率高于一般正常投资收益率所形成的超额收益，它不能脱离企业的有形资产单独存在，所以称为不可辨认的资产。

从西方发达国家资产评估历史分析，最初的资产评估对象主要是不动产，即非货币性长期资产。随着市场经济的发展和资产评估业务的不断拓展，资产评估对象的范围也在不断扩大。例如以美国为代表的资产评估领域，评估对象不仅包括不动产，还包括动产、珠宝、机器设备、企业价值等；以英国为代表的欧洲资产评估体系，几乎完全偏重于不动产评估，《国际评估准则》最初即是以不动产为对象予以规范的。但值得注意的是，从 20 世纪 90 年代以后，《国际评估准则》内容在发生变化。1997 年的《国际评估准则》中指南 3 为厂房和设备的评估；2000 年的《国际评估准则》中增加了指南 4——无形资产评估；2001 年以来的《国际评估准则》中共有十项评估指南，其中指南 6 为企业价值评估。这说明资产评估对象的范围在不断丰富和发展。《国际评估准则（2011）》更是包括了资产评估各类业务内容。由此可见，资产评估业务由单项资产评估向综合性评估发展。

第三节 资产评估的价值类型

一、资产评估的特定目的

资产评估的特定目的指的是被评估资产即将发生的经济行为。同样的资产，因为评估的特定目的不同其评估值也不相同。资产评估的特定目的对资产评估的影响表现在两个方面：一是在什么样的条件下，即资产发生怎样的经济行为时应该评估和可以评估；二是不同的经济行为决定了评估价值类型的差异，进而引致资产评估结果的差异。

我国资产评估实践表明，资产评估的特定目的主要有：资产转让；企业兼并；企业出售；企业联营；股份经营；中外合资、合作；企业清算；抵押（质押）；担保；企业租赁；债务重组等。

1. 资产转让

资产转让是指资产的产权持有单位有偿转让其拥有的资产，通常是指转让非整体性资产的经济行为。

2. 企业兼并

企业兼并是指一个企业以承担债务、购买、股份化和控股等形式有偿接收其他企业的产权，使被兼并方丧失法人资格或改变法人实体的经济行为。

3. 企业出售

企业出售是指独立核算的企业或企业内部的分厂、车间及其他整体资产产权的出售行为。

4. 企业联营

企业联营是指国内企业单位之间以固定资产、流动资产、无形资产及其他资产投入组成各种形式的联合经营实体的行为。

5. 股份经营

股份经营是指资产占有单位实施股份制经营方式的行为，包括法人持股、内部职工持股、向社会发行不上市股票和上市股票。实务中主要表现为拟上市公司变更为股份公司时为核定注册资本对拟出资资产进行的资产评估，以及为新股发行定价了解拟上市公司价值进行的企业价值评估。

6. 中外合资、合作

中外合资、合作是指我国的企业和其他经济组织与外国企业和其他经济组织或个人在我国境内举办合资或合作经营企业的行为。

7. 企业清算

企业清算是指企业按章程规定解散以及由于破产或其他原因宣布终止经营后，对企业的财产、债权、债务进行全面清查，并进行收取债权、清偿债务和分配剩余财产的经济活动，包括破产清算、终止清算和结业清算。

8. 抵押（质押）

抵押（质押）是指资产占有单位，以本单位的资产作为物质保证进行抵押（质押）而获得贷款的经济行为。

9. 担保

担保是指资产占有单位，以本企业的资产为其他单位的经济行为进行担保，并承担连带责任的行为。

10. 企业租赁

企业租赁是指资产占有单位在一定期限内，以收取租金的形式，将企业全部或部分资产的经营使用权转让给其他经营使用者的行为。

11. 债务重组

债务重组是指债权人按照其与债务人达成的协议或法院的裁决同意债务人修改债务条件的事项。

此外，服务于物业税等的税基评估、以财务报告为目的的评估日益成为资产评估行业新兴的业务范畴。

二、资产评估价值的含义

资产评估价值是资产评估的结果，资产评估价值的真实性和科学性，是衡量资产评估工作质量好坏的重要标志。资产评估价值含义不清，评估价值类型选择不当，会直接影响评估结果的准确程度，影响评估工作的质量。

资产评估价值的含义可以通过以下方面理解：

（1）资产使用价值决定资产评估价值，资产的效用是确定资产评估价值的重要依据。资产评估价值是指在某一特定时期内为获得该资产以取得未来收益或好处的权利所支付的货币总额。

（2）资产评估价值与马克思《资本论》中所称的价值不是同一概念。人们往往将评估价值分离开来理解，分离的结果，便会将资产评估的价值与马克思《资本论》中的价值等同起来，而一旦等同起来，又难以解释资产评估价值确定中的一些问题。实际上，应当将评估价值作为一个独立的概念来理解，这样便会发现评估价值与马克思《资本论》中价值的差异。马克思《资本论》中所称的价值，是指由社会必要劳动时间决定的商品内在价值，它是由劳动耗费决定的，一经形成就具有确定性。评估价值则是根据评估中的特定目的、价值类型和具体方法确定的，是动态的。或者说，前者讲的是价值决定，说明价值产生的源泉，而后者是价值的表现形式，是资产作为商品在特定条件下的价值。这里应当说明的是，马克思分析商品价值是从商品生产者的角度入手的，同时，商品价值的实现是以商品交换为前提的，而且正因为商品具有使用价值，才具有交换价值，才能实现其价值。反观资产评估价值，它是在资产作为生产资料使用或出售、投资时确定的评估价值，与上述为交换而生产的商品价值有一定的差异。另外，评估价值反映的并不是商品的内在价值，它只是一般价值的一种表现形式。评估价值说明的是资产在不同的评估目的、不同条件下的价值，不同的经济行为下的同一资产，其评估值是不一样的。明确这些差异，一方面说明资产评估并不是对马克思价值理论的否定；另一方面更有利于科学合理地确定资产评估价值。当然，如前所述，资产评估价值类似于价格，但又不能等同于价格，因为实际价格的形成是在具体的条件下，如市场条件、供求关系等实际形成的结果，资产评估价值则是模拟市场过程的结果，还不是实际发生的结果，可见，资产评估价值应该是模拟价格。这一点也可以解释资产评估价值作为交易底价与实际成交价产生差异的原因。

(3) 资产评估价值与会计记录的价值也有很大差别。会计计价严格坚持一致性、连贯性和客观性原则，反映财务报表的客观数据，一般不能随外界条件变化而变动。资产评估价值则是着眼于未来，取决于未来的预期效用，既不是由过去出售的价格决定，也不是由创造它的成本确定。

通过对资产评估价值的分析，可以看出资产评估价值具有以下特点：

1. 时效性

资产评估价值反映的是特定时点的价值。同样的资产，在不同的时期内其价值是不一样的。评估基准日就是资产评估报告结论所对应的具体价值时点，也是资产评估报告披露的重要内容，而评估结论使用有效期的规定（我国《资产评估执业准则——资产评估报告》规定，通常只有当评估基准日与经济行为实现日相距不超过一年时，才可以使用资产评估报告），则是对报告使用人的约束。

2. 目的性

相同的资产，在同一时期、同一空间，因评估目的不同而适用不同的价值类型，具有不同的价值。同样，相同资产对于不同所有者（或占有者）也会表现出不同的价值。

3. 意见性

资产评估属于咨询行业，资产评估价值只是为资产评估委托人提供的参考意见，是买卖双方交易的底价，并不是实际成交价，最后的成交价由资产买卖双方确定。当然，评估值有时也可以作为成交价，但这只是一种特殊情况而已。

4. 估计性

资产评估价值不像自然科学及工程科学那样可以用一定的数学公式进行精确计算，也不同于会计制度规定的那样固定有序地记录计算。它是基于客观事实，凭借评估机构及评估人员的经验和专业知识，对资产价值进行系统分析和逻辑判断，从而根据资产的功能及评估目的对该资产在某一时间内的价值做出合理的判断。评估过程中的计算公式是必要的，但更重要的是取得公式中的各项信息资料，而获得有用的资料具有很大难度，需要资产评估专业人员依靠自己的智慧通过各种途径获得。

三、资产评估的价值类型

（一）价值类型的作用

价值类型在资产评估业务中具有重要的作用，具体表现在：

1. 价值类型是影响和决定资产评估价值的重要因素

资产评估价值是某项资产在特定条件下的价值表现，其价值含义不同，结果也不一样。因此，每一个资产评估价值都是有条件的特定价值，而非资产本身的客观价值和内在价值。价值类型指的是评估价值的类别，是每一项评估价值的具体价值尺度。目前有一种观点认为，一项资产，由于价值含义不同而产生评估价值差异，会使得评估值具有随意性和偏好性，缺乏客观性。这种担心可以理解，但没有必要。因为强调评估价值含义不同产生评估价值的差异，正是为了更有效、真实地反映资产的评估值。通常情况下，资产发生的经济行为不同，其使用价值实现的市场环境和条件也不一样。一台机器设备，用于投资行为的评估和用于销售变现行为的评估，其价值含义不同，评估值也不一样。用于销售变现行为，该资产的使用价值取决于市场的交换条件和需求者对其使用价值的判断；用于投资行为，则只是考虑该机器设备在新企业中是否有用及其有用程度。显然，这时需求者及其市场条件就会产生差异。

2. 价值类型制约资产评估方法的选择

价值类型实际上是评估价值的一个具体标准，为了获得某种标准的评估价值，需要通过评估方法获得。国际上通行的资产评估基本方法（或途经）主要有三种：市场法、成本法和收益法。应该说，评估方法无所谓先进和落后之分，只要是能够获得满足价值类型结果的方法都是可行和有效的。我国在过去一段时期内之所以采用成本法较多，主要是受制于市场条件。因此，在价值类型确定的情况下，评估方法的选择具有随机性和多样性。

事实上，评估方法本身只是估算评估价值的一种思路。价值类型直接制约着方法应用中各种指标、参数的判断和选择。

3. 明确评估价值类型，可以更清楚地表达评估结果，可以避免报告使用者误用评估结果

任何评估结果都是有条件的，不同的评估目的、市场条件决定其价值含义是不同的，评估价值也不相同。资产评估专业人员在评估报告中提出评估价值，并明确其价值类型，可以使报告使用者更清楚地使用评估价值。这样也可以规避资产评估专业人员的责任。

（二）价值类型及其选择

中国资产评估协会发布的《资产评估价值类型指导意见》将价值类型分为市场价值和市场价值以外的价值类型。资产评估准则中对市场价值以外的价值类型进行了列举，并定义了市场价值和所列举的市场价值以外的价值类型。《国际评估准则（2017）》

既给出了价值类型的定义，还列举了国际评估准则定义的价值类型以及其他价值基础下定义的价值类型。国际评估准则定义的价值类型包括市场价值、市场租金、公平价值、投资价值、协同价值和清算价值；其他价值基础下的价值类型包括了基于《国际财务报告准则》的公允价值类型（FV）、基于国际经合组织（OECD）定义的公允市价价值（FMV）等。虽然不同组织对价值类型定义的说法不同，但是不难发现各个组织对价值类型内涵的定义具有一致性，即价值类型由评估所依据的基本前提条件或评估假设所构成，价值类型与评估目的相适应。

《国际评估准则（2017）》中对市场价值的描述是非常清楚的，市场价值是自愿买方和自愿卖方在评估基准日进行正常的市场营销之后所达成的公平交易中，某项资产应当进行交易的价值估计数额。当事人双方应各自精明、谨慎行事，不受任何强迫压制。

通过上述市场价值的描述可以发现，市场价值并非市场经济条件下价值的简称，它是在众多约束条件下的价值，或者说市场价值是众多价值类型中条件最苛刻的价值。当然，有人认为，在我国目前市场经济条件下，客观现实中不可能存在市场价值这种价值类型。事实上，任何事物都是相对的，绝对化不利于问题的解决。即使市场经济发达的国家，也不存在绝对化的市场公平条件。近年来，诺贝尔经济学奖的桂冠几度降临信息经济学家头上，就是因为传统经济学都是以经济个体获得完全信息、市场完全竞争为基本前提。但在实际经济环境中，垄断竞争取代完全竞争，信息不对称现象广泛存在，信息经济学家正视这种市场条件下的各种分析研究，由此做出了贡献。他们的理论发端于发达市场，但似乎在我们信息更不对称的欠发达市场国家有更大的用武之地。

根据《资产评估价值类型指导意见》，市场价值以外的价值类型包括投资价值、在用价值、清算价值和残余价值。

1. 投资价值

投资价值是指评估对象对于具有明确投资目标的特定投资者或者某类投资者所具有的价值估计数额，亦称特定投资者价值。这一概念将特定的资产与具有明确投资目标、标准的特定投资者或某类投资者结合起来。

2. 在用价值

在用价值是指将评估对象作为企业、资产组组成部分或者要素资产按其正在使用方式和程度及其对所属企业、资产组的贡献的价值估计数额。该价值类型重点反映了作为企业组成部分的特定资产对其所属企业能够带来的价值，而并不考虑该资产的最佳用途或资产变现所能实现的价值量。

3. 残余价值

残余价值是指机器设备、房屋建筑物或者其他有形资产等的拆零变现价值估计数额。

4. 清算价值

清算价值是指评估对象处于被迫出售、快速变现等非正常市场条件下的价值估计数额。

清算价值一般低于现行市场价值，这是由市场供求状况决定的。第一，因经营失利而导致破产的企业，必然急于将资产转让或拍卖；第二，这种交易活动只要取决于买方，占有主动权的买方必定极力压低成交价格，以便从中获取利益。

一般来说，在市场机制比较健全的情况下，资产价值会因竞争而趋于合理，以市场售价评定其清算价值仍有一定意义。尽管如此，资产的清算价格也往往会低于其现行市场价值。有些市场上不需要的资产，其清算价值甚至会大大低于账面价值。因此，清算价值一般取决于下面两个因素：

（1）资产的通用性。专用设备的清算价值一般会大幅低于其市场价值。一个具有某一特殊属性（使用价值）的财产对于所有者来讲并不具有特殊价值。

（2）清算时间的限制。一般来说，清算时间越长，在市场上讨价还价的余地越大，清算价值会越高。

某些特定评估业务评估结论的价值类型可能会受到法律、行政法规或者合同的约束，这些评估业务的评估结论应当按照法律、行政法规或者合同的规定选择评估结论的价值类型；法律、行政法规或者合同没有规定的，可以根据实际情况选择市场价值或者市场价值以外的价值类型，并予以定义。特定评估业务包括：以抵（质）押为目的的评估业务、以税收为目的的评估业务、以保险为目的的评估业务、以财务报告为目的的评估业务等。

价值类型问题，一直是评估业界研究的焦点和难点问题，至少已在下列方面达成共识：一是价值类型是必需的；二是价值类型应指导评估过程始终；三是每一种价值类型必须定义。现在的难点是确定价值类型的种类并定义每一种价值类型。

决定和影响价值类型的因素是多方面的，但主要因素包括：（1）评估的特定目的（经济行为）；（2）市场条件；（3）资产功能及其状态。上述三项因素是一个有机整体，核心问题是评估的特定目的，因为特定目的的确定，直接影响市场条件，进而影响资产功能和状态。比如，资产在发生售卖的经济行为下，直接决定了市场中需求者的范围。通常情况下，资产评估特定目的不同，评估价值也不一样，这种差异本身就是由于特定目的引致的价值类型不同造成的。但需要进一步说明的是，许多情况下我们可以根据特定目的，加上对市场条件的假设和判断选择价值类型，但例外的情况是，资产评估专业人员也可以根据委托者的要求选择价值类型。一般来说，企业破产、资产拍卖，可以选择清算价格，也可以根据委托者要求选择采用市场价值类型。根据对市场价值概念的分析，国际评估界似乎对市场价值具有更大的偏好，它是一种理想化的评估价值。当然，价值类型选择不同，直接影响评估价值数额。而且，不同价值类型下的评估价值与实际资产交易值的差异度是不同的。如果企业破产评估选用清算价值这种价值类型，实际处置时，处置值和评估值差异就会很小；而如果选用市场价值类型，处置值和评估值差异就会较大。可见，同样的评估目的，不同价值类型的评估值，所表现的实际交易值与评估值的差异程度不同。需要强调的是，评估价值与资产交易值之间存在差异是正常现象，因为交易过程中的许多因素并非资产评估专业人员所应考虑的内容。委托人使用评估价值时，应注意分析二者差异的原因。当然，这样并不是资产评估专业人员对评估值就没有责任了，其仍然应对形成评估值的因素及参数选择负责。

第四节 资产评估的原则

资产评估的原则是调节资产评估委托者、评估业务承担者以及资产业务有关权益各方在资产评估中的相互关系，规范评估行为和业务的准则。其包括两个层次的内容：资产评估的工作原则和资产评估的经济原则。

一、资产评估的工作原则

（一）独立性原则

独立性原则要求在资产评估过程中摆脱资产业务当事人利益的影响，评估工作应始终坚持独立的第三者立场。评估机构应是独立的社会公正性机构，不能为资产业务各方的任何一方所拥有，评估工作不应受外界干扰和委托者意图的影响。评估机构和资产评估专业人员不应与资产业务有任何利益上的联系。

（二）客观性原则

客观性原则是指评估结果应以充分的事实为依据。资产评估专业人员要从实际出发，认真进行调查研究，在评估过程中排除人为因素的干扰，具有客观、公正的态度，采用科学的方法。评估的指标具有客观性，评估过程中的预测、推理和逻辑判断等只有建立在市场和现实的基础资料上才有意义。

（三）科学性原则

科学性原则是指在资产评估过程中，必须根据评估的特定目的，选择适当的价值类型和方法，制定科学的评估实施方案，使资产评估结果科学合理。资产评估方法的科学性，不仅在于方法本身，更重要的是必须严格与价值类型相匹配。价值类型的选择以评估的特定目的为依据，它对评估方法具有约束性，不能以方法取代价值类型，以技术方法的多样性和可替代性模糊评估价值类型的唯一性，从而影响评估结果的合理性。

科学性原则还要求资产评估程序科学合理。资产评估业务不同，其评估程序也有繁简差异。因此，应根据评估本身的规律性和国家有关规定，结合资产评估的实际情况，确定科学的评估程序。这样，才能既有利于节约人力、物力和财力，降低评估成本，又有利于提高评估效率，保证评估工作顺利进行。

（四）专业性原则

专业性原则要求资产评估机构必须是提供资产评估服务的专业技术机构。资产评估机构必须拥有一支由工程、技术、营销、财务会计、法律和经济管理等多学科的专家组成的资产评估专业队伍；这支专业队伍的成员必须具有良好的教育背景、专业知识和丰富的经验，这是确保资产评估方法正确、评估结果公正的技术基础。此外，专业性原则还要求资产评估行业内部存在专业技术竞争，以便为委托人提供广阔的选择余地，这是确保资产评估公平的市场条件。

二、资产评估的经济原则

（一）贡献原则

贡献原则是指某一资产或资产的某一构成部分的价值，取决于它对其他相关的资产或资产整体的价值贡献，或者根据当缺少它时对整体价值下降的影响程度来衡量确定。贡献原则要求在评估一项由多个资产构成的整体资产的价值时，必须综合考虑该项资产在整体资产构成中的重要性，而不是孤立地确定该项资产的价值。

（二）替代原则

替代原则是指当同时存在几种效能相同的资产时，最低价格的资产需求最大。这是因为，有经验的买方对某一资产不会支付高于能在市场上找到相同效用替代物的费用。评估时，某一资产的可选择性和有无替代性是需要考虑的一个重要因素。

（三）预期原则

预期原则是指在资产评估过程中，资产的价值可以不按照过去的生产成本或销售价格决定，而是基于对未来收益的期望值决定。资产评估价值的高低，取决于实现资产的未来效用或获利能力。一项资产取得时的成本很高，但对购买者来说，其效用不高，评估值就不会很大。预期原则要求在进行资产评估时，必须合理预期其未来的获利能力以及拥有获利能力的有效期限。

资产评估的各经济原则是相互联系的，在评估过程中应综合运用这些原则，以保证资产评估工作效率的提高和评估结果的合理性。

应当说明的是，被评估资产的价值，客观存在的是一个量，人们对它的评估又是一个量。资产评估就是通过对资产的全面认识和判断，来反映其客观价值。但是，要使评估值与资产客观价值完全一致，又是很难的，资产评估者的目标或任务应是努力缩小这个差距。

本章小结

在我国，现代意义的资产评估产生于20世纪80年代。资产评估是对资产某一时点价值进行的评定估算，具有现实性、市场性、预测性、公正性和咨询性特点。资产评估与会计计价有广泛的联系，但又与会计计价有根本的区别。

作为评估对象的资产与会计计价中的资产含义是不同的。科学界定资产、明确资产类别，有助于更好地估算其评估价值。价值类型作为评估价值的质的规定性，取决于评估目的、市场条件诸因素，市场价值是一种典型意义的价值类型，理解和把握各种价值类型的定义和含义，是科学评估资产价值的基础。

资产评估的工作原则是对资产评估机构及资产评估专业人员执业行为的约束和规范，经济原则则是评估操作中应该遵循的。

思考题

1. 什么是资产评估？
2. 如何理解资产评估与会计计价的关系？
3. 如何理解各种资产评估价值类型的定义？
4. 如何理解价值类型的作用？

第二章

资产评估的基本方法

第一节 市场法

一、市场法及其适用的前提条件

（一）市场法的含义

市场法也称市场价格比较法，是指通过比较被评估资产与最近售出类似资产的异同，并将类似资产的市场价格进行调整，从而确定被评估资产价值的一种资产评估方法。市场法是一种最简单有效的方法，因为评估过程中的资料直接来源于市场，同时又是为即将发生的资产行为评估。市场法的应用，与市场经济的建立和发展、资产的市场化程度密切相关。在我国，社会主义市场经济的建立和完善，为市场法提供了有效的应用空间，市场法日益成为一种重要的资产评估方法。

（二）市场法应用的前提条件

应用市场法进行资产评估，必须具备以下前提条件：

1. 需要有一个充分发育、活跃的资产市场

市场经济条件下，市场交易的商品种类很多，资产作为商品，是市场发育的重要方面。资产市场上，资产交易越频繁，与被评估资产相类似资产的价格越容易获得。

2. 参照物及其与被评估资产可比较的指标、技术参数等资料是可收集到的

运用市场法，重要的是能够找到与被评估资产相同或相类似的参照物。但与被评估资产完全相同的资产很难找到，这就要求对类似资产参照物进行调整，有关调整的指标、技术参数能否获取，是决定市场法能否运用的关键。

二、运用市场法进行资产评估的方式

运用市场法进行资产评估，因市场条件的差异和参照物的不同，应采取不同的方

式。一般来说，在市场上如能找到与被评估资产完全相同的参照物，就可以把参照物价格直接作为被评估资产的评估价值。这是市场法运用最简单直观的方式。但是，资产评估过程中，完全相同的参照物很少见，更多情况下获得的是类似参照物价格，需要进行价格调整，因此市场法也称作市场成交价格比较法，是指一项被评估资产需要评估时，在公开市场上找不到与之完全相同的资产，但在公开市场上能找到与之相类似的资产，就以相类似的资产为参照物，并依其价格做相应的差异调整，确定被评估资产价值。资产评估过程中，在公开市场上完全相同的参照物几乎是不存在的，即使是一个工厂生产的相同规格、型号的设备，在不同企业中使用，由于维护保养条件、操作使用水平以及利用率高低等多种因素的作用，其实体损耗也不可能是同步的。即使新旧程度相同，但交易条件方面是否相同，还要经过详细的调查研究，通过仔细地对比分析，才能得出正确的结论。因此，采用市场法时，一方面是选择确定参照物价格，选择的参照物应具有相关性和代表性，而且应足够多；另一方面则是分析确定参照物的差异调整因素。参照物差异调整因素主要包括三个方面：

一是时间因素。时间因素是指参照物交易时间与被评估资产评估基准日相差时间所影响的被评估资产价格的差异。不同的时间条件下，资产价格不同，应注意时间因素导致的价格变化。

二是地域因素。地域因素是指资产所在地区或地段条件对资产价格的影响差异。地域因素对房地产价格的影响尤为突出。

三是功能因素。功能因素是指资产实体功能过剩或不足对价格的影响。如一栋房屋或一台机器设备，就特定资产实体而言，效能较高，用途广泛，但购买者未来使用并不需要如此高的效能，或者购买者也可能有超出特定资产现有条件的要求，因而产生实体功能对价格的影响。一般情况下，功能越高，售价越高，但买主未来若对资产特定效能没有需求，就不愿意多花钱去购买这项资产，特殊功能的资产对所有者来讲并没有特殊价值。

三、运用市场法评估资产的程序及其优缺点分析

（一）运用市场法评估资产的程序

运用市场法评估资产时，一般按下列程序（或步骤）进行：（1）明确评估对象。（2）进行公开市场调查，收集相同或相类似资产的市场基本信息资料，寻找参照物。（3）分析整理资料并验证其准确性，判断选择参照物。资产评估专业人员对收集到的资料，应认真分析验证其真实可信程度，分析其交易条件和背景，选择三个或三个以上的可比参照物。（4）把被评估资产与参照物比较。（5）分析调整差异，得出结论。

一般来说，市场越活跃，市场法运用的空间越大，评估结论越合理。

（二）市场法的优缺点

市场法是资产评估中最简单、最有效的方法，其优点表现在：（1）能够客观反映资产目前的市场情况，其评估的参数、指标直接从市场获得，评估值更能反映市场现实价格；（2）评估结果易于被各方理解和接受。

市场法的不足表现在：（1）需要有公开及活跃的市场作为基础，有时因缺少可对

比数据以及缺少对可对比数据的判断而难以应用；（2）不适合专用机器、设备、大部分的无形资产，以及受地区、环境等严格限制的资产的评估。

第二节 成本法

一、成本法及其适用的前提条件

（一）成本法的含义

成本法是指在评估资产时按被评估资产的现时重置成本扣减其各项损耗价值来确定被评估资产价值的方法。

采用成本法对资产进行评估的理论依据有：

1. 资产的价值取决于资产的成本

资产的成本越高，资产的价值就越大，反之则小，二者在质和量的内涵上是一致的。根据这一原理，采用成本法对资产进行评估，必须首先确定资产的重置成本。重置成本是按在现行市场条件下重新购建一项全新资产所支付的全部货币总额。重置成本与原始成本的内容构成是相同的，但二者反映的物价水平是不相同的，前者反映的是资产评估日的市场物价水平，后者反映的是当初购建资产时的物价水平。资产的重置成本越高，其重置价值越大。

2. 资产的价值是一个变量，随资产本身的运动和其他因素的变化而相应变化

影响资产价值变化的因素，除了市场价格外，还有：（1）资产投入使用后，由于使用磨损和自然力的作用，其物理性能会不断下降，价值会逐渐减少，这种损耗一般称为资产的物理损耗或有形损耗，也称实体性贬值。（2）新技术的推广和运用，使得企业原有资产与社会上普遍推广和运用的资产相比较，在技术上明显落后、性能降低，其价值也就相应减少，这种损耗称为资产的功能性损耗，也称功能性贬值。（3）由于资产以外的外部环境因素变化引致资产价值降低，这些因素包括政治因素、宏观政策因素等。例如，政府实施新的经济政策或发布新的法规限制了某些资产的使用，使得资产价值下降，这种损耗一般称为资产的经济性损耗，也称经济性贬值。

（二）成本法应用的前提条件

采用成本法评估资产具备的前提条件有：

1. 应当具备可利用的历史资料

成本法的应用是建立在历史资料基础之上的，许多信息资料、指标需要通过历史资料获得。同时，现时资产与历史资产具有相同性或可比性。

2. 形成资产价值的耗费是必需的

耗费是形成资产价值的基础，但耗费包括有效耗费和无效耗费。采用成本法评估资产，首要的问题是这些耗费是必需的，而且这些耗费应体现社会或行业平均水平。

二、成本法运用的思路及各项指标的估算

根据成本法的含义，成本法的基本计算公式可以表述为：

被评估资产评估值＝重置成本－实体性贬值－功能性贬值－经济性贬值
＝重置成本×成新率

成本法的计算公式为正确运用成本法评估资产提供了思路，评估操作中，重要的是依此思路，确定各项技术经济指标。

（一）重置成本及其估算

重置成本一般可分为复原重置成本和更新重置成本。

复原重置成本是指运用原来相同的材料、建筑或制造标准、设计、格式及技术等，以现时价格复原购建这项全新资产所发生的支出。

更新重置成本是指利用新型材料，并根据现代标准、设计及格式，以现时价格生产或建造具有同等功能的全新资产所需的成本。

选择重置成本时，在同时可获得复原重置成本和更新重置成本的情况下，应选择更新重置成本。在无更新重置成本时可采用复原重置成本。一般来说，复原重置成本大于更新重置成本，但由此导致的功能性损耗也大。之所以要选择更新重置成本，一方面随着科学技术的进步，劳动生产率的提高，新工艺、新设计的采用被社会所普遍接受；另一方面，新型设计、工艺制造的资产无论从其使用性能，还是成本耗用方面都会优于旧的资产。

更新重置成本和复原重置成本的相同方面在于采用的都是资产的现时价格，不同在于技术、设计、标准方面的差异。对于某些资产，其设计、耗费、格式几十年一贯制，更新重置成本与复原重置成本是一样的。应该注意的是，无论更新重置成本还是复原重置成本，资产本身的功能不变。

重置成本的估算一般可以采用下列方法：

1. 重置核算法

重置核算法是指按资产成本的构成，把以现行市场价格计算的全部购建支出按其计入成本的形式，将总成本分为直接成本和间接成本来估算重置成本的一种方法。

直接成本是指直接可以构成资产成本支出的部分，如房屋建筑物的基础、墙体、屋面、内装修等项目，机器设备类资产的设备购价、安装调试费、运杂费、人工费等项目。直接成本应按现时价格逐项加总。

间接成本是指为建造、购买资产而发生的管理费、总体设计制图等项目支出。实际工作中，间接成本可以通过下列方法计算。

（1）按人工成本比例法计算。计算公式为：

间接成本＝人工成本总额×成本分配率

$$\text{成本分配率}=\frac{\text{间接成本额}}{\text{人工成本额}}\times 100\%$$

（2）按单位价格法计算。计算公式为：

间接成本 ＝ 工作量（按工日或工时）×单位价格/工日或工时

（3）按直接成本百分率法计算。计算公式为：

间接成本＝直接成本×间接成本占直接成本百分率

例2-1 重置购建设备一台，现行市场价格为每台50 000元，运杂费为1 000元，直接安装成本为800元，其中原材料为300元、人工成本为500元。根据统计分析计算求得安装成本中的间接成本为每元人工成本0.8元，则该机器设备的重置成本为：

直接成本	51 800元
其中：购买价	50 000元
运杂费	1 000元
安装成本	800元
其中：原材料	300元
人工	500元
间接成本（安装成本）	400元
重置成本合计	52 200元

采用重置核算法估算重置成本，一是要注意分析、确定其成本构成项目；二是要选择确定构成项目的定额、标准。

2. 物价指数法

物价指数法是在资产历史成本基础上，通过现时物价指数确定其重置成本，计算公式为：

$$\text{资产重置成本}=\text{资产历史成本}\times\frac{\text{资产评估时物价指数}}{\text{资产购建时物价指数}}$$

或

$$=\text{资产历史成本}\times(1+\text{物价变动指数})$$

式中，资产历史成本要求真实、准确并符合社会平均的合理成本的要求；资产评估时物价指数指的是评估基准日（或能够代表评估基准日）的物价指数，而且应是资产的类别或个别物价指数。

例2-2 某项被评估资产2008年购建，账面原值为100 000元，2017年进行评估。已知2008年和2017年该类资产定基物价指数分别为100%和150%，则被评估资产重置成本为：

$$\text{被评估资产重置成本}=100\ 000\times\frac{150\%}{100\%}=150\ 000(\text{元})$$

$$=100\ 000\times(1+50\%)=150\ 000(\text{元})$$

物价指数法与重置核算法是重置成本估算较常用的方法，但二者有明显的区别，表现在：

（1）物价指数法估算的重置成本，仅考虑了价格变动因素，因而确定的是复原重置成本；而重置核算法既考虑了价格因素，也考虑了生产技术进步和劳动生产率的变化因素，因而可以估算复原重置成本和更新重置成本。

（2）物价指数法建立在不同时期的某一种或某类甚至全部资产的物价变动水平上，而重置核算法建立在现行价格水平与购建成本费用核算的基础上。

明确物价指数法和重置核算法的区别，有助于重置成本估算中方法的判断和选择。一项科学技术进步较快的资产，采用物价指数法估算的重置成本往往会偏高。当然，物价指数法和重置核算法也有其相同点，都是建立在利用历史资料基础上。因此，资产评估时重置成本与委托方提供的历史资料（如财务资料）的口径差异，是上述两种方法应用时需共同注意的问题。

3. 功能价值法

功能价值法也称生产能力比例法。这种方法是寻找一个与被评估资产相同或相似的资产为参照物，计算其每一单位生产能力价格或参照物与被评估资产生产能力的比例，据以估算被评估资产的重置成本。计算公式为：

$$被评估资产重置成本=\frac{被评估资产年产量}{参照物年产量}\times 参照物重置成本$$

例 2-3　某重置全新的一台机器设备价格为 50 000 元，年产量为 5 000 件。现知被评估资产年产量为 4 000 件，由此可以确定其重置成本为：

$$被评估资产重置成本=\frac{4\ 000}{5\ 000}\times 50\ 000=40\ 000(元)$$

这种方法运用的前提条件和假设是资产的成本与其生产能力呈线性关系，生产能力越大，成本越高，而且是成正比例关系。应用这种方法估算重置成本时，首先应分析资产成本与生产能力之间是否存在这种线性关系，如果不存在这种关系，这种方法就不可以采用。

4. 规模经济效益指数法

通过不同资产的生产能力与其成本之间关系的分析可以发现，许多资产的成本与其生产能力之间不存在线性关系。当资产 A 的生产能力比资产 B 的生产能力大 1 倍时，其成本却不一定大 1 倍，也就是说，资产生产能力和成本之间只成同方向变化，而不是等比例变化，这是规模经济效益作用的结果。两项资产的重置成本和生产能力相比较，其关系可用下列公式表示：

$$\frac{被评估资产的重置成本}{参照物资产的重置成本}=\left(\frac{被评估资产的产量}{参照物资产的产量}\right)^x$$

推导可得：

$$被评估资产的重置成本=参照物资产的重置成本\times\left(\frac{被评估资产的产量}{参照物资产的产量}\right)^x$$

式中，x 是一个经验数据，称为规模经济效益指数。在美国，这个经验数据一般在 0.4～1，如加工工业一般为 0.7，房地产行业一般为 0.9。我国到目前为止尚没有统一的经验数据，评估过程中要谨慎使用这种方法。参照物，一般可选择同类资产中的标准资产。

上述四种方法均可用于确定在成本法运用中的重置成本。至于选用哪种方法，应根据具体的评估对象和可以收集到的资料确定。这些方法中，对某项资产可能同时都适用，有的则不然，应用时必须注意分析方法运用的前提条件，否则将得出错误的结论。

另外，用成本法对企业整体资产及某一相同类型资产进行评估时，为了简化评估业务，节省评估时间，还可以采用统计分析法确定某类资产重置成本，这种方法运用的步骤是：

（1）在核实资产数量的基础上，把全部资产按照适当标准划分为若干类型，如房屋建筑物按结构划分为钢结构、钢筋混凝土结构等；机器设备按有关规定划分为专用设备、通用设备、运输设备、仪器仪表等。

（2）在各类资产中抽样选择适量具有代表性的资产，应用功能价值法、物价指数法、重置核算法或规模经济效益指数法等估算其重置成本。

（3）依据分类抽样估算出的资产的重置成本额与账面历史成本计算出分类资产的调整系数，其计算公式为：

$$K=R'/R$$

式中，K 为资产重置成本与历史成本的调整系数；R' 为某类抽样资产的重置成本；R 为某类抽样资产的历史成本。

根据调整系数 K 估算被评估资产的重置成本，计算公式为：

$$\text{被评估资产重置成本}=\sum \text{某类资产账面历史成本}\times K$$

式中，某类资产账面历史成本可从会计记录中取得。

例2-4 评估某企业某类通用设备。经抽样选择具有代表性的通用设备5台，估算其重置成本之和为30万元，而该5台具有代表性的通用设备历史成本之和为20万元，该类通用设备账面历史成本之和为500万元，则

K=30/20=1.5

该类通用设备重置成本=500×1.5=750（万元）

（二）实体性贬值及其估算

资产的实体性贬值是资产由于使用和自然力作用形成的贬值。实体性贬值的估算，一般可以采用以下几种方法：

1. 观察法

观察法也称成新率法，是指对被评估资产，由具有专业知识和丰富经验的工程技术人员对资产的实体各主要部位进行技术鉴定，并综合分析资产的设计、制造、使用、磨损、维护、修理、大修理、改造情况和物理寿命等因素，将评估对象与其全新状态相比较，考察由于使用磨损和自然损耗对资产的功能、使用效率带来的影响，判断被评估资产的成新率，从而估算实体性贬值。计算公式为：

资产的实体性贬值=重置成本×（1－成新率）

2. 公式计算法

公式计算法的计算公式为：

$$\text{资产的实体性贬值}=\frac{\text{重置成本}-\text{预计残值}}{\text{总使用年限}}\times\text{实际已使用年限}$$

式中：

（1）预计残值指被评估资产在清理报废时净收回的金额。在资产评估中，通常只考虑数额较大的残值，如残值数额较小可以忽略不计。

（2）总使用年限指实际已使用年限与尚可使用年限之和。计算公式为：

总使用年限=实际已使用年限+尚可使用年限

实际已使用年限=名义已使用年限×资产利用率

由于资产在使用中负荷程度的影响，必须将资产的名义已使用年限调整为实际已

使用年限。名义已使用年限是指资产从购进使用到评估时的年限。名义已使用年限可以通过会计记录、资产登记簿、登记卡片查询确定。实际已使用年限是指资产在使用中实际损耗的年限。实际已使用年限与名义已使用年限的差异，可以通过资产利用率来调整。资产利用率的计算公式为：

$$资产利用率=\frac{截止评估日资产累计实际利用时间}{截止评估日资产累计法定利用时间}\times 100\%$$

资产利用率>1，表示资产超负荷运转，资产实际已使用年限比名义已使用年限要长；资产利用率=1，表示资产满负荷运转，资产实际已使用年限等于名义已使用年限；资产利用率<1，表示开工不足，资产实际已使用年限小于名义已使用年限。

例 2-5　某资产 2007 年 2 月购进，2017 年 2 月评估时，名义已使用年限是 10 年。根据该资产技术指标，正常使用情况下，每天应工作 8 小时，该资产实际每天工作 7.5 小时。由此可以计算资产利用率：

$$资产利用率=\frac{10\times 360\times 7.5}{10\times 360\times 8}\times 100\%=93.75\%$$

由此可确定其实际已使用年限为 9.4 年。

实际评估过程中，由于企业基础管理工作较差，再加上资产运转中的复杂性，计算资产利用率的指标往往很难确定。资产评估专业人员应综合分析资产的运转状态，诸如资产开工情况、大修间隔期、原材料供应情况、电力供应情况、是否季节性生产等各方面因素分析确定。

尚可使用年限是根据资产的有形损耗因素，预计资产的继续使用年限。

（三）功能性贬值及其估算

功能性贬值是由于技术相对落后造成的贬值。估算功能性贬值时，主要根据资产的效用、生产加工能力、工耗、物耗、能耗水平等功能方面的差异造成的成本增加和效益降低，相应确定功能性贬值额。同时，还要重视技术进步因素，注意替代设备、替代技术、替代产品的影响，以及行业技术装备水平现状和资产更新换代速度。

通常，功能性贬值的估算可以按下列步骤进行：

(1) 将被评估资产的年运营成本与功能相同但性能更好的新资产的年运营成本进行比较。

(2) 计算两者的差异，确定净超额运营成本。由于企业支付的运营成本是在税前扣除的，企业支付的超额运营成本会导致税前利润下降，所得税额降低，使得企业负担的运营成本远远低于其实际支付额，因此，净超额运营成本是超额运营成本扣除所得税以后的余额。

(3) 估计被评估资产的剩余寿命。

(4) 以适当的折现率将被评估资产的剩余寿命内每年的超额运营成本折现，这些折现值之和就是被评估资产的功能性损耗（贬值），计算公式为：

$$被评估资产功能性贬值额=\sum(被评估资产年净超额运营成本\times 折现系数)$$

例 2-6　某种机器设备，技术先进的设备比原有的陈旧设备生产效率高，节约工资费用，有关资料及计算结果如表 2-1 所示。

表 2-1　有关资料及计算结果

项目	技术先进设备	技术陈旧设备
月产量	10 000 件	10 000 件
单件工资	0.80 元	1.20 元
月工资成本	8 000 元	12 000 元
月差异额		12 000－8 000＝4 000(元)
年工资成本超支额		4 000×12＝48 000(元)
减：所得税（税率 25%）		48 000×25%＝12 000(元)
扣除所得税后年净超额工资		36 000 元
资产剩余使用年限		5 年
假定折现率为 10%，5 年年金折现系数		3.790 8
功能性贬值额		36 000×3.790 8＝136 468.8(元)

应当指出，新老技术设备的对比，除生产效率影响工资成本超额支出外，还可对原材料消耗、能源消耗以及产品质量等指标进行对比计算其功能性贬值额。

此外，功能性贬值的估算还可以通过超额投资成本的估算进行，即超额投资成本可视为功能性贬值，计算公式为：

功能性贬值额＝复原重置成本－更新重置成本

（四）经济性贬值及其估算

经济性贬值是由于外部环境变化造成资产的贬值。计算经济性贬值，主要是根据由于产品销售困难而开工不足或停止生产形成资产的闲置、价值得不到实现等因素，确定其贬值额。资产评估专业人员应根据资产的具体情况加以分析确定。当资产使用基本正常时，不计算经济性贬值。

（五）成新率及其估算

成新率反映评估对象的现行价值与其全新状态重置价值的比率。该成新率指的是成本法运用的第二个公式（即被评估资产评估值＝重置成本×成新率）中的成新率，它是综合考虑资产使用中各类损耗以后确定的。在成新率分析计算过程中，应充分注意资产的设计、制造、实际使用、修理、大修理、改造情况，以及设计使用年限、物理寿命、现有性能、运行状态和技术进步等因素的影响。通常，成新率的估算方法有以下几种：

1. 观察法

观察法是由具有专业知识和丰富经验的工程技术人员对资产实体各部位进行技术鉴定，以判断确定被评估资产的成新率。与实体性贬值确定中所称的成新率不同，这一成新率是在综合考虑资产实体性损耗、功能性损耗和经济性损耗等基础上确定的，而不只是考虑使用磨损和自然损耗的影响。

2. 使用年限法

使用年限法是根据资产预计尚可使用年限与其总使用年限的比率确定成新率，计算公式为：

$$成新率=\frac{预计尚可使用年限}{实际已使用年限+预计尚可使用年限}\times 100\%$$

3. 修复费用法

修复费用法是通过估算资产恢复原有全新功能所需要的修复费用占该资产的重置成本（再生产价值）的百分比确定的，计算公式为：

$$成新率=1-\frac{修复费用}{重置成本}\times 100\%$$

估算成新率的方法有很多，在后面各类型具体资产的评估中会具体研究确定，这里不再详述。

需要说明的是，评估工作中，有些资产评估专业人员直接按照会计学中的折旧年限估算成新率，这种做法是不正确的，必须摒弃。这是因为：

第一，折旧是由损耗决定的，但折旧并不就是损耗，折旧是高度政策化了的损耗。资产使用过程中，价值的运动依次经过价值损耗、价值转移和价值补偿，折旧作为转移价值，是在损耗基础上确定的。但会计学上的折旧率或折旧年限，是对某一类资产做出的会计处理的统一标准，是一种高度集中的理论系数或常数，对于该类资产中的每一项资产虽然具有普遍性、同一性和法定性，但不具有实际磨损意义上的个别性或特殊性。实际上，它表现为以下几个方面的特征：第一，折旧年限是一个平均年限，对于同一类型中的任何一项资产均适用。第二，它是在考虑损耗的同时，又考虑社会技术经济政策和生产力发展水平，有时甚至把它作为经济杠杆，体现对某类资产的鼓励或限制生产政策。第三，它是以同类资产中各项资产运转条件均相同的假定条件为前提的。这种情况下，同类型的资产，无论其所在地如何，保养维护情况、运行状况如何，均适用同一折旧年限。评估中的成新率则是根据资产的具体运行状态、使用频率、工作环境等确定的，具有特殊性和个别性特征。

第二，在折旧年限的确定中，资产的维修是以保证资产正常运转为前提的，也就是说，修理是作为追加劳动支出，并不增加资产效用和价值。但实际上，每一项资产在使用过程中，由于运转条件、保养、维修条件不同，其损耗以及实际运作功能也不相同。评估中通常所讲的完全相同的资产是很少见的，就是这个道理。实际工作中，许多资产提前报废或超龄服役，无不与其保养、修理和运转状况有关。可见，资产的维修在保证资产正常运转的同时，具有更新的性质，可以增加资产的效用和功能，资产评估更注重资产运转的实际效能。需要说明的是，尽管维修费用的发生会增大资产价值，延长资产使用寿命，从而影响其成新率，但成新率确定不是资产运转中费用增减的反映，并非发生修理费用越多，成新率就越高，而是运转过程中更新、修理费用发生结果在资产性能、使用期限等方面结果的体现。

当然，并不是所有的维护修理都是有效的，从评估角度，应注意区分可修复性损耗和不可修复性损耗。可修复性损耗是指为了改进（改造）效用而花费的成本，低于由此得到的收益回报。不可修复性损耗则是指由于一项资产的改进成本超过了这种改进带来的收益，而不能弥补改进的资产贬值和价值损失。因此，只有为可修复性损耗而发生的费用支出从而影响成新率变化才是应考虑的。

第三，折旧年限的确定基础与评估中成新率的确定基础——损耗本身具有差异性。确定折旧年限的损耗包括有形损耗（实体性贬值）和无形损耗。而评估中确定成新率的损耗，包括实体性贬值、功能性贬值和经济性贬值。其中，功能性贬值只是无形损耗的一种形式，而不是无形损耗的全部。经济性贬值则是资产外部原因引起的，为评估过程所特有。

第四，资产评估过程中，一些资产评估机构和资产评估专业人员根据实地勘察鉴定的结果，确定的使用年限与折旧年限完全相同。这时当然可以采用折旧年限。但这仅仅是偶然性结果，并不具有必然性，而且，这是经过分析、比较、判断后的结果，恰恰说明成新率的确定应根据实地勘察确定，而不是按折旧年限直接确定。

三、运用成本法评估资产的程序及其优缺点分析

（一）运用成本法评估资产的程序

运用成本法评估资产一般按下列程序进行：

（1）确定被评估资产，估算重置成本；

（2）确定被评估资产的使用年限；

（3）估算被评估资产的损耗或贬值；

（4）计算确定被评估资产的价值。

（二）成本法的优缺点

采用成本法评估资产的优点有：

（1）比较充分地考虑了资产的损耗，评估结果更公平合理；

（2）有利于单项资产和特定用途资产的评估；

（3）在不易计算资产未来收益或难以取得市场参照物条件下可广泛应用。

采用成本法的缺点是工作量较大。而且，它是以历史资料为依据确定目前价值，必须充分分析这种假设的可行性。另外，经济性贬值也不易全面准确估算。

第三节　收益法

一、收益法及其适用的前提条件

（一）收益法的含义

收益法是指通过估算被评估资产未来预期收益并折算成现值，借以确定被评估资产价值的一种资产评估方法。

采用收益法对资产进行评估所确定的资产价值，是指为获得该项资产以取得预期

收益的权利所支付的货币总额。这里不难看出，资产的评估价值与资产的效用或有用程度密切相关，资产的效用越大，获利能力越强，它的价值也就越大。从收益法概念本身也可以分析确定收益法应用的前提条件。

（二）收益法应用的前提条件

众所周知，资产成交后能为新的所有者带来一定的收益，新的所有者支付的货币量不会超过该项资产（或与其具有同样风险因素的相似资产）的期望收益的折现值。换一个角度分析，投资者投资购买资产时一般要进行可行性分析，其预计的内部回报率只有在超过评估的折现率时才肯支付货币额以取得该项资产。应用收益法评估资产必须具备的前提条件是：

（1）被评估资产必须是能用货币衡量其未来期望收益的单项或整体资产；

（2）新的资产所有者所承担的风险也必须是能用货币衡量的。

应该注意的是，运用收益法对资产评估时，是以资产投入使用后连续获利为基础的。资产作为特殊商品，在资产买卖中，人们购买的目的往往并不在于资产本身，而是资产的获利能力。如果在资产上进行投资不是为了获利，进行投资后没有预期收益或预期收益很少而且又很不稳定，则不能采用收益法。

二、收益法应用的形式

收益法的应用，实际上就是对被评估资产未来预期收益进行折现或资本化的过程。一般来说，有以下几种情况：

（一）资产未来收益期有限的情况

资产未来预期收益具有特定时期的情况下，通过预测有限期限内各期的收益额，以适当的折现率进行折现后求和获得。各年预期收益折现值之和，即为评估值，其基本公式为：

$$评估值=\sum_{i=1}^{n}\frac{R_i}{(1+r)^i}$$

式中，R_i 为未来第 i 个收益期的预期收益额，收益期有限时，R_i 中还包括期末资产剩余净额；n 为收益年期；r 为折现率。

例 2－7 某企业尚能继续经营 3 年，营业终止后资产全部用于抵充负债，现拟转让。经预测得出 3 年内各年预期收益的数据如表 2－2 所示。

表 2－2　3 年内各年预期收益的数据

	收益额（万元）	折现率	折现系数	收益折现值（万元）
第 1 年	300	6%	0.943 4	283.02
第 2 年	400	6%	0.890 0	356.00
第 3 年	200	6%	0.839 6	167.92

如此可以确定其评估值为：

评估值＝283.02＋356.00＋167.92＝806.94（万元）

（二）资产未来收益无限期的情况

无限收益期的情况下，有两种情形：

1. 未来收益年金化的情形

这种情形下，首先预测其年收益额，然后对年收益额进行资本化处理，即可确定其评估值。基本公式为：

$$\text{资产评估值（收益现值）}=\frac{\text{年收益额}}{\text{资本化率}}$$

上述公式实际是预期收益折现值求和的特殊形式，推导过程如下：

假设未来预期收益分别为 R_1，R_2，…，R_n，折现率为 r，折现值之和为 PV，则有

$$PV=\frac{R_1}{(1+r)}+\frac{R_2}{(1+r)^2}+\cdots+\frac{R_n}{(1+r)^n}$$

当 $R_1=R_2=\cdots=A$ 时，

$$PV=A\cdot\left[\frac{1}{(1+r)}+\frac{1}{(1+r)^2}+\cdots+\frac{1}{(1+r)^n}\right]$$

$$=A\cdot\frac{[\ (1+r)^n-1]}{[r\cdot(1+r)^n]}$$

$$=A\cdot\frac{\left[\frac{1-1}{(1+r)^n}\right]}{r}$$

当 $n\to\infty$ 时，$\frac{1}{(1+r)^n}\to0$，则

$$PV=A/r$$

有的资产评估时，其未来预期收益尽管不完全相等，但生产经营活动相对稳定，各期收益相差不大，这种情况下也可以采用上述方法进行评估，其步骤如下：

第一步，预测该项资产未来若干年（一般为5年）的收益额，并折现求和。

第二步，通过折现值之和求取年等值收益额。根据上述计算公式可知：

$$\sum_{i=1}^{n}\frac{R_i}{(1+r)^i}=A\sum_{i=1}^{n}\frac{1}{(1+r)^i}$$

因此

$$A=\frac{\sum_{i=1}^{n}\frac{R_i}{(1+r)^i}}{\sum_{i=1}^{n}\frac{1}{(1+r)^i}}$$

式中，$\sum_{i=1}^{n}\frac{1}{(1+r)^i}$ 为各年现值系数，可查表求得。

第三步，将求得的年等值收益额进行资本化计算，确定该项资产评估值。

2. 未来收益是不等额的情形

这种情形下，首先预测若干年内（一般为5年）的各年预期收益额；再假设若干年的最后一年开始，以后各年预期收益额均相同；最后，将企业未来预期收益进行折现和资本化处理（见图2-1）。基本公式为：

$$\begin{aligned}\begin{matrix}\text{资产评估值}\\\text{（预期收益现值）}\end{matrix}&=\sum\left(\begin{matrix}\text{前若干年}\\\text{各年收益额}\end{matrix}\times\text{各年折现系数}\right)\\&\quad+\frac{\text{以后各年的年金化收益}}{\text{资本化率}}\times\begin{matrix}\text{前若干年最后}\\\text{一年的折现系数}\end{matrix}\end{aligned}$$

应当指出，确定后期年金化收益的方法，一般以前期最后一年的收益额作为后期

永续年金收益，也可预测后期第一年的收益作为永续年金收益。

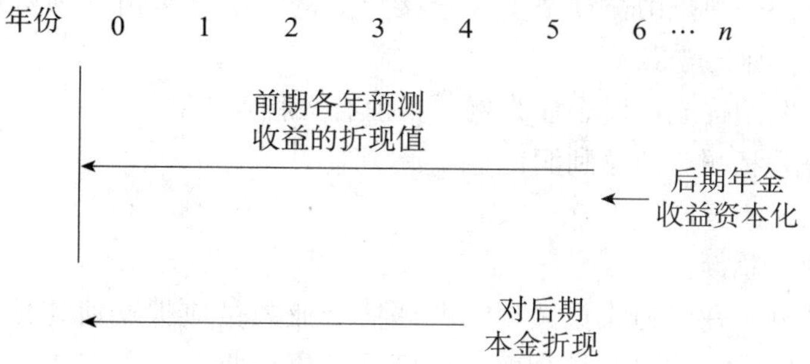

图 2-1 计算公式图示

例 2-8 某企业预计未来五年收益额分别是 12 万元、15 万元、13 万元、11 万元和 14 万元。假定从第六年开始，以后各年收益均为 14 万元，确定的折现率和资本化率均为 10%。确定该企业在持续经营下的评估值。

评估过程可按下列步骤进行：

首先，确定未来五年收益额的现值。

$$\begin{aligned}现值总额&=\frac{12}{1+10\%}+\frac{15}{(1+10\%)^2}+\frac{13}{(1+10\%)^3}+\frac{11}{(1+10\%)^4}\\&\quad+\frac{14}{(1+10\%)^5}\\&=12\times0.909\,1+15\times0.826\,4+13\times0.751\,3+11\times0.683\,0\\&\quad+14\times0.620\,9\\&=49.277\,7(万元)\end{aligned}$$

计算中的现值系数，可从复利现值表中查得。

其次，将第六年以后的收益进行资本化处理，即

$$\frac{14}{10\%}=140(万元)$$

最后，确定该企业评估值：

$$企业评估值=49.277\,7+140\times0.620\,9=136.203\,7(万元)$$

三、收益法中各项指标的确定

收益法的运用，不仅在于掌握其在各种情况下的各种计算过程，更重要的是科学、合理地确定方法运用中的各项指标。收益法中的主要指标有三个：收益额、折现率或资本化率、收益期限。

（一）收益额

收益法运用中，收益额的确定是关键。收益额是指由被评估资产在使用过程中产生的超出其自身价值的溢余额。对于收益额的确定，应把握两点：

(1) 收益额指的是资产使用带来的未来收益期望值，是通过预测分析获得的。无论对于所有者还是购买者，判断该项资产是否有价值，首先应判断该项资产是否有收益。评估时对其收益的判断，不仅看其现在的收益能力，更重要的是预测其未来的收

益能力。

（2）收益额必须是由被评估资产直接形成的，不能是由该项资产形成的收益中分离出来的，切莫张冠李戴。

关于收益额的构成，以企业为例，目前有几种观点：

第一，税后利润，即净利润；

第二，现金流量；

第三，利润总额。

至于选择哪一种作为收益额，资产评估专业人员应根据所评估资产的类型、特点以及评估目的决定，重要的是全面、正确反映资产收益，并与折现率或资本化率口径保持一致。

（二）折现率和资本化率

确定折现率，首先应该明确折现的内涵。折现作为一个时间优先的概念，认为将来的收益或利益低于现在的同样收益或利益，并且随着收益时间向将来推迟的程度而有系统地降低价值。同时，折现作为一个算术过程，是把一个特定比率应用于一个预期的收益，从而得出当前的价值。从折现率本身来说，它是一种特定条件下的收益率，说明资产取得该项收益的收益率水平。收益率越高，资产评估值越低。因为在收益一定的情况下，收益率越高，意味着单位资产增值率越高，所有者拥有资产价值就越低。折现率的确定是运用收益法评估资产时比较棘手的问题。折现率必须谨慎确定，折现率的微小差异，会带来评估值数以万计的差异。确定折现率，不仅应有定性分析，还应寻求定量方法。折现率与利率不完全相同，利率是资金的报酬，折现率是管理的报酬。利率只表示资产（资金）本身的获利能力，而与使用条件、占用者和用途没有直接联系，折现率则与资产以及所有者使用的效果有关。一般来说，折现率应包含无风险利率、风险报酬率和通货膨胀率。无风险利率是指资产在一般条件下的获利水平；风险报酬率则是指冒风险取得的报酬与资产的比率。每一种资产，由于其使用条件、用途、所在行业不同，风险就不一样，折现率也不相同。通常，它要由资产评估专业人员根据社会、行业、企业和评估对象的资产收益水平综合分析确定。而且，折现率选择时还要注意所选收益额的计算口径应与折现率的口径保持一致。折现率的具体确定方法，将在各类资产具体评估时阐述。

资本化率与折现率在本质上是没有区别的，只是适用场合不同。折现率是将未来有限期的预期收益折算成现值的比率，用于有限期预期收益还原；资本化率则是将未来永续性预期收益折算成现值的比率。

（三）收益期限

收益期限是指资产收益的期间，通常指收益年限。收益期限由资产评估专业人员根据未来获利情况、损耗情况等确定，也可以根据法律、契约和合同规定确定。

四、收益法评估资产的程序及其优缺点分析

（一）收益法评估资产的程序

（1）收集验证有关经营、财务状况的信息资料；

（2）计算和对比分析有关指标及其变化趋势；

（3）预测资产未来预期收益，确定折现率或资本化率；

（4）将预期收益折现或资本化处理，确定被评估资产价值。

（二）收益法评估资产的优缺点

1. 收益法评估资产的优点

（1）能真实和较准确地反映企业资本化的价值；

（2）与投资决策相结合，应用此法评估的资产价值，易被买卖双方所接受。

2. 收益法评估资产的缺点

（1）预期收益额预测难度较大，受较强的主观判断和未来不可预见因素的影响；

（2）在评估中适用范围较小，一般适合企业整体资产和可预测未来收益的单项资产评估。

第四节　资产评估方法的比较和选择

一、资产评估方法之间的关系

资产评估方法很多，各种方法都有其各自的特点。同时，这些方法之间又是相互关联的。研究资产评估方法的特点，分析比较各种方法之间的联系和区别，对于选择资产评估方法具有重要意义。

（一）资产评估方法之间的联系

整体上来说，评估方法是由互相关联的、内在相关的不可分割的技巧和程序组成的，其共同目标就是获得令人信服的可靠的评估价值。成本和市场销售数据的分析通常是收益法运用中不可缺少的部分。同样，折现和资本化也时常运用于市场法和成本法中。例如，市场法中分析和调整参照物价格与被评估资产价格的差异因素，会用到折现和资本化的技巧；在成本法中，对功能性贬值等的确定也要采用折现和资本化的方法。一般来说，成本法、收益法的运用都是建立在现行市价基础之上的，只是它们的运用不像市场法运用表现得那么直接而已。

（二）市场法与成本法的区别

资产评估过程中，市场法和成本法往往容易混淆。区别市场法和成本法具有重要的理论和实践意义。两种方法的区别表现为：

（1）成本法是按现行市场价格确定重新购买该项资产的价值，而市场法则是按市场上该项资产的交易价格确定的。前者主要从买者角度，即以购建某项资产的耗费来确定；后者则是从卖者角度，即市场上销售价格来确定。

（2）市场法中的现行市价指的是资产的独立的价格，是交易过程中采用的。而重置成本不仅包括该项资产的自身价格（购建价格），还包括该项资产的运杂费、安装调试费等。

（3）市场法的运用与原始成本没有直接联系，而成本法中的某些计算，则要用被评估资产的原始成本和原始资料。

（4）成本法是按全新资产的购建成本和扣除被评估资产的各项损耗（或贬值）后确定评估价值；市场法则是按参照物价格，考虑被评估资产与参照物的各项差异因素并进行调整来确定评估值。两种方法具有不同的操作程序，资料的获得和指标确定有着不同的思路。

二、资产评估方法的选择

资产评估方法有成本法、市场法、收益法等多种。资产评估方法的多样性，为资产评估专业人员提供了适当选择评估途径、有效完成评估任务的现实可能。选择合适的资产评估方法，有利于简捷、合理地确定资产评估价值。资产评估方法的选择主要应考虑下列因素：

1. 资产评估方法的选择必须与资产评估价值类型相适应

资产评估方法作为获得特定价值尺度的技术规程，必须与评估价值类型相适应。资产评估价值类型与资产评估方法是两个不同的概念。资产评估价值类型说明“评什么”，是资产评估价值的质的规定，具有排他性，对评估方法具有约束性；资产评估方法说明“如何评”，是资产评估价值的量的确定，具有多样性和替代性，服务于资产评估价值类型。资产评估价值类型确定的准确性与科学的相匹配的资产评估方法，是资产评估价值具有科学性和有效性的重要保证。

2. 资产评估方法必须与评估对象相适应

评估对象是单项资产还是整体资产，是有形资产还是无形资产等，往往要求不同的评估方法与之相适应。同时，资产评估对象的理化状态不同，所要求的评估方法也往往不同。例如，一台市场交易很活跃的旧机器设备的评估可以采取市场法进行评估，而旧的专用设备的评估，通常只能采用成本法进行评估。

3. 评估方法的选择还要受可收集数据和信息资料的制约

各种方法的运用都要根据一系列数据、资料进行分析、处理和转换，没有相应的数据和资料，方法就会失灵。资产评估的过程实际上也就是收集资料的过程。比如在方法运用过程中，西方评估机构采用更多的是市场法，但在我国，由于受市场发育不完全、不完善的限制，市场法的应用无论从广度还是使用效率方面远远落后于其他国家的水平。因此，评估者应根据可获资料，以及经努力能收集到的资料满足程度来选择适当的方法。就资产评估来说，方法的科学性依赖于方法运用中指标的确定。

4. 选择评估方法还要考虑不同的评估途径

在同一资产评估价值类型约束下，由于方法的替代性，可能会有几种方法都可以使用。在选择方法时，一是要充分考虑资产评估工作的效率，选择简便易行的方法；二是根据资产评估专业人员的特长进行选择。当然，也可以分别采取几种方法进行评估，比较分析结果的科学性。

一项资产同时采用两种或两种以上的方法评估，会得出两种或两种以上不同的结论。这时，一般不能用各种方法得出的评估结果进行简单平均或加权平均得出评估结论，而是应该根据评估价值类型以及不同评估结果对市场的适用性进行分析、判断，形成评估结论。

本章小结

评估方法指的是价值估算的思路。市场法、成本法和收益法是国际上通行的三种基本方法。

市场法采取的是将被评估资产与参照物资产比较的思路；成本法则是以重新购建全新资产的重置成本扣减其贬值的思路；收益法则以其未来收益折现或资本化进行。从投入产出角度而言，成本法以过去投入决定其评估价值，市场法则以市场上的交易值决定其评估价值。市场法是三种评估方法中最简单、最有效的方法。

评估方法的应用取决于其前提条件。三种方法没有先进和落后之分，应用中应根据适当的价值类型、资产特性、市场条件等诸要素加以选择。除了三种评估方法的模型外，评估方法中各指标、参数的判断和选择应是评估方法应用中的最重要内容。

思考题

1. 如何理解成本法、收益法、市场法的含义和应用前提?
2. 如何理解成本法中成新率的含义?
3. 如何选择资产评估方法?

第三章

机器设备评估

第一节 机器设备评估的特点

一、机器设备及其分类

（一）机器设备的特点

机器设备是指由金属或其他材料组成，由若干零部件装配起来，在一种或几种动力驱动下，能够完成生产、加工、运行等功能或效用的装置。

机器设备是企业必要的、主要的劳动手段，马克思称之为“生产的骨骼系统和肌肉系统”①。同时，机器设备技术状态的好坏，对企业生产的正常运转，对产品的质量和成本都有直接的影响，因此，马克思称之为“人类劳动力发展的测量器”②。

一台机器设备是由数以千计甚至数以万计的零部件组成，其构造功能、性能各不相同。但一般来说，典型的机器设备主要是由原动机部分、传动部分和工作部分三大部分组成。例如，在金属切削机床中的普通车床，电动机为原动机部分；三角皮带、齿轮系统、丝杆为传动部分；卡盘、刀架等为工作部分。随着科学技术发展，机器设备中，控制部分也是一项重要内容。

通过对机器设备的一般情况了解，从其自身特征以及评估需要，可以看出机器设备的特点为：

（1）机器设备作为主要劳动手段，属于会计学中所称的固定资产，具有单位价值高、使用期限长的特点，要求评估者充分认识其功能的适用性和可能的风险性。

（2）机器设备属于动产类资产，与房地产比较，评估值高低与其所处地域不具有直接关系。

（3）机器设备属于有形资产，但同时要考虑附着于机器设备中的无形资产。

---

①② 马克思恩格斯选集：第二卷［M］．北京：人民出版社，2012：171.

（4）机器设备更新换代比较快，对于政策规定的高耗能、低效能、污染大的机器设备，尽管实体成新程度高，但仍应按低值甚至按报废处理。

根据机器设备的上述特点，确定机器设备评估范围时应注意区别下列几个问题：

（1）机器设备和土地、房屋及构筑物。在资产评估中，机器设备和土地、房屋及构筑物的关系可能出现以下几种情况：第一，有些设备是安装附着在土地、房屋及构筑物上的，它们对后者的功能会有很大影响，如油井、旋转屋顶的机构、电梯等，评估时要考虑这些设备具有的不动产特征。第二，许多物业为了方便使用或具有多种功能，除土地、房屋结构外还需配置水、电、气、电信、智能等附属设备。在评估这些具有独立功能的物业时，可以将诸如配电设备、泵站、锅炉、电话、交换机等列入物业范围，随建筑物一起评估。第三，许多加工设备都有设备基础等构筑物，在续用条件下不能对设备基础漏评。通常情况下，简易基础，如机床设备基础等可以含在设备评估价值中，大型设备基础要单独作为构筑物评估。

（2）机器设备和无形资产。比较复杂或先进的机器设备，特别是成套设备、机组、检测设备等，其功能的正常发挥还需要有专利权、专有技术或计算机软件等无形资产支持。一般来说，对单台设备中含有的或通用性较强的无形资产，应将设备和无形资产分开评估；而成套设备、机组和复杂的检测设备中含有的专用无形资产，可含在设备价值中一起评估。

（3）机器设备和流动资产。许多成套设备、机组在其价值构成中包含有试车用原材料、配套易损件及技术培训费等。在续用条件下对这些机器设备评估时，应注意不要重复评估和漏评估。

（二）机器设备的分类

机器设备种类很多，可以按不同标准进行分类。

1. 按国家固定资产分类标准分类

国家质量监督检验检疫总局、国家标准化管理委员会在 2010 年颁发了《固定资产分类与代码》（GB/T 14885—2010），根据该标准，机器设备分为：（1）通用设备；（2）专用设备。该标准对上述两类设备列出了详细的目录。

2. 按会计制度规定分类

我国财会制度按固定资产的使用特性将其分为六种类型，对机器设备而言有：（1）生产经营用机器设备；（2）非生产经营用机器设备；（3）租出机器设备；（4）未使用机器设备；（5）不需用机器设备；（6）融资租入机器设备。

3. 按机器设备的组合程度分类

机器设备在使用中通常将不同功用的设备进行分配组合，以完成某种生产工艺活动。按其组合方式和程度划分，可分为：（1）单台设备（独立设备）；（2）机组，如柴油发动机组等；（3）成套设备（包括生产线），由若干不同设备按生产工艺过程，依次排序联结，形成一个完整或主要生产过程的机器体系，如合成氨成套设备、胶合板生产线等。

4. 按机器设备的来源分类

机器设备按来源划分，通常可分为自制设备和外购设备两种，外购设备中又有国内购置和国外引进设备之分。

机器设备还有许多分类方式，在此不一一列举。值得注意的是，上述分类并不是独立的，分类之间可以有不同程度的关联。如外购设备中，可能是通用设备，也可能是专用设备，还可能是进口通用设备或进口专用设备；成套设备中可能部分是外购的，部分是自制的。资产评估中可以根据委托单位的生产技术特点、评估目的、采用的评估操作方法、评估操作人员的专业特长等，按不同分类进行操作，最后按评估结果汇总要求进行统计。在评估时既可按生产车间进行清查评估；也可按通用设备、专用设备等分类清查评估；还可按自制设备、外购设备、国内设备和进口设备分类清查评估等。完成这些工作后再进行分类汇总。此外，在企业改制评估中，还需要划分生产经营用机器设备及非生产经营用机器设备等。

二、机器设备评估的特点

（1）机器设备类资产一般是企业整体资产的一个组成部分，它通常与企业的其他资产，如房屋建筑物、土地、流动资产、无形资产等，共同完成某项特定的生产目的，一般不具备独立的获利能力。所以在进行机器设备评估时，收益法的使用受到很大限制，通常采用成本法和市场法。

（2）对于整体性的机器设备，它是为了实现某种功能，由若干机器设备组成的有机整体。评估人员在进行价值分析时应注意机器设备之间的有机联系对价值的影响，整体的价值不仅仅是单台设备的简单相加。

（3）影响机器设备磨损的因素很多，设备的磨损、失效规律不易确定，个体差异较大。确定贬值往往需要逐台对设备的实体状态进行调查、鉴定。

（4）设备的贬值因素比较复杂，除实体性贬值外，往往还存在功能性贬值和经济性贬值。科学技术的发展，国家有关的能源政策、环保政策等，都可能对设备的评估价值产生影响。

三、机器设备评估的程序

（一）明确评估目的

这是确定评估对象、范围和选择评估价值类型、评估方法的关键。

（二）清查机器设备，明确评估对象

本程序主要包括下列内容：

（1）根据账面资料，清查核实机器设备实有量；

（2）明确评估的是单台设备还是组合设备；

（3）确定评估对象，主要是要划清机器设备与流动资产中低值易耗品的界限，还要划清机器设备与不动产的界限。

（三）对机器设备进行必要的鉴定，确定其适用性、可用度以及主要技术参数

（四）研究确定评估方法，收集和处理有关信息资料

机器设备评估最常用的方法是市场法和成本法，评估人员应依据市场情况进行选

择。由于机器设备收益边界较难确定，因此，单台机器设备的评估几乎不会采用收益法，收益法可以用于机组设备、生产流水线的评估。

评估人员根据所选用方法和评估对象特点，收集所需要的市场价格资料。评估人员还要从企业收集、查阅相关的资料，这些资料包括：

（1）工艺流程图；

（2）工艺管线图；

（3）车间及设备布置图；

（4）设备台账；

（5）设备的大修理及技术改造记录；

（6）设备的大修理计划；

（7）设备的设计说明书；

（8）非标准设备的设计图纸；

（9）设备基础及安装图纸；

（10）大型设备订货合同及发票；

（11）进口设备的原始订货合同；

（12）进口设备报关单；

（13）工厂及车间的设计生产能力及实际生产能力；

（14）主要能耗设备清单；

（15）工厂及车间能源消耗情况及改造措施；

（16）环保重点检测设备清单；

（17）工厂及车间环保状况及改造措施；

（18）设备的完全状况及改造措施。

（五）评定估算，撰写评估报告

第二节 机器设备的核查与鉴定

一、机器设备的核查

评估人员在评估机器设备时，要根据评估目的的要求对被评估的机器设备进行必要的核查，以确定机器设备的客观存在。机器设备核查的方式可分为逐项清查和抽样核查两种。

（一）逐项清查

这种方法，评估人员要依据委托评估的资产清单，对所有被评估的机器设备进行逐台清点、核实，分别考察每一台设备的实体状态，确定实体性贬值、功能性贬值和经济性贬值。一般来讲，由于机器设备单台价值量较大，在评估时多采用逐项清查的方式。用这种方法核查资产，风险较小，但核查的工作量较大。

（二）抽样核查

抽样核查是在满足核查任务要求的前提条件下，根据随机抽样的原理，核查被评估机器设备的一种方法。

一些机器设备，单台价值量较低，但数量多，规格型号及使用环境、使用条件相同或类似。在这种情况下，评估人员为了提高评估工作效率可以采用抽查的方式。有些客户在选择合资伙伴或投资对象时，在项目的初步可行性研究阶段，常需要评估师对某些资产提供初步估价意见。这种类型的评估项目，客户并不要求评估结果十分准确，他们只是希望对资产的规模、构成等有一个概况性的了解。在这种情况下也可以采用抽样核查的方式。

对机器设备的抽样核查，一般采用分层抽样（也称为类型抽样）的方法。这种方法的基本步骤如下：(1) 以规格型号、使用条件及环境、购置年代等作为样本的标志值，把标志值比较接近的归到一组，将被评估的机器设备分为若干组；(2) 根据抽查要求确定抽样比例；(3) 确定抽样调查指标；(4) 随机抽样；(5) 抽样结果分析。

需要指出的是，评估人员使用抽查的方式进行资产核查时，在评估报告中，必须对所采用的抽样方法以及抽样比例、抽样误差等问题作出详细说明，并指出可能存在的抽样风险。

二、机器设备的鉴定

机器设备鉴定的目的是通过确定评估对象的存在状态，为价值判断提供依据。

设备的价值与它的存在状态密切相关，如设备的磨损程度、生产能力、加工精度、安装方式等。对设备的鉴定，就是分析、采集各种影响设备价值因素的过程。通过分析和量化这些因素与价值之间的关系，对评估对象作出评估值。

评估人员在对设备进行鉴定之前，首先要明确评估对象的范围、评估目的、拟采用的评估方法，然后制定设备鉴定方案。机器设备的型号繁多，需要采集的内容千差万别，使用的鉴定方法和手段也各不相同。

机器设备的鉴定按其工作阶段可以分为统计性鉴定和判断性鉴定，其内容包括统计性鉴定中的宏观鉴定和微观鉴定，以及判断性鉴定。

（一）统计性鉴定

统计性鉴定是按照资产类别预先设计一套能够反映资产现时及历史状况的项目或指标，如设备名称、型号、规格、设计生产能力、规定运转里程、实际生产能力等，然后根据账、卡、测试仪表等反映出的有关数据和信息，进行逐项登记。统计性鉴定是资产评估前期工作之一，属于调查摸底，可以采取编制资产清册的方式，结合清查资产进行鉴定。这种鉴定分为宏观鉴定和微观鉴定。

1. 宏观鉴定

宏观鉴定是对机器设备在整个生产过程中的状况进行调查摸底。宏观鉴定主要解决下列问题：企业制造或生产何种产品；产品是如何生产的；企业的生产能力怎样。为解决这些问题，在为宏观鉴定收集数据资料时，应考虑下列内容：(1) 企业名称和地址；（2）生产购建日期；（3）生产产品名称，列出生产工序的名称及简要说明；（4）设备数量；（5）生产能力，包括设计能力、额定及实际的均衡生产能力；（6）设备维修状况、维修方式及维修费用，大修理间隔期及每次维修所需时间；（7）日产能力和工作时间；（8）原材料供应情况；（9）产成品或半成品销售渠道及市场需求情况；（10）每台设备的燃料、动力消耗；（11）自动化程度；（12）役龄：账面年限和有效寿命；（13）安全、环保及辅助设施情况；（14）收益或亏损及亏损原因。

以上数据一般应收集过去3～5年的资料。

2. 微观鉴定

微观鉴定是辨识设备个性特征的过程，主要针对单台设备。由于机器设备类型很多，其鉴定项目和内容也不一致。一般来讲，微观鉴定的内容包括以下几个方面：（1）设备名称；（2）设备型号；（3）设备规格；（4）生产厂家；（5）出厂日期、投入使用日期；（6）设备技术参数；（7）传动类型及传动系统状况；（8）动力系统状况；（9）控制系统状况；（10）工作装置状况；（11）安装基础、供水、供电、供气及其他辅助设施及费用；（12）设备的设计生产能力和实际生产能力；（13）设备精度；（14）设备的主要部件情况；（15）设备的工作负荷、班次；（16）设备的工作环境；（17）设备的维修保养情况；（18）设备的设计制造品质等。

初次进行调查和记录时，注意观察细节是非常重要的。随着资产评估专业人员经验的不断积累，采集数据工作的技巧也日渐熟练。资产评估专业人员掌握了所有的资料后，还要对信息进行去粗取精的整理工作。

（二）判断性鉴定

判断性鉴定是指由专业工程技术人员在现场勘察的基础上，对机器设备的有关指标进行分析判断。这些指标包括设备的新旧程度、剩余经济寿命等。判断性鉴定一般是在完成统计性鉴定后进行，属于机器设备鉴定的第二阶段工作。

鉴定机器设备新旧程度一般分为总体鉴定机器设备新旧程度和分结构鉴定机器设备新旧程度。

总体鉴定机器设备新旧程度，是指用观察法对处于不同状态条件下的机器设备进行鉴定，确定其损耗率或成新率。

一台机器设备往往是由若干结构或部件组成的。在运转过程中，各部分结构的损耗程度不同，同时各部分结构对机器设备主体的影响也不相同，因此，应采取分结构鉴定机器设备的新旧程度的方法。在分结构鉴定其新旧程度的基础上，再采取加权平均的方法计算其总体新旧程度。

对于整体型机器设备无论采用何种评估方法，宏观鉴定都是非常重要的。

机器设备的评估大部分采用成本法。这种方法是从微观入手来确定每一台设备的价值，而对于整体型资产，是通过单台设备的有机组合，来达到某种生产目的的。因此，影响评估价值的因素不仅仅是单台设备本身的价值，还包括设备的整体匹配情况。单台设备的状态可能是好的，但整体性能不一定能达到设计要求。因此，评估人员还必须从宏观角度对评估对象进行考察，了解整个车间或生产线的整体生产能力如何，是否存在整体性的经济性贬值和功能性贬值因素等。确定这些因素，要通过宏观鉴定来解决。

第三节　机器设备评估的成本法

机器设备评估的成本法是指通过估算机器设备的重置成本，然后扣减其各种贬值来估测机器设备评估值的方法。成本法可以用公式表示为：

机器设备评估值＝重置成本－实体性贬值－功能性贬值－经济性贬值

一、机器设备重置成本的构成

重置成本一般包括重新购置或建造与评估对象功效相同的全新资产所需的一切合理的直接费用和间接费用，如设备购置成本、运杂费、安装费、基础费、其他间接费用、税金、资金成本等。在执行企业价值评估业务的机器设备评估时，对增值税一般纳税人机器设备的评估值通常采用不含税口径，如上述重置成本中包含增值税，则需扣除被评估设备所涉及的增值税进项税额。

重置成本的构成要素与评估对象、评估前提、评估目的有关。重置可以是对单台机器设备，也可以是对整个工厂、车间或一条生产线等整体性资产。重置对象不同，重置成本的构成要素也不同。

对于单台机器设备，不需要安装的，重置成本可能仅包括设备购置成本、运杂费；需要安装的还包括安装费、基础费，可能还包括资金成本、税金等。

对于原地继续使用前提下的整体性机器设备，重置对象是整体企业，机器设备的重置成本除上述内容外，一般还包括间接费用，如勘察设计费、建设单位管理费、联合试运转费等。不同类型的工厂，重置成本的构成要素有所差异。

例如，对一个典型的机械工业企业（增值税一般纳税人）进行整体价值评估时，机器设备的重置成本一般由下列要素构成：

（1）设备现行购置成本，是指设备的不含税购买价。

（2）设备运杂费。国产设备的运杂费一般是指从生产厂到工地发生的采购、运输、保管、装卸以及其他有关费用；进口设备的国内运费指从我国港口、机场、车站运到所在地所发生的港口费（港口建设费、港务费、驳运费、倒垛费、堆放保管费、报关费、转单费、监卸费等）、装卸、运输、保管及国内运输保险等费用。计算设备运杂费时，需扣除可抵扣的增值税进项税额。

（3）设备基础费，包括构建或构筑设备基础所发生的人工、材料、机械费等全部费用。计算设备基础费时，需扣除可抵扣的增值税进项税额。

（4）设备安装费，一般包括：机械和电器设备的装配、安装工程；锅炉砌筑工程；与设备相连的工作台、梯子的安装；附属于设备的管线的敷设工程，设备及附属设施的绝缘、防腐、油漆、保温等；为测定安装工程质量所进行的单机试运转和联动无负荷试运转。计算设备安装费时，需扣除可抵扣的增值税进项税额。

（5）建设单位管理费，指建设项目从立项到工程竣工，整个建设过程的管理所需的费用。

(6) 建设单位临时设施费，指建设期间建设单位所需临时设施的搭设、维修、摊销或租赁费。计算建设单位临时设施费时，需扣除可抵扣的增值税进项税额。

(7) 工程监理费，指委托工程监理单位对工程实施监理所需的费用。计算工程管理费时，需扣除可抵扣的增值税进项税额。

(8) 研究实验费，指为建设项目进行必要的研究实验所需的费用。计算研究实验费时，需扣除可抵扣的增值税进项税额。

(9) 勘察设计费，指建设单位委托勘察设计单位进行勘察设计所需的费用。计算勘察设计费时，需扣除可抵扣的增值税进项税额。

(10) 工程保险费，指建设期间向保险公司投保建筑安装工程险的费用。

(11) 联合试运转费，指工程竣工验收前，对整个工程进行的无负荷或有负荷联合试运转所需的费用。

(12) 建设期资金成本，指合理建设期的资金占用成本。

(13) 其他合理费用。

有些企业设备本身购买价格之外的费用往往占很大的比重，重置成本构成要素是否全面直接影响评估结果的合理性。因此，对于具体的评估项目，评估人员首先要做的就是根据评估目的对重置成本的价值构成进行分析，称为重置成本分析。这是评估过程中非常重要的环节。

进口设备含税重置成本还包括设备的进口从属费用，如：(1) 海外运费；(2) 海外运输保险费；(3) 进口关税；(4) 增值税；(5) 公司代理手续费；(6) 银行手续费。

二、机器设备重置成本的估算

(一) 重置核算法

这种方法是分别估算机器设备各构成项目的成本，然后加和得到重置成本的方法。根据机器设备取得方式（外购或自制）不同，单台设备或车间和企业成套设备的不同，其估算方法也不相同。

1. 外购设备

对于外购设备，主要包括：

(1) 外购单台不需安装的国内设备重置成本。

$$\begin{aligned}\text{重置成本}&=\text{全新设备基准日公开市场成交价格}+\text{运杂费}\\&=\text{全新设备基准日公开市场成交价格}\times(1+\text{运杂费率})\end{aligned}$$

(2) 外购单台需安装的国内设备重置成本。

$$\begin{aligned}\text{重置成本}&=\text{全新设备基准日公开市场成交价格}+\text{运杂费}+\text{安装调试费}+\text{其他费用}\\&=\begin{matrix}\text{全新设备基准日}\\\text{公开市场成交价格}\end{matrix}\times(1+\text{运杂费率}+\text{安装调试费率}+\text{其他费用})\end{aligned}$$

(3) 外购单台不需安装的进口设备重置成本。

$$\begin{aligned}\text{重置成本}=&(\text{FOB 价格}+\text{国外运输保险费}+\text{国外运杂费})\times\begin{matrix}\text{基准日}\\\text{外汇汇率}\end{matrix}+\text{进口关税}\\&+\text{增值税}+\text{银行及其他手续费}+\text{国内运杂费}\end{aligned}$$

=CIF价格×基准日外汇汇率+进口关税+增值税
+银行及其他手续费+国内运杂费

式中，FOB价格为离岸价，指装运港船上交货价格；CIF价格为到岸价，指离岸价加国外运输保险费和国外运杂费。

（4）外购单台需安装的进口设备重置成本。

重置成本=单台未安装进口设备重置成本+安装调试费+人员培训费+其他费用

（5）外购成套需安装设备重置成本。

重置成本=单台未安装进口设备重置成本总和+单台未安装国产设备重置成本总和+工器具重置成本
+安装工程费+工程监理费+软件重置成本
+设计费+建设单位管理费+贷款利息

（6）车辆重置成本。

国内购置车辆重置成本=车辆价格+购置附加税+证照费及其他费用

进口车辆重置成本=车辆价格(CIF)+进口关税+消费税+增值税
+购置附加税+证照费及其他费用

式中：

进口关税=车辆价格（CIF）×进口税率

消费税=[车辆价格(CIF)+进口关税]÷(1−消费税税率)×消费税税率

增值税=[车辆价格(CIF)+进口关税+消费税]×增值税税率

购置附加税=[车辆价格(CIF)+进口关税+消费税]×购置附加税税率

上述情形的重置成本估算时，一方面应注意其构成项目，不得多计或漏计；另一方面，应采取有效方法计算其数额。根据重置成本的构成项目，分别估算其市场价格和其他费用（如运杂费、安装费、基础费及进口设备从属费用等）。

市场价格资料的取得，可以采取直接向制造商或销售商询价的方式进行，也可以参照商家的价格目录、正式出版的价格资料、广告、网络上公开的价格信息等。

需要计算不含税重置成本时，上述第（1）至（6）项的计算结果还需扣除买方可以抵扣的增值税进项税额。

通过各种渠道获得的市场价格信息，要进行分析后方可使用。评估人员一般应考虑下列因素：

（1）市场价格的多样性。对于机器设备的市场价格，制造商与销售商之间、不同的销售商之间的售价可能是不同的。根据替代性原则，在同等条件下，评估人员应该选择可能获得的最低售价。

（2）报价与成交价的差异。设备的报价和成交价往往存在一定差异，特别对一些特殊的、大型的机器设备，市场资料很难获得，市场透明度较差，生产厂家的报价和实际成交价往往存在较大的差异。评估人员应特别慎重地对待这种报价。剔除报价水分的方法，就是向近期购买该厂同类产品的其他客户了解实际成交价。

（3）折扣因素。设备销售商对购买者在一些特定的情况下有时会给予一定的折扣，如对大批量的购买者。评估人员应注意这种折扣因素对重置成本的影响。

（4）市场价格的时间性与地域性。评估人员使用的价格资料及市场信息一定要反映评估基准日的价格水平，一些过时的价格资料可能对评估结果的准确性产生重大影响。

同类型的机器设备，在不同地区，售价可能不同。设备的重置成本应该使用评估对象所在地的市场售价。

（5）替代产品与评估对象品质、性能的差别。对一些老旧机器设备，制造厂家可能已经停产多年，往往无法查到现行市场价格，对这类机器设备，可以使用其替代产品的现行市场价格作为其更新重置成本。使用这种方法时，评估人员应注意了解新老产品是否存在性能上、技术上、材料上的差异。如有，应考虑这些差异对价格的影响。

（6）同类型设备的品质差别。有些同类型的机器设备，由于制造厂家不同，设备的制造品质也存在差别，其售价也是不同的。

进口设备因交货地点不同，分别采取离岸价（FOB）和到岸价（CIF）。评估时应采用到岸价，如获取离岸价时，应将离岸价调整为到岸价。

设备的运杂费、安装费、基础费等可以按下列方法估算：

设备的运杂费一般可以根据设备的重量、体积、运输距离、运输方式确定。计费标准可以向有关运输部门如铁路、公路、船运、航空等查询得到。

设备的基础费、安装费，评估人员可以通过逐项估算基础和安装工程的人工费、材料费、机械费等来确定。

对于一些大型工业企业，由于设备的数量较多，为了提高工作效率，评估人员有时按机器设备购置价的一定比例来计算设备的运杂费、基础费、安装费。

对于整体性机器设备，可能还包括其他费用：建设单位管理费可按建设投资额的一定比例计算；工程监理费按国家发改委、建设部制定的《建设工程监理与相关服务收费管理规定》计算；勘察设计费根据国家颁布的工程设计收费标准计算；工程保险费按保险公司对机器设备安装工程险的保费标准计算，保险费率一般为3‰～6‰。上述费用对应的是整个工程项目，无法以单台设备为对象计算，评估时一般按设备购置价的一定比例摊入每台设备。

进口设备的从属费用确定方法如下：

（1）国外运费可按设备的重量、体积及海运公司的收费标准计算，也可按一定比例计取，取费基数为设备的货价，计算公式为：

海运费＝货价×海运费率

式中，海运费率为：远洋一般取5%～8%，近洋一般取3%～4%。

（2）国外运输保险费的计算公式为：

国外运输保险费＝(货价＋海运费)÷(1－保险费率)×保险费率

式中，保险费率可根据保险公司费率表确定，海运可取0.4%左右。

（3）关税的取费基数为设备到岸价，计算公式为：

关税＝到岸价×关税税率

式中，关税税率按国家发布的进口关税税率表计算。

（4）消费税的计税基数为：关税完税价＋关税，计算公式为：

消费税＝(关税完税价＋关税)÷(1－消费税税率)×消费税税率

式中，消费税税率按国家发布的消费税税率表计算。

（5）增值税的取费基数为：关税完税价＋关税＋消费税，计算公式为：

增值税＝(关税完税价＋关税＋消费税)×增值税税率

（6）银行手续费的取费基数为货价人民币数，计算公式为：

银行手续费用＝货价×费率

我国现行银行手续费率一般为4‰～5‰。

（7）外贸手续费也称公司手续费，取费基数为到岸价人民币数，计算公式为：

外贸手续费＝到岸价×外贸手续费率

目前，我国进出口公司的进口费率一般在1%～1.5%。

（8）车辆购置附加税的取费基数为：到岸价人民币数＋关税＋消费税，计算公式为：

车辆购置附加税＝(到岸价＋关税＋消费税)×税率

需要计算不含税重置价值时，上述第（1）至（6）项的计算结果还需扣除买方可以抵扣的增值税进项税额。

例3-1 评估某合资企业的一台进口气流纺机。该机三年前从德国某公司进口，进口合同中的FOB价格是20万欧元。评估人员通过德国有关纺机厂商在国内的代理机构向德国生产厂家进行了询价，了解到德国已不再生产这种型号的气流纺机了，其替代产品是全面采用计算机控制的新型纺机，新型纺机的现行FOB报价为35万欧元。

针对上述情况，评估人员经与有关纺机专家共同分析研究新型纺机与被评估气流纺机在技术性能上的差别，以及对价格的影响，最后认为，按照通常情况，实际成交价应为报价的70%～90%，故按德方FOB报价的80%作为FOB成交价。针对新型纺机在技术性能上优于被评估的气流纺机，估测被评估气流纺机的现行FOB价格约为新型纺机FOB价的70%，30%的折扣主要是功能落后造成的。评估基准日欧元对人民币的汇率为1∶7.85。国外运杂费按FOB价格的5%计；国外运输保险费率取0.4%；关税与增值税因为符合合资企业优惠条件，予以免征；银行手续费按FOB价格的0.5%计；外贸手续费按CIF价格的1%计；国内运杂费按CIF价格的3%计；安装调试费用包括在设备价格中，由德方派人安装调试，不必另付费用。由于该设备安装周期较短，故没有考虑利息因素。

根据上述分析及数据资料，被评估气流纺机的重置成本计算过程如下：

FOB价格＝35×80%×70%＝19.6(万欧元)

国外运杂费＝19.6×5%＝0.98(万欧元)

国外运输保险费＝(19.6＋0.98)÷(1－0.4%)×0.4%＝0.085 8(万欧元)

CIF价格＝FOB价格＋国外运杂费＋国外运输保险费＝19.6＋0.98＋0.085 8
＝20.665 8(万欧元)

银行手续费＝19.6×0.5%＝0.098(万欧元)

外贸手续费＝20.665 8×1%＝0.206 7(万欧元)

国内运杂费＝20.665 8×3%＝0.620 0(万欧元)

气流纺机重置成本＝20.665 8＋0.098＋0.206 7＋0.620 0＝21.590 5（万欧元）
＝21.590 5×7.85＝169.485 4（万元人民币）

2. 自制设备

对于自制设备，主要包括：

（1）自制标准通用设备重置成本。其重置成本应参考专业生产厂家的标准设备价格。在充分考虑自制设备和标准设备质量因素的前提下，运用替代原则合理确定。

（2）通用非标准设备重置成本。通用非标准设备是指通用设备中不定型、不成系列，需先进行单体设备设计再进行单台或小批量制造的设备。

1）通用非标准设备的价格构成如下：①直接材料，包括设备制造所消耗的主辅材料，外购件；②燃料和动力，指直接用于设备制造的外购和自制的燃料和动力费；③直接人工，指设备制造所直接消耗人工的工资及福利费；④制造费用，包括生产单位（如生产车间）管理人员工资和福利费、折旧、办公费、水电费、物料消耗、劳动保护费、专用模具费、专用工具费等；⑤期间费用分摊，包括管理费用、财务费用、销售费用等；⑥利润和税金；⑦非标准设备设计费；⑧对制造、安装调试周期较长的，需考虑占用资金的资金成本。需要计算一般纳税人通用非标准设备的不含税重置成本时，应扣除构建过程中发生的增值税进项税额。

2）通用非标准设备重置成本估算方法。通用非标准设备的估算方法很多，以下仅介绍其中一种，即综合估价法。

综合估价法通过确定设备的主材费用和主要外购件费用，计算出设备的完全制造成本，并考虑企业利润、税金和设计费用来确定非标准设备的重置成本。其评估依据是设备的主材费用和主要外购件费用与设备成本费用有一定比例关系。其计算公式为：

$$P=(C_{m1}\div K_m+C_{m2})\times(1+K_p)\times(1+K_t)\times(1+K_d\div n)$$

式中，P 为非标准设备重置成本；C_{m1} 为主材费（不含主要外购件费）；K_m 为不含主要外购件费的成本主材费率；C_{m2} 为主要外购件费；K_p 为成本利润率；K_t 为销售税金率（或综合税率）；K_d 为非标准设备设计费率；n 为非标准设备的产量。

主要材料是根据设备的具体构造、物理组成以及在设备重量或价值中的比重所确定的一种或几种主材，主材费 C_{m1} 是由工艺设备专业人员提出或按图纸估算出主要材料的净消耗量（如重量、面积、体积、个数等），根据各种主要材料的利用率求出各种材料的总消耗量，然后按照评估基准日材料市场价格（不含税价）计算主要材料费用。其费用可按下列公式计算：

$$C_{m1}=\sum\left[\left(\begin{matrix}\text{某主材}\\\text{净消耗量}\end{matrix}\div\text{该主材利用率}\right)\times\text{含税市场价格}\div(1+\text{增值税税率})\right]$$

主要外购件依据其构成及在设备价格中的比重确定。价值比重很小者，已综合在 K_m 系数中考虑，不再单列为主要外购件。外购件价格按不含税的市场价格计算。主要外购件费可按下列公式计算：

$$C_{m2}=\sum[\text{某主要外购件数量}\times\text{含税市场价格}\div(1+\text{增值税税率})]$$

销售税金率 K_t 包括增值税税率（K_{t1}）、城市维护建设税税率（K_{t2}）和教育附加费率（K_{t3}）。其公式为：

$$K_t = K_{t1} \times (1 + K_{t2} + K_{t3})$$

例3-2 某悬链式水幕喷漆室为非标准自制设备，构建日期为2009年12月，评估基准日为2017年9月30日。根据设计图纸，该设备主材为钢材，主材的净损耗量为25.5吨，评估基准日钢材不含税市场价为3 920元/吨。另外，所需主要外购件（电机、泵、阀、风机等）不含税费用为62 000元。主材利用率为90%，成本主材费率为55%，成本利润率为15%，销售税金率为10.86%，设计费率为16%，产量为1台。计算该悬链式水幕喷漆室的重置成本。

主材费 $C_{m1}=25.5\div 90\%\times 3\,920=111\,067$(元)

$$\begin{aligned}\text{重置成本}(P) &= (C_{m1}\div K_m + C_{m2})\times(1+K_p)\times(1+K_t)\times(1+K_d\div n)\\ &= (111\,067\div 55\%+62\,000)\times(1+15\%)\times(1+10.86\%)\times(1+16\%\div 1)\\ &= 390\,336(\text{元})\end{aligned}$$

上述通用非标准机械设备的重置成本并未包括运杂费和安装调试费，可根据评估目的判断是否需要计算运杂费和安装调试费。

3. 大型复杂的自制设备项目

对大型复杂的自制设备项目，如成套设备、生产线等，可通过收集项目的决算资料，根据行业机械设备工程定额和取费标准，采用概算方法估算重置成本。

（二）物价指数法

这种方法是在被评估机器设备历史成本的基础上，通过现时物价指数确定其重置成本。计算公式为：

$$\begin{aligned}\text{设备重置成本} &= \text{设备历史成本}\times\frac{\text{评估基准日定基物价指数}}{\text{设备购建时定基物价指数}}\\ &= \text{设备历史成本}\times\prod_{t=t_1+1}^{t_2}\text{环比物价指数}\end{aligned}$$

式中，t_1 为资产购建年；t_2 为资产评估年。

在利用物价指数法时，如使用账面原值，要鉴别其真实性、准确性、合理性。另外，还需注意其中是否含增值税。

公式中的物价指数应该选择同类设备，首先最好是同一厂家产品的物价指数，其次是同一大类资产的物价指数，最后是整个工业产品的物价指数。指数概括的范围越宽，其误差可能越大。

例3-3 某台设备2010年购进，账面原值为10万元，2017年进行评估，此类设备2010年和2017年定基物价指数（基期2005年=100）为109.6和143.6，2010—2017年环比物价指数（上年=1）分别为1.197、1.095、1.063、1.016、0.981、0.97、0.97，则按两种物价指数计算只计购置费的重置成本为：

$$\text{被评估设备重置成本}=100\,000\times\frac{143.6}{109.6}=131\,021.9(\text{元})$$

或

$$\begin{aligned}\text{被评估设备重置成本} &= 100\,000\times 1.197\times 1.095\times 1.063\times 1.016\times 0.981\times 0.97\times 0.97\\ &= 130\,662(\text{元})\end{aligned}$$

物价指数法只是按物价的变化将已知的历史成本转变成基准日的成本，没有考虑技术进步和市场变化的影响，所以结果是复原重置成本。

对于购置年代较长、型号陈旧（或已淘汰的型号）的设备，不宜采用物价指数法估算重置成本，因为影响这些设备成本大小的原因不仅仅是物价变动因素。此外，对于设备原值价值构成比较复杂的，还需分别采用不同类别的物价指数分别调整计算，这样确定的重置成本才趋于合理。

采用物价指数法测算进口设备重置成本，可用下列公式表示：

$$\begin{aligned}重置成本 &= 进口设备原合同价\times\left(1+\begin{matrix}进口设备生产国同类\\资产价格变动指数\end{matrix}\right)\times\begin{matrix}评估基准日\\外汇汇率\end{matrix}\\ &\quad+\begin{matrix}现行进口环节\\各项税费\end{matrix}+\begin{matrix}国内配套设备\\原合同价\end{matrix}\times\left(1+\begin{matrix}国内同类设备\\价格变动指数\end{matrix}\right)\\ &\quad+\begin{matrix}现行设备国内运杂费、\\安装费、基础费等成本费用\end{matrix}\end{aligned}$$

例 3-4 评估某不需安装的进口设备，进口设备原合同价为到岸价 210 万美元，评估基准日美元对人民币的汇率为 1∶6.8，进口设备生产国同类设备价格指数为 1.2，进口关税税率为 20%，增值税税率为 13%，现行进口环节其他费用约 60 万元人民币。此进口设备中另有一在国内购买的配套设备，原合同价为 50 万元人民币，同类资产价格变动指数为 1.5。进口设备国内运杂费取 1%，国产设备国内运杂费取 5%。设备无需安装，不考虑设备资金成本。进口设备与国产设备均无法了解现行价格。根据上述资料计算设备的重置成本。

(1) 进口设备重置成本：

1) 到岸价＝(210×1.2)×6.8＝1 713.6(万元)

2) 关税＝1 713.6×20%＝342.72(万元)

3) 增值税＝(1 713.6＋342.72)×13%＝267.32(万元)

4) 进口环节其他费用(已知)＝60(万元)

5) 国内运杂费＝1 713.6×1%＝17.14(万元)

(2) 国产设备重置成本：

1) 设备价＝50×1.5＝75(万元)

2) 国内运杂费＝75×5%＝3.75(万元)

(3) 设备重置成本：

$$\begin{aligned}设备重置成本&=1\,713.6+342.72+267.32+60+17.14+75+3.75\\&=2\,479.53(万元)\end{aligned}$$

应该注意的是，国外机器设备的技术更新期较短，设备更新换代快，一旦旧型号设备淘汰，其价格会大幅下降。同样，对于技术已经更新的进口设备也不宜采用物价指数法。

实际上，不但设备生产国设备出口时的同类资产价格指数不易获取，即使是评估时点的同类资产价格指数也不易取得。所以，实际运用上述公式时，往往可以用进口设备生产国在设备出口时的价格水平为基期价格水平，再根据设备生产国从基期到评估时点的价格变化率，将生产国出口设备价值从原值调整为现值。表达公式为：

$$\text{进口设备现值}=\frac{\text{账面原值（人民币）中支付外汇部分}}{}\div\text{设备进口时的外汇汇率}\times\left(1+\text{设备生产国从设备出口到评估时点的价格变化率}\right)$$

例3-5 某企业2013年从美国引进一条生产线，该生产线在当年安装试车成功正式投入生产。设备进口总金额为90万美元，从被评估机组进口合同中得知，进口设备主机原始价值为75万美元，两年用的进口备件为15万美元。另外，从其他会计凭证中查得国内配套设施原始价值为45万元人民币，国内运费、安装费和其他费用原值为18万元人民币。2016年进行评估。经评估人员对该生产线进行现场勘察和技术水平鉴定，以及向有关部门进行调查了解，认为该生产线的技术水平在国内仍居先进行列，在国际上也属普遍使用的设备，故决定采用指数调整法对该生产线重置成本进行估测。按照国内及国外的价格变动对生产线的不同影响，评估人员先将生产线分成进口设备主机、进口备件、国内配套设施、其他费用四大部分，分别考虑国外、国内不同部分价格变化率予以调整。经调查询价了解到，从设备进口到评估基准日，进口设备主机在其生产国的价格变化率上升了50%，进口备件的价格变化率上升了30%，国内配套设施价格上升了60%，国内运费、安装费和其他费用上升了50%。按评估基准日的国家有关政策规定，该进口设备的进口关税等税收总额为25万元人民币。评估基准日美元对人民币汇率为1∶6.8。根据上述数据，估算续用前提下被评估机组的重置成本为：

$$\begin{aligned}\text{重置成本}&=(75\times1.5+15\times1.3)\times6.8+45\times1.6+18\times1.5+25\\&=1\ 021.6(\text{万元})\end{aligned}$$

（三）规模经济效益指数法

规模经济效益指数法是根据设备的生产能力与价格的比例关系来确定重置成本的方法。其计算公式为：

$$\frac{\text{被评估资产的重置成本}}{\text{参照物资产的重置成本}}=\left(\frac{\text{被评估资产的产量}}{\text{参照物资产的产量}}\right)^x$$

即

$$\text{被评估资产的重置成本}=\text{参照物资产的重置成本}\times\left(\frac{\text{被评估资产的产量}}{\text{参照物资产的产量}}\right)^x$$

式中，x是统计得到的数据，称为规模经济效益指数。当$x=1$时，被评估的机器设备的价格与其生产能力呈线性关系；当$x>1$时，被评估的机器设备的生产能力与其价格呈非线性关系，且设备的价格上涨速度大于设备的生产能力上涨速度；当$x<1$时，被评估的机器设备的生产能力与其价格呈非线性关系，且设备的价格上涨速度小于设备的生产能力上涨速度。

例3-6 计算某化工设备的重置成本。某被评估的化工设备，生产能力为月产20吨某化工产品，现在市场上已没有相同生产能力的设备。生产能力为月产30吨的同类型设备，市场售价为150万元。经测算，该类型设备的规模指数为0.65。则

$$\begin{aligned}\text{被评估设备重置成本}&=(\text{被评估设备的能力}/\text{参照物的能力})^x\times\text{参照物重置价}\\&=(20/30)^{0.65}\times150\\&=115(\text{万元})\end{aligned}$$

这种方法最早于1947年由美国的威廉·威廉姆斯（William Williams）提出。起初，他研究了六种设备价格的指数，得出这六种设备的指数分布从0.48～0.87，平均

值为 0.6。因此，这种方法在国外早期也称为 0.6 分割法。

这种方法并非适用于所有机器设备，对于某些特定的加工设备可能比较合适，如化工设备、石油设备等。但用它来评估如车床、汽车之类的设备则不太合适。

使用这种方法的前提条件是：设备的生产能力与价格存在一定的比例关系。

通过对不同类型设备的大量的统计数据进行分析，可以发现：

（1）有些设备的生产能力与设备价格的对应关系非常明确，x 值的离散性很小，对这类设备，用规模经济效益指数法计算重置成本是比较准确的。

（2）有些设备 x 的取值有一定的区间性，如某种锅炉，生产能力在 5～20 蒸发吨/小时，x 为 0.6；在 20～50 蒸发吨/小时，x 为 0.65；在 50～75 蒸发吨/小时，x 为 0.72。

（3）有些机器设备，生产能力与设备价格的对应关系不明确，x 的离散性很大，这类设备不可以用规模经济效益指数法。

规模经济效益指数 x 是一个重要参数。目前，我国比较缺乏这方面的统计资料。国外的一些参考资料介绍，x 的取值一般在 0.4～1.2。比如：圆锥压碎机为 0.85；颚式破碎机为 1.2；余热锅炉为 0.75；快装锅炉为 0.65。

评估人员使用这种方法时，x 的取值必须有充分的依据。如果没有可以直接利用的规模经济效益指数，评估人员可以通过该类设备价格资料分析测算。

三、机器设备的实体性贬值及其估算

机器设备的实体性贬值是由于使用和自然力的作用造成的机器设备的贬值。实体性贬值率则是实体性贬值与全新状态机器设备重置成本的比率。一般来说，实体性贬值可以通过估测设备的实体性贬值率进行估算，其计算公式为：

$$\text{实体性贬值}=\text{重置成本}\times\text{实体性贬值率}=\text{重置成本}\times(1-\text{成新率})$$

设备的实体性贬值率或成新率的估测可以分别采用使用年限法、观测分析法和修复费用法进行，也可以同时采用上述方法中的几种方法，相互配合使用，综合分析获得较为科学的结论。

（一）使用年限法

每台机器设备都有其寿命期间，在此期间，实体性贬值随时间的推移而增加，因此，使用年限的长短，可以用来反映其实体性贬值的程度。其计算公式为：

$$\text{成新率}=\frac{\text{设备尚可使用年限}}{\text{设备已使用年限}+\text{设备尚可使用年限}}\times 100\%$$

或

$$\text{成新率}=\frac{\text{设备总使用年限}-\text{设备已使用年限}}{\text{设备总使用年限}}\times 100\%$$

根据上式可知，采用使用年限法估算机器设备的成新率（或实体性贬值率）涉及三个基本参数，即机器设备的总使用年限、已使用年限和尚可使用年限（剩余使用年限）。

1. 机器设备的总使用年限

机器设备的总使用年限也称设备的使用寿命或役龄。通常，设备的使用寿命可以分为物理寿命、技术寿命和经济寿命。

物理寿命是指机器设备从全新状态开始使用，直到不能正常工作而予以报废所经历的时间。物理寿命的长短取决于机器设备制造质量、使用强度、使用环境、保养和维护情况。有些设备可以通过恢复修理来延长其物理寿命。

技术寿命是指机器设备从开始使用到技术过时予以淘汰所经历的时间，技术寿命很大程度上取决于社会技术进步和技术更新的速度和周期。

经济寿命是指机器设备从开始使用到经济上不合算而停止使用所经历的时间。所谓经济上不合算，即使用该设备不能获得收益。机器设备的经济寿命不但受机器设备本身的物理性能、技术进步速度、机器设备使用情况的影响，还与原始投资成本、维护使用费用以及外部经济环境变化等有直接联系。

2. 机器设备的已使用年限

机器设备的已使用年限是指机器设备从开始使用到评估基准日所经历的时间。这项指标比较容易确定，因为每个企业机器设备的购入、使用情况都有较为完整的记录。当然，记录的名义使用年限往往与实际损耗有一定的差异，这就要求将名义已使用年限调整为实际已使用年限，其计算公式为：

$$实际已使用年限=名义已使用年限\times设备利用率$$

设备利用率指的是设备实际利用时间与额定工作时间之比，它是反映设备使用程度的指标，需要通过综合判断获得。

有的机器设备在使用过程中经过了大修理或更新改造，延长了其使用寿命，或减少了其实际已使用年限，这时，可以通过估算加权投资年限替代实际已使用年限。计算公式为：

$$成新率=\frac{设备总使用年限}{加权投资年限-设备已使用年限}\times100\%$$

式中：

$$加权投资年限=\sum(加权更新成本)\div\sum(更新成本)$$

$$加权更新成本=已使用年限\times更新成本$$

例 3-7 被评估设备购建于2007年，原始价值为30 000元。2012年和2015年进行了两次更新改造，主要是添置一些自动化控制装置，当年投资分别为3 000元和2 000元。2017年对该资产进行评估，假设从2007年至2017年每年的价值上升率为10%，该设备的尚可使用年限经检测和鉴定为6年，求取该设备的成新率。

（1）调整计算现时成本（见表3-1）。

表 3-1　调整计算现时成本

投资日期	原始投资额（元）	价值变动系数	现行成本（元）
2007年	30 000	2.59 $[(1+10\%)^{10}]$	77 700
2012年	3 000	1.61 $[(1+10\%)^{5}]$	4 830
2015年	2 000	1.21 $[(1+10\%)^{2}]$	2 420
合计	35 000		84 950

(2) 计算加权更新成本（见表3-2）。

表3-2 计算加权更新成本

投资日期	现行成本（元）	投资年限	加权更新成本（元）
2007年	77 700	10	777 000
2012年	4 830	5	24 150
2015年	2 420	2	4 840
合计	84 950		805 990

(3) 计算加权投资年限。

加权投资年限＝805 990÷84 950＝9.5(年)

(4) 计算成新率。

成新率＝6÷(9.5＋6)×100％＝39％

3. 机器设备的尚可使用年限

机器设备的尚可使用年限即机器设备的剩余使用年限。通常应通过技术鉴定并加以综合分析后判断。对于国家明文规定限期淘汰、禁止超期使用的设备，其尚可使用年限不能超过国家规定禁止使用的日期，而不论设备的现时技术状态如何。

运用使用年限法估算机器设备的成新率（实体性贬值率）时应注意：

(1) 应计折旧年限与设备的耐用年限是不同的，评估人员不可以使用会计折旧年限作为设备的使用寿命。

(2) 成新率的两个公式都要注意，设备的耐用年限、尚可使用年限、已使用年限的计算口径必须一致，如果按两班工作制作为标准计算口径，则都应换算成该口径下的年限。

(3) 判断设备尚可使用年限的依据是设备的实体状态，技术鉴定是年限法的重要步骤。

对有些设备，其使用寿命是以其工作量来衡量的，则

贬值率＝已使用量/总使用量

或　　＝已使用量/（已使用量＋尚可使用量）

（二）观测分析法

观测分析法是评估人员根据对设备的现场技术检测和观察，结合设备的使用时间、实际技术状况、负荷程度、制造质量等经济技术参数，经综合分析估测设备的成新率。

估测设备成新率时应主要观测分析以下指标：(1) 设备的现时技术状态；(2) 设备的实际已使用时间；(3) 设备的正常负荷率；(4) 设备的原始制造质量；(5) 设备的维修保养状况；(6) 设备重大故障（事故）经历；(7) 设备大修、技改情况；(8) 设备工作环境和条件；(9) 设备的外观和完整性。

运用观测分析法估测设备成新率时，评估人员还必须与操作人员、维修人员、设备管理人员沟通，听取介绍和评价，加深对设备的了解。对重要的、精密的、专业性很强的设备应专门聘请有关专家进行评估。“机器设备实体性贬值率评估参考表”（见表3-3）可供评估时参考。

表3-3　　机器设备实体性贬值率评估参考表

分类	状态说明	实体性贬值率（%）	成新率（%）
新设备及使用不久设备	全新或刚使用不久的设备。在用状态良好，能按设计要求正常使用，无异常现象。	0～10	100～90
较新设备	已使用1年以上或经过第一次大修恢复原设计性能后使用不久的设备，在用状态良好，能满足设计要求，未出现过较大故障。	11～35	89～65
半新设备	已使用2年以上或大修后已使用一段时间的设备，在用状态较好，基本上能达到设备设计要求，能满足工艺需求，需经常维修以保证正常使用。	36～60	64～40
旧设备	已使用较长时间或几经大修，目前仍能维持使用的设备，在用状态一般，性能明显下降，使用中故障较多，经维护仍能满足工艺要求，可以安全使用。	61～85	39～15
报废待处理设备	已超过规定使用年限或性能严重劣化，目前已不能正常使用或停用，即将报废。	86～100	14～0

（三）修复费用法

修复费用法是以修复机器设备的实体性贬值使之达到全新状态所需要支出的金额，作为估测被修复机器设备实体性贬值的一种方法。这种方法的使用前提是设备实体性贬值是可补偿性的，用于修复实体性贬值的费用就是设备的实体性贬值。例如一台机床的电机损坏，如要修复该机床，必须更换电机，更换电机的费用即为机床的实体性贬值。

使用这种方法要注意区分可补偿性损耗和不可补偿性损耗。这里所说的可补偿性损耗，是指可以用经济上可行的方法修复的损耗。有些损耗尽管也是可以修复的，但是从经济上讲是不划算的，对这种损耗不可用修复费用的方法来测定损耗。

对于大多数情况，设备的可修复性损耗和不可修复性损耗是并存的，评估人员应灵活运用各种方法来估算它们的贬值。

四、机器设备的功能性贬值及其估算

机器设备的功能性贬值是由于科学技术的发展，导致被评估的机器设备与新机器相比功能相对落后而引起的贬值，或者是新技术、新材料、新工艺的运用导致被评估机器设备的贬值。机器设备的功能性贬值可以通过超额投资成本和超额运营成本估算。

（一）超额投资成本形成的功能性贬值的估算

超额投资成本主要是由于新技术、新材料、新工艺的运用，使得相同功能的新设备比老设备的重置成本降低。它主要反映为更新重置成本低于复原重置成本，超额投资成本造成的功能性贬值即为复原重置成本与更新重置成本之差。在评估中，如果使用的是复原重置成本，则应该考虑是否存在超额投资成本引起的功能性贬值；如果使用的是更新重置成本，这种贬值因素则已经考虑在内了。

（二）超额运营成本形成的功能性贬值的估算

超额运营成本是由于新技术的发展，使得新设备在运营费用上低于老设备。超额运营成本引起的功能性贬值也就是设备未来超额运营成本的折现值。

分析研究设备的超额运营成本，应考虑下列因素：新设备与老设备相比，生产效率是否提高；新设备与老设备相比，维修保养费用是否降低；新设备与老设备相比，材料消耗是否降低；新设备与老设备相比，能源消耗是否降低；新设备与老设备相比，操作工作数量是否降低等。

计算超额运营成本引起的功能性贬值的步骤如下：（1）分析比较被评估机器设备的超额运营成本因素；（2）确定被评估设备的尚可使用寿命，计算每年的超额运营成本；（3）计算净超额运营成本；（4）确定折现率，计算超额运营成本的折现值。

例 3－8　计算某电焊机超额运营成本引起的功能性贬值。

（1）分析比较被评估机器设备的超额运营成本因素。经分析比较，被评估的电焊机与新型电焊机相比，引起超额运营成本的因素主要为老产品的能耗比新产品高。通过统计分析，按每天 8 小时工作，每年 300 个工作日，每台老电焊机比新电焊机多耗电 600 千瓦·时。

（2）确定被评估设备的尚可使用寿命，计算每年的超额运营成本。根据设备的现状，评估人员预计该电焊机尚可使用 10 年，如电按 0.5 元/千瓦·时计算，则

$$\text{每年的超额运营成本}=600\times0.5=300(\text{元})$$

（3）计算净超额运营成本。如所得税按税率 25%计算，则

$$\begin{aligned}\text{税后每年净超额运营成本}&=\text{税前超额运营成本}\times(1-\text{所得税税率})\\&=300\times(1-25\%)=225(\text{元})\end{aligned}$$

（4）确定折现率，计算超额运营成本的折现值。如折现率为 10%，10 年的现值系数为 6.145，则

$$\begin{aligned}\text{净超额运营成本的折现值}&=\sum_{i=1}^{10}(\text{年净超额运营成本}\times\text{折现系数})\\&=225\times6.145\\&=1\ 383(\text{元})\end{aligned}$$

因此，该电焊机由于超额运营成本引起的功能性贬值为 1 383 元。

五、机器设备的经济性贬值及其估算

机器设备的经济性贬值是指由外部因素引起的贬值。比如，由于市场竞争的加剧，产品需求减少，导致设备开工不足，生产能力相对过剩；原材料、能源等提价，造成成本提高，而生产的产品售价没有相应提高；国家有关能源、环境保护等限制或削弱产权的法律法规的实施带来了产品生产成本的提高或者使设备强制报废，缩短了设备的正常使用寿命等。机器设备的经济性贬值可以通过以下方式估算。

（一）生产能力降低造成的经济性贬值的估算

当个别或一组机器设备因外部因素影响出现开工不足，使设备的实际生产能力显

著低于其额定或设计能力时，它的价值也就低于能充分利用时的价值。这种差别可以用经济性贬值率来表示，该比率可以用下式表示：

$$经济性贬值率=\left[1-\left(\frac{实际使用生产能力}{额定生产能力}\right)^x\right]\times100\%$$

这里的经济性贬值率实际上就是资本投入的贬值率。造成这种情况的原因很多，例如，整个行业的额定生产能力过剩，由此带来的开工不足会造成整个行业特有的低效率。又如，企业管理不善、产品落后、市场竞争激烈等，使企业生产能力不能充分利用等。

上述公式其实就是由前面已讨论的规模经济效益指数法公式演变而来的，其中指数 x 因设备种类不同而不同。这种指数函数关系表明：设备的成本和规模不是线性关系，所以经济性贬值存在时设备的价值也不是按线性关系下降而是按指数关系下降。

例 3-9 某发动机专用生产线，原设计生产能力为 25 000 台/年。该生产线已使用 10 年，根据其实体状态判断尚可使用 5 年。目前，由于新发动机产品的出现，市场对老产品的需求减少，造成开工不足。现在生产线的实际产量为 15 000 台。使用规模经济效益指数法求其经济性贬值率。

根据统计数据，该类型发动机生产线的规模经济效益指数为 0.68，则

$$经济性贬值率=[1-(15\,000/25\,000)^{0.68}]\times100\%=29\%$$

（二）收益减少造成的经济性贬值的估算

由于企业外部的原因，虽然设备生产负荷并未降低，但出现原材料涨价带来的生产成本提高得不到补偿，或是竞争加剧使产品降价销售等情况时，可能使设备创造的收益减少，使用价值降低，进而引起经济性贬值。

如果设备由于外界因素变化，造成的收益减少额能够直接测算出来，则可直接按设备持续使用期间每年的收益损失额折现累加得到设备的经济性贬值额。其计算公式为：

$$经济性贬值=设备年收益损失额\times(1-所得税税率)\times(P/A,r,n)$$

式中，$(P/A,r,n)$ 为年金现值系数。

（三）受环境保护限制造成的经济性贬值的估算

随着环境保护法律法规越来越严，有些机器设备在运行中会产生污染环境的有害物质等，于是会受到环境保护相关法律法规的约束和管制，使机器设备的使用价值受到影响。因此在被评估设备产生环境保护相关法律法规管制的污染时，必须考虑法律法规对被评估设备价值的影响，否则评估结果不能全面反映被评估资产的价值。

环境保护法律法规存在国别、地区和城乡差别。评估时首先要根据被评估设备所在的具体环境判断它是否受环境保护法律法规的限制和惩罚；其次是从专业的角度确定造成污染的种类、程度或数量，以便估算处理污染物所需的费用、不处理时所受的惩罚或根除污染所需的成本等；最后把这些影响计入评估结果。

环境保护法律法规管制和惩罚的方式主要有下列三种：

（1）限制产生污染的设备使用期限。例如规定只能使用到某年某月，这种强制性

规定缩短了设备的尚可使用年限，从而造成了经济性贬值。

（2）产生污染的设备可以继续使用，但要缴罚金。这种处罚增加了运营成本，从而造成了经济性贬值。

（3）必须立刻纠正和治理污染，否则不准使用。这种情况下必须花费一笔设备改造费用，于是该设备的续用市场价值变成必须付出改造成本条件下的续用市场价值。

在实际评估工作中，机器设备的经济性贬值和功能性贬值有时可以单独估测，有时不能单独估测，这主要取决于在设备的重置成本和成新率的测算中考虑了哪些因素。所以，在具体运用重置成本法评估机器设备时，应时刻注意这一点，避免重复扣减贬值因素，以及漏评贬值因素。

对于那些肯定要继续使用，但近期内仍将闲置的设备，可按其闲置时间和资金成本估算其经济性贬值。

第四节　机器设备评估的市场法

一、运用市场法评估机器设备的基本步骤

机器设备评估的市场法也称市场比较法，是根据市场上类似机器设备交易的价格资料，通过对评估对象和市场参照物各项因素的分析比较，从而确定机器设备评估值的方法。运用市场法评估机器设备的基本步骤是：

（一）对评估对象进行鉴定，获取评估对象的基本资料

评估人员通过鉴定被评估设备，了解设备的基本资料，如设备的规格型号、制造厂家、出厂日期、服役年龄、安装情况、随机附件以及设备的实体状态等，为选择类似的市场参照物做好准备。

（二）进行市场调查，选取市场参照物

评估人员了解了评估对象的基本情况以后，要进行市场调查选取市场参照物。

在选择市场参照物时，应注意参照物的时间性、地域性、可比性。从时间上来讲，参照物的交易时间应尽可能接近评估基准日；在地域上，尽可能与评估对象在同一地区；评估对象与参照物具有较强的可比性，实体状态方面比较接近。

评估人员在进行市场调查时，还要注意了解交易条件、交易背景等因素。

（三）因素比较

尽管评估人员在选择市场参照物时尽量做到被评估对象与市场参照物比较接近，但是，被评估对象与参照物在实体状态、交易时间、交易地点、交易背景上总还存在一定差异。评估人员必须对上述影响价值的因素进行分析、比较，确定差异调整量。

（四）计算评估值

在分析比较的基础上，对参照物的市场交易价格进行修正，确定评估值。在收集参照物的市场交易价格时，注意该交易价格是否包含增值税。

二、运用市场法评估机器设备中比较因素分析

运用市场法评估机器设备时，应对被评估机器设备与参照物进行比较。这些比较因素包括个别因素、交易因素、时间因素、地域因素等四个方面。

（一）个别因素

（1）设备规格型号。评估人员应选择相同规格型号的市场参照物。

（2）设备制造厂家。不同制造厂家所生产设备的制造品质不同，市场售价也存在较大差异，评估人员应选择同一厂家生产的设备作为市场参照物。

（3）设备的役龄。机器设备的制造年代对售价影响较大，参照物应尽量选择与评估对象同年代制造的。

（4）设备的安装方式。设备的安装方式会对设备的出售价格产生影响。两台相同的机器设备，均拟出售移地使用。其中一台已拆卸完毕并运至买方使用的目的地；另一台机器设备未拆卸，设备的拆卸、运输费用由买方支付，那么两台设备的出售价格是不同的。

（5）设备的附件。相同设备的附件可能各不相同，有些设备的附件占整体价值量比例很大。评估人员应对参照物和评估对象的附件情况进行比较。

（6）设备的实体状态。设备的实体状态对售价影响很大，相同制造厂家、相同出厂日期的设备，由于使用环境、负荷、操作人员的水平等因素不同，设备的实体状态差异较大。评估人员应对被评估对象和参照物的实体状态进行比较。

（二）交易因素

（1）市场状况。主要指市场的供求关系。评估人员在使用市场法时，首先应了解被评估的设备目前是买方市场还是卖方市场，并确定市场状况可能对设备价值的影响。

（2）交易动机及背景。不同的交易动机和交易背景会对设备的出售价格产生影响。如以清偿、快速变现形式或带有一定优惠条件的出售，其售价往往低于正常的交易价格。

（3）交易数量。购买设备的交易数量也是影响设备售价的一个重要因素。

（三）时间因素

不同交易时间的市场供求关系、物价水平等都会不同，评估人员应选择与评估基准日最接近的交易案例，并对参照物的时间影响因素做出调整。

（四）地域因素

不同地区市场供求条件等因素不同，设备的交易价格也会受到影响。评估参照物应尽可能与评估对象在同一地区。如评估对象与参照物存在地区差异，则需要进行调整。

三、运用市场法评估机器设备举例

使用市场法对某车床进行评估。

（1）评估人员首先对被评估对象进行鉴定，基本情况如下：

设备名称：普通车床

规格型号：CA6140×1500

制造厂家：A 机床厂

出厂日期：2010 年 2 月

投入使用时间：2010 年 2 月

安装方式：未安装

附件：齐全（包括仿形车削装置、后刀架、快速换刀架、快速移动机构）

实体状态：评估人员通过对车床的传动系统、导轨、进给箱、溜板箱、刀架、尾座等部位进行检查、打分，确定其综合分值 61 分

（2）评估人员对二手设备市场进行调研，确定与被评估对象较接近的三个市场参照物。

（3）对评估对象和参照物进行因素比较。

1）个别因素比较（见表 3-4）。

表 3-4　　个别因素比较表

因素		评估对象	参照物 A	参照物 B	参照物 C
规格型号	情况	CA6140×1500	CA6140×1500	CA6140×1500	CA6140×1500
	调整系数	1	1	1	1
制造厂家	情况	A 机床厂	A 机床厂	B 机床厂	B 机床厂
	调整系数	1	1	1.11	1.11
役龄	情况	7 年	7.5 年	7 年	6.5 年
	调整系数	1	1.05	1	0.95
安装方式	情况	未安装	未安装	未安装	未安装
	调整系数	1	1	1	1
附件	情况	齐全	齐全	齐全	齐全
	调整系数	1	1	1	1
实体状态	情况	61 分	57 分	60 分	66 分
	调整系数	1	1.07	1.02	0.92

在表 3-4 中：

①三个参照物与评估对象的规格型号、安装方式、附件情况均相同，调整系数为 1。

②参照物 B 和参照物 C 为 B 机床厂生产，已知相同型号的新车床，A 机床厂比 B 机床厂的产品贵 11%。以此作为调整系数。

③役龄因素调整。评估人员根据市场调查，发现设备的役龄相差 0.5 年，其售价相差 5%左右。

④根据评估对象和参照物的实体状态分值确定实体状态调整系数。其中，实体状态分值被评估对象为 61，参照物 A，B，C 的分值依次为 57 分、60 分和 66 分。实体

状态调整系数的计算过程如表3-5所示。

表3-5 实体状态调整系数

参照物	调整系数
A	(61−57)÷57×100%=7%
B	(61−60)÷60×100%=2%
C	(61−66)÷66×100%=−8%

2）市场因素比较。评估对象与参照物的市场交易状况、交易动机及背景、交易数量等因素均相同，调整系数均为1。

3）时间因素比较。三个参照物的交易时间如表3-6所示，根据不同交易时间的物价水平确定时间因素调整系数。

表3-6 三个参照物的交易时间及调整系数

	评估对象	参照物A	参照物B	参照物C
交易时间	当前	半年前	半年前	一年前
时间因素调整系数	1	1.02	1.02	1.05

4）地域因素比较。参照物A与评估对象属同一地区，参照物B和参照物C的交易地点在另一地区。已知参照物B和参照物C所在地区的交易价格比评估对象所在地区高2%（见表3-7）。

表3-7 地域因素调整系数表

	评估对象	参照物A	参照物B	参照物C
交易地点	X地区	X地区	Y地区	Y地区
地域因素调整系数	1	1	0.98	0.98

由上述四个比较因素的分析，得出比较因素调整系数表（见表3-8）。

表3-8 比较因素调整系数表

	参照物A	参照物B	参照物C
制造厂家因素调整	1	1.11	1.11
役龄因素调整	1.05	1	0.95
安装方式因素调整	1	1	1
附件因素调整	1	1	1
实体状态因素调整	1.07	1.02	0.92
交易时间因素调整	1.02	1.02	1.05
交易地点因素调整	1	0.98	0.98
比较因素调整系数	1.145 9	1.131 7	0.998 3

（4）计算评估值（见表3-9）。

表3-9 计算评估值

	参照物A	参照物B	参照物C
交易价格（元）	31 300	30 290	35 500
比较因素调整系数	1.1 459	1.1 317	0.9 983
调整后结果（元）	35 867	34 279	35 440

由此可以得出：

被评估对象的评估值=(35 867+34 279+35 440)÷3=35 195(元)

本章小结

机器设备评估应逐台进行。要做好机器设备评估，必须对其进行核查和鉴定，核查确定机器设备的客观存在，鉴定确定其存在状态。机器设备的鉴定分为统计性鉴定和判断性鉴定，统计性鉴定中的宏观鉴定和微观鉴定从不同角度反映确定其存在状态。机器设备收益计量的困难，决定了采用收益法评估机器设备受到限制，成本法和市场法广泛应用于机器设备评估中。不同类型的机器设备，其成本构成、市场环境、技术参数不同，学习者应更多地关注方法应用中各技术参数的获得和分析。

思考题

1. 如何进行机器设备的核查？
2. 如何进行机器设备的鉴定？
3. 如何运用成本法估算机器设备的价值？
4. 如何估算进口设备的重置成本？
5. 如何理解和估算机器设备的功能性贬值？
6. 经济性贬值的基本概念、产生的原因是什么？
7. 运用市场法评估机器设备时，应从哪些方面对被评估机器设备与参照物加以比较？

第四章

房地产评估

第一节　房地产评估概述

一、房地产的概念

房地产是指土地、建筑物及其他地上定着物。具体来说，房地产有三种存在形态，即单纯的土地、单纯的建筑物、土地与建筑物合成一体的房地产。房地产由于其位置固定和不可移动，在国外一般称为不动产。它是实物、权益和区位三者的结合。

（1）实物（physical entity）是房地产中看得见、摸得着的部分，例如，建筑物的结构、设备、装修、外观，土地的形状、平整程度、基础设施完备程度等。实物又可进一步分为有形的实体、该实体的质量以及组合完成的功能三个方面。

（2）权益是房地产中无形的、不可触摸的部分，包括权利（rights）、利益（interests）和收益（benefits），例如所有权、使用权、租赁权、抵押权、典权、地役权、空间利用权、相邻关系等。

（3）区位（location）是指某宗房地产与其他房地产或事物在空间方位和距离上的关系，除了其地理坐标位置，还包括它与重要场所（如市中心、机场、港口、车站、政府机关、同行业等）的距离，从其他地方到达该宗房地产的可及性，从该宗房地产去往其他地方的便捷性，该宗房地产的周围环境、景观等。其中，最简单和最常见的是用距离来衡量区位的好坏。距离有空间直线距离、交通路线距离和交通时间距离。现在，人们越来越重视交通时间距离而不是空间直线距离。

二、房地产的特征

与其他类型资产相比，房地产具有不同的特征，表现在：

（一）位置固定性

房地产属于不动产，它的空间位置是固定的。构成某一房地产的土地的位置显然不可移动。移动建筑物，特别是长距离移动，通常也是不可能的。因此，房地产不可能通过移动位置调节一个地区的房地产的供求。位置固定性使得区位环境因素在房地产评估中变得格外重要。

（二）耐用性

从某种意义上讲，土地的使用具有永续性。建筑物一经建造完成，其寿命也是相当长的。房地产使用的长期性决定了其用途、功用可以随社会的进步不断地加以改善、调整，以达到最佳利用的状态。值得注意的是，国家土地使用制度规定，公司、企业、其他组织和个人通过政府出让方式取得的土地使用权是有限期的。国家规定的土地使用权出让最高年限按不同用途予以规定：居住用地 70 年，工业用地 50 年，商业、旅游、娱乐用地 40 年等。土地使用权的有限年期对房地产自然使用的长期性是一种限制。土地使用权的剩余使用年限是影响房地产价值的一个重要因素。

（三）影响因素多样性

房地产效用的发挥，以及其价值的实现要受到诸多因素的制约。除了房地产自身自然的、物理的、化学的因素以外，社会因素以及周边环境等都会对房地产效用的发挥及其价值的实现产生非常大的影响。从社会因素来看，政府的城市规划具体规定了房地产的用途和使用强度（容积率、覆盖率、建筑高度、绿地率等）。另外，政府可以从满足社会公共利益的角度，对任何房地产实施强制征用，对某些房地产实施课税，等等。从周边环境的角度来看，任何房地产的效用和价值都要受到其周边环境特别是周边房地产用途的影响。良好的周边环境可以提高该区域房地产的价值，而恶劣的周边环境，则可使该区域内的房地产价值下降。当然，影响房地产效用发挥及其价值实现的因素还有许多，如政府的房地产政策、住房制度、社会有效需求，等等。

（四）投资大量性

不论是房地产中的土地还是建筑物，其投资的数额都是可观的。不论是国家投资者、企业投资者，还是个人投资者，投资房地产都需要较大数额的资金。房地产投资大量性特点不仅说明房地产投资应事先做好可行性研究，要有的放矢，有效地进行投资，也说明房地产变现不是一件轻而易举的事情。

（五）保值增值趋势

在社会经济发展正常的情况下，随着人口及社会生产力的发展，社会对土地的需求与日俱增。由于土地资源特别是城市土地面积的有限性，从长远的观点来看，土地供给一般会滞后于土地需求而出现房地产价格上升趋势。如果出现通货膨胀现象，房地产的保值性则会更为明显。房地产保值增值是一种趋势，并非每一时点房地产价值都会上涨，需要结合每宗房地产的具体情况来理解其保值增值趋势。

三、房地产的评估程序

房地产的评估程序，是房地产评估全过程的各个具体环节按其内在联系所排列出的逻辑顺序，主要由以下环节顺序组成：明确评估基本事项；拟定评估工作方案；实地查勘，收集数据资料；选用评估方法，进行评定估算；确定评估结果，撰写评估说明或评估报告。

（一）明确评估基本事项

评估机构在接受房地产评估委托后，在资产评估委托合同中除了要明确评估收费、违约责任等事项外，还必须明确评估对象、评估目的、评估基准日和评估的具体工作时间等具体事项。

明确评估对象首先从物质实体上明确房地产的名称、坐落、用途、面积、四至、层数、结构、装修、基础设施、取得时间、使用年限、维修保养状况等。其次从权益状况看，要明确产权性质和产权归属等。

明确评估目的就是要确定评估结果的具体用途，即为何种需要而进行房地产评估。明确评估目的，不仅有助于明确评估方向，便于更好地确定评估对象和评估范围，同时也限制了评估报告的使用范围，有助于评估人员选择恰当的评估价值类型和评估价值基础。

明确评估时点就是要有明确的评估基准日。资产评估结果是某一具体时点的资产评估值。评估结果是否合理主要是针对评估基准日而言的。

明确评估的具体工作时间是指委托方与受托方要事先明确，评估机构从接受委托到提交评估报告的工作时间。没有特殊情况，评估机构应按期保质地完成评估工作。

（二）拟定评估工作方案

在明确评估基本事项的基础上，应当对评估项目进行充分分析，拟定评估作业计划。具体包括：根据评估对象和评估目的，以及可能收集到的数据资料，初选评估方法和评估的技术路线，确定评估人员及其分工；按评估的要求和评估方法调查收集数据资料；拟定作业步骤和作业时间表；粗算评估成本。

（三）实地查勘，收集数据资料

房地产评估人员必须到评估现场进行实地查勘。了解弄清房地产的位置和周围环境、自然和人文景观、公共设施和基础设施，以及评估对象的物质状况，如四至、外观、结构、面积、装修、设备等。对委托方提供的和事先收集到的有关资料进行核实和验证，进一步丰富和落实此项评估所需的数据资料。

（四）选用评估方法，进行评定估算

在房地产评估中，除了使用其他资产评估常用的市场法、收益法和成本法外，还可以根据具体情况运用假设开发法、残余估价法、路线价估价法、基准地价修正法等。如果条件允许，每一个评估项目还可以选择两种或两种以上的方法进行评估。

（五）确定评估结果，撰写评估说明或评估报告

用两种或两种以上的评估方法进行评估，会得到几个初步评估结果。评估人员应当在充分分析论证的基础上给出评估的最终结果，并撰写评估说明或评估报告。

第二节 建筑物评估的特点

一、建筑物及其分类

建筑物是指与土地组合的建设成果，总体上划分为房屋和构筑物两大类。其中房屋是指能够遮风避雨并供人们居住、工作、娱乐等各种活动的场所；构筑物是相对房屋而言，人们通常不能直接在内进行生产和生活活动的场所，如烟囱、水塔、道路、桥梁、隧道、水坝、围墙等。房屋建筑基本组成有基础、主体承重结构和屋顶及围护结构。

对建筑物进行分类，目的在于使评估人员更好地了解不同类别建筑物的特点，准确把握评估对象的建筑风格、结构类型、建筑功能，使评估结果科学、合理。建筑物分类方法有以下几种。

（一）按建筑物承重结构分类

建筑物的承重结构不同，决定了其使用性能、耐用年限和建造成本具有明显的区别。建筑物按其承重结构的形式不同，可分为以下四种。

1. 钢结构

钢结构的特点是，由钢主梁、次梁和柱形成建筑物的骨架。屋架由钢或钢网架构成；楼板由钢筋混凝土制成；墙体由砖或其他材料制成。

2. 钢筋混凝土结构

建筑物由钢筋混凝土浇筑而成。房屋的梁柱、屋面板、楼板均以钢筋混凝土制作。墙体用砖或其他材料制作。钢筋混凝土结构又可进一步划分为钢筋混凝土排架结构、框架结构、框架剪力墙结构和剪力墙结构。

框架结构的特点是，由钢筋混凝土主梁、次梁和柱形成的框架作为建筑物的骨架，屋面、楼板上的荷载通过梁柱传到基础。框架结构的墙体全部为非承重墙，只起分隔和围护作用。框架结构的房间布置灵活，不受楼板跨度的限制，适于建造宽敞、空间大的办公楼、商店和工业厂房。

钢筋混凝土剪力墙结构建筑，为钢筋混凝土墙体承重，可承受垂直荷载和水平地震荷载。钢筋混凝土剪力墙结构高层建筑，其楼板和墙体均为现浇或预制钢筋混凝土结构，具有良好的整体性，抗震能力比砖混结构和框架结构强。框架剪力墙结构是框架结构与剪力墙结构的结合体。

3. 混合结构

混合结构可进一步划分为砖混结构和砖木结构。

（1）砖混结构。建筑物的屋盖、墙体、楼板、过梁为钢或钢筋混凝土制作，墙、柱为砖砌。结构荷载是通过屋盖、楼板传到承重墙上，再由承重墙传到基础。因此，承重墙砖砌筑质量好坏、砌体强度的大小将直接关系到砖混结构的质量和寿命。基础不均匀下沉，承重墙体出现裂缝，意味着砖混结构建筑的整体破坏。

（2）砖木结构。建筑物的墙、柱用砖砌筑，楼层、屋架采用木材建造。

4. 其他结构

主要包括木结构、竹木混合结构、简易建筑物等。

（二）按建筑物使用功能分类

建筑物按使用功能分为两大类：一类为工业用建筑物；另一类为民用建筑。

1. 工业用建筑物

工业用建筑物指工业生产部门作为基本生产资料使用的房屋、构筑物，包括厂房、仓库、实验室、办公楼、烟囱、水塔、道路、桥梁、隧道、水坝、围墙等。交通运输业、建筑业的生产用建筑物也归为此类。

2. 民用建筑

民用建筑可包括民用住宅和公共建筑。公共建筑可划分为营业用建筑和行政事业用建筑。营业用建筑，是指商业、金融和保险、邮电、旅馆、饭店，及旅游服务业修建的人文景观和服务场所。行政事业用建筑，是指党政机关、社会团体和科、教、文、卫、体育等事业用建筑。军用建筑和外国驻华机构建筑也属此类。民用住宅包括公寓、住宅和宿舍楼等。

另外，建筑物根据其建筑程度和使用状况可分为已完工工程和在建工程。

二、建筑物评估的特性

作为一类评估对象，建筑物具有不同于一般商品的特殊属性，表现在评估方面也具有其特性。

（一）建筑物价值的内涵具有复杂性特点

建筑物作为与土地相结合的建设成果，是不可以脱离土地而独立存在的。在企业核算和房地产业务中，往往把征用土地费或开发费用核算在建筑物价格中，因此，建筑物价格中通常隐含地价。但是，从资产评估的角度来看，由于建筑物和土地的价格具有较大的差异，土地价格会随社会经济发展及开发利用状况而增值，而建筑物价格则会因使用而贬值。因此，为了准确客观地评价地产价值和建筑物价值，有必要把建筑物与其所占用的土地分开，针对其价值影响特性进行分别评估。

根据建筑物的种类，建筑物价格又可分为住宅、工业用房、商业用房、行政事业用房、办公用房等的价格。由于建筑物的使用性质不同，其价格表现形式也不同。如工业用房，在企业评估中，它是单项生产要素，不具有整体生产和盈利能力，通常用成本法进行估价；商业用房则更多地体现在经营收益上，其收益现值是由经营收益大小决定的。

由于我国土地实行的是所有权归国家和集体所有，企业或个人只有使用权，这就决定了地产的交易类型和交易价格。在资产评估中，我们通常会遇到三种类型的价格评估，即建筑物所有权价格评估、建筑物使用权价格评估和建筑物租用权价格评估。

建筑物所有权价格评估是指房地结合评估，其评估价格中既包含建筑物价值，也包含土地价值。此时，土地应是办理出让手续而获得合法使用权的土地，购买者有权处置其产权。

建筑物使用权价格评估是指在一定使用期限内对房产使用权进行评估。一般来说，购买者不得在使用权期限内任意转卖所购置的建筑物使用权，并在建筑物使用权期满或建筑物消失后将建筑物交还出售方。

建筑物租用权价格是租金，与所有权、使用权价格的多轨制相联系。

随着产权交易形式的多样化，建筑物价格也呈现出不同的表现形式，如建筑物的拍卖价格、抵押价格、课税价格、征收价格等，都是在特定交易条件下建筑物价格的特殊表现形式。

（二）建筑物产权受土地使用权年限的制约

按照《中华人民共和国城市房地产管理法》的规定，土地使用权出让最高年限，根据出让土地的用途不同而不同，具体分为五种情况：（1）居住用地 70 年；（2）工业用地 50 年；（3）教育、科技、文化、卫生、体育用地 50 年；（4）商业、旅游、娱乐用地 40 年；（5）综合或其他用地 50 年。国家还规定，在土地使用权出让期限到期后土地使用权及其地上建筑物、其他附着物所有权由国家无偿取得。当土地出让合同的使用年限届满，土地使用者需要继续使用土地的，应当最迟于届满前一年申请续期，除根据社会公共利益需要收回该土地的，应当予以批准。这样，在评估已出让土地上的建筑物时，就要相应考虑出让土地的剩余出让年限与被评估建筑物的经济寿命年限间的吻合关系，而且还应考虑土地是否可以办理续期等因素。正常条件下，即使土地剩余出让年限小于建筑物经济寿命年限，在用成本法进行评估时，建筑物的成新率确定可以不用土地剩余出让年限作为唯一的约束条件进行计算。因为在房地分离评估中出让年限的约束已经在土地使用权评估中予以充分考虑。对于划拨用土地上的建筑物评估则不受土地使用权年限的限制。土地使用权划拨具有无偿性、无期限性和不可转让等特点。

（三）建筑物功能、用途及评估方法

在通常情况下，建筑物的评估方法的确定不仅取决于其特定的评估目的，而且常常与建筑物自身的功能和用途有关。如作为生产用建筑物，在进行企业整体评估时，可按单项生产要素用成本法进行评估；商业用房或商品住宅可根据建筑物经营收益或建筑物市场交易状况用收益法或市场法进行评估。

三、建筑物评估时需考虑的因素

建筑物评估不仅要着眼于其自身的投入和使用状况，而且要考虑经济发展、国家政策等多重影响因素。从评估的角度看，应重点考虑以下诸方面因素。

1. 物理因素

物理因素是建筑物价格的决定因素。建筑物的造型风格、结构类型、功能效用、设施完备情况、装修标准、建筑面积及工艺标准等均对造价具有决定性影响。这是建筑物评估时应考虑的基本因素。

2. 环境优劣的影响

外部环境条件优劣是影响其价值的一个重要因素。交通通讯状况，环境优美程度，基础设施如水、电、气等完善程度，商业网点分布等都对建筑物价格产生重要影响。

3. 经济地理因素

在我国，政治、经济、文化发展极不平衡。一般来说，相同建筑质量、相同功能和用途的建筑物的价格，大城市高于小城市，沿海开放城市高于内地城市。即使在同一城市，由于地段不同，房价差别也很大。

4. 新旧程度

土地不存在实体陈旧贬值问题，而建筑物会随着建筑年代久远而陈旧。因此，建筑物的新旧程度影响其价值。

5. 用途

某一具体建筑物的用途可能是单一的，也可能是多种用途综合性的。在评估综合性建筑物时，要注意建筑物用途的面积分配和楼层分配及建筑朝向。

6. 产权

建筑物的产权形式可分为所有权、使用权和租用权。产权性质及是否受到限制如是否做抵押、担保、出租等都直接影响建筑物的价值。

7. 政策因素

国家经济政策每个时期都有一定的重点和方向。房地产价格受政府法令和政策的影响，主要表现在：（1）政府基于公共利益可限制某些房地产的使用，包括规定土地使用用途、建筑物容积率、覆盖率等。（2）政府为满足社会公共利益的需要，可以对任何房地产实行强制征用或收买。

8. 供需状况

地产价值高低受市场供求关系的影响很大，供过于求时，价值会降低；供不应求时，价值会提高。

9. 其他

如住房制度改革、长期投资贷款利率变化等都直接影响建筑物价格。

四、建筑物评估的原则

建筑物评估不仅要遵循资产评估的一般工作原则，还因为建筑物本身的特点及产业性质，必须遵循特定的经济性原则和专业性原则。

（一）替代原则

根据市场运行规律，在同一商品市场中，商品或所提供服务的效用相同或大致相似时，价格最低者吸引最大需求。即有两个以上互有替代性的商品或服务同时存在时，商品或服务的价格是通过相互影响和比较之后决定的。建筑物价格也同样遵循替代规律。特别是商品化建筑物，如商品化住宅、别墅、写字楼等，其价格受其他具有相同使用价值的同类型建筑物价格所牵制。即具有相同使用价值、有替代可能的建筑物，其价格是相互影响和作用的，会经过市场竞争而趋于一致。

根据建筑物评估的替代原则，在对商品化建筑物进行评估时就可通过对同功能和同类型的建筑物的市场价格之间的比较进行，即采用市场法进行评估。应当注意的是，由于建筑物具有不可位移性、功能变异性等特点，因此要对区域和时间及交易条件进行修正才能根据替代原则进行评估。

（二）最有效使用原则

由于建筑物具有一定的功能变异性的特点，不同的利用方式能为权利人带来差异很大的收益，且随着房地产市场经营化的不断深化，建筑物权利人越来越多地通过改变建筑物的原有功能用途来实现收益最大化。因此，按照这一原则，在对建筑物进行评估时，就要相应考虑建筑物是否具有功能变异性且是否能够实现功能转化。如果具备这样的条件，就可以按潜在的可能的最有效利用途径来评估。但应当注意，应用这一原则时，必须符合国家法律、法规和政策的规定。

（三）供需原则

建筑物在实现商品化后，同其他商品一样，也要受价值规律的制约，其价格取决于需求与供给关系的均衡点。需求超过供给，价格随之提高；反之，供给超过需求，价格随之下降。但是，还应注意到，由于建筑物具有不可位移性的特点，在特定区域内供给量有限，竞争主要是在需求方面进行，因此，其具有一定的价格独占性。

（四）房地合一原则

尽管建筑物和土地是可以加以区别的评估对象，而且土地使用权可以独立于建筑物而存在，但是，由于两者在使用价值上的相互依存和价格形成中的内在联系，在用市场法进行评估时要把两者作为相互联系的综合体进行估价。具体表现在以下两个方面：

（1）建筑物和土地相结合使房地产最终成为商品。对于建筑物来说，它总是依托于一定的土地，土地的开发成本往往隐含在建筑物价值之中，土地使用价值此时可通过建筑物来反映。

（2）建筑物环境质量的区别是由土地产生的，它在很大程度上影响建筑物的价格。环境质量的好坏不取决于建筑物本身，而是与土地的不可位移性相关。房地产的总收益是土地和建筑物等因素共同作用的结果。

第三节　建筑物评估的方法

一、成本法

建筑物评估中的成本法是基于建筑物的再建造费用或投资的角度来考虑，通过估算出建筑物在全新状态下的重置成本，再扣减由于各种损耗因素造成的贬值，最后得出建筑物的评估值。其计算公式为：

建筑物评估值＝建筑物重置成本－实体性贬值－功能性贬值－经济性贬值

在一些房地产估价的专业书籍中，一般将各种贬值称为折旧，这只是一种表述方法，而且本质上估价中的折旧并非会计上的折旧，它是各种原因造成的价值损失的总称。

成本法一般适用于不改变用途持续使用的建筑物单独评估其价值的情况。如企业中的生产用建筑物或住宅，在对企业价值进行评估时，对建筑物评估适合采用成本法。

用成本法对建筑物进行评估时，若评估对象规模较大或建筑物结构类型复杂且数量较多时，在进行实地勘察之前，可先根据建筑物的用途、结构类型进行分类，以便明确重点，区别对待。通常可选择各类别中的典型建筑物和价值量大的重点建筑物作为重点勘察对象，进行详细分析和测算，其余建筑物可参照其进行修正，得出评估值。建筑物评估中的成本法主要涉及四个基本要素，即建筑物的重置成本、实体性贬值、功能性贬值和经济性贬值。

（一）建筑物成本构成

由于建筑物不可能脱离土地而独立存在，而且企业在划分建筑物成本费用时，有时会把取得土地或开发土地的费用归入建筑物成本中，因此，评估人员在分析建筑物成本时应注意准确划分其成本构成，以免有些费用被重复评估。建筑物成本通常可归纳为以下几个方面。

1. 前期费用

前期费用一般包括：（1）规划和可行性研究费；（2）工程设计费；（3）人防工程设计费；（4）“三通一平”费；（5）地上附着物拆除费；（6）工程标的编制费；（7）工程招投标费；（8）合同预审费；（9）公证费；（10）鉴证费。

建筑物的前期费用要根据具体评估对象及所在地的有关规定进行计算。

2. 建筑安装工程费

建筑安装工程费是指施工企业为建筑物施工及组织管理发生的费用，以及按规定应缴纳的税费和应获得的利润的总和。

建筑安装工程费按费用构成要素划分为人工费、材料费、施工机具使用费、企业管理费、利润、规费和税金。人工费是指按工资总额构成规定，支付给从事建筑安装工程施工的生产工人和附属生产单位工人的各项费用。材料费是指施工过程中耗费的原材料、辅助材料、构配件、零件、半成品或成品、工程设备的费用。施工机具使用费是指施工作业所发生的施工机械、仪器仪表使用费或其租赁费。企业管理费是指建筑安装企业组织施工生产和经营管理所需的费用。利润是指施工企业完成所承包工程获得的盈利。规费是指按国家法律、法规规定，由省级政府和省级有关权力部门规定必须缴纳或计取的费用。税金是指国家税法规定的应计入建筑安装工程造价内的税额。

建筑安装工程费按照工程造价形成分为分部分项工程费、措施项目费、其他项目费、规费、税金，其中分部分项工程费、措施项目费、其他项目费包含人工费、材料费、施工机具使用费、企业管理费和利润。分部分项工程费是指各专业工程的分部分项工程应予列支的各项费用。措施项目费是指为完成建设工程施工，发生于该工程施工前和施工过程中的技术、生活、安全、环境保护等方面的费用。其他项目费包括暂列金额、专业工程暂估价、计日工、总承包服务费。

3. 其他费用

其他费用包括企业管理费、管理费、白蚁防治费、人防费、消防费、绿地建设费等。

4. 间接费用

间接费用主要包括应分摊的职工培训费、联合试运转费、总体设计费等。在计算间接费用时应注意，不应把资金成本及合理利润计算在内。

5. 合理利润

合理利润是指为开发建设建筑物而应获得的平均利润。应该注意的是在计算工业用厂房时一般不考虑合理利润。

6. 资金成本

资金成本是根据额定工期、平均投入资金及适当的贷款利率测算的建筑利息。在估算资金成本时应注意如下几个问题：

（1）资金成本计算时建设工期是指正常建设条件下，完成整个建设项目的合理工期。

（2）建设工期的计算与利息率的计算期要一致，如同为年或月。

（3）计算资金投入时，通常按建设期内均匀投入进行测算。

7. 税金

税金是指在房屋开发建设过程中需缴纳的各种税项，如增值税，以及国家规定的其他税费。

例4-1 云南省某企业有一座建筑面积为1 125平方米的建筑物需要评估，评估基准日为2016年6月30日，请分析其重置成本的构成并估算其重置成本。

A. 建筑安装工程造价

表4-1 建筑工程造价计算表（建筑与装饰工程）

序号	费用名称	计算式	费（税）率	金额（元）
1	分部分项工程费	1.1+1.2+1.3+1.4+1.5		896 936
1.1	人工费			215 595
1.2	材料费			513 000
1.3	机械费			51 876
1.4	管理费	（定额人工费+定额机械费×8%）×管理费费率	33.00%	72 516
1.5	利润	（定额人工费+定额机械费×8%）×利润费费率	20.00%	43 949
2	措施项目费	2.1+2.2		47 465
2.1	单价措施项目			—
2.2	总价措施项目			47 465
2.2.1	安全文明施工费	（定额人工费+定额机械费×8%）×费率	15.65%	34 390
2.2.2	冬、雨季施工增加费等	（定额人工费+定额机械费×8%）×费率	5.95%	13 075
2.2.3	特殊地区施工增加费	（定额人工费+定额机械费）×费率		—
3	其他项目费			32 339
3.1	人工费差价调整			32 339

续前表

序号	费用名称	计算式	费（税）率	金额（元）
4	规费			58 211
4.1	社会保障及住房公积金	定额人工费×费率	26.00%	56 055
4.2	危险作业意外伤害险	定额人工费×费率	1.00%	2 156
4.3	工程排污费	按有关规定计算		
5	税金	(1+2+3+4−按规定不计税的工程设备费)×费率	11.18%	115 708
6	工程造价	1+2+3+4+5		1 150 659

表4-2　　　　建筑工程造价计算表（通用安装工程）

序号	费用名称	计算式（或原价格）	费（税）率	金额（元）
1	分部分项工程费	1.1+1.2+1.3+1.4+1.5		82 878
1.1	人工费			21 560
1.2	材料费			45 000
1.3	机械费			5 325
1.4	管理费	(定额人工费+定额机械费×8%)×管理费费率	30.00%	6 596
1.5	利润	(定额人工费+定额机械费×8%)×利润费费率	20.00%	4 397
2	措施项目费	2.1+2.2		3 696
2.1	单价措施项目			
2.2	总价措施项目			3 696
2.2.1	安全文明施工费	(定额人工费+定额机械费×8%)×费率	12.65%	2 781
2.2.2	冬、雨季施工增加费等	(定额人工费+定额机械费×8%)×费率	4.16%	915
2.2.3	特殊地区施工增加费	(定额人工费+定额机械费)×费率		—
3	其他项目费			3 234
3.1	人工费差价调整			3 234
4	规费			5 821
4.1	社会保障及住房公积金	定额人工费×费率	26.00%	5 605
4.2	危险作业意外伤害险	定额人工费×费率	1.00%	216
4.3	工程排污费	按有关规定计算		
5	税金	(1+2+3+4+5−按规定不计税的工程设备费)×费率	11.18%	10 691
6	工程造价	1+2+3+4+5		1 063 20

建安工程造价=1 150 659+106 320=1 256 979（元）

B. 前期费用及其他费用

表 4-3 前期费用及其他费用表

序号	费用名称	计费基础	费率（%）
1	可行性研究费	工程造价	0.30
2	环境影响咨询费	工程造价	0.08
3	建设单位管理费	工程造价	1.00
4	勘察、设计费	工程造价	3.50
5	施工图设计审查费	工程造价	0.23
6	招标代理服务费	工程造价	0.30
7	预算（标底）及决算编审费	工程造价	0.20
8	工程监理费	工程造价	2.00
合计			7.61

前期费用及其他费用＝1 256 979×7.61%＝95 656（元）

C. 资金成本

合理建设工期为 1 年，贷款利率为 4.35%，则

资金成本＝(建安工程造价＋前期费用及其他费用)×1/2×4.35%×1

＝(1 256 979＋95 656)×4.35%×1×1/2

＝29 420(元)

重置全价＝建安工程造价＋前期费用及其他费用＋资金成本

＝1 256 979＋95 656＋29 420

＝1 382 055(元)

(二) 建筑物重置成本的估算方法

估算建筑物重置成本有许多方法，在具体评估过程中，经常采用的是预决算调整法、重编预算法、指数调整法等。

1. 预决算调整法

项目决算与重置价值相联系。建筑物单项工程价值量较大，在基本建设竣工验收或更新改造竣工时，通常以单项工程为对象，分别按照工程造价的各项构成编制出详细的成本核算资料，作为项目决算的依据。决算价格即为建筑物的历史成本。由于竣工决算资料提供了建筑物建设的当期工程量资料，这样，项目决算资料就大有用武之地了。一旦有了当期工程量作为计算依据，就可用现行单价和费用项目及费用标准确定建筑物的重置全价。

运用预决算调整法确定建筑物的重置全价，调整的内容和要点如下：

(1) 三材差价。即钢材、木材和水泥价格调整，可参照表 4-4 进行。

表 4-4 重置基价（三材价差）计算表

企业名称 ____________公司

资产类别：建筑物　　　　　　　　　　基准时间：　　年　月　日

序号	名称	原用数量	现价（元）	原价（元）	增值金额合计（元）
1	水泥（吨）				
2	木材总量（m^3）				
	其中：杉原木				

续前表

序号	名称	原用数量	现价（元）	原价（元）	增值金额合计（元）
	松原木				
	硬原木				
3	钢材合计（吨）				
	其中：圆钢				
	冷拔钢				
	钢板				
	型钢				
4	钢窗（m^3）				

（2）地材价差额。地材价差额可依据当地住建委（住房与城乡建设委员会的简称）定额站发布的地材价格指数计算：

地材价差额＝定额直接费×地价价格指数

（3）人工费和机械调整费。人工费的调整可按下述公式计算：

人工费调整数＝工日数×价差额/工日

价差额/工日＝评估基准日工日单价－预决算工日单价

机械费的调整一般可依据当地建筑工程定额管理部门发布的取费系数计算，即

调整后的机械费＝定额直接费×当地规定的取费系数

（4）其他直接费调整。通常可依据当地建筑定额管理部门规定的费率计算，即

调整后的其他直接费＝工程决算直接费×评估基准日其他直接费取费标准

（5）计算重置基价。首先计算出调整后的工程直接费，即

工程直接费＝调整后的人工费＋调整后的材料费＋调整后的机械费
＋调整后的其他直接费

其次，在计算出工程直接费的基础上，按当地建筑工程定额管理部门规定的计费标准计算间接费、其他间接费、税金、利润。

最后，将上述直接费、间接费、其他间接费、利润、税金相加即为重置基价。

（6）计算重置成本。计算出重置基价后，应计加附加税费。附加税费的内容因地区不同而有所差异。通常包括设计费、勘察费、建设单位管理费、建设期利息等。

预决算调整法适用前提和范围。由于预决算调整法是以待估建筑物预决算资料中的工程量为基础进行现行价格的调整而确定评估值的，因此，此法是以建筑物原工程量是合理的为假设前提的。用预决算调整法进行评估，必须要具备完整的建筑工程竣工决算资料或预算资料。

预决算调整法主要适用于用途相同、结构相同且数量较多的建筑物评估。这样，可以通过选择若干有代表性的典型建筑物按此法评估得出重置成本。然后以估算出的典型建筑物的重置成本与该建筑物原预决算价格比较，求出一个调整系数，推算出其他相同、相似建筑物的重置成本。

2. 重编预算法

重编预算法是指按工程预算的编制方法，对待估建筑成本构成项目重新估算其重

置成本。即根据待估建筑物工程竣工图纸或按评估要求绘制的工程图，按照编制工程预决算方法，在计算工程量基础上按现行工程预算价格和费率，编制工程预算书，再按现行标准计算间接成本，从而计算出建筑物重置成本。其计算公式如下：

$$\text{建筑物重置成本}=\sum\left[\left(\text{实际工程费}\times\text{现行单价}\right)\times\left(1+\text{现行费率}\right)\pm\text{材料差价}\right]+\text{按现行标准计算的各项间接成本}$$

用重编预算法计算的重置成本通常与待估建筑物的历史成本有较大差异，主要原因是：(1) 由于技术进步出现新材料代替了旧材料，特别是用价廉质优的材料代替；(2) 设计或结构改进、项目工程量发生变化；(3) 材料价格和费用项目、取费标准发生变化。由于重编预算法所需的技术经济资料较多，而且费时，工作量较大，因此，此法主要适用于测算建筑物更新重置成本或构造较简单的建筑物。

3. 价格指数调整法

价格指数调整法是根据建筑物的账面成本，运用建筑业产值价格指数或其他相关价格指数推算出建筑物重置成本的一种方法。

价格指数法由于方法本身的缘故，在推算待估建筑物重置成本的准确性方面略显不足，因此，应尽量控制其使用范围。这种方法一般只限用于单位价值小、结构简单以及运用其他方法有困难的建筑物的重置成本估算。

建筑业产值价格指数是直接反映建筑产品价格变化趋势的一个综合性指标。该指标可向统计部门调查取得。由于统计资料中的价格指数是年度价格指数，而待估建筑物可能是许多年以前建成的，因此，需要计算出待估建筑物竣工年度至评估基准日的综合价格指数。在具体测算综合价格指数时，还应注意统计资料中的年度价格指数是定基价格指数还是环比价格指数。不同性质的价格指数，在计算综合价格指数时方法有所不同。

对于定基价格指数，在计算综合价格指数时，其公式为：

$$\text{综合价格指数}=\frac{\text{评估时点价格指数}}{\text{建筑物购建时价格指数}}\times 100\%$$

对于环比价格指数，在计算综合价格指数时，其公式为：

$$\text{综合价格指数}=(1+a_1)(1+a_2)\cdots(1+a_n)\times 100\%$$

式中，a_n 为从建筑物竣工年度后第 1 年至评估基准日年度的各年环比价格指数。

价格指数调整法的计算公式为：

$$\text{待估建筑物重置成本}=\text{待估建筑物账面原值}\times\text{综合价格指数}$$

（三）建筑物实体性贬值率及成新率的估算

建筑物实体性贬值率或成新率的估算主要采用使用年限法和打分法。

1. 使用年限法

使用年限法是指利用建筑物的实际已使用年限占建筑物全部使用寿命（年限）的比率作为建筑物的实体性贬值率，或以估测出的建筑物尚可使用年限占建筑物全部使用寿命（年限）的比率作为建筑物的成新率。

$$\text{建筑物实体性贬值率}=\text{建筑物实际已使用年限}\div\left(\text{建筑物实际已使用年限}+\text{建筑物尚可使用年限}\right)\times 100\%$$

$$\text{建筑物成新率}=\frac{\text{建筑物尚可使用年限}}{1}\div\left(\text{建筑物实际已使用年限}+\text{建造物尚可使用年限}\right)\times 100\%$$

运用使用年限法的关键在于，测定一个较为合理的建筑物尚可使用年限。关于各类建筑物的使用寿命，目前国家尚无统一的标准，这对估测建筑物的尚可使用年限不能不说是一种困难。这就要求评估人员要有相当丰富的实践经验，根据待估建筑物的实际状态和维修保养状况估算待估建筑物的尚可使用年限。

2. 打分法

打分法是指评估人员借助建筑物成新率的评分标准，分解建筑物整体成新率评分标准，以及按不同构成部分的评分标准进行对照打分，得出或汇总得出建筑物的成新率。

建筑物成新率评分标准可参考和借鉴原城乡建设环境保护部于1984年11月8日颁发的《房屋完损等级评定标准》。根据上述标准，按房屋的结构、装修、设备等组成部分的完好和损坏程度，划分为5个等级。

（1）完好房，包括了成新率在80%以上的房屋。房屋的结构、构件、装修、设备齐全完好，成色新，使用良好。

（2）基本完好房，包括了成新率在60%～79%的房屋。房屋的结构、构件、装修、设备基本完好，成色略旧并有少量或微量损坏，基本能正常使用。

（3）一般损坏房，包括了成新率在40%～59%的房屋。房屋的结构、构件、装修、设备有部分损坏或变形、老化，需进行中型或大型修理。

（4）严重损坏房，成新率在39%以下的房屋。房屋的结构、构件、装修、设备有明显的损坏和变形，并且不齐全，需进行大修或翻建。

（5）危房。房屋的结构、构件已处危险状态，随时有倒塌的可能。

按房屋的结构、装修、设备等方面的完损程度，综合确定建筑物的成新率，从理论上讲，比单一按建筑物使用年限测算成新率更合理一些。但采用打分法的关键问题在于，一是打分标准是否科学合理。从《房屋完损等级评定标准》来看，是以房屋的经济寿命为根据设计的房屋正常使用年限及其成新率，这要比建筑物的自然寿命或技术寿命短。因此，它所反映的房屋损失率是有一定误差的。评估人员在参照该标准进行建筑物有形损耗率或成新率评估时应注意使用。二是评估人员对打分标准掌握和运用的水平。打分标准是固定的，而待估建筑物情况却是多样性的。在一般情况下，评估人员及评估机构都要在统一打分标准的基础上，根据实际情况，制定不同类型建筑物成新率评分权重系数，作为按统一打分标准评分后的进一步调整和修正。

统一的建筑物完损等级评定一般也是按房屋的结构、装修和设备三个部分分别规定标准，并具体规定评定的部位内容。如《房屋完损等级评定标准》也是这样规定的（见表4-5、表4-6）。

不同类型房屋成新率的评分权重系数如表4-7所示（仅供参考）。用打分法估测建筑物的成新率可参照下列公式进行：

$$\text{成新率}=\text{结构部分合计得分}\times G+\text{装修部分合计得分}\times S+\text{设备部分合计得分}\times B$$

式中，G 为结构部分的评分权重系数；S 为装修部分的评分权重系数；B 为设备部分的评分权重系数。

表 4-5　　房屋耐用年限和残值率表

房屋结构及等级	耐用年限（年）	残值率（%）
钢筋混凝土结构	60～80	0
砖混结构 1～2 等	40～60	2
砖木结构 1～3 等	30～50	3，4，6
简易结构	10～15	3

表 4-6　　评定部位内容、完损等级和成新率表

部位内容			完损等级	成新率（%）
结构	装修	设备		
地基基础	门窗	水卫	完好房	80～100
承重构件	外抹灰	电照	基本完好房	60～99
非承重构件	内抹灰	暖气	一般损坏房	40～59
层面	顶棚	特种设备	严重损坏房	40 以下
楼地面	细木装修		危险房	残值

表 4-7　　不同结构类型房屋或成新率评分权重系数表

	钢筋混凝土结构			砖混结构			砖木结构			其他结构		
	结构部分 G	装修部分 S	设备部分 B	结构部分 G	装修部分 S	设备部分 B	结构部分 G	装修部分 S	设备部分 B	结构部分 G	装修部分 S	设备部分 B
单层	0.85	0.05	0.1	0.7	0.2	0.1	0.8	0.15	0.05	0.87	0.1	0.03
2～3 层	0.8	0.1	0.1	0.6	0.2	0.2	0.7	0.2	0.1			
4～6 层	0.75	0.12	0.13	0.55	0.15	0.3						
7 层以上	0.8	0.1	0.1									

例 4-2　某钢筋混凝土 5 层框架楼房，经评估人员现场打分，结构部分得分为 80 分，装修部分得分为 70 分，设备部分得分为 60 分。再经查表 4-7 列示的权重系数 $G=0.75$，$S=0.12$，$B=0.13$，则该楼房的成新率为：

成新率＝(80×0.75＋70×0.12＋60×0.13)÷100＝76.2%

（四）建筑物功能性贬值的估算

建筑物的功能性贬值是指由于建筑物用途、使用强度、设计、结构、装修、设备配备等不合理造成的建筑物功能不足或浪费形成的价值损失。

建筑物用途与强度不合理是相对于其所占用的土地的最佳使用而言的。如果出现了建筑物用途及使用强度与其占用土地的最佳使用不一致，那么土地的最佳效用就没有发挥出来，土地的价值就没有得到充分实现。但是，在资产评估中，土地使用权的评估通常是按其最佳使用用途为依据进行的，对土地与建筑物用途不协调所造成的价值损失一般是以建筑物的功能性贬值体现的。当建筑物的用途、使用强度等与其占用的土地的最佳使用严重冲突时，甚至可能出现建筑物的功能性贬值超过其考虑了成新率的重置成本。例如，繁华商业区内的低矮非商业用建筑物的功能性贬值可能就会很大，以至于出现建筑物部分的价值为负值，即建筑物不仅没有价值，反而由于拆迁还要扣减土地使用权的一部分价值。关于建筑物用途及使用强度与其占用土地最佳使用不一致、不协调形成的功能性贬值的量，从理论上讲，相当于建筑物所占用土地的现实用途与其最佳使用之间的价值差。当然在具体测算建筑物由于用途、使用强度形成

的功能性贬值时，还要考虑建筑物是连同土地一并评估，即房地合一评估，还是房地分估，再来分析判断其功能性贬值。

建筑物的设计以及结构上的缺陷，将导致建筑物不能充分发挥其应有的功能和最大限度发挥其效用。不合理的设计及结构可能出现建筑物面积较大而有效使用面积却与建筑面积不成比例，从而影响了建筑物的有效利用。建筑物有效使用面积与其建筑面积的比例低于正常建筑物有效使用面积与其建筑面积的比例部分所形成的价值损失，也是建筑物的一种功能性贬值。

建筑物的装修、设备与其总体功能的不协调，也会出现“档次不够”情况。这种两极分化的情况也会造成建筑物的功能性贬值。尤其是建筑物装修和设备“超标准”情况，豪华的装修以及与建筑物总体功能不协调的超一流设备，在增加建筑物使用价值不明显的前提下往往形成建筑物局部功能浪费，其部分价值也无法实现。

无论是哪种原因形成的建筑物功能性贬值，在其测算过程中都要与建筑物重置成本测算和成新率测算一并统筹考虑，避免重复评估和漏评估情况发生。

（五）建筑物经济性贬值的估算

建筑物的经济性贬值是指由于外界条件的变化而影响了建筑物效用的发挥，导致其价值贬损。从现象上看，建筑物出现经济性贬值，一般都伴随着利用率下降，如商业用房的空房率增加、出租面积减少，工业用房大量闲置等。从建筑物出现经济性贬值所造成的后果看，最终都会导致建筑物的收益下降。所以，在测算建筑物经济性贬值时，可参照下列公式进行：

经济性贬值＝建筑物年收益净损失额/正常资产收益率

或

$$\text{经济性贬值}=\sum_{i=1}^{n}\frac{R_i}{(1+r)^i}$$

式中，R_i 为第 i 年的建筑物年收益净损失额；r 为折现率；n 为预计建筑物收益损失持续的时间，通常以年为单位。

（六）成本法案例分析

吉林省某市××企业办公楼。

1. 待估建筑物状况

办公楼建筑面积为1 510.7平方米，2013年10月建成，砖混结构，总层数为3层。现浇独立桩承台基础，刚性防水屋面，金属平开大门，塑钢窗；单色大理石楼地面；矿棉板天棚面层，空腹PVC扣板；外墙为水泥抹灰，内墙为24墙大白装饰；上下水管道、暗敷动力及照明管线、采暖管线齐备。

2. 评估日期

2017年4月10日至2017年4月20日。

3. 评估基准日

2016年10月31日。

4. 评估目的

股权收购。

5. 评估方法

采用成本法。

6. 评估过程

（1）资料准备和核实。评估人员进入现场后根据委托提供的“待估建筑物评估申报表”进行核实。对评估申报表中的各项数据与企业账表进行核对，并进行合理调整。

（2）现场勘察。评估人员根据评估申报表深入现场进行勘察，核对建筑物名称、坐落地点、结构类型、建筑面积等与评估申报表是否一致。对待估建筑物的外形、高度、精度、内外装修、室内设施、各构件现状、基础状况及维修使用情况进行详细观察和记录。

（3）准备文件。根据待估建筑物所处的位置及企业所属行业特点，重点收集评估所需的各项文件资料。

1）《建设工程工程量清单计价规范》；

2）《吉林省安装工程计价定额》；

3）《吉林省市政工程计价定额》；

4）《吉林省建筑工程计价定额》；

5）《吉林省装饰工程计价定额》；

6）《吉林省建筑安装工程费用定额》；

7）《房屋完损等级及评定标准》；

8）《资产评估常用数据与参考手册》（第二版）；

9）评估人员对评估对象进行勘察核实及技术鉴定记录；

10）评估人员调研、收集的相关资料；

11）与此次评估有关的其他资料。

7. 评估测算

（1）重置成本的计算。

1）建筑安装工程费（综合造价）的计算。根据待估建筑物竣工决算资料，考虑到待估建筑物竣工时间至评估基准日间隔较短，故采用预决算调整法确定综合造价。按照××市《建设工程价格信息》（2016 年第四季度）的材料预算价格、人工工资及现行的建筑安装工程定额和取费标准对原综合造价调整计算如表 4－8 所示。

表 4－8　综合造价计算表

序号	费用名称	取费说明	费率（%）	费用金额（元）
1	人工费			627 896
2	材料费			956 284
2.1	主材费			956 284
2.2	设备费			0
3	机械费			195 499
4	企业管理费	（人工费＋机械费）×费率	15.59	128 367
5	措施项目费	5.1＋5.2＋5.3＋5.4＋5.5＋5.6＋5.7＋5.8＋5.9		109 500
5.1	安全文明施工费	（人工费＋机械费）×费率	11.58	95 349

续前表

序号	费用名称	取费说明	费率（%）	费用金额（元）
5.2	夜间施工增加费			
5.3	非夜间施工增加费			
5.4	二次搬运费	人工费×费率	0.3	1 884
5.5	冬季施工增加费			
5.6	雨季施工增加费	人工费×费率	0.38	2 386
5.7	地上、地下设施、建筑物的临时保护设施费			
5.8	已完工程保护费（含越冬维护费）			
5.9	工程定位复测费	（人工费＋机械费）×费率	1.2	9 881
6	规费	6.1＋6.2＋6.3＋6.4＋6.5		88 679
6.1	社会保险费	6.1.1＋6.1.2＋6.1.3		81 438
6.1.1	养老保险费、失业保险费、医疗保险费、住房公积金	人工费×费率	11.94	74 971
6.1.2	生育保险费	人工费×费率	0.42	2 637
6.1.3	工伤保险费	人工费×费率	0.61	3 830
6.2	工程排污费	人工费×费率	0.3	1 884
6.3	防洪基础设施建设资金、副食品价格调节基金	税前工程造价（13－12）	0.105	2 343
6.4	残疾人就业保障金	人工费×费率	0.48	3 014
6.5	其他规费			
7	利润	人工费×费率	16	100 463
8	价差（包括人工、材料、机械）	8.1＋8.2＋8.3＋8.4		24 871
8.1	人工费价差	人工价差		89 532
8.2	材料费价差			－64 661
8.3	机械费价差			
8.4	机械费调整			
9	其他项目费			
10	估价项目、现场签证及索赔			
11	优质优价增加费			
12	税金	（1＋2＋3＋4＋5＋6＋7＋8＋9＋10＋11）×费率	11	245 472
13	含税工程造价	1＋2＋3＋4＋5＋6＋7＋8＋9＋10＋11＋12		2 477 031
14	装饰工程造价（过程略）			978 556
15	安装工程造价（过程略）			641 681
16	建安造价合计			40 972 68

2）前期费及其他费用的确定。前期费和其他费用包括建设单位管理费、设计费、

勘察设计费、工程监理费等，其费用计取按建筑安装工程费的一定百分比计算。其建设前期费及其他费率标准如表 4－9 所示。

表 4－9　　前期费用及其他费用表

项目名称	计费基础	规定费率（%）
建设单位管理费	建筑安装工程费	1.09
勘察设计费	建筑安装工程费	4.50
工程监理费	建筑安装工程费	2.10
工程招投标代理服务费	建筑安装工程费	0.28
可行性研究费	建筑安装工程费	0.60
环境影响评价费	建筑安装工程费	0.15
合计		8.72

前期费用及其他费用＝4 097 268×8.72%＝357 282(元)

3）资金成本。根据委托评估的房屋建筑物所在企业的投资项目特点及建筑规模，评估人员核定其合理建设工期为 1 年，选取评估基准日有效的相应期限贷款利率为 4.35%，并假设投资建设资金均匀投入，计算其资金成本。

$$资金成本=\left(\begin{matrix}建筑安装\\工程造价\end{matrix}+\begin{matrix}前期费用及\\其他费用\end{matrix}\right)\times 1/2\times\begin{matrix}贷款\\利率\end{matrix}\times\begin{matrix}合理\\工期\end{matrix}$$

$$=(4\ 097\ 268+357\ 282)\times 1/2\times 4.35\%\times 1$$

$$=96\ 886(元)$$

4）重置成本的确定。

重置成本＝建筑安装工程费＋前期及其他费用＋资金成本

＝4 097 268＋357 282＋96 886＝4 551 436(元)

(2) 测算建筑物的成新率。按照使用年限法，砖混结构房屋使用年限为 50 年，则剩余使用年限为 47 年。

$$年限法成新率=\frac{47}{3+47}\times 100\%=94\%$$

按照现场勘察法，成新率评分表如表 4－10 所示。

表 4－10　　现场勘察成新率评分表

序号	分项		标准分	评定分
1	结构	基础	25	24
2		承重构件	25	24
3		非承重墙	15	14
4		屋面	20	18
5		楼地面	15	13
G	小计		100	93
1	装修	门窗	30	28
3		内外装修	50	46
4		其他	20	18
S	小计		100	92

续前表

序号	分项		标准分	评定分
1	设备安装	电照	25	22
2		水卫	40	35
3		暖气	35	33
B	小计		100	90

对结构、装修和设备安装工程的勘察成新率评分分别赋予60%，20%和20%的权重，计算出该房屋的勘察成新率。

勘察成新率＝93×60%＋92×20%＋90×20%＝92%

按照年限法成新率40%、勘察成新率60%的权重，计算得到该房屋的成新率。

成新率＝94%×0.4＋92%×0.6＝93%

（3）根据考察，该建筑物不存在功能性贬值和经济性贬值，由此可确定该建筑物的评估值。

评估值＝4 551 436×93%＝4 232 835(元)

二、市场法

（一）市场法的原理及适用范围

市场法是将待估房地产与在较近时期内已往发生或即将发生的同类型区域类似房地产交易实例，就交易条件、价格形成的时间、区域因素（外部环境因素）及个别因素（房地产自身条件）加以比较对照，以已经发生了交易的类似房地产的已知价格为基础，作必要的修正后，得出待估房地产评估基准日最可能实现的合理价格。这里所提及的类似房地产是指其用途、建筑结构、所处地区相同或相似的房地产。事实上，运用市场法评估建筑物属房地合一评估。若想单独评估建筑物的自身价格可采用成本法，或用市场法评估出房地合一价格后，再运用合理的方法单独评估土地价值，然后进行轧差得出建筑物的价值。随着房地产市场的不断发展和完善，市场法评估也日益重要，运用领域更加广阔。

市场法评估适用于有充足房地产交易实例的地区。对于交易实例少、房地产市场交易不透明、信息不畅的地区则不宜采用。一般来说，市场法评估应具备的条件主要有：

（1）要有一定数量的正常交易实例，通常交易实例不少于3个。

（2）选择的交易实例与待估房地产具有较好的可比性，如用途、结构类型、装修标准、建材质地、所处地区、外部环境、产权性质等方面要相同或相似。

（3）交易时间与评估基准日尽可能接近。

（4）交易应具有透明性、公平性和有效性。

（5）交易实例与待估房地产在土地出让年限和使用需求方面应基本一致。

由于市场法评估受评估人员的知识经验约束较大，主观因素对价格影响较大，因此，此法更适合房地产出售、购置、投资决策等经济行为。

（二）建筑物评估中市场法的应用

市场法的具体做法很多，主要有两种：

1. 交易实例比较法（直接法）

此法以待估的房地产状况为基准，在市场上找到类似房地产的交易实例作为参照物，将交易实例房地产与待估房地产的各项状况逐一比较，对各种差异因素作比较调整，将交易实例的价格修正成待估房地产的价格。

2. 基准价格对照法（间接法）

该法先选定标准的房产和地产，对该标准房产和地产定出一个合理的且是最新的基准价格。该基准价格每年修订一次，年年公布，作为房产和地产的评估依据，把待估房产和地产与标准房产和地产对照，从中查出与待估房产和地产相对应的价格，再作必要的调整，修正成待估房地产的价格。

（三）运用市场法评估建筑物的程序

运用市场法评估建筑物可按下列程序进行。

1. 资料收集

（1）收集途径。收集交易实例资料的途径如下：

1）查阅政府有关部门的房地产咨询资料。

2）查阅各种报纸、杂志、年鉴上有关的信息、广告。

3）通过各类房地产估价协会、经纪人协会，在同行中交流信息，相互提供经手的交易实例资料。

4）以购买房地产者的身份直接向当事人收集租售实例资料。

（2）收集资料内容。

1）房地产的位置、面积、用途、成交时间。

2）双方当事人是买卖所有权还是使用权，能否再转让出售。

3）使用年限、环境条件、房屋状况、地块条件、交易条件、购买动机和销售动机、交易价格、出价和报价、融资条件等。

需要收集的内容可制成统一表格（见表 4－11、表 4－12），收集资料时按表填写。

（3）验证资料的准确性。由于交易情况对有关人员比较敏感，加上社会、经济、心理情况等因素的影响，被调查者不一定能提供完全真实的情况，所以对调查资料要进行甄别，验证其准确性。

表 4－11　　交易实例调查表 Ⅰ

项目		状态	项目			状态	项目		状态
坐落			区域因素	距商业服务中心距离	市场		个别因素	地形地质	
使用类别					区级			面积	
权利状态					小区级			宽、深度	
交易价格	总价			距公共设施距离	文体设施			形状	
	土地价格				公用设施			临街类型	
				道路状况	宽度			临街位置	
	房屋价格				车流量			临街深度	
房屋概况	面积			公交状况	线路数			容积率	
					线路流量				
	结构			距对外交通设施的距离	火车站			其他	
					汽车站				
	用途				码头				
					机场				

续前表

项目	状态	项目	状态	项目	状态
交易形式		给水、排水		规划限制	
交易日期		供电			
交易情况		供热		使用限制	
基准地价		供气			
调查日期		电信		备注	
其他		其他			

表 4-12　　交易实例调查表Ⅱ

坐落			项目	实例地状态等		项目	实例地状态等
项目	登记簿 / 实际	道路条件	系统及连续性	种别 路线名	宗地条件	面积	m²
		道路条件			宗地条件	宽度深度	宽度 m 深度 m
使用类别	住宅地、商业地、工业地、农业地、其他	道路条件	宽度	全幅 m 步行道 接面 m 对面 m	宗地条件	形状	近正方形、长方形、近长方形、梯形、近梯形、其他（ ）
使用内容		道路条件	路面	线 站 方约（m）	宗地条件 临接道路	临接关系	实例地（ ）方单面临路角地、二面临路、三面临路、其他（ ）
权利状态							
买卖价额	总额	交通接近条件	距离车站	线 站 方约（m）	宗地条件 临接道路	高低差	约高（ ）m，低（ ）m，倾斜度（ ），无
	土地 元（ /m²）						
	建筑物 元（ /m²）	交通接近条件	距离市中心	时间（分），距离（m）			
建筑物情况	面积 / 构造 等级 / 用途	交通接近条件	距离公共设施		宗地条件	区域	城市规划区域，城市规划区域外，其他区域
	建筑年月 / 其他	环境条件	自然条件	日照、通风、干湿等 / 地质、地盘、地势等	行政条件	使用分区	
					行政条件	建筑密度等	建筑密度 / 容积率
买卖日期	年 月 日	环境条件	供给处理设施	上水道 有、无、尚可 下水道	行政条件	各种限度	防火限制 有无 高度限制 m
买卖情况		环境条件	供给处理设施	城市煤气 有、无、尚可 其他	实例地所在地区标准用途		
资料来源							
公告现值		环境条件	实例地的周围情况		实例地最有效使用		东 m，西 m 南 m，北 m
附近目标物					实例地近郊地区范围		
调查年月日					备注		

2. 选择作比较的交易实例

选择作比较的交易实例是最关键的一步。供比较参照的交易实例选择恰当与否，直接影响评估价格的精度，因此应特别慎重。所选择的交易实例应满足下列基本要求：

（1）与待估建筑物的评估目的是一致的。

（2）是正常交易或可补正成正常交易。

（3）评估日期最接近，或可作期日修正的。

（4）与待估的房地产同属一个地区或对房地产供求情况影响相同的邻近地区，在环境条件上有类似性。

（5）有相同的用途，至少应在大类用途（办公楼、零售店面、住宅、旅馆、工厂、仓库等）上相同，如能在小类用途上相同则更好。

（6）结构类型应相同，至少应在大类结构（钢筋混凝土结构、砖混结构、砖木结构、简易结构、钢结构等）上相同，如能在小类上相同则更好。

房地产的种种特征，决定了房地产不具备自由市场，其交易价格由个别交易构成，价格受个别情况影响，所以必须将个别的特殊情况剔除，使其正常化。因此只有修正后的实例，才适合作比较对象。故要对选中的交易实例进行修正。

3. 交易行为的补正

交易行为补正可排除因交易行为中一些特殊因素所造成的交易行为偏差。

正常交易指交易应是公开、平等、自愿的，即在公开市场、信息通畅、交易双方自愿、没有私下利益关系情况下的交易。

交易行为中应进行补正的主要有下列几种情况：

（1）政府为了对某种产业进行鼓励、扶植或控制，在政策上给予某些优惠或限制，甚至对一些房地产交易进行干预和管制。

（2）有特别利害关系的人或业主之间的交易，如亲友、有利害关系的公司、合作伙伴、生产协作比较密切的单位、单位与某职工之间的房地产交易等，往往低于市场价格进行交易。

（3）交易时有特别的动机，如出国或还债急需现金周转而急于出售房地产，或商业机构事业迅速发展急欲购买店铺。急欲脱售的价格往往偏低，急欲购买的价格往往偏高。

（4）买方或卖方的无知，不了解行情。如果买方不了解房地产市场行情，盲目购置，往往使交易价格偏高；反之，卖方不了解行情，盲目出售，往往使交易价格偏低。

（5）购买相邻房地产，由于该房地产与原有房地产合并后，会增加原有房地产的效用，所以购买价格有时要高于该房地产单独存在时的正常价格。

（6）招标、拍卖时一般购买者不能参加，通常价格偏低。

（7）特殊的交易条件，如卖方在房地产脱手后的半年内还能继续使用而不必支付租金。

（8）优惠的融资条件，如房地产交易的新买主能借到低于现行市场贷款利率的资金来购买房地产。

（9）其他特殊情况，如房地产增值税本应由买方负担，却转移给卖方。

对上述特殊情况的交易需要甄别出使用正常价格发生偏差的原因和程度，并加以分析研究，在积累了长期丰富的经验和大量信息后，就能把握适当的修正程度，把价格调整成正常价格。

$$待估房地产的单位价格=修正系数\times交易实例房地产的单位价格$$

$$修正系数=1-\frac{\sum 补正值}{交易价值}$$

4. 交易日期的修正

评估基准日是指决定待估房地产估价额的基准日期。供比较参照的交易实例的交易日期与待估房地产的评估基准日应较接近为好。所谓接近是相对的，如果市场相对稳定，几年前的交易资料用于现在，也仍然有效；如果市场变化快，则只有最近的交易实例才有效。一般认为，交易实例的交易日期相差5年以上的不易采用，因为即使进行交易日期修正仍会出现较大偏差。若房地产价格有明显上涨或下跌趋势，特别是通货膨胀严重时期，物价变动更为剧烈，最好用不超过一两个月的交易资料来比较，而且必须进行适当的时间修正，使修正的价格能符合评估时的实际市场情况。

交易日期修正，一般是用变动率（如采用地价指数或地产价格指数等）将交易实例当时的交易价格修正为评估基准日的价格。

利用价格指数进行交易日期修正的公式为：

$$评估基准日价格=调整系数\times交易日期价格$$

$$调整系数=\frac{评估基准日价格指数}{交易日期价格指数}$$

此外，房地产价格指数是指房地产在不同时期价格的涨落程度，不是任何类型的房地产价格指数都可以采用，采用的价格指数必须是与待估房地产类似的房地产价格指数。

5. 区域因素的修正

房地产价格随其所处地区的特性不同而有很大差别。所以，采用市场法进行估价时，必须很好地把握待估房地产和每个交易实例房地产的地区特性，分析清楚地区特性的影响。

进行区域分析时，商业区通常以商业收益能发生替代关系的地区为交易实例房地产的选用范围；住宅区通常以通向市中心的方便程度能发生替代关系的地区为交易实例房地产的选用范围。而对于工业区的选用范围，则分为大工业区和中小工业区两类。大工业区一般是以可能与原材料及生产品等大规模运输具有替代关系的地区为交易实例房地产的选用范围；中小工业区是以对于产品的生产及销售费用的经济效益有替代关系的地区为交易实例房地产的选用范围。在供求关系能替代的地区中选择交易实例房地产后尚需进行区域因素的修正。

不同区域房地产由于所属地区的自然条件与社会、经济、行政、立法等因素所产生的地区特性对该地区房地产价格水平有不同程度的影响，故应将交易实例房地产所处区域与待估房地产所处区域因素加以比较，找出由于区域因素优劣所影响的交易价格高低，从而进行减价或加价的修正，使其成为待估房地产所处地区的价格。区域因素的修正是市场法中的难点和关键之一。

在分析区域因素的影响时，对不同类型房地产的侧重点是不同的。

商业区的收益率是影响房地产价格的最主要因素。而地段的营业环境对商业区的销售额影响很大，故地段是决定商业房地产价格的根本因素。

住宅区主要是离市中心的距离、交通设施条件和居住环境的优劣，即环境是否清静，风景好坏，有无影响环境的设施，居民的职业构成及其社会地位、文化水平、生活方式等。

工业区的好坏，最主要是看运输的便利情况、工业用水和用电的质量、与产品的销售市场及原材料采购市场位置的关系。

区域因素修正在实际操作时，应将其比较内容列成表，使其规范化且一目了然。当然，并不是上述每一项影响因素都要参加比较，而是根据待估房地产的具体情况选择有关的因素进行比较。不同用途的房地产考虑不同的比较因素。选择哪些比较项目，可在评估实践中不断总结和完善。

区域因素修正的确定可用不同的方法：

(1) 双百分制比较法。双百分制的第一层“百分”是按大类对区域影响因素分类评分，每类的最高分均为100分；第二层“百分”是对大类区域的影响强度确定权重。交易实例房地产与待估房地产在该因素上的差异反映在积分（因素评分与权重的乘积）上。各因素评分与该因素的权重的总积分，综合反映了交易实例房地产与待估房地产由于所处地区不同而在价格上的差异。

按照总积分，可将各交易实例的房地产价格调整成待估房地产价格，其计算公式为：

$$\text{待估房地产的单位价格}=\text{价格修正系数}\times\text{交易实例房地产的单位价格}$$

$$\text{价格修正系数}=\frac{\text{待估房地产总积分}}{\text{交易实例房地产总积分}}$$

(2) 十等分因素比较法。这是前一方法的简化。将房地产的位置、交通情况、周围的商业网点、公共设施建立、经济环境、土地使用强度等诸多因素分成十项，每一项的权重均为1/10。对交易实例和待估房地产每一项因素的异同和影响逐项打分，最后根据综合总分做出最后评定。

(3) 环境成熟度修正法。环境成熟度即配套设施达到的程度。任何一块土地的利用，都必须具备规模的土地，还需要邻近有各种设施与之相配套，才能达到有效的利用。例如住宅地，并非有了土地能兴建房屋即成为理想的住宅，必须在其附近有市场、学校、车站、邮局等设施，才能形成理想的居住环境。商业用地、工业用地亦均必须有其相应的环境条件，但这种环境通常要有相当长的时间才能趋于成熟。因此，虽然同属于一种使用地区，但彼此之间的环境成熟条件尚有差距，在运用市场法估价的时候，应进行成熟度修正。

成熟度修正的方法是，首先要找出交易实例和待估对象之间环境条件成熟的差距，即找到待估对象达到交易实例同等环境成熟程度所需的时间，然后以交易实例价格乘以复利率的折现值。其计算公式为：

$$\text{房地产评估值}=\text{调整系数}\times\text{交易实例价格}$$

$$调整系数=\frac{1}{(1+r)^n}$$

式中，r 为折现率；n 为达到与交易实例同等环境成熟程度所需要的年数。

例4-3 交易实例土地每平方米价格为2 000元，待估土地的环境条件达到交易实例土地的环境条件预计需要5年，折现率为10%，则该待估土地价格为：

$$2\ 000\times\frac{1}{(1+10\%)^5}=2\ 000\times0.620\ 9=1\ 241.8\ (元)$$

6. 个别因素的修正

个别因素是指形成个别房地产价格的内在因素，以房地产本身的物理性质为基础，是决定相同区域房地产出现差异的依据。即将交易实例房地产的交易价格经过区域因素修正，成为本地区的价格水平，再加上房地产个别因素的修正，从而形成每个房地产的具体价格。

土地和房屋所考虑的个别因素是不同的。土地的个别因素包括：（1）微观位置；（2）面积；（3）正面宽度；（4）深度；（5）形状；（6）地势；（7）地质；（8）土地使用年限。

房屋的个别因素包括：（1）面积、构造、材料；（2）房屋的成新率；（3）房屋的装修、设备标准；（4）房屋的朝向；（5）施工质量；（6）行政立法上的限制。

个别因素修正的确定主要采用售价调整法。售价调整法的一般方法为：（1）简单平均法；（2）加权平均法。

7. 市场法公式

$$评估值=\frac{\sum_{i=1}^{n}\left(\begin{matrix}交易\\实例\ i\end{matrix}\times\begin{matrix}交易行为的\\修正系数\end{matrix}\times\begin{matrix}交易日期的\\修正系数\end{matrix}\times\begin{matrix}区域因素的\\修正系数\end{matrix}\times\begin{matrix}个别因素的\\修正系数\end{matrix}\right)}{n}$$

（四）市场法案例分析

1. 建筑物概况

待估建筑物为办公楼，位于南京市中华路141号。北临锦绣坊路，南靠外运大厦，东为王府园生活区，西临中华路。该楼为全现浇框架剪力墙内筒结构体系，抗震7度设防，结构抗震等级属二级，该楼总建筑面积为22 379平方米，地上19层，地下1层，檐高为68.9米，一层至三层层高为4.8米，四层以上层高为3.3米。基础采用现浇钢筋砼灌注桩；地下室采用防水钢筋砼墙；外墙为240厚多孔砖墙；电梯间采用钢筋砼墙；承重结构为现浇钢筋砼柱、梁、板；外墙贴白色釉面砖；一楼大厅及公共走道采用花岗岩地面；其他楼层地面采用嵌铜条水磨石地面；消防通道楼梯采用防滑地板砖；内墙采用普通涂料粉刷；外窗采用本色铝合金窗；内门采用胶合板门；一楼大厅采用无框铝合金门。水卫设施齐全，上水采用镀锌钢管，下水采用铸铁管。电照采用PVC塑料管和钢管暗敷，所有管线均到设计指定位置，灯具安装放入二次装修。

2. 评估基准日

2016年5月31日。

3. 评估过程

（1）选择具有可比性的交易案例。共选择了三宗交易案例作为比较实例（见表 4-13）。

表 4-13 交易实例资料对照表

比较项目＼比较实例	新立基大厦	兴隆大厦	洪武大厦
坐落位置	中央路 32～33 号	龙蟠路 9 号	洪武路 271 号
交易日期	2016 年 4 月	2016 年 4 月	2016 年 3 月
交易情况	正常	正常	正常
用途	办公楼	办公楼	商办楼
交易价格	25 100 元/m^2	24 800 元/m^2	24 500 元/m^2
基础	钢筋砼灌注桩	钢筋砼灌注桩	钢筋砼灌注桩
结构	框架剪力干墙内筒	框架剪力干墙内筒	框架剪力干墙内筒
装修	地面为水泥砂浆；共用部分为地板砖。余同	棚为石膏板吊顶；地面为水泥砂浆；共用部分为地板砖。余同	地面为水泥砂浆；共用部分为地板砖。余同
备注	现房	现房	现房

（2）进行交易情况修正。所选物业均为正常情况下进行交易，无须进行交易情况修正。

（3）进行交易日期修正。所选物业的交易日期离评估基准日较近，经向当地房地产交易中心了解，近期房地产价格变动较小，故无须进行交易日期修正。

（4）进行区域因素修正。现以评估对象各比较项目为基准，与交易实例进行比较，结果如表 4-14 所示。

表 4-14 区域因素比较表

比较项目＼比较实例	新立基大厦	兴隆大厦	洪武大厦
自然条件	100/100	100/100	100/100
社会环境	100/100	100/100	100/100
街道条件	100/102	100/100	100/100
离市中心距离及交通设施	100/102	100/100	100/100
供给配套设施状况	100/100	100/100	100/100
商业、金融等配套服务设施	100/100	100/100	100/100
噪声等环境污染状况	100/99	100/199	100/100
城市规划限制	100/100	100/100	100/100
周围环境	100/100	100/99	100/100
修正系数	97/100	102/100	100/100

（5）进行个别因素修正。以评估对象的个别因素为基础，对所选物业与评估对象之间的装修标准、坐落位置等个别因素差异逐项比较（见表 4-15）。

表4-15 个别因素比较表

比较项目＼比较实例	评估对象	新立基大厦	兴隆大厦	洪武大厦
面积	100	100/100	100/100	100/100
临街状况	100	100/102	100/98	100/98
坐落位置	100	100/104	100/98	100/101
土地使用年限	100	100/100	100/100	100/100
建筑结构	100	100/100	100/100	100/100
施工质量	100	100/100	100/100	100/100
装修标准	100	100/98	100/105	100/98
新旧程度	100	100/100	100/100	100/100
修正系数		96/100	99/100	103/100

（6）评估价的计算。根据以上各项因素的修正，得出各修正后单价（见表4-16）。

表4-16 评估值测算表

项目	新立基大厦	兴隆大厦	洪武大厦
交易价	25 100	24 800	24 500
交易情况修正	100/100	100/100	100/100
交易日期修正	100/100	100/100	100/100
区域因素修正	97/100	102/100	100/100
个别因素修正	96/100	99/100	103/100
修正后单价	23 373.12	25 043.04	25 235

由表4-16中数据运用简单算术平均，综合计算出价格为：

$$\frac{23\ 373.12+25\ 043.04+25\ 235}{3}=24\ 550.39(\text{元/平方米})$$

则

$$\begin{aligned}\text{该评估对象的评估值}&=\text{建筑面积}\times\text{评估对象单价}=22\ 379\times 24\ 550.39\\&=549\ 413\ 177.8(\text{元})\end{aligned}$$

三、残余估价法

建筑物残余估价法，是指建筑物与其基地合并计算收益，在用收益还原法以外的方法能求得土地的价格时，从建筑物及其基地所产生的收益中，扣除归属于基地的纯收益，即可得到归属于建筑物的纯收益，再用建筑物的还原利率还原，便可得到建筑物的收益价格。在计算属于土地的纯收益时，一般是以市场法或成本逼近法等求得土地价格后乘以土地的还原利率便可得到。

建筑物残余估价法从评估原理的角度属于收益还原法的一种，尤其适用于其他方法难以准确判断土地或建筑物的价格的情况。例如，当建筑物的使用用途、使用强度与土地的最佳使用不尽一致的时候，需判断因建筑物的存在而导致土地市值的减值幅度（或称其为建筑物的功能性贬值），但用其他方法很难作出准确判断，此时运用建筑物残余估价法可以给出一个比较合理的说明。

由于建筑物残余估价法属于收益法中的一种，此法的运用要求被评估对象可以获得正常收益，即只有具有客观收益的房地产才能运用建筑物残余估价法。另外，运用建筑物残余估价法还要求建筑物的用途、使用强度以及使用状态等与土地的最佳使用不能严重背离甚至是冲突的出现。例如，建筑物已濒临倒塌、建筑物容积率过低，以及租金收入或收益极低，以至于当时房地合一的租金收入难以满足土地对其纯收益的要求时，采用建筑物残余估价法正确估价建筑物市值就会比较困难。

建筑物残余估价法用计算公式可表示为：

$$B=\frac{a-Lr_1}{r_2+d}=\frac{a_2}{r_2+d}$$

式中，a 为建筑物及其基地所产生纯收益；L 为土地价格；r_1为土地的还原利率；B 为建筑物的收益价格；r_2为建筑物的还原利率；d 为建筑物的折旧率；a_2为建筑物的纯收益。

上述公式包含三个假设前提：(1) 纯收益每年不变；(2) 还原利率固定；(3) 收益为无限年期。

例 4-4 某砖混结构单层住宅，宅基地为 200 平方米，建筑面积为 120 平方米，月租金为 2 400 元，土地还原利率为 8%，建筑物还原利率为 10%，建筑物评估时的剩余使用年限为 25 年。试用建筑物残余估价法评估该住宅建筑物价格。

年房租收入=2 400×12=28 800（元）

年总费用：

房租损失准备费（以半月租金计）=1 200(元)

房产税（按年租金的 12%）=28 800×12%=3 456(元)

土地使用税（每年按 2 元/m² 计）=200×2=400(元)

管理费（按年租金的 3%计）=28 800×3%=864(元)

修缮费（按年租金的 4%计）=28 800×4%=1152(元)

保险费=288(元)

年总费用=1 200+3 456+400+864+1 152+288=7 360(元)

年总纯收益=28 800-7 360=21 440(元)

另运用市场法及成本逼近法等求得土地使用权价格为每平方米 1 000 元，则

土地使用权总价=200×1 000=200 000(元)

归属土地的年纯收益=200 000×8%=16 000(元)

归属建筑的年纯收益=21 440-16 000=5 440(元)

建筑物折旧率=1/25×100%=4%

建筑物价格=5 440÷(10%+4%)=38 857(元)

建筑物每平方米价格=38 857÷120=324(元)

第四节 土地使用权评估的特点

一、土地使用权及其实质

土地使用权是土地使用者依法对土地进行使用或依法对其使用权进行出让、出租、

转让、抵押、投资的权利。土地使用权属于无形资产范畴，但它又是无形资产中的对物产权，有其自身的特殊性，其价值高低主要取决于它的载体，即土地的特性和条件。因此，对土地使用权的评估应根据土地的地理位置、用途、周围环境等因素进行。土地资产可以作为单独的对象进行评估，也可以与地上建筑物一起作为评估对象进行评估，还可以作为整体企业资产的构成要素随整体企业一并进入评估。

二、土地资产的分类及其特性

（一）土地资产及其分类

从评估角度，土地是指包括地上空间、地下空间和地表，是一个立体的概念，可以从纵横两方面认识。从横的方面看，即范围，例如，政府出让土地使用权的地块，其范围通常是根据标有坐标点的用地红线图，由城市规划管理部门或土地管理部门，在地块各转点钉桩、埋设混凝土界桩或界石来确认，面积大小依水平投影面积计算。从纵的方面看，分为三部分，即地上空间、地下空间、地表。正确认识和掌握土地资产的含义，有利于更好地对土地进行评估。

由于土地的用途、位置、开发程度不同，评估的要求和所要考虑的因素也就不同，因而，需要根据评估的需要从不同角度对土地进行分类。

（1）按社会经济用途，土地可分为商服用地，工矿仓储用地，住宅用地，公共管理与公共服务用地，交通运输用地，特殊用地（军事设施用地、使领馆用地、监教场所用地、宗教用地、殡葬用地、水域及水利设施用地）等。

（2）按经济地理位置，土地可分为市中心区、一般市区、市区边沿区、近郊区、远郊区、边远区，还有特区、开放区、开发区、出口加工区、保税区等。

（3）按所有权归属，土地可分为国家所有土地和集体所有土地。我国城市的土地属于国家所有。农村和城市郊区的土地，除由法律规定属于国家所有的以外，属集体所有。宅基地和自留地、自留山也属于集体所有。

（4）按利用程度，土地可分为高度集约使用的土地、正常使用土地、闲置未用土地或空地和使用不当土地。

（5）按开发程度与开发趋势，土地可分为已开发的土地、未开发的土地和列入市镇开发规划的土地。

（二）土地资产的特性

土地资产的特性，包括自然特性和经济特性两个方面。土地的自然特性是指土地本身所具有的不以人的意志为转移的自然属性；土地的经济特性是指人们在利用土地的过程中，出现的有关生产力和生产关系方面的特性。

土地的自然特性表现在以下方面：

（1）土地面积的有限性。地球上的土地面积是有限的，它既不能增加，也不能延伸。随着地球上人口的不断增加，人均占有土地面积越来越少，属稀缺资源。

（2）土地空间位置的固定性。土地在空间上的位置是固定的，人类对土地的开发利用只能在固定的地域内进行，而不能将它按人的意志随意移动。

（3）土地使用价值的永续性和增值性。几乎所有的生产资料都会在使用过程中发生磨损、减少甚至报废，最终丧失其使用价值。土地则不然，越是利用得好，越能提高它的生产力和承载力，会随着其开发利用的程度增加其使用价值。

（4）土地的不可替代性。随着科学技术的进步，许多物质资料可以通过发明创造，用新产品去替代，唯有土地不可能被人们用其他生产方式来产生，也不可能被其他生产资料所替代。可见，土地是非再生性的和不可替代的。

土地的经济特性主要表现在以下几个方面：

（1）用途多样性。土地作为一种社会经济资源，可以有多种用途加以利用，如工业用途、商业用途、交通用途、住宅用途等。土地资产的用途不同，使用价值也有差别，直接影响土地的市场价值。

（2）经济地理位置的可变性。土地作为自然资源，自然地理位置是固定的。但土地作为社会经济资源，其经济地理位置却是可变的。土地周围环境，如交通条件、商业网点、住宅建设等的变化，都会改变土地的价值。因此，相对于周边环境变化而言，土地的经济地理位置具有可变性。

（3）可垄断性。通过一定的法律关系，特定主体可将土地的所有权或使用权加以垄断，形成特定的土地制度及垄断的土地资产关系。土地资产的可垄断性构成了土地资产市场价格的基础。

三、土地资产价格体系

地产是指土地资产，在我国确切的提法应该是土地使用权资产。我国宪法规定，城镇土地归国家所有，城镇土地的所有权不能让渡，只有土地使用权才具有商品的属性。我国城镇土地市场实质上是土地使用权的让渡市场。我国在确立了土地使用权转移的法律制度以后，土地使用权作为资产的价值已经独立于其他商品的价值，地产无论从表现形式还是量化指标上，都形成了自己的指标和体系，并且形成了以批租市场、转让市场等多种市场形态的综合市场体系。与此相适应，我国的地产价格体系也已基本形成。

（一）土地资产价格类型

1. 基准地价

基准地价是指城镇国有土地的基本标准价格，是各城镇按不同的土地级别、不同的地段分别评估和测算的商业、工业、住宅等各类用地土地使用权的平均价格。

基准地价评估是以城镇整体为单位进行的。从定义中可以看出：（1）基准地价是一个区域性的平均地价，它可以是级别或区段的平均地价，也可以是路段的平均值；（2）基准地价是各类用地的平均地价，即用地条件相近的区域中商业用地、住宅用地、工业用地的平均地价；（3）基准地价是政府在一定时期内评估的覆盖全市（县）的土地使用权价格；（4）基准地价是单位面积的地价。

2. 标定地价

标定地价是在市、县政府根据需要评估的正常土地市场中，在正常经营管理条件和政策作用下，具体宗地在一定使用年限内的价格。标定地价评估可以以基准地价为依据，根据土地使用年限、地块大小、形状、容积率、微观区位等条件通过系数修正进行评估，也可以按市场交易资料，采用一定方法评估宗地地价。

从定义中可以看出：（1）标定地价是政府评估的具体地块的地价，即宗地地价；（2）在一般情况下，标定地价不进行大面积的评估，只是根据土地使用权出让、转让、抵押、出租等市场交易活动或企业进行股份制改制时才进行评估；（3）标定地价也是确定土地使用权出让底价的参考和依据。

3. 土地使用权出让底价

土地使用权出让底价，是政府根据正常市场状况下宗地或地块应达到的地价水平确定的某一宗地或地块出让时的最低控制价格标准。它也是土地使用权出让时政府首先出示的待出让土地或地块的最低地价（标价）的依据和确认成交地价（或出让金）的基础。

4. 转让价格

地产转让价格是使用者将已取得的土地使用权转让给第三者，由第三者向转让者所支付的一种价格。由于转让的本身是土地使用者之间的交易，其价格形成也是由交易双方来决定的。

5. 出租价格

地产出租价格亦称土地使用权租金价格，其价格表现有以下两种形态。

（1）土地使用者之间所形成的租金价格。土地使用者将获得的土地使用权出租给承租人，由承租人向出租人支付的租金价格。此种价格一般以年、月租金为单位。

（2）国家与土地使用者之间形成的租金价格。这种价格在我国土地使用中最为普遍的表现就是土地使用费，一般按年以每平方米为单位收取。实质上这种土地使用费应该是若干年地价的分摊量，也就是年地租水平。

在我国当前的土地市场中，除上述地价外，还有土地交易成交价格、抵押价格等。

基准地价、标定地价和土地使用权出让底价之间，既有区别又有联系。它们都不是地产交易市场的成交地价，但都起着调控市场交易地价的作用。同时，基准地价、标定地价、土地使用权出让底价之间存在着相互承接的关系。基准地价是标定地价评估的基础，标定地价又是土地使用权出让底价评估的参考和依据。基准地价和标定地价、土地使用权出让底价的主要区别是，前者是大面积评估的区域平均地价，后两者则是具体到宗地或地块的地价，亦称宗地地价；基准地价以考虑宏观区域因素为主，标定地价和土地使用权出让底价则还考虑地价的微观区位因素，其地价更为接近市场交易地价。土地使用权出让底价和标定地价也是有区别的，土地使用权出让底价主要是根据土地出让年限、用途、地产市场行情、出让双方的心态和投机因素等确定的待出让宗地（含成片出让土地）的地价，即指土地使用权出让前政府控制的最低标价；标定地价则是根据宗地的形状、大小、容积率及其他微观区位条件，参照土地级别或地段的基准地价水平进行修正，或用其他方法评估的一定时期内的宗地的评估地价。标定地价是政府认定并公开的地价；土地使用权出让底价则是不公开的地价。

目前我国的城市地产市场按土地使用权流转方式，可划分为一级市场和二级市场。

一级市场亦称政府批租市场。在这里，政府以土地所有者的身份将土地使用权在一定年限内让与土地使用者，并由土地使用者向政府支付土地使用权出让金。一级市场是政府垄断市场，与其相对应的价格包括基准地价、标定地价、土地使用权出让底价，均属一级市场的价格范畴，其价格亦由政府决定。

二级市场是土地使用权的转让、出租、抵押市场的总和，是竞争性市场。虽然不同用途的土地经营者必须严格服从城市规划和政府关于特定土地的用途规定，但同种用途土地市场上的经营者可以在国家法律规定的范围内充分竞争。二级市场中的土地使用权转让，是指土地使用者将土地使用权再转移的行为，其转让价格及其出租价格的评估正是资产评估机构为客户提供的基本服务内容之一。

（二）土地资产价格的特点

土地资产价格的类别多种多样，但其特点是共同的。土地资产价格的特点是由土地的自然特性和经济特性决定的。

1. 土地价格不是土地价值的货币表现，其价格不由生产成本决定

土地是自然形成的，是人类赖以生存的基础，它的形成无所谓生产成本。土地价格反映的是土地作为生产要素或作为资源的价值。虽然在现实生活中开发土地会增加成本，在土地价格中应包括和体现开发成本，但这部分开发成本主要是土地投资，实际上是土地价格的附加。

2. 土地价格主要由土地的需求决定

土地的供给属于自然供给，而且土地是不可再生资源，人类可以利用的土地资源十分有限，其供给量的增加十分缓慢，有时甚至不可能增加土地供给。但土地需求是与经济发展密切相关的。经济发展速度加快，经济规模扩张时，土地的需求会迅速增加，土地价格随之上涨。

3. 土地价格具有明显的区域性

处在不同地域的土地，尽管其地质条件完全相同，但其价格会有很大的差异。同一城市中的不同地段，土地价格会相差几倍，甚至十几倍或几十倍，这是土地的级差地租形成的。

4. 土地价格的上涨性

尽管土地价格会随着对土地需求的变化而变化，但就总体而言，由于经济发展是必然的，土地价格从长期来看具有上涨趋势。土地价格上涨的另一个原因是随着经济的发展，资本的边际收益率会下降。当地租稳定不变时，由于边际收益率下降，土地价格也会上升。

四、影响土地资产价格的因素

影响地产价格的因素很多，但就一般的地产价格评估而言，主要应考虑以下几个方面的因素。

（一）一般因素

影响地价的一般因素是指对土地价格高低及其变动具有普遍性、一般性和共同性影响的因素。这些因素主要有：

1. 行政因素

行政因素主要是指国家对土地价格的干预。国家从全社会利益和宏观经济发展的角度出发，或推动土地价格的转移，或限制某类土地的利用等，从而达到提高土地总体利用效益的目的。这种干预对土地价格的影响至关重要。

影响地产评估的主要行政因素有：土地制度、住房制度、城市规划、土地出让方式、地价政策、税收政策、交通管制和行政隶属变更等。

2. 社会因素

社会发展状况和安定状况对地价有很大的影响。这些社会因素包括政治安定状况、社会治安程度、房地产投机和城市化等四个方面。

3. 经济因素

（1）经济发展状况。当国民经济处于良性循环或以较快速度增长时，对土地的总需求通常会不断扩大，致使土地价格上涨。

（2）居民收入和消费水平。随着居民收入的增加，人们在解决温饱问题之后，对消费水平会有新的要求，表现在住宅上则是对房屋的质量、面积的要求会更高。

（3）物价变动。物价变动对房地产市场的影响呈正相关，即物价上涨率越高，房地产价格也越高，二者成轮番上涨趋势。

（4）储蓄和投资水平、财政收支与金融状况、利率水平的变化都会对房地产市场产生一定的影响。

4. 其他一般因素

如人口因素、心理因素、国际因素等也都会对房地产市场产生一定的影响。

（二）区域因素

区域因素是指土地所在地区的特性对地价的影响，也就是说，土地所在地区的自然条件与社会经济、行政因素相结合所形成的地区特点对地价的影响。这些因素主要包括位置、交通条件、基础设施条件、环境、城市规划限制等。

对于不同性质的用地，区域因素的影响程度和特点不同。

1. 影响商业用地土地价格的区域因素

（1）商业繁华程度，主要指商业区等级、商业服务业店铺总数（包括数目和经营面积）。

（2）交通便捷度，指顾客到达商业区的交通方便程度，包括对内和对外两个方面。对内方面有道路类型、道路宽度、路面状况、站点总数及密度、平均车流量等。对外方面有与火车站、港口、长途汽车站等设施的距离，对外连接的方便程度等。

（3）环境优劣度。反映商业用地的环境质量主要有两个指标：一是人文环境，即商业区周围的人口密度、收入水平等。人口密度大，意味着商业区服务对象多，对营业额产生直接影响，导致单位土地面积收益提高。二是自然环境，即商业区的地质状况（有无地陷、地裂、频繁地震等情况）、土地承压力、地形（坡度大小）和有无洪水淹没威胁等。

（4）规划限制，主要指城市规划对商业区土地利用提出的具体要求，包括土地的具体用途，建筑物的高度、密度、容积率，道路宽度等。此外，交通管理等限制也会对商业区土地价格产生制约作用。

（5）其他因素，主要指不在以上影响因素中，但又确定对商业区土地价格产生重大影响的因素。其他因素应在评价宗地地价过程中，根据各地区条件和评估人员的经验具体确定。

2. 影响住宅用地价格的区域因素

（1）位置，主要包括与商业服务中心和城市中心的距离、所处土地等级。

（2）交通便捷度，主要用购物和工作方便程度两个指标来衡量和反映。购物和工作方便程度可以通过从住宅地到达通往市级商业服务区、区级商业服务区和工业区域的公交站点的距离来反映。

（3）基础设施保证度。基础设施主要指直接用于为居住服务的供电、供气、供水、供暖等设施，保证度则是用来衡量这些设施配置情况及运行状况的指标。在我国，许多城市应着重考虑供水、供电、供热的保证程度。

（4）公用设施完备度，主要指为住宅区域服务的公用设施完善程度，包括学校、幼儿园、医院、邮电所、公园、储蓄所、游乐场所的配置状况。

（5）环境质量度。一是人文环境，包括住宅区内居民的就业结构、受教育水平等；二是自然环境，包括水污染、大气污染及噪音污染的状况。

（6）规划限制，主要指城市规划中对住宅区住宅建筑的高度、式样、密度、容积率、消防间距以及土地使用前景等提出的具体规划和限制要求。

建筑高度是指地上建筑物可达及的最高高度，建筑物的高度应在城市规划规定的建筑高度以下（包括相等）。

建筑密度是指一块土地上底层建筑面积与全部土地面积的百分比。建筑密度亦称建筑覆盖率。

建筑容积率是指地块的建筑面积与地块总面积的比率。

（7）其他因素，主要指不在以上影响因素中，但确实对住宅区土地价格产生重大影响的因素。

3. 影响我国工业用地的区域因素

（1）交通便捷度。一是对内的情况，包括区域内道路类型、宽度、路面状况、道路面积、道路密度等；二是对外联系情况，包括工业区道路系统同对外公路、过境公路、铁路的连接状况，距火车站、港口及其他交通枢纽的距离、可利用程度等。

（2）基础设施完善度，是指为工业服务的基础设施配置以及运行能力。基础设施包括动力和能源（主要有煤、油、火电、水电、热能等）、供水能力及保证率、排水设施及能力。一般来说，基础设施条件好，保证率高，生产则不受影响，企业的土地效益可得以充分发挥。

（3）产业集聚规模，指工业区内工业企业数目多寡以及企业规模的大小。现代化工业生产分工细、专业化强，许多生产部门需要相互协作。因此，工业区要达到一定的规模、具备一定的生产技术体系才能使企业产生规模效益和集聚效益，从而减少不必要的生产成本和一些其他费用。产业的集聚和规模可以用两个指标来测度和衡量，一是工业区内工业企业数目；二是单个企业的生产经营规模（通常用资产总额、净产值、职工人数来衡量）。

（4）环境质量。环境主要指区域内的自然条件，包括地质状况、土地承压力、地形和有无洪水淹没威胁以及区域内水、大气、噪音污染程度等。

（5）规划限制，主要指城市规划对工业用地的有关要求，包括建筑物的高度、密度、消防间距以及土地使用的发展前景等。

（6）其他因素，主要指不在以上影响因素中，但也能对工业区土地价格产生重大影响的因素。

（三）个别因素

个别因素是指地产所表现的个性特点如位置、面积、地形地质、宽度、进深等对地产价格形成影响的因素。

1. 位置因素

城市是各种社会、政治、经济、文化活动的中心，由于各种形式的活动受其本身特征的影响，对城市地产的位置要求也就不完全一样。如住宅用地要求环境条件比较好，而商业用地则要求用繁华程度较高的地段。同一区域内的土地由于其具体位置的差异，会产生不同的效用和价值，也就是说会有不同的地产价格。

2. 地形地质因素

地形地质因素对地价的影响主要表现在两个方面：一是城市中如果地形条件较差，如背阴、通风不畅等，其使用效果就比较差，从而造成地价水平较低。二是复杂的地形、较差的地质条件均会造成土地开发成本的增高，从而降低地产的价格。如城市土地利用中的理想坡度为0.3%～0.2%，坡度过小会造成排水不畅。而若在8%～12%的坡地上建住宅，要相应增加建设投资费用4%～7%、经营管理费用5%～10%。地质条件的好坏直接影响勘探和桩基工程费用。

3. 面积因素

土地面积大小制约地产价格水平，主要取决于土地利用性质的适宜性。一个综合性的商业大厦绝不可能以较小的地块得到满足，而小型的商业铺面又无需较大的地块面积。如果不能各得其所，其地产价格水平就无法提高。

4. 地块形状因素

地块形状因素主要表现在宽、深的比例。如果这个比例不合理，就会在一定程度上限制土地的规模经营，以致难以形成较好的土地收益，使土地价格难以提高。一般来说，城市中的商业服务经营，要求有适当的宽度和深度条件的地块。估价实践中常采用宽度、深度比来修正宗地价格。如以温州市有关单位的测算为例，当宽深比小于等于0.5时，地价修正系数为0.88；宽深比在0.7时，地价修正系数为1.0；当宽深比大于1时，地价修正系数为1.23。

5. 土地利用因素

土地利用因素主要包括容积率和土地用途。容积率是指地块的建筑面积与地块总面积的比率。容积率越高，在地块面积一定的条件下，意味着建筑物面积越大。对房地产开发来说，其销售的收益就相应增大。还意味着其使用效益的增加，其结果也必然导致土地价格的增加。

由于土地用途不同，同一地块上表现出的单位面积的土地收益也不同，其实际支付地价的能力也存在较大的差异。一般来说，商业用地的地价在同一土地级别内要高于住宅用地和工业用地的地价，工业用地地价要高于农业用地的地价。

五、土地使用权评估的原则

（一）替代原则

根据市场运行规律，在同一市场中，商品或服务的效用相同或大致相似时，价格最低者吸引最大需求，即有两个以上互有替代性的商品或服务同时存在时，商品或服务的价格是经过相互影响与比较之后才决定的。土地价格也同样遵循替代规律。某块土地的价格，受其他具有相同使用价值的地块，即同类型具有替代可能的地块价格所牵制。换言之，具有相同使用价值、有替代可能的地块之间，会相互影响和竞争，使其价格互相牵制而趋于一致。因此，土地估价中的替代原则可概括如下：（1）土地价格水平由具有相同性质的替代性土地的价格所决定；（2）土地价格水平由最了解市场行情的买卖者按市场的交易案例相互比较后所决定的价格来确定；（3）土地价格可通过比较地块的条件及使用价值来确定。

根据上述原则，在土地估价时，就可以通过对土地条件即土地使用价值的比较来评估土地价格。如在同一市场供需圈内，可以通过调查近期发生交易的、与待估地块有替代可能的地块的地价和条件，通过与待估地块进行比较来确定待估地块价格，即在土地估价中经常采用的市场法是以替代原则为基础的。应当注意的是，由于土地的不可移动性、个别性及交易量小的特点，在土地估价时很难找到像一般商品那样性质、条件完全相同的替代品，因此一般都要进行时间和土地条件修正后，才能按替代原则、采用市场法确定待估地块价格。

（二）最有效使用原则

由于土地具有用途的多样性，不同的利用方式能为权利人带来的收益量不同，而且土地权利人都期望从其所占有的土地上获取更多的收益，并以能满足这一目的为确定土地利用方式的依据，所以，土地价格是以该地块效用的最有效发挥为前提的。应用这个原则时，应注意：（1）应根据城镇规划中的最适宜用途来确定，如城市闹市区中的街角地，其最佳用途应该为商业用地。（2）土地的最有效使用原则，还包括地块使用强度，如地块的建筑密度、容积率等。地产评估一般选择地块的最有效使用强度。（3）应用这一原则时，必须符合国家法律、法规和政策的规定。

（三）变动原则

一般商品的价格，是伴随着构成价格的因素的变化而变化的。土地价格也有同样情形，它是各种地价形成因素相互作用的结果，而这些价格形成因素经常处于变动之中，所以土地价格是在这些因素相互作用及其组合的变动过程中形成的。

在土地评估时，必须分析该土地的效用、稀缺性、个别性及有效需求，以及使这些因素发生变动的一般因素、区域因素及个别因素。由于这些因素都在变动之中，因此应把握各因素之间的因果关系及其变动规律，以便根据目前的地价水平预测未来的土地价格。在土地评估中，不仅要对将来的地价变动作出准确预测，同时也要对所采用的地价资料按变动原则修订到评估基准日的标准水平，才能合理地进行评估。

（四）供需原则

在完全的自由市场中，一般商品的价格，取决于需求与供给关系的均衡点。需求超过供给，价格随之提高；反之，供给超过需求，价格随之下降，这就是供求均衡法则。土地也是一样，其价格也受到需求与供给的相互关系的影响。但因为土地不同于一般商品，具有一些人文与自然特性，使得它不完全遵循上述供求均衡法则，其表现为：

1. 价格独占性较强

由于土地具有地理位置的固定性、不增性、个别性等自然特性，使其需求与供给都局限于局部地区，供给量有限，竞争主要是在需求方面进行，即土地不能实行完全竞争，所以其价格的独占倾向性较强。

2. 替代性有限

由于成为交易对象的土地具有个别性，各个地块都有独特性，因此其替代性也有限。

由此可见，土地不能仅根据供求均衡法则来决定价格。同时，在我国，城市土地归国家所有，市场中能够流动的仅是有限年期的土地使用权，土地供给方主要由国家控制，这一因素对地价具有至关重要的影响。在进行土地评估时，应充分了解土地市场的上述特性。

（五）贡献原则

按经济学边际收益原则，衡量各生产要素的价值大小，可依据其对总收益的贡献大小来决定。土地评估时，这一原则是指不动产的总收益是由土地及建筑物等构成因素共同作用的结果，其中某一部分带来的收益，对总收益而言是部分与整体之间的关系。进行评估时，可以根据收益现值分别估算土地、建筑物价格，进而评估整个不动产价格，也可根据整个不动产价格及其他构成部分的价格，扣除建筑物价格来估算土地价格。

第五节　土地权属及其处置

一、土地权属的类型

土地权属按不同角度，可以分为土地所有权、土地使用权等。其中，土地使用权又分为国有土地使用权和集体土地使用权，国有土地使用权有出让和划拨两种方式。

（一）土地所有权

《中华人民共和国土地管理法》（简称《土地管理法》）规定，我国的土地是社会主义公有制，即全民所有制和集体所有制。城市市区的土地属于全民所有即国家所有；农村和城市郊区的土地，除法律规定属于国家所有的以外，均属于集体所有；宅基地和自留地、自留山属于集体所有。

国有土地可以依法确定给全民所有制单位或者集体所有制单位使用，但任何单位和个人都不拥有城市国有土地的所有权。

（二）划拨土地使用权

我国长期实行土地无偿使用的制度，大量存在无偿使用土地的情况，许多土地使用者通过各种方式依法无偿取得了土地使用权。在我国，划拨土地使用权一般是经县级以上人民政府依法批准，在土地使用者缴纳了土地补偿、安置补助、拆迁补偿等费用后，依法“无偿”取得的。这里的“无偿”是指土地使用者未向政府缴纳出让金。还有一种形式是国家直接将土地使用权无偿交付给土地使用者使用，如军事用地以及现在的国有荒山、荒地等。这两种形式都称为无偿划拨。按照《土地管理法》的有关规定，以划拨方式取得土地使用权的，除法律、行政法规另有规定者外，没有土地使用期限的限制。

根据《中华人民共和国城市房地产管理法》的有关规定，单独的划拨土地使用权不得转让，但地上有建筑物、构筑物时，可按照国务院规定报有批准权的人民政府审批，由受让方办理土地使用权出让手续，并依照国家有关规定缴纳土地使用权出让金，或者按照国务院规定，可以不办理土地使用权出让手续，转让方应将转让房地产所获收益中的土地收益上缴国家或者作其他处理。

以划拨形式取得的土地使用权，不得单独设定抵押权；依法取得了房屋所有权连同该房屋占用范围内的划拨土地使用权，可以设定抵押权。设定了房地产抵押权的土地使用权若以划拨方式取得，在依法拍卖该房地产后，应当从拍卖所得的价款中缴纳相当于应缴纳的土地使用权出让金后，抵押权人方可优先受偿。

划拨土地使用权不得单独租赁。以划拨方式取得土地使用权，并在其国有土地上建成房屋以营利为目的进行了房屋出租的，应将租金中所含的土地收益上缴国家。

目前，建设用地的十地使用权一般采取有偿使用的办法，确属必需的，可以由县级以上人民政府依法批准划拨，如以下各类用地：

（1）国家机关用地和军事用地；

（2）城市基础设施用地和公益事业用地；

（3）国家重点扶持的能源、交通、水利等项目用地；

（4）法律、行政法规规定的其他用地。

（三）出让土地使用权

出让土地使用权是指国家将国有土地使用权在一定年限内出让给土地使用者，由土地使用者向国家支付土地使用权出让金的行为。

城市规划区内除国有土地外，还有集体所有土地。集体所有土地经依法征收转为国有土地后，该幅国有土地的使用权方可有偿出让。土地使用权的出让要符合土地利用总体规划、城市规划和年度建设费用计划。土地使用权出让，可以采用拍卖、招标或者双方协议的方式。根据土地管理的有关法规，商业、旅游、娱乐和豪华住宅用地，有条件的，必须采取拍卖、招标方式；没有条件，不能采取拍卖、招标方式的，可以采取双方协议的方式，但协议的土地使用权出让金不得低于按国家规定所确定的最低价。土地使用权出让合同由市、县人民政府土地管理部门与土地使用者签订。

2002年国土资源部、监察部联合下发《关于严格实行经营性土地使用权招标拍卖挂牌出让的通知》，通知明确要求根据国土资源部2002年5月发布的11号令《招标拍卖挂牌出让国有土地使用权规定》第四条“商业、旅游、娱乐和商品住宅等各类经营性用地，必须以招标、拍卖或挂牌方式出让”，对经营性土地使用权规避招标拍卖挂牌，仍采取协议出让和划拨的，都要严肃查处。

土地使用权出让合同约定的使用年限届满，土地使用者需要继续使用土地的，应当不迟于届满前一年申请续期，除社会公共利益需要收回该幅土地，否则应当予以批准。经批准予以续期的，应当重新签订土地使用权出让合同，依照规定支付土地使用权出让金。如果土地使用权出让合同约定的使用年限届满，土地使用者未申请续期或者虽申请续期但未获政府批准的，土地使用权由国家无偿收回。

转让房地产必须做到：以出让方式取得土地使用权的，应按照出让合同的约定，支付全部土地使用权出让金，取得土地使用权证书。其中属于房屋建设工程的，要完成开发投资总额的25%以上；属于成片开发土地的，应形成工业用地或其他建设用地条件。以合法转让方式取得土地使用权的，其土地使用权的使用年限为原土地使用权出让合同约定的使用年限减去原土地使用者已经使用年限后的剩余年限。

以出让方式取得了土地使用权，但未按出让合同约定支付全部土地出让金的、成片开发土地形成工业用地或其他建设用地条件的、司法机关和行政机关依法裁定决定查封或者以其他形式限制土地权利的、依法收回土地使用权的、共有土地但未经其他共有人书面同意的、权属有争议的、未依法登记领取权属证书的、法律和行政法规规定禁止转让的其他情形等，出让土地使用权都不得发生转让行为。

（四）集体土地所有权和使用权

集体所有的土地依照法律属于村农民集体所有。农村村民建住宅使用耕地的，报县级人民政府批准；使用原有的宅基地、村内空闲地和其他土地的，由乡级人民政府批准；出卖、出租住房后，再申请宅基地的，不予批准。

乡（村）办企业建设使用村农民集体所有的土地，应当按照省、自治区、直辖市的规定，给被用地单位以适当补偿，并妥善安置农民的生产和生活。乡（镇）村公共设施、公益事业建设，需要使用土地的，由县级以上地方人民政府批准。城镇非农业户需要使用土地的，由县级以上地方人民政府批准。城镇非农业户口居民建住宅，需要使用集体所有土地的，必须经县级人民政府批准，其用地面积不得超过省、自治区、直辖市规定的标准，并参照国家建设征用土地的标准支付补偿费和安置补助费。

全民所有制企业、城市集体所有制企业、外商投资企业同农业集体经济组织共同投资兴办的联营企业，使用集体所有土地，按国家建设征用土地的规定实行征用，也可以由农业集体经济组织按照协议将土地的使用权作为联营条件。联营企业中，集体土地股份不得转让，若转让，须将集体土地征为国有，办理出让手续。改建或新设股份有限公司使用集体所有土地的，也必须经批准征为国有土地后，方可办理土地使用权处置和变更登记手续。

已经县级人民政府土地管理部门登记的集体荒地土地使用权（荒山、荒沟、荒丘、荒滩等）和乡村企业集体土地使用权（乡（镇）村企业厂房等建筑物涉及使用范围内的集体土地使用权）可以设定抵押权。当处分抵押的乡（镇）村企业集体土地使用权时，应将抵押土地转为国有，再按抵押划拨国有土地使用权的办法进行处置，即办理出让手续。其他类型的集体土地使用权不得抵押。

二、企业资产重组与改制中土地权属的处置

（一）土地权属处置的制度规定

根据原国家土地管理局颁发的《国有企业改革中划拨土地使用权管理暂行规定》，必须进行评估的土地资产处置方式有以下几种：国有土地使用权出让、国有土地租赁、国家以土地使用权作价出资（入股）和保留划拨用地方式予以处置。

（1）划拨土地使用权的出让或租赁方式处置。国有企业改造或改组为有限责任公司、股份有限公司以及组建企业集团的，国有企业改组为股份合作制的，国有企业租赁经营的，非国有企业兼并国有企业的，企业改革涉及的划拨土地使用权应当采取出让或租赁方式处置。

国有企业破产或出售的，企业原划拨土地使用权应当以出让方式处置，土地使用权出让金应首先安置破产企业职工；破产企业将土地使用权进行抵押的，抵押权实现时土地使用权折价或者拍卖、变卖后所得也应首先用于安置破产企业职工。

（2）划拨土地使用权的保留划拨方式处置。企业改革涉及的土地使用权，有下列情形之一的，经批准可以采取保留划拨方式处置：1）继续作为城市基础设施用地、公益事业用地和国家重点扶持的能源、交通、水利等项目用地，原土地用途不发生改变的，但改造或改组为公司制企业的除外；2）国有企业兼并国有企业或非国有企业，以及国有企业合并，兼并或合并后的企业是国有工业生产企业的；3）在国有企业兼并、合并中，被兼并的国有企业或国有企业合并中的一方属于濒临破产的企业；4）国有企业改造或改组为国有独资公司的。2）3）4）项保留划拨用地方式的期限不超过5年。

随着国有企业改革的深入和发展的需要，国土资源部1999年下发了《关于加强土地资产管理促进国有企业改革和发展的若干意见》，丰富了过去文件的精神，从实际可操作性方面进行了具体的完善，细化了实施办法。即国有企业改革时，经国土行政主管部门批准，可根据行业、企业类型和改革的需要，采用不同的土地资产处置方式和管理政策。

（1）在涉及国家安全的领域和对国家长期发展具有战略意义的高新技术开发领域，国有企业可继续以划拨方式使用土地。

（2）对于自然垄断的行业、提供重要公共产品和服务的行业，以及支柱产业和高新技术产业中的重要骨干企业，根据企业改革和发展的需要，主要采取授权经营和国

家作价出资（入股）方式配置土地。

（3）对于一般竞争性行业，应坚持以出让、租赁等方式配置土地。非国有资本购买、兼并、参股原国有企业时，可将企业原划拨土地评估作价后同其他国有资产一并转为国有股；可逐步通过股权转让变现；也可分割出与企业净负债额相当的土地转为出让土地，参与企业整体拍卖和兼并剩余土地，购买方或兼并方有优先受让权和承租权。

（4）对承担国家计划内重点技术改造项目的国有企业，原划拨土地可继续以划拨方式使用，也可以作价出资（入股）方式向企业注入土地资产。

（5）对其他采用成熟技术进行产品更新和技术改造的国有企业，可将原使用的划拨土地按出让方式处置，土地收益可作为应付账款暂留企业，全额用于技术改造，并参照技改贷款方式进行管理。

2001年，国土资源部根据国务院有关文件精神，为推动和促进国有企业的变革，进一步精简国有企业改革的手续，完善土地资产处置办法，下发了《关于改革土地估价结果确认和土地资产处置审批办法的通知》，明确“企业原使用的划拨土地，改制前只要不改变土地用途，可继续以划拨方式使用。改制后只要用途符合法定的划拨用地范围，仍可继续以划拨方式使用。改制或改变用途后不再符合法定划拨用地范围的，应当依法实行有偿使用”。

（二）土地权属处置方式

企业资产重组与改制过程中，对土地权属的处置是一项重要的工作。企业应在法律、法规规定的范围内，选择合适的土地权属处置方式。根据我国企业改革实践，土地权属处置方式主要有以下几种。

1. 出让方式

根据持股单位的不同，出让方式有如下两种形式：

（1）由改组前的原企业（如集团公司）向国家缴纳土地使用权出让金，签订出让合同，取得一定年限的国有土地使用权。由原企业向股份公司以土地使用权投资入股，股份作为国有法人股，由改组后保留下来的企业持有并行使股权，也可以由股份公司向原企业租用土地。

（2）由改组后的股份公司直接向国家缴纳土地使用权出让金，取得一定年限的土地使用权。土地使用权作为股份公司无形资产使用，股份公司使用的土地不体现为股东利益。

2. 直接投资入股方式

由国家将土地使用权出让金折合为股权投入新设立的股份公司，土地资产股份作为国家股，由国家授权的部门或机构持有，也可授权由持有其他国家股的机构持有并行使股权。

3. 租赁方式

由上市公司直接向国家租用土地使用权，定期向国家缴纳租金，股份公司使用的土地不作为股份进入股份公司。

阅读专栏

北京一块土地同一地价，三开发商房价算法不同

2002 年 3 月 14 日，由商地置业公司、华润置地（北京）股份有限公司、SOHO 中国有限公司、广州富力地产股份有限公司四家公司参加投标的北京市广渠门外东五厂国有土地使用权出让招标结果揭晓，广州富力地产股份有限公司以 31.588 9 亿元人民币的投标价中标。招标结果揭晓当天，前来接收中标通知书的广州富力地产股份有限公司有关人士当即表示，根据成本和当时北京楼市发展势头，未来社区住宅销售价格将不低于 8 000 元/平方米。

而当时，业内外人士都认为地价高、土地暗箱操作是北京房价居高不下的原因。到底房价和地价之间存在什么样的关系呢？同一块地，同样的地价，同样的规划条件，不同的开发商操盘，会得出什么样的房价呢？广渠门外东五厂这块土地，广州富力操盘房价不会低于 8 000 元/平方米。那么，同样这块地，北京的开发商时任新华远房地产公司总经理的任志强、惯于营销的时任现代城总经理潘石屹、以管理成本见长的时任今典花园总经理张宝全三人来操盘，房价又会是多少呢？《北京青年报》的记者当时分别请这三位开发商对广渠门外东五厂这块地进行了开发测算。

按广州富力投标的标书，地块基本情况为：容积率为 2.7，地上建筑面积为 115 万平方米，地价为 31.588 9 亿元。

1. 任志强：房价在 8 000 元/平方米

任志强认为在此次招标条件中，容积率并不是作为法定条件提出的，这样就隐含着一个问题，即将来开发过程中，会不会存在突破容积率，地上建筑面积达到 115 万平方米以上，甚至达到 130 万平方米的可能？如果允许容积率超过标底，等于招标规划的不公平。在《北京青年报》记者的要求下，任志强勉强按地上建筑 115 万平方米进行简单测算。

按任志强的经验，一般房地产住宅开发项目的城市规划要求必须有 15%的配套（包括教育、商业、社区配套等），这就意味着 115 万平方米中，可销售面积只有 85%，即可销售面积为 $115\times85\%=97.75$（万平方米）。这样可销售部分的土地价格就为 $31.588\,9\times10^4\div97.75=3\,232$（元/平方米）。

此外，这个地区其他费用分别为：大市政费约为 500 元/平方米（包括道路、站点）；小市政费约为 300 元/平方米（包括环境、绿化、站点）；建安成本约为 2 200 元/平方米（包括分摊不可销售面积的建安费用）；平均资金成本利息约为 230 元/平方米（如自有资金充足可减少）；各种税费约为 450 元/平方米；销售成本和管理成本约为 385 元/平方米。此外，还要涉及公用设施成本可能提高，门窗或外立面的特殊装修，勘察、设计、地下基础处理、不可预见费等。由此，总的成本约在 7 300 元/平方米至 7 700 元/平方米。

任志强认为，“这样的房屋成本，加上利润，销售时房价一般就得在 8 000 元/平方米左右。但房价并不是简单由成本决定的，而是由市场需求决定的。”

2. 潘石屹：两种定位，不同价格

潘石屹透露，如果他拿到这块地，可能会考虑两种操作策略，而这两种策略将

带来不同的房价。

第一种：大众化住宅。

地上建筑面积115万平方米的土地价格应该是31.588 9×10^4÷115=2 747（元/平方米）。根据现代城的经验，这个地区的大市政配套费应为500元/平方米。根据现行的分摊办法，建100平方米的房子，可销售面积为93平方米，也就是说，房子的可销售率为93%，那么，这块土地每平方米的土地成本为：

土地成本=(2 747+500)÷93%=3 491(元/平方米)

按现代城的运作经验，包括管理成本、营销成本、小市政费用、设备、建安成本等在内的费用，标准稍微低一点，塔楼的建安费用一般为2 500元/平方米。这样，假设最后销售的房价为7 500元/平方米，那么

营业税=7 500×5%=375（元/平方米）

所得税=7 500×20%×33%=495（元/平方米）

土地增值税=7 500×2%=150（元/平方米）

则

房屋的成本价=3 491+2 500+375+495+150=7 011（元/平方米）

7 011元/平方米的成本价与假定的销售价格7 500元/平方米差490元/平方米，也就是说，如果最后房子卖到7 500元/平方米，那开发商就能每平方米净挣490元，则

净利润率=490÷7 500=6.5%

第二种：高档住宅。

按现代城的运作经验，如果在这里建高档住宅，每平方米的建安成本再增加700元就差不多，即建安费用为3 200元/平方米。

这样，假设最后销售价格在8 500元/平方米，那么

营业税=8 500×5%=425(元/平方米)

所得税=8 500×20%×33%=561(元/平方米)

土地增值税=8 500×2%=170(元/平方米)

则

房屋的成本价=3 491+3 200+425+561+170=7 847(元/平方米)

7 847元/平方米的成本价与假定的销售价格8 500元/平方米差约650元/平方米，也就是说，如果最后房子卖到8 500元/平方米，那开发商就能每平方米净挣约650元，则

净利润率=650÷8 500=7.6%

同时，潘石屹明确，“第一种价格只能是毛坯房，第二种售价能做到厨卫精装修”。需要说明的是：潘石屹把所得税和土地增值税计算在房价中的算法遭到任志强和张宝全的质疑，认为这两项成本不应该加在房价当中，而应由开发商承担。

3. 张宝全：均价约在6 000元/平方米

张宝全和任志强一样，提到了容积率的问题。张宝全认为，容积率并不包括地下面积，因此，如果他来操作，2.7的容积率，48万平方米的地块，地上可销售面积就可做

到 48×2.7＝130（万平方米）。包括拆迁成本、三通一平、出让金在内的土地成本＝31.588 9×10^4÷130＝2 430（元/平方米）。

而根据当时北京住宅市场情况，塔楼的建安成本约为 1 600 元/平方米；按北京安地房地产开发公司的操作经验，这块地块面积比较集中，周边市政状况较好，大小市政费用加起来，约为 500 元/平方米；营销、管理费用加上税费等成本，约为 600 元/平方米；还有 200 元/平方米的其他费用。由此：

综合成本＝(2 430＋1 600＋500＋600＋200)＝5 330(元/平方米)

张宝全认为："拿静态成本算房价是没有意义的。北京房地产市场上存在拿最高成本来定价的错误做法。应该从动态的运作上去计算房价，包括利润率，应是单位时间内的投资回报率，有时静态利润率不高，但投资回报率却很高，而房地产经营应关注投资回报率，即实际投入成本和产出利润的比率关系。因为，第一，滚动开发，可以用前期的资金开发后期的楼盘，不用再向银行贷款。第二，上面计算的全是地上面积，还没有算地下可销售面积，刨掉地上不可销售的面积和地下不可销售的面积，可销售面积也能达到 130 万平方米以上。另外，北京市的配套标准约 15%，但只有 7%的行政和教育配套不可销售，其他均可销售或经营。第三，大规模开发，有利于管理费用降低，营销成本降低。"因此，张宝全称，要是他来操作这块土地，均价 6 000 元/平方米没有问题，而且利润率特别是投资回报率还很可观，可以达到买房人和开发商双赢。

张宝全还强调，"市场的房价和实际成本并无绝对关系，这块地位于 CBD 后，有 CBD 后花园之称，规模大，操作好了，市场售价卖到 8 000 元/平方米是毫无问题的，但需要弄清的是，这个价格并不是成本所致。"

资料来源：余美项. 北京一块土地同一地价 三开发商房价算法不同 [N]. 北京青年报，2002-03-22.

第六节　土地使用权评估的方法

一、市场法

(一) 市场法及其适用条件

市场法也称市场比较法，是将待估土地与在近期已经进行交易的类似土地加以比较，从已进行交易的类似土地的价格，修正得出待估土地价格的一种评估方法。其计算公式为：

$$\text{待估土地评估值}=\text{比较案例土地价格}\times\frac{\text{正常交易情况}}{\text{比较案例交易情况}}\times\frac{\text{待估土地区域因素值}}{\text{比较案例区域因素值}}\times\frac{\text{待估土地个别因素值}}{\text{比较案例个别因素值}}\times\frac{\text{待估土地评估基准日物价指数}}{\text{比较案例交易日物价指数}}$$

市场法的理论依据是交易中的替代原理。一般来说，任何经济主体在市场上的行为，都要以最低代价获得最大的效用，他们在购买商品时，都要选择效用最大而价格最低的。根据上述原理，在评估土地价格时，可以用类似的已知土地交易价格，比较求得待估土地的价格。当然，现实生活中，由于个人爱好、知识和交易情况不同，个别交易时常会偏离市场常态。但是，只要有足够的交易数量，则通常可以反映市场的常态，即如果在市场上有足够的交易案例，其综合结果可以作为市场价格的最佳指标。可见，市场法在同一地区或同一供求范围内的类似地区中，与待估土地相类似的地产交易较多时，才是有效的。

另外，运用市场法时，需要进行交易情况、交易日期、区域因素和个别因素的修正，这些都要依靠广博的知识和丰富的经验。如果评估人员缺乏这些知识和经验，就很难通过这种方法得出正确的评估值。

（二）市场法应用的步骤与过程

1. 广泛收集交易资料，确定比较案例

收集的交易资料包括：交易价格；交易日期；交易实例在交易时的状态，如土地的位置、用途、面积；土地状况；地上附着物状况；周围环境条件；交易双方及交易情况等。这些资料需要评估人员日积月累，通过不同途径收集。收集的途径一般有：查阅政府有关部门关于房地产的交易资料；查阅报刊等媒体有关房地产的交易信息；查访房地产经办人；同行交流等。

在广泛收集大量交易案例的基础上，根据待估土地情况，确定比较交易案例。选取的供比较参照的交易案例，与待估土地应具有相关性和替代性，应符合下列要求：（1）与待估土地用途应相同；（2）与待估土地交易类型应相同；（3）交易案例应为正常交易或可修正为正常交易；（4）与待估土地所处地区的区域特性及个别条件要相近；（5）交易时间与待估土地的评估基准日应接近或可以进行比较修正。

2. 进行交易情况的修正

交易情况的修正实际上是要剔除比较案例的交易价格中包含的一些特殊因素。这些特殊因素主要有以下几个方面：（1）有一定利害关系的主体之间的交易；（2）交易时有特别动机，如急于出售或购买；（3）买方或卖方不了解市场行情；（4）其他特殊交易情形。

3. 进行交易时间的修正

比较案例的成交时间与待估土地交易时间不一致，时间差异会造成地价变化。因此，应修正比较案例成交时间与待估土地交易时间差异对地价的影响。

4. 进行区域因素修正

区域因素修正的内容主要有繁华程度、交通状况、基础设施状况、环境质量等。

5. 进行个别因素修正

个别因素修正的内容主要包括土地使用年限、容积率、临街宽度、临街深度、面

积、形状、地形、地质等。例如，对土地使用年限修正时，修正系数可用下列公式计算：

$$K=\left[1-\frac{1}{(1+r)^m}\right]\div\left[1-\frac{1}{(1+r)^n}\right]$$

式中，K 为年限修正系数；n 为比较案例土地使用权剩余年限；m 为待估土地使用权剩余年限；r 为折现率。

对于容积率的修正，在正常情况下应首先收集城市关于容积率标准的规定，测定容积率与地价的相关系数。然后，用比较案例容积率的相关系数与待估土地容积率相关系数进行对比，求得容积率修正系数。计算公式为：

$$\text{容积率修正系数}=\frac{\text{待估土地容积率与地价相关系数}}{\text{比较案例容积率与地价相关系数}}$$

6. 确定待估土地评估值

一般来说，采用市场法应选用三个或三个以上的比较案例，经过上述评定估算过程，应得到三个或三个以上的初步评估结果。最后，要将上述结果采用适当方法进行处理，得到最终评估结论。具体操作中一般可采用算术平均法、加权平均法、中位数法或众数法处理。

（三）市场法案例

某公司拟转让股权，需对包括土地使用权在内的全部资产进行评估。待估宗地为出让工业用地，总面积为 27 900 平方米，至评估基准日（2016 年 12 月 31 日），剩余使用年限为 46.22 年。土地使用权价值评估过程如下：

评估人员通过收集有关案例（过程略），筛选出三个比较案例（见表 4－17）。

表 4－17　　比较案例因素条件说明表

比较因素		待估宗地	可比案例 A	可比案例 B	可比案例 C
交易价格（元/平方米）		待估	345.64	345.50	345.02
位置		略	略	略	略
土地用途		工业	工业	工业	工业
交易日期		评估基准日	2016 年 12 月	2016 年 12 月	2016 年 12 月
交易情况		正常	正常	正常	正常
土地使用年期		46.22	50.00	50.00	50.00
交易方式			挂牌	挂牌	挂牌
区域因素	产业聚集度	产业聚集度较好	产业聚集度较好	产业聚集度较好	产业聚集度较好
	基础设施完善程度	六通一平，基础设施保障率较优	六通一平，基础设施保障率较优	六通一平，基础设施保障率较优	六通一平，基础设施保障率较优
	区域土地利用方向	工业为主，较优	工业为主，较优	工业为主，较优	工业为主，较优
	交通便捷度	多条公交线路通达，交通承载能力较好，交通便捷度较好	公交线路较少，覆盖交通承载能力一般，交通便捷度一般	公交线路较少，覆盖交通承载能力一般，交通便捷度一般	公交线路较少，覆盖交通承载能力一般，交通便捷度一般
	环境状况	基本无污染	基本无污染	基本无污染	基本无污染

续前表

比较因素		待估宗地	可比案例 A	可比案例 B	可比案例 C
个别因素	宗地形状	规则	规则	规则	规则
	临路状况	较优	较优	较优	较优
	宗地面积（平方米）	27 900.00	13 626.91	13 342.82	68 750.01
	容积率	1～2	1～2	1～2	1～2
	地形坡度	平坦	平坦	平坦	平坦

根据委估宗地与比较案例各种因素的具体情况，编制比较因素条件指数表。比较因素指数确定如下：

1. 规划用途修正

以委估宗地的规划用途为标准，委估宗地规划用途与比较案例条件一致，不需进行修正。

2. 交易期日修正

以委估宗地的条件为标准，委估宗地的交易日期与比较案例较接近，不需进行修正。

3. 交易情况修正

以委估宗地的条件为标准，委估宗地条件与比较案例条件一致，不需进行修正。

4. 土地使用年期修正系数的确定

$$K=\frac{1-1/(1+r)^m}{1-1/(1+r)^n}$$

式中，K 为将比较案例年期修正到委估宗地使用年期的年期修正系数；r 为土地还原利率，按照评估基准日中国人民银行公布的 1 年期存款利率并考虑一定的风险因素，确定土地还原率为 6%；m 为评估对象对应使用年限；n 为比较案例对应使用年限。

$$\text{土地使用年期修正系数}=\frac{1-1/\ (1+6\%)^{46.22}}{1-1/\ (1+6\%)^{50}}=0.985\ 9$$

5. 区域及个别因素修正

（1）区域因素包括以下方面：

1）产业聚集度指数。将委估宗地所处区域产业聚集度分为好、较好、一般、较差、差五个等级，将委估宗地产业聚集度指数定为 100，每上升或下降一个等级，因素修正指数上升或下降 2%。

2）基础设施保障程度指数。将委估宗地所处区域的基础设施保障程度分为高、较高、一般、较低、低五个等级，将委估宗地基础设施保障程度指数定为 100，每上升或下降一个等级，因素修正指数上升或下降 2%。

3）区域土地利用方向指数。将宗地所处区域土地利用方向分为优、较优、一般、较劣、劣五个等级，将委估宗地区域土地利用方向指数定为 100，每上升或下降一级，因素修正指数上升或下降 2%。

4）交通便捷程度指数。按照区域内公交车、地铁等的通达程度，将交通便捷程度分为好、较好、一般、较差、差五个等级，将委估宗地交通便捷程度指数定为 100，每上升或下降一个等级，因素修正指数上升或下降 2%。

5）环境质量指数。将环境质量分为环境优良、环境较优、基本无污染、环境污染较重、环境污染严重五个等级，将委估宗地环境质量指数定为 100，每上升或下降一个等级，因素修正指数上升或下降 2%。

（2）个别因素包括以下方面：

1）临街状况指数。将宗地临街条件分为优、较优、一般、较劣、劣五个等级，将委估宗地临街状况指数定为 100%，相差一个等级，售价修正±5%。

2）土地面积指数。将宗地面积分为较大、适中、较小三个等级，将委估宗地土地面积指数定为 100%，每上升或下降一个等级，因素修正指数上升或下降 1%。

3）土地形状指数。将宗地形状分为规则、较规则、一般、较不规则、不规则五个等级，将委估宗地土地形状指数定为 100%，每上升或下降一个等级，因素修正指数上升或下降 1.5%。

4）地形坡度指数。将宗地地形坡度条件分为良好、一般、较差三个等级，将委估宗地地形坡度指数定为 100，每上升或下降一个等级，因素修正指数上升或下降 1%。

评估对象的因素条件指数和比较案例因素条件指数如表 4-18 所示。

表 4-18　　比较案例因素条件指数表

比较因素		待估宗地	可比案例 A	可比案例 B	可比案例 C
交易价格（元/平方米）		待估	345.64	345.50	345.02
位置		100	100	100	100
土地用途		100	100	100	100
交易日期		100	100	100	100
交易情况		100	100	100	100
土地使用年期		46.22	50	50	50
交易方式		100	100	100	100
区域因素	产业聚集度	100	100	100	100
	基础设施保障程度	100	100	100	100
	区域土地利用方向	100	100	100	100
	交通便捷程度	100	98	98	98
	环境质量	100	100	100	100
个别因素	宗地形状	100	100	100	100
	临街状况	100	100	100	100
	宗地面积	100	100	100	99
	容积率	100	100	100	100
	地形坡度	100	100	100	100

将评估对象的因素条件指数与比较案例因素条件指数进行比较，得到因素修正系数。

表 4-19　　比较案例因素条件修正系数表

比较因素	可比案例 A	可比案例 B	可比案例 C
交易价格（元/平方米）	345.64	345.5	345.02
位置	100/100	100/100	100/100

续前表

比较因素		可比案例 A	可比案例 B	可比案例 C
土地用途		100/100	100/100	100/100
交易日期		100/100	100/100	100/100
交易情况		100/100	100/100	100/100
土地使用年期		0.9859	0.9859	0.9859
交易方式		100/100	100/100	100/100
区域因素	产业聚集度	100/100	100/100	100/100
	基础设施保障程度	100/100	100/100	100/100
	区域土地利用方向	100/100	100/100	100/100
	交通便捷程度	100/98	100/98	100/98
	环境质量	100/100	100/100	100/100
个别因素	宗地形状	100/100	100/100	100/100
	临街状况	100/100	100/100	100/100
	宗地面积	100/100	100/100	100/99
	容积率	100/100	100/100	100/100
	地形坡度	100/100	100/100	100/100
修正后地价（元/m^2）		347.72	347.58	350.60
评估值（元/m^2）		348.63		

经过比较分析和测算，分别得到三个比较案例的修正价格，由于三个修正价格非常接近，故取三个修正价格的简单算术平均值作为市场比较法的评估结果。

市场比较法计算的宗地地价＝27 900×348.63＝9 726 777（元）

（四）基准地价系数修正法

基准地价系数修正法是市场法的一种特殊形态，是指利用当地政府制定颁布的基准地价作为参照物（比较案例），对其各种因素进行系数修正，求得待估土地评估值的一种方法。其计算公式为：

$$\text{待估土地使用权评估值}=\text{基准地价}\times\text{基准地价时间因素系数}\times\text{个别因素修正系数}\times\text{市场转让因素修正系数}$$

基准地价系数修正法作为市场法的一种特殊形态，相应的各种系数修正方法在前面已详细介绍，这里不再赘述。但是，基准地价系数修正法应用时需要注意以下几个问题：

（1）基准地价的构成内容，各地政府规定不一致，有的包含土地出让金，有的不包含土地出让金，评估时应注意其内涵。

（2）各地基准地价规定的土地使用权年限不一致，有的为有限年限，有的为无限年限，应注意年限的修正。可采用下列计算公式：

$$K=\frac{\dfrac{(1+r)^n-1}{(1+r)^n}}{\dfrac{(1+r)^N-1}{(1+r)^N}}=\frac{1-\dfrac{1}{(1+r)^n}}{1-\dfrac{1}{(1+r)^N}}$$

或

$$K = (1+r)^{N-n} \times \frac{(1+r)^n - 1}{(1+r)^N - 1}$$

式中，K 为年限修正系数；N 为最高出让年限；n 为实际出让或转让年限；r 为还原利率。

例 4－5　某工业用地最高出让年限为 50 年，实际合资年限为 30 年，还原利率取 8%，则

$$年限修正系数 = \frac{1-\frac{1}{(1+8\%)^{30}}}{1-\frac{1}{(1+8\%)^{50}}} = 0.92$$

（3）各地的基准地价，有的数年公布一次。随着土地交易市场的完善和经济的发展，应注意对其进行时间因素的修正。

基准地价系数修正法主要适用于下述情况：第一，适用于完成基准地价评估的城镇的土地评估，即该城市具备基准地价成果图和相应修正体系成果；第二，基准地价系数修正法可在短时间内大批量进行宗地地价的评估，因此，可快速方便地进行大面积的、数量众多的土地价值评估。

二、收益法

（一）收益法的应用形式

土地使用权评估中的收益法，亦称收益还原法，是指通过预测土地未来产生的预期收益，以一定的还原利率将预期收益折算为现值之和，从而确定土地评估值的方法。其理论依据是地租理论和生产要素分配理论，土地、劳动、资本是产生收益的三大要素，属于土地的收益可以从总收益中扣除其他生产要素产生的收益后获得，然后将土地收益以一定的还原利率还原计算，确定土地评估值。基本公式表示为：

$$P = \frac{A}{r} \times \left[1 - \frac{1}{(1+r)^n}\right]$$

式中，P 为土地使用权评估值；A 为土地收益；r 为还原利率；n 为土地收益年限。当$n \to \infty$，$P = A/r$，即为土地所有权价值。

由此可见，土地使用权评估中的收益法的应用，重要的是要确定土地的收益额、土地还原利率和土地收益年限。

（二）土地收益额的估算

土地的收益可以分为实际收益和客观收益。实际收益是指在现状下实际获得的收益，实际收益一般来说不能用于评估，因为个别人或个别企业的经营能力对实际收益的影响较大。若以实际收益为基础进行还原计算，会得到不切实际的结果。如城市中的一块空地，目前未作任何使用，实际收益为零，甚至是负数（因为要缴纳各种税费），但并不表示这块空地不具有收益价值；再如某企业占用一块交通便利的土地，但由于经营不善，由总收入减去总费用所得到的结果可能为负数，但也不意味着这块土地无价格。客观收益是排除了实际收益中属于特殊的、偶然的因素后所得到的一般正常收益，因此客观收益才能作为评估的依据。

土地收益包括有形收益和无形收益，计算收益时不仅要包括有形收益，还要包括

各项无形收益。

土地收益通常是通过土地的具体使用，以房地合一的形式获得的。求取土地纯收益时，通常按下列步骤进行：（1）计算总收入，在房地合一状态下，最有效使用可获取的总收入，如租赁收入；（2）求取总费用，总费用主要包括房地产税金、维修费、管理费、保险费、租金损失准备费等；（3）求取总收益，总收入减去总费用即可得到总收益；（4）确定房屋纯收益，房屋纯收益可以用房屋现值乘以房屋还原利率获得；（5）求取土地纯收益，房地总收益扣除房屋纯收益，即可获得土地纯收益。

（三）土地还原利率及其估算

土地还原利率实际上是土地投资报酬率。还原利率可以通过下列方法求得。

（1）利用收益法公式，通过收集市场上相同或相似的土地纯收益、价格等资料，反推算出还原利率。通常，为避免其偶然性，往往需要抽取多宗土地，求得其纯收益与价格之比的平均值，一般要求是要选择4项以上、近期发生、在种类和等级上都与待估土地相似的交易案例。表4－20显示的是求取还原利率的过程。

表4－20　　土地还原利率测算表

比较实例	纯收益（万元）	价格（万元）	还原利率（%）
A	20	170	11.8
B	28.5	235	12.1
C	25	220	11.4
D	18	150	12

注：$土地还原利率=\frac{11.8\%+12.1\%+11.4\%+12\%}{4}=11.8\%$

（2）通过完全利率加上风险调整值的方法求取还原利率。安全利率即无风险报酬率，可以选择银行1年期定期存款利率作为安全利率。风险调整值根据评估时社会经济环境对地产投资的影响确定，风险调整值可能是正值，也可能是负值。这种方法的计算公式为：

还原利率＝安全利率＋风险调整值

（3）各种投资及其风险、收益率排序插入法。这种方法的基本思路是：将社会上各种类型的投资及其收益率按收益率大小从低到高顺序排列，制成图表，评估人员再根据经验判断所要评估的土地的还原利率应该落在哪个范围内，从而确定出所要求取的还原利率。评估人员的经验包括将土地投资与近邻风险投资的比较分析等。

需要说明的是，尽管有上述一些确定还原利率的方法，但这些方法并不能确切地肯定评估对象的还原利率究竟是多大数字，需要评估人员运用自己掌握的还原利率的理论知识、实际评估经验和对各种投资市场的了解，做出合乎实际的判断。

（四）土地收益年限及其测算

土地收益年限是指待估土地从评估时点开始，其收益能力延续的时间长度，通常以年为单位。土地的收益年限一般是以其出让年限减去已使用年限获取。

三、成本法

（一）成本法及其适用范围

成本法也称成本逼近法，是以开发土地所耗费的各项费用之和为依据，再加上一定的利润、利息、税金以及土地增值收益来确定土地价格的一种评估方法。其计算公式为：

评估值（土地价格）＝土地取得费＋土地开发费＋税费＋利息
＋利润＋土地增值收益

成本法一般适用于新开发土地的评估，特别是在土地市场发育不完善，土地成交实例不多，无法利用市场法等其他方法评估时。同时可在对既无收益又很少有交易情况的公园、学校、公共建筑、公益设施等特殊的土地评估时采用。

（二）成本法评估的步骤

1. 估算土地取得费

土地取得费是为取得土地使用权而向原土地使用者支付的费用。根据取得方式不同，其土地取得费的构成和费用标准也不一样。

（1）征收集体土地。征收集体土地需要向农村集体经济组织及个人支付费用，这些费用包括：土地补偿费、附着物和青苗补偿费、新菜地开发建设基金、安置补助费等。其中，土地补偿费按该耕地被征用前 3 年平均年产值的 3～6 倍计算；附着物和青苗补偿费、新菜地开发建设基金按省、自治区、直辖市规定的费用标准；安置补助费按每亩不超过被征用前 3 年平均年产值的 10 倍计算。

（2）购买和征收城市旧有土地。购买和征收城市旧有土地，需向原土地所有者支付拆迁费用等，标准由各地规定。

2. 估算土地开发费

土地开发费主要包括基础设施配套费、公共事业建设配套费和小区开发配套费。

（1）基础设施配套费，各地规定不一，有的为“三通一平”，即通路、通水、通电，土地平整；有的为“七通一平”，即通路、通上水、通下水、通电、通讯、通气、通热，土地平整，应视具体情况确定。而且“三通一平”或“七通一平”指的是红线外土地状况。

（2）公共事业建设配套费，根据当地规定标准确定。

（3）小区开发配套费，应按小区内各种设施及网点配套情况，或按当地规定确定。

3. 估算税费

税费主要包括耕地占用税、耕地开垦费等。具体标准按照当地规定。

4. 估算利息

利息是评估土地时考虑的资金时间价值，主要包括两部分：土地取得费利息以整个取得费为基数，计息期为整个开发期；土地开发费利息是以整个开发费（或资金投入）为基数，计息期按土地开发期限的一半计算。利息的计算公式为：

利息＝土地取得费×土地开发期×相应利息率＋土地开发费
×土地开发期×相应利息率×50％

5. 估算利润

利润是投资开发商投资的回报，通常以土地取得费和土地开发费为基数，并通过合理的利润率计算。

6. 估算土地增值收益

土地增值收益是指被评估土地由于改变用途或进行土地开发，达到建设用地的某种利用条件而发生的价值增加。土地增值收益各地确定方法、标准不一样，主要的计算公式如下：

土地增值收益＝（土地取得费＋土地开发费＋税费＋利息＋利润）×增值收益率

7. 估算土地使用权评估值

将上述各项加总，即可得到无限年期土地价格；然后，通过年期修正，并根据被评估土地在区域中的位置和宗地条件，考虑其他因素修正，将无限年期土地使用权价格转化为有限年期土地使用权价格。

（三）成本法案例

某企业占用土地一块，宗地内已达到“五通一平”（通路、通电、通下水、通上水、通讯和场地平整）条件，地块开头为不规则长条形，用途为工业用地，面积为64 130平方米。评估过程如下：

1. 估算土地取得费

土地取得费包括征地及补偿费。征地及补偿费包括土地补偿费、地上附着物补偿费、青苗补偿费和安置补助费。根据对评估宗地周围调查，收集当地年产值标准和征地片区综合地价资料，确定征地补偿费为84元/平方米。

2. 估算土地开发费

土地开发费计取场地平整费为20元/平方米；基础设施（宗地外通电、通路、通上下水、通讯）配套费为100元/平方米，合计土地开发费为120元/平方米。

3. 估算税费

（1）耕地占用税，根据《中华人民共和国耕地占用税暂行条例》，结合待估宗地实际征收标准，按15元/平方米计取耕地占用税。

（2）耕地开垦费，根据当地实施《中华人民共和国土地管理法》办法，结合待估宗地年产值标准，按30元/平方米计取耕地开垦费。

4. 估算利息

该宗地开发期一年，土地取得费在开发期初一次投入，土地开发费在开发期内均匀投入。评估基准日（2016年12月31日）银行1年期贷款利率为4.35%。估算利息公式为：

利息＝（土地取得费＋土地开发费＋税费）×4.35%

5. 估算利润

根据当地同类房地产行业平均利润率12%计算，计算公式为：

利润＝（土地取得费＋税费＋土地开发费）×12%

6. 估算土地增值收益

根据该企业所在省土地管理局文件规定，工业用地所有权收益按土地取得费、税费、土地开发费、利息、利润之和的 20%计算。

7. 估算土地价格

（1）无限年期土地使用权价格，其计算公式为：

土地使用权价格=土地取得费+土地开发费+税费+利息+利润+土地增值收益

（2）法定最高出让年期地价，其计算公式为：

$$P=P_1\times\left[1-\frac{1}{(1+r)^n}\right]$$

式中，P 为有限年期土地使用权价格；P_1 为无限年期土地使用权价格；n 为土地使用年限，工业用地为 50 年；r 为还原利率，以评估基准日银行 1 年期存款利率（1.5%）加风险利率（4.5%），确定为 6%。

评估结果如表 4－21 所示。

表 4－21　　成本法计算过程表　　单位：元/m²

序号	项目	数额
一、土地取得费		
（1）	征地费	84
（2）	小计	84
二、土地开发费		
（3）		120
三、税费		
（4）	耕地占用税	15
（5）	耕地开垦费	30
（6）	小计	45
四、利息		
（7）	[(2)+(6)]×4.35%+(3)×1/2×4.35%	8.22
五、利润		
（8）	[(2)+(3)+(6)]×12%	29.88
六、土地增值收益		
（9）	[(2)+(3)+(6)+(7)+(8)]×20%	57.42
七、土地价格（无限年期地价）		
（10）	(2)+(3)+(6)+(7)+(8)+(9)	344.52
八、法定最高出让年期的地价		
（11）	50 年期地价	325.82

因此，50 年期土地使用权评估值为：

325.82×64 130=20 894 836.6(元)

四、假设开发法

（一）假设开发法及其适用条件

假设开发法，也称剩余法。这种方法是在评估待估土地价格时，将待估土地的预期开发后的价值，扣除其正常的开发费用、销售费用、税金及开发利润，从而估算待估土地价格的一种方法。其计算公式为：

地价＝楼价－建筑费－专业费用－利息－利润－税费－租售费用 （1）

式中，楼价即土地开发建设后的转让价；建筑费为土地开发的具体产品的耗费成本，可根据评估时同类建筑物工程预决算及相关数据求得；专业费用是指测量、设计等专业技术费用，该费用通常可以按建筑费的一定比例计算，即

专业费＝建筑费×i （i为一定的百分率） （2）

利息是指全部预付资本的资金成本，全部预付资本包括地价、建筑费和专业费，利息的计算公式为：

利息＝地价×r×开发周期＋(建筑费＋专业费)×r×开发周期/2 （r为利息率）（3）

利润是指全部预付资本的机会成本，假设正常利润率为P'，则

利润＝(地价＋建筑费＋专业费)×P' （4）

税费通过地价与税率t的乘积计算，即

税费＝地价×t （5）

租售费用通常可以根据经验预测确定。

将公式（2）（3）（4）（5）代入公式（1）中，得

地价＝楼价－建筑费－建筑费×i－[地价×r×开发周期
＋(建筑费＋专业费)×r×开发周期/2]
－[建筑费×(1＋i)＋地价]×P'－地价×t－租售费用

假设开发法用来估算地价，要求有一个相应的社会经济环境保证，即有一个明确、开放、长远的房地产政策；有一套统一、严谨、健全的房地产法规；有一个完善、公开、透明度很高的房地产资料库；有一个稳定、清晰、全面的有关房地产投资与交易的税费清单；有一个长远、公开、稳定的土地供给（出让）计划。因而假设开发法主要适用于下列土地的评估：（1）待开发土地的评估，用开发完成后的房地产价值减去建造费、专业费等；（2）将土地开发为成熟地的土地评估，用开发完成后的熟地价格减去土地开发费；（3）待拆迁改造的再开发房地产的评估，这时的建筑费还应包括拆迁费用。

（二）假设开发法的步骤

1. 调查待评土地的基本情况

包括：（1）地理位置；（2）面积、形状、地质、基础设施、交通通达程度等；（3）政府的规划限制；（4）土地使用权的限制，如使用年限等。

2. 选择最佳开发方式

包括土地用途、土地使用强度以及建筑样式。

3. 估计建设期

包括整个土地开发周期，以及在土地开发过程中的各个不同时期的各种费用投入的时间，目的在于考虑货币的时间价值。

4. 预测土地开发价值（楼价）

主要采用推算法来完成。可根据同类用途和性质的建筑物过去与现在的价格，再考虑该类建筑物市场的发展趋势推测其未来价格，作为预测土地开发价值的参考数据。

5. 估测开发建设总成本，即建筑费

建筑费一般可采用建筑工程概预算方法估算，也可按当地同类建筑物当前的建筑费用推算，要充分考虑建筑材料价格及人工费用的变化。

6. 租售费用、税金的估测

租售费用可按建筑物价格的一定比例估测。税金应根据税法的规定估算。

7. 计算地价

（三）假设开发法案例

1. 待估土地概况

待评估土地为一待开发建设的“七通一平”空地，面积为1 000平方米，允许用途为商住混合，允许建筑容积率为7，覆盖率≤50%，土地使用年限为50年。2016年8月出售。

2. 评估过程

（1）评估方法采用假设开发法。

（2）最佳开发设计。根据规划的要求和市场调查，设计建筑面积为7 000平方米，14层；1～2层为商业用房，共1 000平方米；3～14层用于住宅，共6 000平方米。

（3）预计建设期。预计共需2年时间完成（到2018年8月），第一年投入60%的总建筑费，第二年投入40%的总建筑费。

（4）估计开发费用。总建筑费用为500万元，专业费用为总建筑费用的6%，利息率为10%，利润率为20%，租售费用及税金为综合售楼价的5%。

（5）预计售楼价。假定楼建成后即可全部售出，预计当时售价，商业楼为4 000元/平方米，住宅楼为2 000元/平方米，折现率为10%。

（6）求取地价。

总楼价＝4 000×1 000＋2 000×6 000＝16 000 000(元)

建筑及专业费＝5 000 000×(1＋6%)＝5 300 000(元)

利息＝地价×10%×2＋5 300 000×60%×10%×1.5＋5 300 000
　　×40%×10%×0.5＝地价×20%＋583 000

利润＝(地价＋5 300 000)×20%＝地价×20%＋1 060 000

租售费用及税金＝16 000 000×5%＝800 000(元)

则

地价＝16 000 000－5 300 000－地价×20%－583 000
　　－地价×20%－1 060 000－800 000

求得

地价＝5 897 857(元)

单位地价=5 897 857÷1 000≈5 898(元/m^2)

本章小结

房地产评估是资产评估中的重点和难点。把握房地产的概念和特征，有利于科学界定房地产的含义。实际工作中，大量存在着建筑物和土地使用权单独评估的情况，因此，应分别了解和掌握建筑物和土地使用权的特征。建筑物评估时，既要分析影响建筑物评估价值的因素，还要选择合适的方法进行估算。用于建筑物评估的方法主要有市场法、成本法、收益法和假设开发法。土地使用权的评估，首先应掌握土地的权属及其处置方式，还要掌握土地资产价格体系，在此基础上，分别研究市场法、成本法、假设开发法等方法的应用。

思考题

1. 如何理解房地产评估特点？
2. 建筑物评估应注意哪些问题？
3. 如何理解和把握土地权属及其处置方式？
4. 运用市场法对建筑物进行评估时，一般应从哪些因素出发对交易实例的价格进行调整？
5. 试从评估原理、适用范围、评估思路等方面比较市场法、收益法、成本法和假设开发法在评估土地使用权时的区别？
6. 拟对用途为出租写字楼的待开发土地进行估价，列出所有可能的评估思路。

第五章

无形资产评估

第一节　无形资产评估的特点

一、无形资产及其分类

（一）无形资产的特点

无形资产一词在西方虽已有近百年的历史，然而对于什么是无形资产，迄今尚无确定和一致的定义。通常采用列举法，即以无形资产的外延界定无形资产的内涵。我国会计界和评估界一直探索无形资产的定义，《企业会计准则第 6 号——无形资产》和《资产评估执业准则——无形资产》分别对无形资产进行了定义。《资产评估执业准则——无形资产》将无形资产定义为，特定主体所拥有或者控制的，不具有实物形态，能持续发挥作用并且能带来经济利益的资源。根据上述定义，无形资产的特点表现在以下方面：

1. 无形资产具有非流动性，有效期需要具体分析判断

一般来说，无形资产是与特定企业结合在一起的，它固定地属于某一企业。如果企业因各种原因不复存在，则其无形资产也随之消失，除非企业在不复存在之前已经把这些无形资产出售或转让给其他企业，成为另一个企业的无形资产。另外，无形资产的有效期通常还受法律法规、合同约定以及经济寿命的影响。

2. 无形资产没有物质实体，但未来收益较大

如果单就没有物质实体而言，无形资产与应收、预付账款并没有什么不同。它们的区别在于：无形资产是凭借各种优越条件，例如，凭法律合同所取得的垄断优势，或是凭借技术优势、人才优势、地理位置和环境优势等形成的超越一般同行业的收益能力而有偿取得的资产。而应收及预付账款虽无物质实体，但属于流动资产，不属于无形资产。

同时，作为一种特殊权利而言，无形资产并非都是法律和契约所赋予的权利。有些资源，如非专利技术、配方和公式等，尽管不是法律或契约所赋予，但也是无形资产。权利只是无形资产的一部分，并不都是无形资产，如劳动人事管理权就不是无形资产。

3. 无形资产通常不能单独获得收益，需要附着于有形资产

除许可使用等方式外，无形资产通常与有形资产结合在一起才能创造收益。

（二）无形资产的分类

无形资产种类很多，可以按不同标准进行分类。

（1）按企业取得无形资产的渠道，可分为企业自创（或自身拥有）的无形资产和外购的无形资产。前者是由企业自己研制创造获得的以及由于客观原因形成的，如自创专利、非专利技术、商标权、商誉等；后者则是企业以一定代价从其他单位购入的，如外购专利权、商标权等。

（2）按有无法律保护，可以分为法定无形资产和收益性无形资产。专利权、商标权等均受到国家有关法律的保护，称为法定无形资产；无法律保护的无形资产，如非专利技术等称为收益性无形资产。

（3）按可辨识程度，可以分为可确指无形资产和不可确指无形资产。凡是那些具有专门名称，可单独取得、转让或出售的无形资产，称为可确指无形资产，如专利权、商标权等；那些不可特别辨认、不可单独取得、离开企业就不复存在的无形资产，称为不可确指无形资产，如商誉。

此外，国外对于无形资产分类，从评估角度，按其内容分为权利型无形资产（如租赁权）；关系型无形资产（如顾客关系、客户名单等）；结合型无形资产（如商誉）和知识产权，包括专利权、商标权和版权。从广义的角度，将无形资产分为促销/销售型无形资产、制造型无形资产和金融型无形资产等。

应当承认，对无形资产的认识方面还存在分歧，对无形资产的范围和涵盖的内容有待进一步探讨。通常，作为评估对象的无形资产包括专利权、非专利技术、生产许可证、特许经营权、租赁权、土地使用权、矿业权、商标权、版权、计算机软件等。

二、影响无形资产评估价值的因素

无形资产不具有实体形态，并能持续带来经济效益的特征，决定了无形资产评估的复杂性和困难性。进行无形资产评估，首先应明确影响无形资产评估价值的因素。一般来说，影响无形资产评估价值的因素主要有以下几个。

（一）无形资产的成本

无形资产与有形资产一样，也具有成本。只是相对有形资产而言，无形资产的成本确定不十分明晰且不易于计量。对企业无形资产来说，外购无形资产较易确定成本，自创无形资产的成本计量困难些。因为无形资产产生的一次性特点，使其在创造过程中所耗费的劳动不具有横向可比性。同时，无形资产的创造，与其创造中的投入、失败等密切结合，这部分成本的确定是很困难的。但无论如何，无形资产评估中至少应考虑其开发成本。一般来说，这些成本项目包括创造发明成本、法律保护成本、发行推广成本等。

（二）机会成本

机会成本是指该项无形资产转让、投资、出售后失去市场和损失收益的大小。

（三）效益因素

成本是从对无形资产补偿角度考虑的，但无形资产更重要的是它所能创造的收益。一项无形资产，在社会、环境、制度允许的条件下，获利能力越强，其评估值越高；获利能力越弱，其评估值越低。有的无形资产，尽管其创造成本很高，但不为市场所需求，或收益能力低微，则其评估值就很低。

（四）使用期限

每一项无形资产都有一定的使用期限。使用期限的长短，一方面取决于该无形资产的先进程度；另一方面取决于其无形损耗的大小。无形资产越先进，其领先水平越高，使用期限越长。同样，其无形损耗程度越低，使用期限越长。考虑无形资产的期限，除了应考虑法律保护期限外，更主要的是考虑其具有实际超额收益的期限（或收益期限），比如某项发明专利，保护期为 20 年，但由于无形损耗较大，拥有该项专利实际能获超额收益的期限为 10 年，则这 10 年即为评估该项专利时所应考虑的期限。

（五）技术成熟程度

一般科技成果都有一个发展——成熟——衰退的过程。科技成果的成熟程度如何，直接影响到其评估值高低。科技成果开发程度越高，技术越成熟，运用该技术成果的风险性越小，评估值就会越高。一项成熟程度不是很高的无形资产，在评估时应分析预计其可能的成熟程度，正确估计风险，从而合理确定评估值。

（六）转让内容因素

从转让内容看，无形资产转让有所有权转让和使用权转让。在转让过程中有关条款的规定，会直接影响其评估值。就同一无形资产所有权转让和使用权转让来说，所有权转让的无形资产评估值高于使用权转让的评估值。在技术贸易中，同是使用权转让，由于其许可程度不同，也影响评估值的高低。

（七）国内外该种无形资产的发展趋势、更新换代情况和速度

一项无形资产的寿命期，主要取决于其损耗程度。该项无形资产的更新换代越快，无形损耗越大，其评估值就越低。可见，无形资产价值的损耗和贬值，并不取决于自身的使用损耗，而取决于本身以外的更新换代情况。无形资产的价值体现在无形资产所拥有的超额获利能力上。

（八）市场供需状况

市场供需状况反映在两个方面：一是无形资产市场需求情况；二是无形资产的适用程度。对于可出售、转让的无形资产，其评估值随市场需求的变动而变动。市场需求大，则评估值就高；市场需求小，且有同类无形资产替代，则其评估值就低。同样，无形资产的适用范围越广，适用程度越高，需求者越多，需求量越大，评估值就越高。

（九）同行业同类无形资产的价格水平

除上述因素外，无形资产评估值的高低，还取决于无形资产交易和转让的价款支付方式、各种支付方式的提成基数、提成比例等，在评估无形资产时，应综合考虑。

三、无形资产评估的程序

无形资产评估程序是评估无形资产的操作规程。评估程序既是评估工作规律的体现，也是提高评估工作效率，保证评估结果科学、有效的保证。无形资产评估一般按下列程序进行。

（一）明确评估目的

同样的无形资产，由于发生的经济行为不同，其评估的价值类型和选择的方法也不一样。无形资产评估的具体目的有：

（1）市场上无形资产的转让；

（2）无形资产投资；

（3）股份制改造、清算资产；

（4）法律诉讼中作为诉讼标的；

（5）无形资产质押融资；

（6）纳税需要；

（7）保险需要及其他目的。

（二）鉴定无形资产

无形资产是附着于企业、与企业共存的资产，许多无形资产并未在企业财务报表中列示。因此，对无形资产进行评估，资产评估专业人员应对被评估的无形资产进行鉴定。无形资产的鉴定，是进行无形资产评估的基础工作，直接影响到评估范围和评估价值的科学性。通过无形资产的鉴定，可以解决以下问题：一是证明无形资产的存在；二是确定无形资产种类；三是确定其有效期限。

1. 证明无形资产存在

可以从以下几个方面进行：（1）无形资产的先进性。确定能否通过该无形资产获得超额收益，相应地查询其技术的内容、国家有关规定、技术人员评价情况、法律文书（如专利证书、技术鉴定书等），核实有关资料的真实性、可靠性和权威性。（2）无形资产的适用性。分析无形资产运用所要求的与之相适应的特定技术条件和经济条件，鉴定其应用能力。（3）确定无形资产的归属是否为委托人所拥有，要考虑其存在的条件和要求，对于剽窃、仿造的无形资产要加以鉴别，对于有些无形资产要分析其历史渊源，是否符合国家的有关规定。

2. 确定无形资产种类

有些无形资产是由若干项无形资产综合构成的，应加以确认和分离，注意商标权和商誉、商标权和专利权、商标权与非专利技术、非专利技术与有形资产之间关系的分析，避免重复评估和漏评估。例如，专利权、商标权同属于工业产权，但都有其独立的特征，应分别进行评估。不过在一个企业中，有时支持某项商标权获利能力的是某一项专利权或非专利技术，因此，某一项商标权价值中可能包含专利权或非专利技术的价值，在这种情况下，评估商标权价值后再评估专利权或非专利技术的价值，就有可能重复评估。再如，专利权、非专利技术与机器设备的重复，主要出现在一些进口机器设备方面。有的进口设备，价格高于同类型设备或国内替代设备。如果该种进口设备价格高是由于个别原因，如谈判所致，评估时则应按同类设备或国内替代设备价格进行评估。但如果进口设备中含有配套的专利权或非专利技术，进口设备本身的性能就有别于其他同类型设备，其评估价值高是正常的。这时，在评估该进口设备的同时，就不应再独立评估与之配套的专利权或非专利技术。

3. 确定无形资产有效期限

无形资产有效期限是其存在的前提。某项专利权，如超过法律保护期限，就不能作为专利权评估。有效期限对无形资产评估值具有很大影响，比如商标权，有的商标历史越悠久，价值越高，有的商标则是越新越值钱。

（三）选择确定评估方法，收集相关资料

应根据所评估无形资产的具体类型、特点、评估目的及外部市场环境等具体情况，选用市场法、收益法、成本法等评估方法。

采用市场法评估无形资产时，要特别注意被评估无形资产必须确实适合运用市场法，注意掌握公开市场原则，充分重视被评估无形资产的特点。当类似无形资产之间具有可比性时，可根据它们的交易条件、市场交易价格和价值影响因素的差异，调整确定评估值；当被评估无形资产曾向多个使用者转让使用权时，可结合受让者的具体情况调整确定评估值。

采用收益法时，要注意分析超额获利能力和预期收益，注意收益额的计算口径与被评估无形资产相对应，不要将其他资产带来的收益误算到无形资产收益中；要充分考虑法律法规、宏观经济环境、技术进步、行业发展变化、企业经营管理、产品更新和替代等因素对无形资产收益期、收益率和折现率的影响。

当被评估无形资产确具有超额获利能力，但不宜采用市场法和收益法评估时，可采用成本法进行评估。要注意根据现行条件下重新形成或取得该项无形资产所需的全部费用（含资金成本）确定评估值；要注意扣除实际存在的功能性贬值和经济性贬值。

（四）整理和报告，做出评估结论

无形资产评估报告，是无形资产评估过程的总结，也是评估者承担法律责任的依据。报告书中应说明拥有被评估无形资产的公司或权利人名称；说明评估目的和基准日；说明提供价值的含义及适用条件；列出评估方法及重要参数确定过程等。另外，评估报告书要简洁、明确，避免误导。

第二节　无形资产评估的收益法

在科学技术作为第一生产力越来越受到重视的时代，无形资产市场正在形成和发展，对无形资产的转让和投资价格的评估具有越来越重要的意义。无形资产转让和投

资价格的评估，是指以无形资产作为投资手段或确认的转让对象所进行的评估，或者说，是将无形资产作为获利能力进行的评估，显然，收益法是无形资产转让和投资价格评估的重要方法。研究收益法在无形资产评估中的应用，首先应分析无形资产功能特性以及无形资产转让、投资评估的前提，然后才能进一步研究方法本身的应用问题。

一、无形资产功能特性和评估前提

（一）无形资产功能特性及其评估应考虑的因素

无形资产发挥作用的方式明显区别于有形资产，因而在评估时需要对一些因素作特殊考虑。

1. 附着性

附着性是指无形资产往往附着于有形资产而发挥其固有功能。例如，制造某产品的专有技术要体现在专用机械生产线、工艺设计之上，即各种知识性的资产一般都要物化在一定的实体之中。有形的资产往往成为无形资产的载体，前者渗透无形资产的范围越广泛，无形资产就越能在更大规模上发挥作用，从而无形资产具有伴随作为载体的有形资产而发挥作用的因变性。因此，在无形资产转让和投资的评估中，要充分考虑无形资产用于“武装”有形资产的范围。在无形资产转让中常常有这种情况，购买无形资产的企业往往只是用其武装同类技术装备的一部分，例如，改造其中某条生产线，而其他生产线并不使用这种无形资产。无形资产物化于有形资产的广度，从根本上决定着无形资产作用的范围。

2. 共益性

无形资产区别于有形资产的一个重要特点是，它可以作为共同财富，由不同的主体同时共享。一项先进技术可以使一系列企业提高产品质量、降低产品成本；一项技术专利在一个企业使用的同时，并不影响转让给其他企业使用。但是，由于市场的有限性和竞争性，在知识产品可以共享的同时，由于追求自身利益的需要，各主体对无形资产的使用还具有互斥性。当无形资产的使用者超出一定规模就会引起市场实现困难，妨碍取得垄断利润和高额利润。因此，评估无形资产，还必须考虑无形资产的作用环境。如果是独占的、排他的转让，就会与普通的转让相区别，造成不同的无形资产作用环境，而每一转让价格都不一样。在转让方继续使用该项无形资产的情形下，也要考虑由于无形资产的转让形成竞争对手，从而增加了竞争压力的机会成本。

3. 积累性

科学技术的发展总是像上阶梯那样积累起来的，它的作用往往建立在一系列其他成果的基础上。作为知识产品的无形资产在生产经营中的作用，往往像跑接力一样承上启下，在一定范围内发挥特定的作用。因而在无形资产评估中应考虑它的作用程度。

4. 替代性

在承认无形资产具有积累性的同时，还要考虑它的另一面，即替代性。例如，一种技术取代另一种技术，一种工艺替代另一种工艺等，其特性不是共存或积累，而是替代、更新。一种无形资产总会由更新的无形资产所取代，因而必须在无形资产评估中考虑它的作用期间，尤其是尚可使用年限。这当然取决于该领域内的技术进步的速度，取决于无形资产创制的竞争。

（二）无形资产转让、投资评估的前提

无形资产因其附着于有形资产，也就是在某种意义上说任何有形资产都凝结着无形资产的实质内容——一定的科学技术，因而无形资产作为独立的转让对象，是因为它能够带来额外收益。因此，无形资产转让、投资评估必须具有如下前提：

1. 能够带来超额利润

如果是一般性的无形资产，并且不能使购买方增加利润，那么这种无形资产对购买方就没有吸引力，就没有支付的必要；只有该无形资产能给购买方带来追加收益，才能根据带来的追加收益确定无形资产的价值。需要说明的是，无形资产能够带来超额利润，是一种理论抽象，指在其他条件保持社会平均水平的条件下，能够获得高于社会平均水平的收益。而在实际生活中，由于评估参照对象并不一定保持着社会平均经营水平，因而超额利润也就不一定表现为高于社会平均水平的利润，往往表现为带来的追回利润。在实践中常有这种情形，获得和运用某无形资产是该企业正常经营必不可少的条件，特别是使企业起死回生时更为典型。在这类情形下应根据无形资产对利润增长的影响来评估无形资产的价值。

2. 能够带来垄断利润

这是指购买方由于购入和运用无形资产形成市场垄断，通过垄断价格实现垄断利润。例如，有些独特和新颖的产品、市场独占产品往往可以获得垄断利润，为其生产提供关键性支持的无形资产就可以分享。在这种情况下，就可以根据市场垄断的不同条件，通过利润的测算，评估无形资产的价值。

二、无形资产评估中收益法的应用

根据无形资产转让计价方式不同，收益法在应用上可以表示为下列两种方式：

$$\text{无形资产评估值} = \sum_{i=1}^{n} \frac{K \cdot R_i}{(1+r)^i} \tag{1}$$

$$\text{无形资产评估值} = \text{最低收费额} + \sum_{i=1}^{n} \frac{K \cdot R_i}{(1+r)^i} \tag{2}$$

式中，K 为无形资产分成率；R_i 为分成基数，即销售收入或销售利润；i 为收益期限；r 为折现率。

上述两个公式的不同之处在于式（2）多了一项最低收费额，而在式（2）后项计算无形资产的分成率时，是按扣除最低收费额后测算的，本质上与式（1）是一致的，因此式（2）是基本式。

式（2）中的最低收费额，是指在无形资产转让中，根据购买方实际生产和销售情况收取转让费的场合所确定的“旱涝保收”收入，并在确定比例收费时预先扣除，有时称为“入门费”。当然，在某些无形资产转让中，转让方按固定额收费时把最低收费规定为转让最低价，也可作为无形资产竞卖的底价。

由于无形资产具有垄断性，当某项无形资产是购买方必不可少的生产经营条件，

或者购买方运用该项无形资产所增加的效益具有足够的支付能力时，无形资产的转让的最低收费额由以下因素决定：

第一，重置成本。购买方使用无形资产，就应由购买方补偿成本费用。当购买方与转让方共同使用该项无形资产时，则由双方按运用规模、受益范围等来分摊。

第二，机会成本。由于无形资产的转让，可能因停止由该无形资产支撑的营业而减少收益，也可能为自己制造了竞争对手而减少利润或者增加开发支出，这些构成了无形资产转让的机会成本，应由无形资产购买者来补偿。

综合考虑以上两个因素来评估最低收费额，可得到如下公式：

$$\text{无形资产最低收费额}=\text{重置成本净值}\times\text{转让成本分摊率}+\text{无形资产转让的机会成本}$$

式中：

$$\text{转让成本分摊率}=\frac{\text{购买方运用无形资产的设计能力}}{\text{运用无形资产的总设计能力}}$$

$$\text{无形资产转让的机会成本}=\text{无形资产转出的净减收益}+\text{无形资产再开发净增费用}$$

式中，购买方运用无形资产的设计能力可根据设计产量或按设计产量计算的销售收入来确定。运用无形资产的总设计能力指运用无形资产的各方汇总的设计能力，由于是分摊无形资产的重置成本，不是按照实际运用无形资产的规模，而是按照设计规模来确定权重。当购买方独家使用该无形资产时，转让成本分摊率为1。式中无形资产转出的净减收益和无形资产再开发净增费用是运用边际分析的方法测算的。无形资产转出的净减收益一般指在无形资产尚能发挥作用期间减少的净现金流量。无形资产再开发净增费用包括保护该无形资产追加的科研费用和其他费用、员工再培训费用等。以上各项经过认真细致的分析测算是可以确定的。

例5-1 某企业转让浮法玻璃生产全套技术，经收集和初步测算已知如下资料：一是该企业与购买企业共同享用浮法玻璃生产技术，双方设计能力分别为600万标箱和400万标箱；二是浮法玻璃生产全套技术系国外引进，账面价格为200万元，已使用2年，尚可使用8年，2年通货膨胀率累计为10%；三是该项技术转出对该企业生产经营有较大影响，由于市场竞争加剧，产品价格下降，在以后8年中减少销售收入按折现值计算为80万元，增加开发费用以提高质量、保住市场的追加成本按折现值计算为20万元。试评估该项无形资产转让的最低收费额。

分析：(1) 2年来通货膨胀率为10%，对外购无形资产的重置成本可按物价指数法调整，并根据成新率确定净值，可得浮法玻璃生产全套技术的重置成本净值为：

$$200\times(1+10\%)\times\frac{8}{2+8}=220\times\frac{4}{5}=176(\text{万元})$$

(2) 因转让双方共同使用该项无形资产，设计能力分别为600万标箱和400万标箱，则评估重置成本净值分摊率为：

$$\frac{400}{600+400}=40\%$$

(3) 由于无形资产转让后加剧了市场竞争，在该项无形资产的寿命期间，销售收入减少和费用增加的折现值是转让无形资产的机会成本，据题中资料为：

80＋20＝100(万元)

故该项无形资产转让的最低收费额评估值为：

176×40%＋100＝170.4(万元)

三、收益法应用中各项技术经济指标的确定

（一）无形资产收益额的确定

无形资产收益额的测算，是采用收益法对无形资产进行评估的重要内容。如前所述，无形资产收益额是指由无形资产带来的超额收益。同时，无形资产附着于有形资产发挥作用并产生共同收益，因此，无形资产收益通过分成率的方法获得，即

无形资产收益额＝销售收入(利润)×销售收入(利润)分成率
×(1－所得税税率)

对于销售收入（利润）的测算已不是较难解决的问题，重要的是无形资产分成率。既然分成对象是销售收入或销售利润，那么就有两个不同的分成率。实际上，由于销售收入与销售利润有内在的联系，可以根据销售利润分成率推算出销售收入分成率，反之亦然。

因为

收益额＝销售收入×销售收入分成率×(1－所得税税率)
＝销售利润×销售利润分成率×(1－所得税税率)

所以

销售收入分成率＝销售利润分成率×销售利润率

销售利润分成率＝销售收入分成率÷销售利润率

在资产转让实务中，一般是确定一定的销售收入分成率，俗称“抽头”。例如，在国际市场上一般技术转让费不超过销售收入的3%～5%。如果按社会平均销售利润率10%推算，对技术转让费为销售收入的3%的利润分成率为30%。如果说购买先进技术的企业平均销售利润率为15%，则利润分成率为20%。可见销售收入分成率本身很难看出转让价格是否合理，若换算成利润分成率，则可以加以判断。转让实务中，因利润额不够稳定也不容易控制和核实，因而按销售收入分成，是切实可行的。但在评估中则应以评估利润分成率为基础，至于换算成销售收入分成率，只需要掌握销售利润率及各年度利润的变化情况就行了。

利润分成率的确定，是以无形资产带来的追加利润在利润总额中的比重为基础的。有的情况下容易直接计算，而在不容易区别追加利润的情况下，往往要采取曲折迂回的方法。评估无形资产转让的利润分成率有多种方法，主要介绍如下两种：

第一，边际分析法。边际分析法是选择两种不同的生产经营方式作比较：一种是运用普通生产技术或企业原有技术进行经营，另一种是运用转让的无形资产进行经营，后者的利润大于前者利润的差额，就是投资于无形资产所带来的追加利润。测算各年度追加利润占总利润的比重，并按各年度利润现值的权重，求出无形资产寿命期间追加利润占总利润的比重即评估的利润分成率。这种方法的关键是科学地分析追加无形资产投入可以带来的净追加利润。这也是购买无形资产所必须进行的决策分析的内容，

相关的资料是可以获得的。

边际分析法的步骤是：

（1）对无形资产边际贡献因素进行分析：①开辟新市场，垄断加价的因素；②消耗量的降低，低廉材料的取代，成本费用降低；③产品结构优化，质量改进，功能费用降低，成本销售收入率提高。

（2）测算无形资产寿命期间的利润总额及追加利润总额，并折现。

（3）按利润总额现值和追加利润总额现值计算利润分成率，其计算公式为：

$$利润分成率=\sum 追加利润现值\div\sum 利润总额现值$$

例 5-2 某企业转让家用轿车贴膜技术，购买方用于改进现有家用轿车终端附加服务。经对无形资产边际贡献因素的分析，测算在其寿命期间各年度可带来追加利润190万元、260万元、320万元、280万元，分别占当年利润总额的40%，30%，20%，15%，试评估无形资产利润分成率。

分析：本例所给条件已经完成了边际分析法第一步的工作，只需计算出各年限的利润总额，并与追加利润一同折现即可得出利润分成率。

各年度利润总额及现值之和（折现率为10%）为：

$$\begin{aligned}&\frac{190\div 40\%}{(1+10\%)}+\frac{260\div 30\%}{(1+10\%)^2}+\frac{320\div 20\%}{(1+10\%)^3}+\frac{280\div 15\%}{(1+10\%)^4}\\&=475\times 0.909\ 1+867\times 0.826\ 4+1\ 600\times 0.751\ 3+1\ 867\times 0.683\ 0\\&=431.82+716.49+1\ 202.08+1\ 275.16\\&=3\ 625.55(万元)\end{aligned}$$

追加利润现值之和为：

$$\begin{aligned}&\frac{190}{(1+10\%)}+\frac{260}{(1+10\%)^2}+\frac{320}{(1+10\%)^3}+\frac{280}{(1+10\%)^4}\\&=190\times 0.909\ 1+260\times 0.826\ 4+320\times 0.751\ 3+280\times 0.683\ 0\\&=172.73+214.86+240.42+191.24\\&=819.25(万元)\end{aligned}$$

无形资产利润分成率为：

$$\frac{819.25}{3\ 625.55}\times 100\%=22.6\%$$

第二，约当投资分成法。边际分析法是根据各种生产要素对提高生产率的贡献来估算，道理明了，易于接受。但是无形资产与有形资产的作用往往互为条件，在许多场合下很难确定购置的无形资产的贡献率。因而，还需寻求其他途径来估算无形资产转让的利润分成率。根据无形资产与其他资产的作用互为条件的特点，以及考虑到无形资产是高度密集的知识智能资产，可以采取在成本的基础上附加相应的成本利润率，折合成约当投资量的办法，按无形资产的折合约当投资量与购买方投入的资产约当投资量的比例确定利润分成率。其计算公式为：

$$无形资产利润分成率=\frac{无形资产约当投资量}{购买方约当投资量+无形资产约当投资量}$$

$$无形资产约当投资量=无形资产重置成本\times(1+适用成本利润率)$$

购买方约当投资量＝购买方投入的总资产的重置成本
×(1＋适用成本利润率)

确定无形资产约当投资量时，适用成本利润率按转让方无形资产总成本占企业（产品）超额利润的总额计算。没有企业的实际数时，按社会平均水平确定。确定购买方约当投资量时，适用成本利润率按购买方的现有水平测算。

例 5－3 甲企业以大型中央空调热源技术向乙企业投资，该技术的重置成本为170 万元，乙企业拟投入合营的资产重置成本为 23 000 万元，甲企业无形资产成本利润率为 300％，乙企业拟合作的资产原利润率为 15％。试评估无形资产投资的利润分成率。

分析：如果按投资双方的投资品的成本价格折算利润分成率，就不能体现无形资产作为知识密集型资产的较高生产率。因而应采用约当投资分成法评估利润分成率。

据题中条件，无形资产的约当投资量为：

170×(1＋300％)＝680(万元)

乙企业约当投资量为：

23 000×(1＋15％)＝26 450(万元)

甲企业投资无形资产的利润的分成率为：

680÷(26 450＋680)＝2.5％

边际分析法和约当投资分成法是用于确定无形资产利润分成率的理论依据。具体评估操作中，资产评估专业人员应根据市场交易信息资料、经验分析测定利润分成率。

（二）无形资产评估中折现率的确定

折现率的内涵是指与投资于该无形资产相适应的投资报酬率。折现率一般包括无风险利率、风险报酬率和通货膨胀率。一般来说，无形资产投资收益高，风险性大，因此，无形资产评估时折现率往往要高于有形资产评估的折现率。评估时，资产评估专业人员应根据该项无形资产的功能、投资条件、收益获得的可能性条件和形成概率等因素，科学测算其风险利率，以进一步测算出其适合的折现率。另外，折现率的口径应与无形资产评估中采用的收益额的口径保持一致。

（三）无形资产收益期限的确定

无形资产收益期限也称有效期限，是指无形资产发挥作用，并具有超额获利能力的时间。无形资产损耗的价值量，是确定无形资产有效期限的前提。无形资产因为没有物质实体，所以，它的价值不会由于它的使用期的延长发生实体的变化，即它不像有形资产那样存在由于使用或自然力作用形成的有形损耗。然而，无形资产价值降低是由于无形损耗形成的，即由于社会科学技术进步而引起价值减少。具体来说，主要由下列三种情况决定：

一是一种新的、更先进的、更经济的无形资产出现，这种新的无形资产可以替代旧的无形资产，使采用原无形资产无利可图时，原有无形资产价值就丧失了。

二是因为无形资产传播面扩大，其他企业普遍掌握这种无形资产，获得这项无形资产已不需要任何成本，使拥有这种无形资产的企业不再具有获取超额收益的能力时，它的价值也就大幅降低或丧失了。

三是企业拥有的某项无形资产所决定的产品销售量骤减，需求大幅下降时，这种无形资产价值就会减少，甚至完全丧失。

无形损耗只影响无形资产价值，而不影响其使用价值。对于许多知识性资产，特别是科学定理、基本原理来说，作为知识财富，它永葆"辉煌"，并不存在实际"损耗"。所以，无形资产的无形损耗完全是从相对意义上来说的，仅仅是从知识运用的替代性、积累性、更新和发展的角度以及从它为持有者带来超额收益的角度来说的，而不是说知识的灭失和废止。

上述说明的是确定无形资产的有效期限的理论依据。需要强调的是，无形资产具有获得超额收益能力的时间是无形资产真正的有效期限。资产评估实践中，预计和确定无形资产的有效期限，可依照下列方法进行：

第一，法律或合同、企业申请书分别规定有法定有效期限和受益年限的，可按照法定有效期限与受益年限孰短的原则确定。

第二，法律无规定有效期，企业合同或企业申请书中规定有受益年限，可按照受益年限确定。

第三，法律和企业合同或申请书均未规定有效期限和受益年限的，按预计受益期限确定。预计受益期限可以采用统计分析或与同类资产比较得出。

应该注意的是，无形资产的有效期限要比它们的法定保护期短得多，因为它们要受许多因素的影响，如废弃不用、人们爱好的转变以及经济形势变化等，特别是科学技术发达的今天，无形资产更新周期加快，使得其有效期限越来越短，评估时应给予应有的重视。

第三节 无形资产评估的成本法

一、无形资产成本特性

无形资产成本包括研制或取得、持有期间的全部物化劳动和活劳动的费用支出。无形资产的成本特性，尤其就研制、形成费用而言，明显区别于有形资产。

（一）不完整性

与购建无形资产相对应的各项费用是否计入无形资产的成本，是以费用支出资本化为条件的。在企业生产经营过程中，科研费用一般都是均衡地发生的，并且比较稳定地为生产经营服务，因而我国现行财务制度一般把科研费用从当期生产经营费用中列支，而不是先对科研成果进行费用资本化处理，再按无形资产折旧或摊销的办法从生产经营费用中补偿。这种办法简便易行，大体上符合实际，并不影响无形资产的再生产。这样一来，企业账簿上反映的无形资产成本就是不完整的，大量的账外无形资产的存在是不可忽视的事实。

另外，即使是按国家规定进行费用支出资本化的无形资产的成本核算，一般也是不完整的。因为知识资产的创立具有特殊性，有大量的前期费用，如培训、基础开发或相关试验等往往不计入该知识资产的成本，而是通过其他途径进行补偿。

（二）弱对应性

知识资产的创建经历基础研究、应用研究和工艺生产开发等漫长过程，成果的出现带有较大的随机性、偶然性。有时有这类情形发生：在一系列的研究失败之后偶尔出现一些成果，由其承担所有的研究费用显然不尽合理。在大量的先行研究（无论是成功还是失败）成果的积累之上，往往可能产生一系列的知识资产，然而，继起的这些研究成果是否应该以及如何承担先行研究的费用也很难明断。因此，开发无形资产的费用一一对应估算是比较困难的。

（三）虚拟性

既然无形资产的成本具有不完整性、弱对应性的特点，那么无形资产的成本往往是相对的。特别是一些无形资产的内涵已经远远超出了它的外在形式的含义，这种无形资产的成本只具有象征意义。例如商标权，其成本核算的是商标设计费、登记注册费、广告费等。而商标的内涵是标示商品的质量信誉，这是一种商标比另一种商标知名的根本所在。这种无形资产实际上包括了该商品使用的特种技术、配方和多年的经验积累，而商标形式本身所耗费的成本只具有象征性（或称虚拟性）。

二、无形资产评估中成本法的应用

采用成本法评估无形资产，其基本公式为：

无形资产评估值＝无形资产重置成本×成新率

如何估算无形资产重置成本（或称重置完全成本）和成新率，从而科学确定无形资产评估值，是评估者面临的重要工作。就无形资产重置成本而言，它是指现时市场条件下重新创造或购置一项全新无形资产所耗费的全部货币总额。根据企业取得无形资产的来源情况，无形资产可以划分为自创无形资产和外购无形资产。不同类型的无形资产，其重置成本构成和评估方式也就不同，需要分别进行估算。

（一）自创无形资产重置成本的估算

自创无形资产的成本是由创制该资产所消耗的物化劳动和活劳动费用所构成的。自创无形资产如果已有账面价格，且在全部资产中的比重不大的情况下，可以按照定基物价指数作相应调整，即可得到重置成本。在实务中，自创无形资产往往无账面价格，需要进行评估。其方法主要有两种：

1. 财务核算法

财务核算法，即按该无形资产实际发生的材料、工时消耗量，以现行价格和费用标准进行估算。即

$$\text{无形资产重置成本}=\sum(\text{物质资料实际耗费量}\times\text{现行价格})+\sum(\text{实耗工时}\times\text{现行费用标准})$$

这里，评估无形资产重置成本不是按现行消耗量而是按实际消耗量来计算的。其原因：一是无形资产是创造性的成果，一般不能原样复制，从而不能模拟在现有生产条件下再生产的消耗量；二是无形资产生产过程是创造性智力劳动过程，技术进步的

作用最为明显，如果按模拟现有条件下的复制消耗量来估价重置成本，必然影响到无形资产的价值形态的补偿，从而影响到知识资产的创制。从评估实务来说，由于无形资产开发的各项支出均有原始会计记录，只要按国家规定的范围计算消耗量，并按现行价格和费用标准计价就可以了。

2. 市价调整法

自创无形资产在市场有类似无形资产出售时，可按照无形资产市场售价确定，或按市场售价的一般比率，由类似无形资产的市场售价换算重置成本确定，可根据不同的评估目的确定其评估价值。

这里，我们按照自创成本与市场售价的一般比率进行调整。这是因为，重置成本是为补偿的需要而评估的，自创无形资产的费用支出资本化只包括物化劳动和人工费的支出，而市价包含有研制利润和税金。一般来说，无形资产市价中成本低、利润高，如果按市价资本化，就会使自创自用的无形资产获得超额补偿，影响国家利益与企业利益的兼顾。

无形资产自创成本与市场售价的一般比率，可以根据企业有代表性的几种无形资产的自创成本与市价的加权平均比率确定。在没有相应数据的情况下，可用同类无形资产的销售利税率的比例替代。

例 5-4 某企业在长期经营实践中形成袋装保鲜技术秘诀，假定按国家规定可估价摊销。现有类似袋装保鲜技术上市，技术转让费为 80 万元。又知该企业有三项专有技术，其开发成本分别为 60 万元、80 万元和 120 万元，相应的市价分别为 120 万元、200 万元和 250 万元。试按市价调整法评估袋装保鲜技术秘诀的重置成本。

分析：已知同类技术的市价为 80 万元，只要乘以成本/市价系数，就可求得袋装保鲜技术秘诀的重置成本。又知一组该企业专有技术的成本与市价的代表性的数据，可按加权平均法求出成本/市价系数的经验数据。

由题给条件得：

$$\text{成本/市价系数}=\frac{60+80+120}{120+200+250}=45.6\%$$

由于类似袋装保鲜技术的市价为 80 万元，故该企业的袋装保鲜技术秘诀的重置成本估价为：

$$80\times45.6\%=36.5\text{（万元）}$$

例 5-5 承例 5-4，类似袋装保鲜技术转让费为 80 万元，销售利税率为 55%，尚无其他可供参考的成本/市价系数的经验数据，试评估该企业袋装保鲜技术秘诀的重置成本。

分析：已知类似技术的销售利税率为 55%，则销售成本率为：

$$1-55\%=45\%$$

评估该企业袋装保鲜技术秘诀的重置成本为：

$$80\times45\%=36\text{（万元）}$$

（二）外购无形资产重置成本的估算

外购无形资产一般有购置费用的原始记录，也可能有可资参照的现行交易价格，评估相对比较容易。外购无形资产的重置成本包括购买价和购置费用两部分，一般可以采用以下两种方法确定：

1. 市价类比法

在无形资产交易市场选择类似的参照物，再根据功能和技术先进性、适用性对其进行调整，从而确定其现行购买价格。购置费用可根据现行标准和实际情况核定。

2. 物价指数法

它是以无形资产的账面历史成本为依据，用物价指数进行调整，进而估算其重置成本。计算公式为：

$$无形资产重置成本=无形资产账面成本\times\frac{评估时物价指数}{购置时物价指数}$$

从无形资产价值构成来看，主要有两类费用：一类是物质消耗费用；一类是人工消耗费用。前者与生产资料物价指数相关度较高，后者与生活资料物价指数相关度较高，并且最终通过工资、福利标准的调整体现出来。不同的无形资产两类费用的比重可能有较大差别，一些需利用现代科研和实验手段取得的无形资产，物质消耗的比重就比较大。在生产资料物价指数与生活资料物价指数差别较大的情况下，可按两类费用的大致比例结构，分别运用生产资料物价指数与生活资料物价指数进行估算；两种价格指数比较接近，且两类费用的比重有较大倾斜时，可按比重较大费用类适用的物价指数来估算。

例 5-6　某企业 2015 年外购一项无形资产，账面价值为 80 万元，2017 年进行评估，试按物价指数法估算其重置完全成本。

分析：经鉴定，该无形资产系运用现代先进的实验仪器经反复试验研制而成，物化劳动耗费的比重较大，可适用生产资料物价指数。根据资料，此项无形资产购置时物价指数和评估时物价指数分别为 120%和 150%，故该项无形资产的重置完全成本为：

$$80\times\frac{150\%}{120\%}=100（万元）$$

（三）无形资产成新率的估算

影响无形资产成新率的因素是无形资产的损耗（或贬值）。无形资产的损耗（贬值）表现为功能性损耗（贬值）和经济性损耗（贬值）。功能性损耗（贬值）表现为由于科学技术进步，使得拥有该项无形资产的单位或个人其垄断性减弱，降低了获取垄断利润的能力而引致的贬值。经济性损耗（贬值）在于无形资产外部环境因素的变化，这是一项特殊的损耗。某项技术，尽管目前技术水平很高，但最新研究发现，使用该项技术生产的产品可能会引致环境污染，国家有关法规禁止使用该项技术生产相关产品，这样就使得该项无形资产报废。例如，随着人们对氟利昂危害的认识和《蒙特利尔议定书》的签订，无氟冰箱成为世界冰箱的一个趋势。因此，有关降低（而不是替代）氟利昂的发明专利的经济期限就会远远低于其法律保护期限。

通常，无形资产成新率的确定，可以采用专家鉴定法和剩余经济寿命预测法进行。

1. 专家鉴定法

专家鉴定法是指邀请有关技术领域的专家，对被评估无形资产的先进性、适用性做出判断，从而确定其成新率的方法。

2. 剩余经济寿命预测法

剩余经济寿命预测法是由资产评估专业人员通过对无形资产剩余经济寿命的预测和判断，从而确定其成新率的方法。其计算公式为：

$$\text{成新率}=\frac{\text{剩余使用年限}}{\text{已使用年限}+\text{剩余使用年限}}\times 100\%$$

式中，已使用年限比较容易确定；剩余使用年限应由资产评估专业人员根据无形资产的特征，分析判断获得。分析判断方法在本章第二节中已有详述，这里不再赘述。

第四节　专利权和非专利技术评估

一、专利权评估

（一）专利权的特点及其评估目的

1. 专利权的特点

专利权是国家专利机关依法批准的发明人或其权利受让人对其发明成果，在一定期间内享有的独占权或专有权。任何人如果要利用该项专利进行生产经营活动或出售使用该项专利制造的产品，需事先征得专利权所有者的许可，并付给报酬。专利权一般包括发明专利、实用新型和外观设计。专利权具有以下特点：

（1）独占性。独占性也称排他性。同一内容的技术发明只授予一次专利，对于已取得专利权的技术，任何人未经许可不得进行盈利性实施。

（2）地域性。任何一项专利只在其授权范围内才有法律效力，在其他地域范围内不具有法律效力。

（3）时间性。依法取得的专利权在法定期限内有效，受法律保护。期满后，专利权人的权利自行终止。我国《专利法》规定，发明专利的保护期限为20年，实用新型和外观设计的保护期限为10年。

（4）可转让性。专利权可以转让，由当事人订立合同，并经原专利登记机关或相应机构登记和公告后生效。专利权一经转让，原发明者不再拥有专利权，专利权由受让者所有。

2. 专利权评估目的

专利权评估依据专利权发生的经济行为即特定目的，确定其评估的价值类型和方法。不同情形下的专利权以及转让形式不同，确定的价值类型也不一样，其评估方法的应用也有一定的差异。就专利权而言，一般包括两种情形：一种是刚刚研究开发的新专利技术，专利权人尚未投入使用就直接转让给接受方；另一种情形是转让的专利已经过长期的或一段时间的生产，是行之有效的成熟技术，而且转让方仍在继续使用。

专利权转让形式很多，但总的来说，可以分为全权转让（所有权转让）和使用权转让。使用权转让往往通过技术许可贸易形式进行，这种使用权的权限、时间期限、地域界线和处理纠纷的仲裁程序都是在许可证合同中加以确认的。

（1）使用权限。按技术使用权限的大小，可分为：

1）独家使用权，是指在许可证合同所规定的时间和地域范围内权利人只把技术授权或转让给某一特定使用人或受让人，使用人或受让人不得将技术授权或转让给第三方使用。同时权利人也不得在合同规定范围内使用该技术和销售该技术生产的产品。因此，这种授权或转让的方式通常定价较高。

2）排他使用权，指权利人在合同规定的时间和地域范围内只把技术授予受让人使用，同时权利人也可保留使用权和产品销售权，但不得将该技术授权第三方使用。

3）普通使用权，是指权利人在合同规定的时间和地域范围内可以向多方授权该技术，同时权利人也可保留技术使用权和产品销售权。

4）回馈转让权，是指权利人要求使用者在使用过程中对技术的改进和发展回馈给权利人的权利。

（2）地域范围。技术许可证大多数都规定明确的地域范围，如某个国家或地区，买方的使用权不得超过这个地域范围。

（3）时间期限。技术许可证合同一般都规定有效期限，时间的长短因技术而异。一项专利技术的许可期限一般要和该专利的法律保护期相适应。

（4）法律和仲裁。技术许可证合同是法律文件，是依照参与双方所在国的法律来制定的，因此受法律保护。当一方毁约时另一方可循法律程序追回损失的权益。

显然，不同的转让形式，其市场条件、收益获得情况以及收益分割情况也不相同，其评估结果也不相同。

（二）专利权评估程序

资产评估机构接受委托以后，一般按下列程序进行评估。

1. 证明和鉴定专利权的存在

作为被评估的专利权，应具有其明确的、核心的、区别于其他已有技术的实质性内容。证明和鉴定专利权的存在，首先应由企业提供有关专利权的详细说明，特别是关于该专利权先进性和实质性内容的资料、专利权的产权界定资料，这些资料包括权利要求书、专利证书、有关法律文件等。然后，应由有关专家鉴定该项专利权的有效性和可用性。专利检索也是实施鉴定的重要环节。

2. 确定评估方法，收集相关资料

（1）需要收集的资料。专利权评估最常用的方法是收益法，有时也会用到成本法。方法的运用不在于其表达形式，重要的是有关技术指标参数的确定，因此，收集相关资料并加以选择整理是一项重要的工作。需要收集的资料主要有：1）该项专利权的研制、开发成本。已使用过的专利，还应收集前若干年（一般为 3 年）为本企业创造的效益的资料。2）关于该项专利的先进性、适用性与经济合理性的有关权威部门的鉴定与证明文件。3）技术成熟程度和预期寿命。4）预期在何种生产规模下该专利的应用可能产生的效益。5）市场预测情况，包括市场需求、占有率、同行业或同类产品的竞争情况、行业平均收益率等。6）该专利的转让情况，包括转让方式、转让次数、地区等。7）预期定价范围。

（2）对收集的资料加以整理和分析。上述资料，许多部分需要由委托人提供和协助提供。资产评估专业人员在此基础上还应对上述资料、信息加以整理和分析。

1）技术状况分析，包括技术先进性确认、技术成熟程度和寿命周期分析等。就技术成熟程度而言，一项技术的成长具有四个阶段，即开发、发展、成熟和衰退四个时期。虽然同是被授予专利的技术，但其成熟程度差异很大。有的已经过工业化试验阶段，不需再作进一步的二次开发；有的却不够成熟，仅仅完成了开发，对于批量生产中的许多问题，如原材料来源问题、政策性问题等都尚未考虑到，运用中风险较大。

寿命周期，即专利权的可能有效利用的年限。尽管专利权按发明专利、外观设计和实用新型，规定有不同的法律保护期限，但这一期限在评估时仅供参考。在科技发达的今天，技术更新的周期加快，一项新产品占领市场的时间多则七八年，短的只有一二年，这反映了技术寿命的长短。即使是同类专利权（如发明专利），其更新时间也是不同的。

2）收益能力分析。收益能力高低是评估专利权价值高低的重要标准。收益能力分析，应结合预测期内的投资量、生产规模、产量、价格、销售额、成本、利润的预测进行。

3）市场分析，包括应用该项专利技术的产品市场需求总量分析、市场占有率分析、风险分析等。

4）投资可行性分析。通过分析确定各有关技术参数、指标，最后进行评定估算，确定评估值。

3. 完成评估报告，并加以详尽说明

评估报告是专利权评估结论的最终反映，但这种结论是建立在各种分析、假设基础之上的。为了说明评估结论的有效性和实用性，评估报告中应详尽说明评估中的各有关内容，包括：

（1）专利技术成熟度。如该专利技术已经付诸实施，应说明其实施运用情况、技术本身先进程度、有无转让记录、实施中的若干问题等；如该专利尚未实施，应说明评估值测定中的依托条件，包括技术本身、受让人条件、市场预测等。

（2）接受人可受度分析。可受度指成熟的专利技术对接受人的要求。接受人可受度的分析包括对接受人基础设施、技术素质、投资规模、资金需求等方面的要求和预测。

这些分析说明有助于说明评估结论的有效性和适用性，也是用以说明资产评估机构及其资产评估专业人员承担法律责任和义务的区间，同时也为买卖双方提供了分析的依据。

（三）专利权的评估方法

专利权主要采用的评估方法是收益法，特殊情况下也可采用成本法。

1. 收益法

收益法应用于专利权评估，计算技巧在前面有关章节中有详细介绍，根本的问题还是如何寻找、判断、选择和测算评估中的各项技术指标和参数，即专利权的收益额、折现率和获利期限。

专利权的收益额是指直接由专利权带来的预期收益。对于收益额的测算，通常可以通过直接测算超额收益或通过分成率的方式进行测算。

(1) 超额收益。专利权之所以有价值，关键在于它能够获得超额收益，如果一项专利权的应用根本无法产生超额收益，它很可能就不能形成无形资产，也就无法采用收益法估算其价值。超额收益的来源，在于收入的增加和成本费用的节约，因此，可以将专利权分为收入增长型专利和费用节约型专利。

收入增长型专利是指专利权应用于生产经营过程，能够使得生产的产品的销售收入大幅增长。增长的原因在于：1）生产的产品能够以高出同类产品的价格销售，获得垄断加价利润；2）生产的产品采用与同类产品相同价格的情况下，销售数量大幅增加，市场占有率扩大，从而获得超额利润。

第一种原因形成的超额收益可以用下式计算：

$$R=[(P_2-P_1)Q](1-T)$$

式中，R 为超额收益；P_2 为使用专利权技术产品的价格；P_1 为不使用专利权技术产品的价格；Q 为产品销售量（此处假定销售量不变）；T 为所得税税率。

第二种原因形成的超额收益可以用下式计算：

$$R=[(Q_2-Q_1)(P-C)](1-T)$$

式中，R 为超额收益；Q_2 为使用专利权技术产品的销售量；Q_1 为未使用专利权技术产品的销售量；P 为产品的价格（此处假定价格不变）；C 为产品的单位成本；T 为所得税税率。

因为销售量增加不仅可以增加销售收入，而且还会引起成本的增加，因此，估算销售量增加形成收入增加，从而形成超额收益时，必须扣减由于销售量增加而增加的成本。

同时应该注意的是，销售收入增加可以引起收益的增加，它们是同方向的，但不是同比例的。因为收入增加，支付的流转税额也会增加，这在计算中应予以考虑并加以扣除。

费用节约型的专利是指专利权的应用使得生产的产品中的成本费用降低，从而形成超额收益。可以用下式计算为投资者带来的超额收益：

$$R=[(C_1-C_2)Q](1-T)$$

式中，R 为超额收益；C_2 为使用专利权技术后产品的单位成本；C_1 为未使用专利权技术的产品单位成本；Q 为产品销售量（此处假定销售量不变）；T 为所得税税率。

实际上，收入增长型和费用节约型专利的划分，是一种为了明晰专利形成超额收益来源情况的人为划分方法。通常，专利技术应用后，其超额收益产生是收入变动和成本变动共同形成的结果。资产评估专业人员应根据上述特殊情况，加以综合运用和测算，以科学地测算超额收益。

(2) 分成率。采用利润分成率测算专利技术收益额，即以专利技术投资产生的收益为基础，按一定比例（利润分成率）分成确定专利技术的收益。利润分成率反映专利技术对整个利润额的贡献程度。据联合国工业发展组织对印度等发展中国家引进技术价格的分析，认为利润分成率在16%～27%是合理的。1972年在挪威召开的国际许可贸易执行人协会会议上，多数代表提出利润分成率为25%左右较为合理。

美国一般认为在10%～30%是合理的。我国理论工作者和资产评估专业人员通常认为利润分成率在25%～33%较合适。这些基本分析在实际评估业务过程中具有参考价值，但更重要的是对被评估专利技术进行切合实际的分析，确定合理的、准确的利润分成率。

利润分成率是对专利技术和与之相结合的资产共同形成的利润的分成，实际操作过程中通常采用一种变通的方法，即以销售收入分成率替代利润分成率，相应的分成基础也就由利润变成销售收入了。销售收入分成率和利润分成率之间存在一定关系，并可以通过数学关系进行互换，因此销售收入分成率合理性的基础仍然是利润分成率，这是必须明确的。

至于专利权评估中折现率和收益期限的确定，在本章第二节中已有说明，不再详述。下面通过案例说明专利权评估过程。

例5-7 某科技发展公司5年前自行开发了一项大功率电热转换体及其处理技术，并获得发明专利证书，专利保护期为20年。2017年12月，该公司准备将该专利技术出售给北京郊区某企业。现需要对该项专利技术进行评估。

分析：评估分析和计算过程如下：

（1）评估对象和评估目的。某科技发展公司系出售该项专利，转让的是专利技术的所有权。

（2）专利技术鉴定。该项技术已申请专利，该技术所具备的基本功能可以从专利说明书以及有关专家鉴定书中得到。此外，该项技术已在某科技发展公司使用了5年，产品已进入市场，深受消费者欢迎，市场潜力较大。因此，该项专利技术的有效功能较好。

（3）评估方法选择。该项专利技术具有较强的获利能力，而且，同类型技术在市场上被授权使用情况较多，分成率容易获得，从而为测算收益额提供了保证。因此，决定采用收益法进行评估。

（4）判断确定评估参数。根据对该类专利技术的更新周期以及市场上产品更新周期的分析，确定该专利技术的剩余使用期限为4年。根据对该类技术的交易实例的分析，以及该技术对产品生产的贡献性分析，采用的对销售收入的分成率为3%。

根据过去经营绩效以及对未来市场需求的分析，评估人员对未来4年的销售收入进行了预测（见表5-1）。

表5-1　　预期销售收入测算结果　　单位：万元

年份	销售收入
2018	600
2019	750
2020	900
2021	900

根据当期的市场投资收益率，确定该专利技术评估中采用的折现率为15%。

（5）计算评估值，得出结论（见表5-2）。

表 5-2　　评估值计算表　　单位：万元

年份	销售收入①	分成额 ②=①×3%	税后净额 ③=②×(1−25%)	收益现值 (r=15%)
2018	600	18	13.50	11.739
2019	750	22.5	16.88	12.764
2020	900	27	20.25	13.315
2021	900	27	20.25	11.578
合计				49.396

因此，该专利技术的评估值为 49.396 万元。

2. 成本法

成本法应用于专利技术的评估，重在分析计算其重置完全成本的构成、数额以及相应的成新率。专利分为外购和自创两种，外购专利技术的重置成本确定比较容易。自创专利技术的成本一般由下列因素构成：

(1) 研制成本，包括直接成本和间接成本两大类。直接成本是指研制过程中直接投入发生的费用；间接成本是指与研制开发有关的费用。

1) 直接成本。直接成本一般包括：

①材料费用，即为完成技术研制所耗费的各种材料费用；

②工资费用，即参与研制技术的科研人员和相关人员的费用；

③专用设备费，即为研制开发技术所购置或专用设备的摊销；

④资料费，即研制开发技术所需的图书、资料、文献、印刷等费用；

⑤咨询鉴定费，即为完成该项目发生的技术咨询、技术鉴定费用；

⑥协作费，即项目研制开发过程中某些零部件的外加工费以及使用外单位资源的费用；

⑦培训费，即为完成本项目，委派有关人员接受技术培训的各种费用；

⑧差旅费，即为完成本项目发生的差旅费用；

⑨其他费用。

2) 间接成本。间接成本主要包括：

①管理费，即为管理、组织本项目开发所负担的管理费用；

②非专用设备折旧费，即采用通用设备、其他设备所负担的折旧费；

③应分摊的公共费用及能源费用。

(2) 交易成本。发生在交易过程中的费用支出，主要包括：

1) 技术服务费，即卖方为买方提供专家指导、技术培训、设备仪器安装调试及市场开拓费；

2) 交易过程中的差旅费及管理费，即谈判人员和管理人员参加技术洽谈会及在交易过程中发生的食宿及交通费等；

3) 手续费，指有关的公证费、审查注册费、法律咨询费等；

4) 税金，即无形资产交易、转让过程中应缴纳的增值税。

由于评估目的不同，专利技术的成本构成内涵也不一样，在评估时应视不同情形考虑以上成本的全部或部分。

专利技术评估中成新率的估算方法，详见本章第三节的内容。下面举例说明成本法用于专利技术评估的过程。

例5-8 利发实业股份有限公司由于经营管理不善，企业经济效益不佳，亏损严重，将要被同行业的利达股份有限公司兼并，需要对利发实业股份有限公司全部资产进行评估。该公司有一项专利技术（实用新型），两年前自行研制开发并获得专利证书。现需要对该专利技术进行评估。

分析：评估分析和计算过程如下：

(1) 确定评估对象。该项专利技术系利发实业股份有限公司自行研制开发并申请的专利权，该公司对其拥有所有权。被兼并企业资产中包括该项专利技术，因此，确定的评估对象是专利技术所有权。

(2) 技术功能鉴定。该专利技术的专利权证书、技术检验报告书均齐全。根据专家鉴定和现场勘察，表明该项专利技术应用中对于提高产品质量、降低产品成本均有很大作用，效果良好，与同行业同类技术相比，处于领先水平。企业经济效益不佳、产品滞销是企业管理人员素质较低、管理混乱所致。

(3) 评估方法选择。由于该公司经济效益欠佳，很难确切地预计该项专利技术的超额收益。而同类技术在市场上尚未发现有交易案例，因此，决定选用成本法。

(4) 各项评估参数的估算。首先，分析测算其重置完全成本。该项专利技术系自创形成，其开发形成过程中的成本资料可从企业中获得。具体如下：

材料费用	45 000元
工资费用	10 000元
专用设备费	6 000元
资料费	1 000元
咨询鉴定费	5 000元
专利申请费	3 600元
培训费	2 500元
差旅费	3 100元
管理费分摊	2 000元
非专用设备折旧费分摊	9 600元
合计	87 800元

考虑到专利技术难以复制的特征，各类消耗仍按过去实际发生额计算，对其价格可按现行价格计算。根据考察、分析和测算，近两年生产资料价格上涨指数分别为5%和8%。因生活资料物价指数资料难以获得，该专利技术开发中工资费用所占份额很少，因此，可以将全部成本按生产资料价格指数调整，即可估算出重置完全成本。

$$\text{重置完全成本}=87\,800\times(1+5\%)\times(1+8\%)=99\,565(\text{元})$$

其次，确定该项专利技术的成新率。该项实用新型的专利技术，法律保护期限为10年。根据专家鉴定分析和预测，该项专利技术的剩余使用期限为6年，由此可以计算成新率为：

$$\text{成新率}=\frac{6}{2+6}\times100\%=75\%$$

(5) 计算评估值，得出结论。

评估值＝99 565×75%＝74 674(元)

由此，确定该项专利技术的评估值为 74 674 元。

二、非专利技术的评估

(一) 非专利技术的特点

非专利技术，又称专有技术、技术秘密，是指未经公开、未申请专利的知识和技巧，主要包括设计资料、技术规范、工艺流程、材料配方、经营诀窍和图纸、数据等技术资料。非专利技术与专利权不同，从法律角度讲，它不是一种法定的权利，而仅仅是一种自然的权利，是一项收益性无形资产。从这一角度来说，进行非专利技术的评估，首先应该鉴定非专利技术，分析、判断其存在的客观性，这一判断要比专利权的判断略显复杂。

一般来说，企业中的某些设计资料、技术规范、工艺流程、材料配方等之所以能作为非专利技术存在，是根据以下特性判断的：

(1) 实用性。非专利技术必须是能够在生产实践过程中操作，才有存在价值，不能应用的技术不能称为非专利技术。

(2) 新颖性。非专利技术所要求的新颖性与专利技术的新颖性不同。非专利技术并非要具备独一无二的特性不可，但它也绝不是任何人都可以随意得到的东西。

(3) 价值性。非专利技术必须有价值，表现在它能为企业带来超额利润。价值是非专利技术能够转让的基础。

(4) 保密性。保密性是非专利技术的最主要因素。如前所述，非专利技术不是一种法定的权利，其自我保护是通过保密性进行的。一经泄密和公开，被众人所熟悉和掌握，这项非专利技术也就不存在了。

另外，非专利技术与专利技术的区别表现在以下几个方面：

第一，非专利技术具有保密性，而专利技术则是在《专利法》规定范围内公开的。一项技术一经公开，获取它所耗费的时间与投资远远小于研制它所耗费的时间和投资，必须要有法律手段保护发明者的所有权。而没有专利又不公开的技术，所有者只有通过保密手段进行自我保护。

第二，非专利技术的内容范围很广，包括设计资料、技术规范、工艺流程、材料配方、经营诀窍和图纸等。专利技术通常包括三种，即发明、外观设计和实用新型。

第三，专利技术有明确的法律保护期限，非专利技术没有法律保护期限。

第四，对专利技术的保护通常按《专利法》条文进行，对非专利技术保护的法律主要有《中华人民共和国合同法》《中华人民共和国反不正当竞争法》等。

(二) 影响非专利技术评估值的因素分析及其评估方法

1. 影响非专利技术评估值的因素分析

在非专利技术评估中，应注意研究影响非专利技术评估值的各项因素。这些因素包括：

(1) 非专利技术的使用期限。非专利技术依靠保密手段进行自我保护，没有法定保护期限。但是，非专利技术作为一种知识和技巧，终究会因技术进步、市场变化等原因，被先进技术所替代。作为非专利技术本身，一旦成为一项公认的使用技术，它特有的价值也就不复存在了。因此，非专利技术的使用期限应由资产评估专业人员根据本领域的技术发展情况、市场需求情况及技术保密情况进行估算，也可以根据双方合同的规定期限、协议情况估算。

（2）非专利技术的预期获利能力。非专利技术具有使用价值和价值，使用价值是非专利技术本身应具有的，而非专利技术的价值则在于非专利技术的使用所能产生的超额获利能力。因此，评估时应充分研究分析非专利技术的直接和间接获利能力，这是确定非专利技术评估值的关键，也是评估过程中的难点所在。

（3）分析非专利技术的市场情况。技术商品的价格也取决于市场供求情况。市场需求越大，其价格越高，反之则低。从非专利技术本身来说，一项非专利技术的价值高低取决于其技术水平在同类技术中的领先程度。在科学技术高速发展的情况下，技术的更新换代速度加快，无形损耗加大，一项非专利技术很难长期处于领先水平。另外，非专利技术的成熟程度和可靠程度对其价值量也有很大的影响。技术越成熟、可靠，其获利能力越强，风险也就越小，卖价就越高。

（4）非专利技术的开发成本。非专利技术取得的成本，也是影响非专利技术价值的因素。评估中应根据不同技术特点研究非专利技术的开发成本与其获利能力的关系。

2. 非专利技术的评估方法

非专利技术的评估方法与专利权评估方法基本相同。下面结合实例介绍非专利技术评估中几种方法的应用。

（1）运用成本法对非专利技术进行评估。

例5-9 某企业现有不同类型的设计工艺图纸8万张，需进行评估，以确定该设计工艺图纸的价值。

分析：评估过程如下：

第一步，分析鉴定图纸的使用状况。评估人员根据这些图纸的尺寸和所给产品的种类、产品的周期进行分析整理。根据分析，将这些图纸分成以下4种类型（这也是一般用于确定图纸类型的标准）：

1）活跃/当前型：6.2万张。是指现正在生产、可随时订货的产品零部件、组合件的工程图纸及其他工艺文件。

2）半活跃/当前型：0.9万张。是指目前已不再成批生产但仍可订货的产品零部件、组合件的工程图纸及其他工艺文件。

3）活跃/陈旧型：0.7万张。是指计划停止生产但目前仍可供销售的产品的零部件、组合件的工程图纸及其他工艺文件。

4）停止生产而且不再销售的产品的零部件、组合件的工程图纸及其他工艺文件，计0.2万张。

根据分析确定，继续有效使用的图纸共计7.1万张。

第二步，估算图纸的重置完全成本。根据图纸设计、制作耗费及其现行价格分析确定，这批图纸每张的重置成本为120元，由此可以计算出这批图纸的重置完全成本。

图纸的重置完全成本＝71 000×120＝8 520 000(元)

第三步，估算图纸的贬值。对重置完全成本总额还需按其产品的剩余使用年限与总使用年限的比较百分比（也称条件百分比）进行调整。即

$$条件百分比=\frac{剩余使用年限}{总使用年限}\times 100\%$$

假如由活跃/当期型图纸控制产品的剩余使用年限为 5 年，总使用年限为 12 年，则其条件百分比为：

条件百分比＝5/12×100%＝41.67%

由此确定的贬值率则为 58.33%。依这种做法，可以分别计算每种类型图纸的条件百分比。为了简化估算，假定估算出综合条件百分比为 48%。

第四步，估算这些图纸的价值。即

8 520 000×48%＝4 089 600(元)

(2) 运用收益法对非专利技术评估。

例 5-10　某评估公司 2017 年 12 月对 A 股份有限公司准备投入中外合资企业的一项非专利技术进行评估。据双方协议，确定该非专利技术收益期限为 5 年，试根据有关资料确定该非专利技术评估值。（假定前三年免税，然后按 25%所得税税率缴纳所得税。）

分析：评估过程如下：

1) 预测、计算未来 5 年的收益（评估基准日为 2017 年 12 月 31 日）。预测结果如表 5-3 所示。

表 5-3　　**未来 5 年非专利技术收益预测表**

项目	2018 年	2019 年	2020 年	2021 年	2022 年
销售量（件）	35	45	45	45	45
销售单价（万元）	2.2	2.2	2.2	2.2	2.2
销售收入（万元）	77	99	99	99	99
减：成本费用（万元）	21.48	27.94	27.94	27.94	27.94
利润总额（万元）	55.52	71.06	71.06	71.06	71.06
减：所得税（万元）	0	0	0	17.77	17.77
税后利润（万元）	55.52	71.06	71.06	53.29	53.29
非专利技术分成率（%）	40	40	40	40	40
非专利技术收益（万元）	22.208	28.424	28.424	21.316	21.316

2) 确定折现率。根据银行利率确定安全利率为 5%；根据该技术所属行业及市场情况，确定风险率为 15%，由此确定折现率为 20%（5%+15%）。

3) 计算确定评估值。

$$\begin{aligned}非专利技术评估值&=\sum_{i=1}^{5}\frac{各年非专利技术收益}{(1+r)^i}\\&=22.208\times 0.833\,3+28.424\times 0.694\,4\\&\quad+28.424\times 0.578\,7+21.316\times 0.482\,3\\&\quad+21.316\times 0.401\,9\\&=73.54(万元)\end{aligned}$$

第五节 商标权的评估

一、商标评估对象的确认

（一）商标及其分类

商标是商品的标记，是商品生产者或经营者为了把自己的商品与他人的同类商品区别开来，在商品上使用的一种特殊标记。这种标记一般是由文字、图案或两者组合而成。

商标的作用表现在：商标表明商品的来源，说明该商品或劳务来自何企业；商标能把一个企业提供的商品或劳务与其他企业的同一类商品或劳务相区别；商标标志着一定的商品质量；商标反映向市场提供某种商品的特定企业的声誉。消费者通过商标可以了解这个企业的形象，企业也可以通过商标宣传自己的商品，提高企业的知名度。

从经济学角度来说，商标的这些作用最终能为企业带来客观的超额收益。从法律角度来说，保护商标也就是保护企业拥有商标获取超额收益的权利。

商标的种类很多，可以依照不同标准分类。

1. 按商标是否具有法律保护的专用权分类

按商标是否具有法律保护的专用权，可以分为注册商标和未注册商标。《中华人民共和国商标法》（简称《商标法》）规定："经商标局核准注册的商标为注册商标，商标注册人享有商标专用权，受法律保护。"我们所说的商标权的评估，指的是注册商标专用权的评估。

2. 按照商标的构成分类

按照商标的构成，可以划分为：文字商标、图形商标、符号商标、文字图形、组合商标、气味商标、色彩商标、音响商标、立体商标等。

3. 按商标的不同作用分类

按商标的不同作用，可以分为商品商标、营业商标、等级商标、防御商标、制造商标、销售商标、服务商标、证明商标等。

（二）商标权及其特点

商标权是商标注册后，商标所有者依法享有的权益，它受到法律保护，未注册商标不受法律保护。商标权是以申请注册的时间先后为审批依据，而不以使用时间先后为审批依据。商标权一般包括排他专用权（或独占权）、转让权、许可使用权、继承权等。排他专用权是指注册商标的所有者享有禁止他人未经其许可不得在同一种商品或类似商品上使用其商标的权利。转让权是商标所有者作为商标权人，有权决定将其拥有的商标转让给他人。我国《商标法》规定："转让注册商标的转让人和受让人应当共同向商标局提出申请。受让人应当保证使用该注册商标的商品质量。""转让注册商标经核准后，予以公告。"许可使用权是指商标权人依法有权通过商标使用许可合同许可他人使用其注册商标。商标权人通过使用许可合同转让的是注册商标的使用权。继承权是指商标权人有权将自己的注册商标交给指定的继承人继承，但这种继承仍必须依法办理有关手续。

商标权和专利权都属于知识产权中的工业产权，它和专利权一样需要经过申请、审批、核准、公告等法定程序才能获得。但取得商标权与专利权的实质性条件不同，表现在：(1)《专利法》规定取得专利权的技术要求是新颖性、创造性和实用性；而商标权取得的条件是具有显著性、不重复性和不违反禁用条款。(2) 专利权有法定的有效保护期限，一般不准续展；而商标权尽管在注册时有一个有效期规定，例如我国《商标法》规定商标注册的有效期为 10 年，但可以按照每一期 10 年无限续展。

商标权的价值是由商标所带来的效益决定的，带来的效益越大，商标价值就越高；反之则低。而带来效益的原因，在于商标代表的企业的产品质量、信誉、经营状况的提高。表面上看，商标价值的形成来自于设计和广告宣传，但实际并非如此。尽管在商标设计、制作、注册和保护等方面都需要耗费一定的费用，而且广告宣传有利于扩大商标知名度，为此需支付很高的费用，但这些花费只对商标价值起影响作用，而不是决定作用，起决定作用的是商标所能带来的超额收益。

二、商标权评估的程序

商标权评估可按下列程序进行：

（一）明确评估目的

评估目的即商标权发生的经济行为。从商标权转让方式来说，可以分为商标权转让和商标权许可使用。商标权转让是指转让人放弃商标权，转归受让人所有，实际上是商标所有权转让。商标许可使用则是拥有商标权的商标权人在不放弃商标所有权的前提下，特许他人按照许可合同规定的条款实施商标特许使用权。商标权转让方式不同，价值内涵也不一样。一般来说，商标所有权转让的评估值高于商标权许可使用的评估值。商标权评估情况一般包括：商标权作为投资作价入股；商标权许可使用；商标权转让等。比较多的情况下，比如股份制改造或股份公司上市时，出于股本结构、出资要求等原因，往往将商标权许可使用，这样，既可以保证股份制企业正常生产经营所必需，又不影响其股权结构和出资规定。这种情况下，不仅要对商标权进行评估，还应评估出年许可使用费标准，作为签订许可使用合同的依据。

（二）向委托人收集有关资料

这些资料包括：(1) 委托人概况（包括经营历史、现状），经营业绩（包括前 3～5 年财务报表）；(2) 商标概况，包括商标注册有关的法律性证件、注册时间、注册地点、注册证书号、保护内容、商标的适用范围、商标的种类、商标的法律诉讼情况、商标的知名度、商标有无其他协议等；(3) 商标产品的历史、现状与展望，包括市场环境、同行业情况、商标产品的信誉、市场占有率情况等；(4) 商标的广告宣传等情况；(5) 委托人未来经营规划；(6) 未来财务数据预测，包括：生产、销售预测，成本费用预测，损益预测；(7) 相关产业政策、财税政策等宏观经济政策对其影响。

（三）市场调研和分析

主要内容包括：(1) 产品市场需求量的调研和分析；(2) 商标现状和前景的分析；

(3) 商标产品在客户中的信誉、竞争情况的分析；(4) 商标产品市场占有率的分析；(5) 财务状况分析，分析判断商标产品现有获利能力和风险程度，为未来收益发展趋势预测提供依据；(6) 市场环境变化的风险分析；(7) 其他相关信息资料的分析。

（四）确定评估方法，收集确定有关指标

商标权评估较多采用收益法，但也不排斥采用市场法和成本法。由于商标的单一性，同类商标价格获取的难度，市场法应用受到限制。由于商标权投入产出的弱对应性，有时设计、创造某种商标的成本费用较低，其带来的收益却很大；相反，有时设计、创造某种商标的成本费用较高，比如为宣传商标投入了巨额的广告费，带来的收益却很小，因此，采用成本法评估商标权时必须慎重。

收益法评估商标权主要是分析确定收益额、折现率和收益期限三项指标。收益额、折现率的分析测算前已述及，不再赘述。收益期限的确定应是商标权评估时十分重要的问题。按照《商标法》的规定，商标权法律保护期限（注册）是10年，到期后可以续展。因此，评估实践中，有人主张商标权收益期限为10年，有人则认为商标权收益期限应为无限长，期限的差异会很大程度地影响资产评估结果。其实，上述两种做法都是欠妥的。商标权之所以有价值，是因为通过它能够获得超额收益。如果注册商标所代表的产品并不能带来超额收益，该商标同样不值钱。因此，确定商标权未来获利期限的依据是其获得超额收益的时间，注册年限仅供分析参考，不应作为直接依据。

（五）计算、分析，得出结论，完成评估报告

三、商标权评估方法

前已述及，商标权评估一般采用收益法，下面主要介绍收益法在商标权评估中的应用。

（一）商标权转让的评估

例5-11 某企业将一种已经使用50年的注册商标转让。根据历史资料，该厂近5年使用这一商标的产品的价格每件高0.7元，该厂每年生产该产品100万件。该商标目前在市场上趋势较好，生产产品基本上供不应求。根据预测估计，如果在生产能力足够的情况下，这种商标产品每年可生产150万件，每件可获超额利润0.5元，预计该商标能够继续获取超额利润的时间是10年。前5年保持目前超额利润水平，后5年每年可获取的超额利润为32万元。试评估这项商标权的价值。

分析：评估过程如下：

(1) 计算其预测期内前5年中每年的超额利润：150×0.5=75(万元)。

(2) 根据企业的资金成本率及相应的风险率，确定其折现率为10%。

(3) 确定该项商标权价值为：

$$75\times\frac{(1+10\%)^5-1}{10\%\ (1+10\%)^5}+32\times\frac{(1+10\%)^5-1}{10\%\ (1+10\%)^5}\times\frac{1}{(1+10\%)^5}$$

$$=75\times3.790\,8+32\times3.790\,8\times0.620\,9$$

$$=284.31+75.318\,6=359.628\,6(\text{万元})$$

由此确定该商标权转让评估值约为360万元。

(二) 商标许可价值评估 (商标使用权评估)

例 5-12 甲公司将某品牌饮料的注册商标使用权通过许可使用合同许可给乙公司使用，使用年限为5年。双方约定由乙公司每年按使用该商标新增利润的25%支付给甲公司作为商标使用费。试评估该商标使用权价值。

分析：评估过程如下：

(1) 预测使用期限内新增利润总额。新增利润总额取决于每瓶饮料可新增利润和预计销量。对于销量的预测，应根据许可合同的有关规定及市场情况进行。如许可合同中规定有地域界线，这在预测时，就必须予以考虑，否则就可能导致预测量过多，引致评估值失实。根据资产评估专业人员预测，每瓶饮料可新增利润0.4元，第1～5年将分别销售600万瓶、650万瓶、680万瓶、720万瓶、770万瓶，由此确定每年新增利润为：

第1年：600×0.4=240(万元)

第2年：650×0.4=260(万元)

第3年：680×0.4=272(万元)

第4年：720×0.4=288(万元)

第5年：770×0.4=308(万元)

(2) 确定分成率。按许可合同中确定的按新增利润的25%分成。

(3) 确定折现率。假设确定折现率为14%。

由此，可以计算出每年新增利润的折现值（见表5-4）。

表5-4 每年新增利润的折现值

年份	新增净利润额（万元）	折现系数	折现值（万元）
1	240	0.8772	210.53
2	260	0.7695	200.07
3	272	0.6750	183.60
4	288	0.5921	170.52
5	308	0.5194	159.98
合计			924.70

(4) 按27%的分成率计算确定的商标使用权评估值为：

924.70×25%×(1-25%)=173.38(万元)

四、商标权评估案例

M商标所有权评估说明：为A公司拟收购B公司而提供B公司现有资产市场价值的参照。

(一) 评估对象及权利人B公司概况

B公司为××省内的啤酒公司，始建于1986年，前身为国有啤酒厂。经过历次股权变更和增资，目前公司注册资本为1 876万美元，为全资港资公司，公司年设计生产能力为55万千升。M商标1986年被国家工商行政管理总局评为“中国驰名商标”。

(二) 评估依据

(1) M商标权利证书；(2) B公司历史年度财务报表、财务明细账及其他相关财务资料；(3) 主要客户、市场、行业及营销统计资料；(4) B公司发展规划；(5) 其他。

(三) 评估方法

本次评估采用收益法，具体为销售收入分成率法。通过预测B公司在M商标收益年限内的产品年度销售收入，乘以合理的销售收入分成率并扣除所得税因素后计算M商标在预测期内的净收益，再逐年折现确定其评估值。其计算公式为：

$$P=\sum_{i=1}^{n}G_i\times R_i$$

$$G_i=S_i\times K\times(1-T_i)$$

式中，P 为M商标评估值；G_i 为M商标在第 i 年的净收益；S_i 为产品预测期销售收入；K 为销售收入分成率；n 为M商标收益年限；T_i 为第 i 年所得税税率；R_i 为折现系数。

(四) 产品及市场状况

1. 产品

B公司以优质山泉水、啤酒花等为原料，生产销售各种高中低档啤酒20余种，B公司现生产经营品种都涵盖在M商标范围内，无外包代工代销品种。

2. 市场

M品牌产品覆盖××省，并辐射江苏、河北等省份的部分地区。其中，××省的中部和西南地区为M产品的主要销售市场，市场占有率超过30%。另外，伴随中国啤酒行业整合趋势的推进，B公司在国内共建立11家啤酒和麦芽生产厂，构筑了遍布省内的营销网络，并着手全国性的战略布局。B公司凭借其生产规模、消费者品牌忠诚度、区域市场占有率等优势，吸引了海内外多家知名啤酒商前来并购洽谈。B公司2015—2017年资产负债和经营情况如表5-5、表5-6所示。

表5-5 B公司2015—2017年资产负债状况统计表 单位：万元

项目	2015/12/31	2016/12/31	2017/12/31
总资产	44 375.42	45 689.08	49 870.64
总负债	28 683.10	28 221.25	26 020.57
净资产	15 692.32	17 467.83	23 850.07

表5-6 B公司2015—2017年经营状况统计表

项目	2015年	2016年	2017年
营业收入（万元）	45 089.10	59 694.85	71 548.24
净利润（万元）	3 287.71	3 471.72	7 304.18
销量（千升）	248 731.19	303 935.11	356 298.83

(五) 评估过程

1. 商标权收益年限的确定

根据本次评估目的及B公司生产经营现状，经与B公司财务、营销等相关部门讨论分析后，结合当前全国啤酒市场不同营销区域的状况，并考虑B公司对M品牌产品的营销策略，在商标权法定年限10年后可继续续展的情况下，综合考虑确定商标权的收益期为无限年期。

2. M品牌产品销售收入的预测

B公司将在充分利用现有产能的基础上，通过延续增长趋势和提高高附加值产品比重两个阶段，达到进一步稳固和提升市场占有率的组合目标。根据M产品历史年度生产销售状况以及B公司未来发展规划，在预测期第五年，即2022年，公司将完成产品结构调整并达到最大产能49万千升（设计生产能力为55万千升，考虑生产轮作及损耗，实际最大生产能力约为49万千升）。2023年及以后年度的收入预测，将在2022年产品结构和销量的基础上，每年考虑2%的售价增幅。M品牌产品销售收入预测如表5-7所示（销售单价预测中含酒瓶及其他包装物的收入）。

表5-7　　M品牌产品未来年度销售收入预测

品种	2018年		2019年		2020年		2021年		2022年	
	销量（千升）	单价（元/千升）	销量（千升）	单价（元/千升）	销量（千升）	单价（元/千升）	销量（千升）	单价（元/千升）	销量（千升）	单价（元/千升）
品种1	6 110	6 978	6 721	7 258	7 729	7 475	9 275	7 625	11 130	7 777
品种2	1 034	2 754	1 137	2 866	1 308	2 950	1 570	3 009	1 884	3 069
品种3	20 821	4 608	22 903	4793	26 339	4 936	31 606	5 035	37 928	5 136
品种4	893	3 848	982	4 004	1 130	4 121	1 356	4 204	1 627	4 288
品种5	3 102	3 690	3 412	3 837	3 924	3 952	4 709	4 031	5 651	4 112
品种6	846	3 537	931	3 676	1 070	3 789	1 284	3 865	1 541	3 941
品种7	940	3 533	1 034	3 674	1 189	3 785	1 427	3 860	1 712	3 938
品种8	10 058	3 270	11 064	3 401	12 723	3 503	15 268	3 573	18 322	3 645
品种9	1 034	3 248	1 137	3 380	1 308	3 480	1 570	3 548	1 884	3 619
品种10	1 833	3 183	2 016	3 311	2 319	3 409	2 782	3 479	3 339	3 547
品种11	17 343	3 105	17 152	3 230	16 836	3 327	16 353	3 393	15 772	3 461
品种12	6 862	2 990	6 786	3 110	6 662	3 203	6 470	3 267	6 240	3 333
品种13	21 573	2 382	21 335	2 478	20 943	2 552	20 341	2 603	19 619	2 655
品种14	12 126	2 324	11 992	2 417	11 772	2 489	11 434	2 539	11 028	2 590
品种15	36 002	2 320	35 605	2 412	34 950	2 485	33 946	2 534	32 741	2 585
品种16	25 333	2 225	25 054	2 314	24 593	2 384	23 886	2 432	23 038	2 480
品种17	32 994	2 224	32 630	2 313	32 030	2 382	31 110	2 430	30 005	2 479
品种18	29 704	2 218	29 377	2 307	28 836	2 376	28 008	2 424	27 013	2 472
品种19	124 033	1 761	122 666	1 831	120 409	1 886	116 950	1 924	112 798	1 963
品种20	117 359	1 759	116 065	1 830	113 930	1 884	110 657	1 922	106 729	1 961
品种21	7 000	4 891	10 000	5 087	15 000	5 239	20 000	5 344	20 000	5 451
合计（万元）	109 694.30		116 753.24		124 821.87		133 034.59		139 421.44	

3. M商标销售收入分成率的确定

本次评估将参照啤酒行业3家上市公司商标销售收入分成率的实际案例，将其调整后作为评估对象的销售收入分成率。

（1）X商标属于R集团公司所有，按照协议，母公司按上市公司销售收入的1%收取商标使用费。因此，X商标的销售收入分成率为1%。

（2）按照S集团公司协议，2015—2017年度，T上市公司每销售1吨啤酒，应向

S集团缴纳35元的Y商标使用费。根据T公司2015—2017年度财务报告，T公司2015年销售啤酒95.5万吨，实现销售收入18.1亿元；2016年销售啤酒101.04万千升，实现销售收入19.23亿元；2017年销售啤酒97.93万千升，实现销售收入21.21亿元。

啤酒千升和吨的换算率为1千升≈1.012（吨），故2015年T公司啤酒的售价为：

$$1\ 810\ 000\ 000\div 955\ 000=1\ 895(\text{元/吨})$$

则商标分成率为：35÷1 895=1.85%。

2016年T公司啤酒的售价为：

$$1\ 923\ 000\ 000\div(1\ 010\ 400\times 1.012)=1\ 881(\text{元/吨})$$

则商标分成率为：35÷1 881=1.86%。

2017年T公司啤酒的售价为：

$$2\ 121\ 000\ 000\div(979\ 300\times 1.012)=2\ 140(\text{元/吨})$$

则商标分成率为：35÷2 140=1.64%。

2015—2017年度Y品牌啤酒总销量为：

$$955\ 000+1\ 010\ 400\times 1.012+979\ 300\times 1.012=2\ 968\ 576.4(\text{吨})$$

则Y商标加权平均分成率为：

$$\frac{1.85\%\times 955\ 000}{2\ 968\ 576.4}+\frac{1.86\%\times 1\ 022\ 524.8}{2\ 968\ 576.4}+\frac{1.64\%\times 991\ 051.6}{2\ 968\ 576.4}\approx 1.78\%$$

（3）根据U上市公司年报，上市公司每年按照销售收入的2%向集团公司上交Z商标的使用费，因此Z商标销售收入分成率为2%。

根据B公司和三家样本上市公司财务报表和2017年年报显示，其净资产收益率、总资产报酬率、销售净利率和销售毛利率如表5-8所示。

表5-8　主要财务指标和销售收入分成率的确定

商标名称	净资产收益率（%）	总资产报酬率（%）	销售净利率（%）	销售毛利率（%）	商标分成率（%）
X商标	9.04	8.08	9.24	42.23	1.00
Y商标	12.83	6.37	7.89	44.38	1.78
Z商标	27.04	22.38	25.37	71.61	2.00
M商标	30.63	14.65	10.21	48.58	2.15

表5-8中M商标销售收入分成率的计算过程如下：

$$\frac{\frac{30.63\%}{9.04\%}+\frac{14.65\%}{8.08\%}+\frac{10.21\%}{9.24\%}+\frac{48.58\%}{42.23\%}}{4}\times 1\%\times\frac{1}{3}$$

$$+\frac{\frac{30.63\%}{12.83\%}+\frac{14.65\%}{6.37\%}+\frac{10.21\%}{7.89\%}+\frac{48.58\%}{44.38\%}}{4}\times 1.78\%\times\frac{1}{3}$$

$$+\frac{\frac{30.63\%}{27.04\%}+\frac{14.65\%}{22.38\%}+\frac{10.21\%}{25.37\%}+\frac{48.58\%}{71.61\%}}{4}\times 2.00\%\times\frac{1}{3}\approx 2.15\%$$

4. 折现率的确定

基于对国债利率和风险报酬率的量化，最终将M商标的折现率确定为15%。

5. M商标所有权的评估值

M商标所有权的评估值如表5－9所示。

表5－9 M商标评估结果汇总表

项目	2018年	2019年	2020年	2021年	2022年	2023年及以后年度
销售收入（万元）	109 694.3	116 753.24	124 821.87	133 034.59	139 421.44	年均增长2%
销售收入分成率（%）	2.15	2.15	2.15	2.15	2.15	2.15
商标使用费（万元）	2 358.43	2 510.19	2 683.67	2 860.24	2 997.56	—
所得税（25%）（万元）	589.61	627.55	670.92	715.06	749.39	—
使用费净额（万元）	1 768.82	1 882.64	2 012.75	2 145.18	2 248.17	17 639.49
折现系数（15%）	0.932 5	0.810 9	0.705 1	0.613 1	0.533 1	0.533 1
折现值（万元）	1 649.42	1 526.63	1 419.19	1 315.21	1 198.50	9 403.61
评估值（万元）	16 512.56					

表5－9中，折现系数的计算是采用年中折现的方式，2023年及以后年度使用费净额的计算如下：

$$\frac{2\ 248.17\times(1+2\%)}{15\%-2\%}=17\ 639.49(\text{万元})$$

（六）评估结果

经以上评估过程的计算，M商标所有权的最终评估值为16 512.56万元。

第六节 商誉的评估

一、商誉及其特点

商誉通常是指企业在同等条件下，能获取高于正常投资报酬率所形成的价值。这是由于企业所处地理位置的优势，或由于经营效率高、历史悠久、人员素质高等多种原因，与同行业企业相比较，可获得超额利润。

从历史渊源考察，20世纪60年代以前所称的无形资产是一个综合体，商誉则是这个综合体的总称。20世纪70年代以后，随着对无形资产确认、计量的需要，无形资产进一步分解、分化，形成各项独立的无形资产。因此，现在所称的商誉，是指企业所有无形资产扣除各单项可确指无形资产以后的剩余部分。商誉是不可确指的无形资产。一般来说，商誉具有如下特性：（1）商誉不能离开企业而单独存在，不能与企业可确指的资产分开出售。（2）商誉是多项因素作用形成的结果，但形成商誉的个别因素，不能以任何方法单独计价。（3）商誉本身不是一项单独的、能产生收益的无形资产，而只是超过企业可确指的各单项资产价值之和的价值。（4）商誉是企业长期积累起来的一项价值。

明确商誉的含义及其特点，有助于做好商誉评估工作。同时，进一步分析商誉与企业价值的关系，也是保证商誉评估结果科学性的前提。商誉与企业价值的关系是：

企业价值的形成，不仅包括有形资产和可确指的无形资产，还包括商誉。商誉之所以能成为资产，是由于预期的、未来超额的经济利益代表它的实质。更确切地说，商誉是能为企业带来超额获利能力的资源。因此，从评估角度来说，一个企业是否具有超额收益以及超额收益数额的大小，是判断确定该企业是否存在商誉和商誉价值量大小的重要标准。

二、商誉评估的方法

（一）割差法

割差法是根据企业整体评估价值与各单项资产评估值之和进行比较确定商誉评估值的方法。其基本公式是：

商誉的评估值＝企业整体资产评估值－企业的各单项资产评估价值之和（含可确指无形资产）

企业整体资产评估值可以通过预测企业未来预期收益并进行折现或资本化获取；对于上市公司，也可以按股票市价总额确定。采取上述评估方法的理论依据是，企业价值与企业净资产价值是两个不同的概念。如果有两个企业，净资产价值大体相当，但由于经营业绩悬殊，预期收益悬殊，其企业价值自然悬殊。构成企业价值的净资产，包括有形资产和可确指的无形资产，由于其可以独立存在和转让，其评估价值在不同企业中趋同。但它们由于不同的组合，不同的使用情况和管理，使之运行效果不同，导致其组合的企业价值不同。使各类资产组合后产生超过各项单项资产价值之和的价值，即为商誉。

商誉的评估值可能是正值，也可能是负值。当商誉为负值时，有两种可能：一种是亏损企业；另一种是收益水平低于行业或社会平均收益水平的企业。商誉为负值时，对商誉的评估也就失去了意义。可见，商誉价值的评估，限于盈利企业或经济效益高于同行业或社会平均水平的企业。

例5－13 某企业进行股份制改造，根据企业过去经营情况和未来市场形势，预测其未来5年的净利润分别是1 300万元、1 400万元、1 100万元、1 200万元和1 500万元，并假定从第6年开始，以后各年净利润均为1 500万元，企业收益期按照无限年期进行预测。根据银行利率及企业经营风险情况确定的折现率和本金化率均为10%。并且，采用单项资产评估方法，评估确定该企业各单项资产评估之和（包括有形资产和可确指的无形资产）为9 000万元。试确定该企业商誉评估值。

分析：采用收益法确定该企业整体评估值：

企业整体评估值＝1 300×0.909 1＋1 400×0.826 4＋1 100×0.751 3＋1 200×0.683 0＋1 500×0.620 9＋（1 500/10%）×0.620 9
＝14 229.67(万元)

因为该企业各单项资产评估值之和为9 000万元，由此可以确定商誉评估值，即

商誉的价值＝14 229.67－9 000＝5 229.67(万元)

（二）超额收益法

超额收益法的思路是，商誉是企业收益与按行业平均收益率计算的收益差额的本金化价格。因此商誉评估值指的是企业超额收益的资本化价格。超额收益法根据被评

估企业的不同，又可分为超额收益资本化价格法和超额收益折现法两种方法。

1. 超额收益资本化价格法

超额收益资本化价格法是把被评估企业的超额收益经资本化还原来确定该企业商誉价值的一种方法。其计算公式为：

$$商誉的价值=\frac{企业预期年收益额-行业平均收益率\times\begin{matrix}该企业的单项\\资产评估值之和\end{matrix}}{适用资本化率}$$

或

$$商誉的价值=\frac{\begin{matrix}被评估企业单项\\资产评估价值之和\end{matrix}\times\left(\begin{matrix}被评估企业\\预期收益率\end{matrix}-行业平均收益率\right)}{适用资本化率}$$

式中，

$$被评估企业预期收益率=\frac{企业预期年收益额}{企业的单项资产评估价值之和}\times 100\%$$

例 5-14　某企业的预期年收益额为 2 000 万元，该企业的各单项资产的评估价值之和为 8 000 万元，企业所在行业的平均收益率为 20%，并以此作为适用资产收益率。

商誉的价值为：

$$\frac{2\ 000-8\ 000\times 20\%}{20\%}=2\ 000(万元)$$

或

$$\frac{8\ 000\times[(2\ 000\div 8\ 000)-20\%]}{20\%}=2\ 000(万元)$$

超额收益资本化价格法主要适用于经营状况较好、超额收益比较稳定的企业。如果在预测企业预期收益时，发现企业的超额收益只能维持有限期的若干年，这类企业商誉的评估不宜采用超额收益资本化价格法，而应按超额收益折现法进行评估。

2. 超额收益折现法

超额收益折现法是把企业可预测的若干年预期超额收益进行折现，把其折现值确定为企业商誉价值的一种方法。其计算公式为：

$$商誉的价值=\sum_{i=1}^{n}\frac{S_i}{(1+r)^i}$$

式中，S_i 为第 i 年企业预期超额收益；r 为折现率；$\frac{1}{(1+r)^i}$为折现系数。

例 5-15　某企业预计将在今后 5 年内保持其具有超额收益的经营态势。估计预期年超额收益额保持在 2 250 万元的水平上，该企业所在行业的平均收益率为 12%，并以此作为折现率。该企业的商誉价值为：

$$\begin{aligned}商誉价值&=2\ 250\times 0.892\ 9+2\ 250\times 0.797\ 2+2\ 250\times 0.711\ 8+2\ 250\\&\quad\times 0.635\ 5+2\ 250\times 0.567\ 4\\&=8\ 110.8(万元)\end{aligned}$$

或

$$商誉价值=2\ 250\times 3.604\ 8=8\ 110.8(万元)$$

三、商誉评估所需资料

商誉评估方法的运用需要依据充分的信息资料和数据。资产评估专业人员进行评估时，除了自身所具有的知识、经验，还需要委托人的全面配合，提供充分、可靠的资料。这些资料主要包括：（1）委托人概况，包括企业发展历史沿革，企业现状及预期状况、经营业绩、知名度等。（2）企业生产经营概况，包括企业主要产品质量、产量、工艺流程，产品和企业所获荣誉，企业经济效益。（3）企业员工人数、构成、文化素质与管理水平。（4）委托人前5年的资产负债表与损益表。（5）委托人经营发展战略，特别是今后5～10年的发展规划。（6）未来若干年（5～10年）财务预测，包括销售收入、产量、价格、生产成本、期间费用、利率、折旧、税金、损益等。（7）委托人所在行业竞争情况，包括委托人在市场竞争中的有利和不利因素；预测竞争格局，垄断或部分垄断市场的可能性；市场开发预测及新产品开发前景和自身投资能力。（8）营业外收入及支出的项目及其变化趋势。（9）国内同行业平均收益率。

四、商誉评估需要注意的几个问题

商誉本身的特性决定了商誉评估的困难性。商誉评估的理论和操作方法争议较大，现在虽然尚难定论，但在商誉评估中，至少应明确下列问题。

（一）商誉评估是在产权变动或经营主体变动时进行的

在企业持续经营的前提下，如不发生产权变动或经营主体的变动，尽管该企业可能具有商誉，但却无须评估商誉以显示其价值。因此，企业在不发生各项特定经济行为的情况下（如合资、合营、合并、股份制改造等），评估和公布企业商誉的做法，从评估学角度来说是错误的。

（二）不是所有企业中都有商誉，商誉只存在于长期具有超额收益的少数企业

一个企业在同类型企业中超额收益越高，商誉评估值就越大。因此，商誉评估过程中，如果不能对被评估企业所属行业收益水平全面了解和掌握的话，也就无法评估出该企业商誉的价值。

（三）商誉评估必须坚持预期原则

企业是否拥有超额收益是判断企业有无商誉和商誉大小的标志。这里所说的超额收益指的是企业未来的预期超额收益，并不是企业过去或现在的超额收益。特殊情况是，评估过程中，对于目前亏损的企业，经分析预测，如果其未来超额收益潜力很大，则该企业也会有商誉存在。目前盈利企业或超额收益比较大的企业，未来不一定盈利或未来超额收益不一定大；现在亏损的企业，其未来未必亏损。商誉评估值高低取决于企业未来的超额收益，这在评估时必须加以综合分析和预测。

（四）商誉评估不能采用投入费用累加的方法进行

商誉价值形成建立在企业预期超额收益基础之上，因此，商誉评估值高低与企业中为形成商誉投入的费用和劳务没有直接联系，并非企业为形成商誉投资越多，其评

估值就越高。尽管所发生投资费用和劳务会影响商誉评估值，但它是通过未来预期收益的增加得以体现的，因此，商誉评估不能采用投入费用累加的方法进行。

（五）商誉评估不能采用市场类比方法

商誉是由众多因素共同作用形成的，但形成商誉的个别因素不能单独计量的特征，决定了商誉评估也不能采用市场类比的方法进行，即影响商誉的各项因素的差异难以量化。当然，完全相同的商誉更为鲜见。目前，有人在对商誉评估方法的研究中，按形成商誉的因素将其分解为地缘商誉、人缘商誉、质量商誉、组织商誉和其他商誉等，然后分别测定每个因素带来的超额收益，最后分别进行收益折现或本金化后汇总计算商誉的价值。这种观点是值得商榷的。我们认为，从定性分析的角度，可以将形成商誉的因素加以分解和列举，用以说明商誉形成的内涵和构成因素。但要定量分析确定，在实际操作过程中，穷尽办法也难以完成。

（六）企业负债与否、负债规模大小与企业商誉没有直接关系

有观点认为，企业负债累累，不可能有商誉。这种认识是偏颇的。市场经济条件下，负债经营是企业融资策略之一。从财务学原理分析，企业负债不影响资产收益率，只影响投资者收益率，即资本金收益率。资本金收益率与资产收益率的关系可以表述为：

$$\text{资本金收益率}=\frac{\text{资产收益率}}{1-\text{资产负债率}}$$

在资产收益率一定且超过负债资金成本的条件下，增大负债比率，可以增加资本金收益率，并不直接影响资产收益率。资产收益率高低受制于投资方向、规模以及投资过程中的组织管理措施。商誉评估值取决于预期资产收益率，而非资本金收益率。当然，资产负债率应保持一定的限度，负债比例增大会增加企业风险，最终会对资产收益率产生影响。这在商誉评估时应有所考虑，但不能因此得出负债企业就没有商誉的结论。

（七）商誉与商标是有区别的，二者反映两个不同的价值内涵

企业中拥有某项评估值很高的知名商标，并不意味着该企业一定就有商誉。为了科学地确定商誉的评估值，注意商誉与商标的区别是必要的。

商标是产品的标志，而商誉则是企业整体声誉的体现。商标与其产品相结合，它所代表的产品质量越好，市场需求越大，商标的信誉就越高，由此带来的超额收益越大，其评估值也就越大。而商誉则是与企业密切相关的，企业经营机制完善并且运转效率高，企业的经济效益就高，信誉就好，其商誉评估值也就越大。可见，商标价值来自于产品所具有的超额获利能力，商誉价值则来自于企业所具有的超额获利能力。

商誉作为不可确指的无形资产，是与企业及其超额获利能力结合在一起的，不能脱离企业而单独存在。商标则是可确指的无形资产，可以单独存在，并可以在原组织继续存在的同时，转让给另一个组织。

商标可以转让其所有权，也可以转让其使用权。而商誉只有随企业行为的发生实

现其转移或转让，没有所有权与使用权之分。

尽管商誉与商标的区别可以列举许多，但商誉与商标在许多方面是密切关联的，二者之间有时存在有相互包含的因素。例如，与商誉相对应的企业超额收益中包含有商标作用的因素，这也是必须在评估中加以分析确定的。

（八）商誉作为不可确指无形资产，是整个无形资产中除了可确指无形资产以外的部分

我国现行有关制度列示的可确指无形资产主要有专利权、非专利技术、商标权、版权、专营权、土地使用权等。目前在实际操作中，对于诸如客户名单、销售网络、优惠融资等，是否可以单独列示并评估，还是将它们作为商誉形成的内容，做法不一，亟待规范，以避免商誉内涵界定不清而造成评估价值失实。我们的意见是：如果进行单项资产的转让或投资，可以分别就客户名单、销售网络等进行评估作价，但此时无须评估商誉价值。但如果进行整体评估，从而确定商誉评估值时，商誉评估值中显然包含了客户名单、销售网络等形成因素。在这种情况下，就不应该再单独评估诸如客户名单等的价值。总之，诸如客户名单、销售网络等应作为形成商誉的因素，只是在特殊情况下可以单独评估处理而已。

（九）商誉评估有待进一步研究

商誉评估值是否入账，如何入账，尽管属于会计计价的问题，不是评估本身的问题，但与评估直接相关，有待进一步研究。同时，还需要进一步研究的是：商誉在企业合资时如何影响双方权益；实行股份制改造以及股票发行、上市时，商誉与股票溢价发行、市价变动的关系等。因为商誉价值只有在产权变动、企业主体变动时才显现出来，在有些人看来是凭空增加了一笔财富，因此在数量上往往不注重，随意性较大。在此前提下由于评估缺乏科学性导致商誉价值低估，是造成资产流失的一个不可忽视的原因。另外，商誉是否计价入账，直接对股票溢价幅度以致未来的分配产生影响，这也是亟待解决的问题。

本章小结

明确无形资产的内涵和权利，是做好无形资产评估的关键。无形资产评估既要进行定性分析，更要注重定量估算，因此，必须分析影响无形资产评估价值的因素，同时选择合适的评估方法。无形资产本身的特点决定了无形资产收益额估算的复杂性，学习者应掌握收益额的预测技巧和分成率的确定方法。无形资产种类较多，不同类型的无形资产，在评估方法选择、使用方面有一定的差异，因此，应分别研究商标权、专利权、非专利技术以及商誉的评估，把握每类无形资产评估的特点，以获得有效的结果。

思考题

1. 什么是无形资产？如何界定无形资产？
2. 如何把握各类无形资产评估的特征以利于科学估算其价值？
3. 如何估算利润分成率？
4. 什么是商誉？商誉评估需要注意的问题有哪些？
5. 无形资产评估时，如何把握商标权与商誉的区别？

第六章

流动资产评估

第一节 流动资产评估的特点

一、流动资产的含义及其特点

（一）流动资产的含义

流动资产是指可以在一年内或者超过一年的一个营业周期内变现或者运用的资产。当资产满足下列条件之一时，应当归类为流动资产：（1）预计在一个正常营业周期中变现、出售或耗用；（2）主要为交易目的而持有；（3）预计在资产负债表日起一年内（含一年）变现；（4）在资产负债表日起一年内（含一年），交换其他资产或清偿负债的能力不受限制的现金或现金等价物。

（二）流动资产的分类及评估范围

作为评估对象的流动资产一般包括现金及各种银行存款以及其他货币资金、应收及预付款项、存货、短期投资以及其他流动资产等。其具体评估范围如表 6-1 所示。

表 6-1　流动资产的分类及其评估范围

序号	流动资产的分类	流动资产的评估范围
1	现金	指企业的库存现金，包括企业内部各部门周转使用的备用金。
2	各项银行存款	指企业各种不同类型的银行存款。
3	其他货币资金	指除现金和银行存款以外的其他货币资金，包括外埠存款、银行本票存款、银行汇票存款、存出投资款、信用卡存款、信用证保证金存款等。
4	应收账款	指企业因销售商品、提供劳务等，应向购货和受益单位收取的款项，是购货单位所欠企业的短期债务。
5	预付款	指企业按照购货合同规定预付给购货单位的购货定金或部分货款，以及企业预缴的各种税费等。

续前表

序号	流动资产的分类	流动资产的评估范围
6	存货	指企业的库存材料、在产品、产成品、商品等。
7	短期投资	指企业购入的各种能随时变现、持有时间不超过一年的投资，包括不超过一年的股票、债券、基金等有价证券和其他投资。
8	其他流动资产	指除以上资产之外的流动资产，如待摊费用、预付费用、低值易耗品等。*

* 实践中，从评估对象角度确认流动资产和从会计计价角度反映流动资产的范围不一定相同。在“账实相符”条件下，还应关注那些虽然账面摊销已经完成但在评估基准日后仍具有效用的流动资产。

（三）流动资产的特点

流动资产的特点主要表现在以下几个方面：

第一，周转速度快。流动资产在使用中经过一个生产经营周期，就改变其实物形态，并将其全部价值转移到所形成商品中去，构成成本费用的组成部分，然后从营业收入中得到补偿。可见，判断一项资产是不是流动资产，不仅要看资产的表面形态，还要视其周转状况而定。

第二，变现能力强。各种形态的流动资产都可以在较短的时间内出售和变卖，具有较强的变现能力，是企业对外支付和偿还债务的重要保证。变现能力强是流动资产区别于其他资产的重要标志，但各种形态的流动资产，其变现速度是有区别的。按其变现能力的强弱，货币形态的流动资产首先为现时可用资金；其次是可在短期内出售的存货和近期可变现的债权性资产；最后是生产加工过程中的在制品及准备耗用的物资。企业拥有的流动资产越多，表明企业对外支付和偿还债务的能力越强，企业的风险性就越小。

第三，形态多样化。流动资产在周转过程中其形态不断发生改变，依次由货币形态开始，经过供应、生产、销售等环节，从一种形态转化为另一种形态，最终又转变为货币形态。各种形态的流动资产在企业中同时并存，分布于企业的各个部门。这些流动资产按其存在形态，可以归结为四种类型，即：货币类流动资产，包括现金和各项银行存款；实物类流动资产，包括各种材料、在产品、产成品等；债权类流动资产，包括应收账款、预付款等；其他流动资产。

二、流动资产评估的特点

研究流动资产评估特点，是做好流动资产评估工作，提高流动资产评估质量的重要保证。流动资产自身的属性，决定了其在资产评估行为中的具体特征。

1. 流动资产评估是单项资产评估

流动资产的自身特点及流动资产的存在形态决定了流动资产评估是以单项资产为评估对象而进行的资产评估。因此，流动资产评估不需以其综合获利能力进行综合性的价值评估。

2. 流动资产评估基准日的选择应与会计核算制度相适应

流动资产与其他资产的显著不同在于其流动性和波动性。不同形态的流动资产随时都在变化，而评估则是确定其某一时点上的价值，不可能人为地停止流动资产的运转。因此，所选评估基准日应尽可能在会计期末，必须在规定的时点进行资产清查、登记和确定流动资产数量和账面价值，以避免重复登记和漏登记等现象的发生。

3. 流动资产评估应突出重点，兼顾一般

流动资产评估之前必须进行认真仔细的资产清查，否则会影响评估结论的准确性。由于流动资产一般具有数量大、种类多的特点，清查工作量很大，所以流动资产清查应考虑评估的时间要求和评估成本。评估实务中往往需要根据不同企业生产经营和流动资产分布的特点，对流动资产区分主次、重点和一般，选择不同的方法进行清查和评估，做到突出重点，兼顾一般。清查采用的方法通常为抽查、重点清查和全面清查。当抽查核实中发现原始资料或清查盘点工作可靠性较差时，应扩大抽查面，直至核查全部流动资产。

4. 流动资产评估一般无须考虑功能性贬值

流动资产具有周转速度快、变现能力强的特点，其价值受技术进步因素的影响较小，因此，通常无须考虑流动资产功能性贬值对其评估值的影响。在价格变化不大的情况下，资产的账面价值基本上可以反映出流动资产的现值。同时，对资产有形损耗（实体性贬值）的测算也只针对低值易耗品以及呆滞、积压流动资产的评估。

5. 流动资产评估对会计核算资料依赖度较高

通常而言，流动资产的账面价值接近其重置成本。因此，评估前应对企业的会计核算资料认真审核，并充分考虑市场变化对流动资产价值的影响，确保相关数据信息的真实性，以真实的会计资料确定其评估值。

三、流动资产评估程序

1. 确定评估对象和评估范围

进行流动资产评估前，首先要确定被评估流动资产的对象和范围，这是节约工作时间、保证评估质量的重要前提。评估对象和评估范围应依据经济活动所涉及的资产范围而定。同时，主要应做好下列工作：第一，鉴定流动资产。核实被评估流动资产范围，界定流动资产与其他资产的范围和边界，防止将不属于流动资产的其他类别资产作为流动资产，也不得将属于流动资产的低值易耗品等作为其他资产，避免流动资产的重评和漏评。第二，查核待评估流动资产的产权。企业中存放的外单位委托加工材料、代保管的材料物资等，尽管存在于该企业中，但不得将其列入流动资产评估范围。此外，根据国家有关规定，抵押后的资产不得用于再投资，如该企业的流动资产已作为抵押物，则不能将其进行再转让或再投资，此类流动资产也不得列入评估范围。第三，对被评估流动资产进行抽查核实，验证基础资料。一份准确的被评估资产清单是履行评估程序的基础资料，资产清单应以实存数量为依据，而非仅以账面记载作为标准。

2. 对实物形态的流动资产进行质量检测和技术鉴定

对企业所需评估的材料、半成品、产成品、库存商品等流动资产进行检测和技术鉴定，目的是了解这部分资产的质量状态，以便确定其是否尚有使用价值，并核对其技术情况和等级状态与被评估资产清单的记录是否一致。对被评估资产进行技术检测是正确评估资产价值的重要基础，特别是对那些有时效要求的各种存货，如有保鲜期要求的食品和有效期要求的药品、化学试剂等，技术检测尤为重要。当存货在存放期内质量发生变化时，会直接影响其市场价格。因此评估时必须考虑各类存货的内在质量因素。对各类存货进行技术质量检测，可由被评估企业的有关技术人员、管理人员与评估人员合作完成。

3. 分析企业的债权、票据、分期收款、发出商品等基本情况

根据对被评估企业与相关方经济往来活动中资信情况的调查，了解每一项债权资产的经济内容、发生时间长短以及未清理的原因等因素，综合分析确定此类资产回收的可能性、回收的时间、回收时所要承担的费用及风险等。

4. 合理选择评估方法

评估方法的选择，一是根据评估目的；二是根据不同种类流动资产的特点。如前所述，根据流动资产的特征，可从评估角度将其分为四类，不同类型流动资产对评估方法的选择有很大影响。对于实物类流动资产，可以采用市场法和成本法，对存货中价格变动较大的要考虑市场价格；对买入价较低的要按现价调整；对买价提高的，除考虑市场价格外，还要分析最终产品价格是否能够相应提高，或存货本身是否具有按现价出售的现实可能性。对于货币类流动资产，其清查核实后的账面价值本身就是现值，不需采用特殊方法进行评估，只是应对外币存款按评估基准日的汇率进行折算。对债权类流动资产，只适用于按其可变现值进行评估。对于其他流动资产，应区分不同情况加以考虑。其中有物质实体的流动资产，应视其价值情形，采用与机器设备等相同的方法进行评估。

5. 评定估算，获取评估结论

第二节　实物类流动资产评估

实物类流动资产评估是流动资产评估的重要组成部分，包括各种材料、在产品、产成品及库存商品等流动资产具体构成形式的评估。

一、材料评估

（一）材料的内容与评估步骤

企业中的材料，可以分为库存材料和在用材料。在用材料在再生产过程中形成产品或半成品，已不再作为单独的材料存在，故材料评估实际是对库存材料的评估。

库存材料包括各种主要材料、辅助材料、燃料、修理用备件、包装物、低值易耗品等，具体内容如表 6－2 所示。

表6-2 库存材料的分类及其评估范围

序号	分类	评估范围
1	主要材料	指经过加工后能够构成产品主要实体的各种原料、材料以及经外部购入的半成品。
2	辅助材料	主要指用于生产，有助于产品的形成，但不构成产品主要实体的各种材料。
3	燃料	指工艺技术过程和非工艺技术过程中所用的燃料。
4	修理用备件	指为修理本企业机器设备和运输工具所用的各种备件。
5	低值易耗品	指单位价值在规定限额以下或使用年限较短（一般在一年以内）的物品。与固定资产有相似之处，在生产过程中可多次使用而不改变其实物形态，使用过程中需要维护，报废时也存在残值。
6	包装物	指包装本企业产品，并准备随同产品一同出售或租借给购货单位使用的各种包装物和容器。

库存材料的特点是品种多，金额大，而且性质各异，计量单位、计价和购进时间、自然损耗各不相同。根据库存材料的特点，实务操作中通常按照以下步骤对库存材料进行评估。

1. 清查核实

清查核实，要求账、表、实物数量应相符，并需查明有无霉烂、变质、毁损、超储积压等情形的材料。

2. 合理选择评估方法

根据评估目的和被评估资产特点的不同，应选择适应的评估价值类型和评估方法。通常而言，不同经济行为前提下，材料评估适用市场价值、投资价值、残余价值、清算价值等价值类型。而评估方法应用中，因材料等流动资产自身功效的不同，并且通常是生产过程中的“消费性”资产，因此，更多采用成本法和市场法进行评估。在评估对象市场状况稳定、供需基本均衡的情况下，成本法和市场法都具有较强的适用性，但在市场条件不完备的情况下，应进行不同评估方法适应性的分析。

3. 重点评估

根据企业库存管理ABC法，按照特定的评估目的和要求，对材料进行重要性排队时，应分清主次，着重对重点材料进行评估。一般情况下，A类流动资产约占品种总数的10%，占累计金额的60%～75%；B类流动资产占品种总数的20%～30%，占累计金额的15%～35%；C类流动资产占品种总数的60%～75%，占累计金额的15%以下。

（二）材料评估的方法

对材料进行评估时，可以根据材料购进情况，选择适应的评估方法。

1. 近期购进库存材料的评估

近期购进材料，库存时间较短，在市场价格变化不大的情况下，其账面值与现行市价基本接近。评估时，可以采用成本法或市场法进行评估，计算公式为：

库存材料评估值＝材料实有数量×现行市场购买价格
＋合理购置费用－损耗

或　库存材料评估值＝材料数量×市价×(1＋购置费用率)×(1－各项贬值率)

例 6－1　企业中某材料系两个月以前从外地购进，数量为 5 000 公斤，单价为 400 元/公斤，当时支付的运杂费为 600 元。根据原始记录和清查盘点，评估时库存尚有 1 500 公斤材料。根据上述资料，可以确定该材料的评估值。

材料评估值＝1 500×(400＋600÷5 000)＝600 180(元)①

2. 购进批次间隔时间长、价格变化大的库存材料评估

这类材料评估时，可以采用最接近评估基准日市场价格的材料价格或直接以评估基准日市场价格作为其评估单价。若涉及物价变动，还需进行价格指数调整。计算公式为：

库存材料评估值＝材料账面价值×价格变动指数

例 6－2　某企业要求对其库存的特种钢材进行评估。该特种钢材共分两期购进：第一批购进时间为 2016 年 10 月，购进 1 000 吨，价格为每吨 3 800 元；第二批是 2017 年 4 月购进的，数量为 100 吨，价格为每吨 4 500 元。2017 年 5 月 1 日评估时，经核实 2016 年购进的特种钢尚存 500 吨，2017 年 4 月购进的尚未使用。因此，需评估特种钢材的数量是 600 吨，价格可采用 4 500 元计算，确定评估值为：

特种钢评估值＝600×4 500＝2 700 000(元)②

例 6－3　某企业库存材料账面值为 12 600 元，该种材料购进时间为 2016 年 11 月，数量为 8 吨，价格为每吨 1 250 元，当时的物价指数为 150%；2017 年 10 月评估时物价指数为 180%，不计损耗，计算该材料的评估值。

该材料评估值＝8×1 250×180/150＝12 000(元)

3. 购置时间早，市场已脱销，没有准确市场价格的库存材料的评估

这类材料的评估，可以通过寻找替代品的价格变动资料来修正材料价格；也可以在市场供需分析的基础上，确定该项材料的供需关系，并以此修正材料价格；还可以参照市场同类商品的平均物价指数进行评估。

4. 超储积压物资的评估

超储积压物资是指从企业库存材料中清理出来，需要进行处理的那部分资产。由于长期积压，时间较长，可能会因为自然力作用和保管不善而造成使用价值的下降。对这类资产的评估，首先应对其数量和质量进行核实和鉴定，然后区别不同情况进行评估。评估时，对其中失效、变质、残损、报废、无用的部分，应通过分析计算，扣除相应的贬值额后，确定评估值。

---

① 材料评估时，对于购进时发生的运杂费的处理：如果是从外地购进的原材料（本地没有这种材料），因运杂费发生额较大，评估时应将由被评估材料分担的运杂费计入评估值；如果是本市购进，运杂费发生额较少，评估时则可不考虑运杂费。

② 本例评估中，因评估基准日 5 月 1 日与 4 月购进时间较近，直接采用 4 月份购进材料价格。如果近期内该材料价格变动很大，或者评估基准日与最近一次购进时间间隔期较长，期间价格变动很大，评估时应采用评估基准日的市价。另外，由于材料的分期购进，且购价各不相同，在各企业采用不同核算方法（如先进先出法、后进先出法、加权平均法等）的情况下，其账面余额就不一样。但核算方法的差异不应影响评估结果，评估时关键是核查库存材料的实际数量，并按最接近市场的价格计算确定其评估值。

另外，根据会计账面反映的库存材料，还有盘盈、盘亏材料，评估时应基于有无实物存在的原则，评估方法与其他类型材料的评估相同。

二、低值易耗品的评估

（一）低值易耗品的含义及分类

低值易耗品是指单项价值在规定限额以下或使用期限不满一年，但能多次使用而基本保持其实物形态的劳动资料。低值易耗品与固定资产都是企业中的劳动资料，所不同的是固定资产是主要劳动资料，因此，尽管财务制度规定了划分固定资产和低值易耗品的一般标准，但各行业、各地区在对二者的划分上却并不完全一致。例如作为服装行业主要劳动资料的缝纫机，在机械工业企业中通常是作为低值易耗品看待，因此，评估过程中确定劳动资料是否为低值易耗品，原则上应视其在企业中的具体作用进行判断，一般可尊重企业现有的分类方法。同时，低值易耗品又是特殊流动资产，与典型流动资产相比，它具有周转时间长、不构成产品实体等特点。明确低值易耗品的特点，是做好低值易耗品评估的前提。低值易耗品种类繁多，为了评估需要，可以对其进行分类。常用的分类方式主要有以下两种：

1. 按用途分类

低值易耗品按用途，可以分为一般工具、专用工具、替换设备、管理用具、劳动保护用品、其他低值易耗品。

2. 按使用情况分类

低值易耗品按使用情况，可分为在库低值易耗品和在用低值易耗品。

第一种分类的目的是简化评估工作，说明在低值易耗品评估过程中，可以按大类对其进行评估。第二种分类则考虑了低值易耗品的具体情况，因此对评估方法选择的影响较大。

（二）低值易耗品的评估方法

1. 在库低值易耗品的评估

在库低值易耗品的评估可以根据具体情况，采用与库存材料评估相同的方法。

2. 在用低值易耗品的评估

在用低值易耗品的评估可以采用成本法进行评估。计算公式为：

$$\text{在用低值易耗品评估值}=\text{重置成本}\times\text{成新率}$$

（1）重置成本的估算。对低值易耗品重置成本的估算，可以直接采用其账面价值（价格变动不大），也可以采用现行市场价格，有时也可以在账面价值基础上乘以其物价变动指数确定。低值易耗品分外购和自制两种形式，确定评估值时，在细节分析上有所不同，资产评估专业人员应视具体情况分析计算。

（2）成新率的计算。低值易耗品成新率一般采用年限法进行计算，其计算公式为：

$$\text{成新率}=\left(1-\frac{\text{低值易耗品实际已使用月数}}{\text{低值易耗品可使用月数}}\right)\times 100\%$$

由于在用低值易耗品使用期限较固定资产短，所以一般不考虑其功能性损耗和经济性损耗。[①]

例 6-4 某企业某项低值易耗品，原价为750元，预计使用1年，现已使用9个月，该低值易耗品现行市价为1 200元，由此确定其评估值为：

$$在用低值易耗品评估值=1\ 200\times(1-9\div12)\times100\%=300(元)$$

三、在产品的评估

(一) 在产品的含义及其特点

在产品是指原材料投入生产后，尚未最后完工的产品，包括制作过程中的在制品、已加工完成入库但不能单独对外销售的半成品（可直接对外销售的自制半成品视同产品评估，在此不作介绍）。在产品与其他流动资产相比有两个特点：一是在产品的数量难以清查核实；二是在产品需要估计其完工程度。对在产品的评估，应结合其特点，按照重置时的合理费用进行估价。

(二) 在产品的评估方法

在产品的评估通常采用成本法和市场法。

1. 成本法

成本法评估在产品的思路是根据技术鉴定和质量检测结果，按评估时的相关市场价格及费用水平重置同等级在制品及自制半成品所需投入的合理的料工费而计算评估值。这种评估方法只适用于生产周期在半年或一年以上，仍需继续生产、销售并且有盈利的在产品的评估。对生产周期短的在产品则主要以其发生成本为计价依据，在没有变现风险的情况下，可根据其账面值进行调整。通常包括按价格变动系数调整原始成本计算评估值、按社会平均工艺定额和现行市价计算评估值以及按在产品完工程度计算评估值三种具体操作方法。

(1) 按价格变动系数调整原始成本计算评估值。对生产经营正常、会计核算水平较高的企业在产品的评估，可参照其实际发生的原始成本，根据成本发生期到评估基准日市场价格的变动情况，调整为重置成本。基本计算公式为：

$$\begin{matrix}某项或某类在产品、\\自制半成品评估值\end{matrix}=\begin{matrix}原始合理\\材料成本\end{matrix}\times\left(1+\begin{matrix}价格变动\\系数\end{matrix}\right)+\begin{matrix}原始合理\\工资、费用\end{matrix}\times\left(1+\begin{matrix}合理工资、\\费用变动系数\end{matrix}\right)$$

具体操作步骤为：1)对被评估在产品进行技术鉴定，将其中超出正常范围的不合格在产品成本从总成本中剔除；2)分析原始成本，将非正常的不合理费用从总成本中剔除；3)分析材料市场价格从其生产准备开始到评估基准日为止的变动情况，并测算出价格变动系数；4)分析原始成本和构成成本中的工资、燃料、动力等制造费用从开始生产到评估基准日有无重大变动，是否作了调整，并测算出调整系数；5)根据技术鉴定、原始成本的分析及价格变动系数的测算，调整成本，确定评估值，必要时还需从变现的角度修正评估值。

---

① 在会计计价中，低值易耗品的“折旧”采用摊销的方式进行，摊销的目的在于有效地计算成本、费用，基本不反映低值易耗品的实际损耗程度。因此，一般来说，评估人员在确定低值易耗品成新率时，应根据其实际损耗程度确定，而不能按照其摊销方式（一次摊销或分次摊销）确定其成新率。

需要说明的是，在产品成本包括材料、工资和其他费用三部分。其他费用属间接费用；工资尽管是直接费用，但也同间接费用一样较难测算，因此评估时将工资和其他费用合为一项费用。

(2)按社会平均工艺定额和现行市价计算评估值。该方法是按重置同类资产的社会平均成本确定被评估在产品的价格。用这样的方法对在产品进行评估需要掌握被评估在产品的完工程度、有关工序的工艺定额、耗用物料的近期市场购买价格、合理工时费率(这个数据要采用正常情况下生产经营的工时费率)等资料。基本计算公式为：

某在产品评估值＝在产品实有数量×(该工序单件材料工艺定额
×单位材料现行市价＋该工序单件工时定额
×正常工资、费用)

具体操作步骤为：1)计算每道工序在产品的定额材料成本。根据各工序实际结存在产品数量，乘以各种材料的单位消耗定额，再考虑材料的计划单价，即可求得该工序在产品的定额材料成本。2)计算该工序累计单位工时定额。如果各工序在产品数量和单位工时定额比较均衡，则累计单位工时定额＝(上道工序累计单位工时定额＋该工序的单位工时定额)÷2；如果各工序在产品数量和单位工时定额不均衡，则该道工序的单位工时定额应按实际情况进行测算。3）计算在产品定额工资成本和定额制造费用。以在产品数量乘以累计单位工时定额，求出在产品的定额工时；以在产品定额工时乘以每小时计划平均工资，即可求得在产品的定额工资成本；以在产品定额工时乘以计划每小时费用，即可求得在产品定额制造费用。4）将上述各项相加，即可求出在产品定额成本。

对于工艺定额的选取，如有行业平均物料消耗标准，可按行业标准计算；缺少行业统一标准的，按企业现行的工艺定额计算。

(3）按在产品完工程度计算评估值。在产品的最终形式为产成品，因此对在产品价值的评估，可在计算产成品重置成本的基础上，按在产品完工程度确定其评估值。计算公式为：

在产品评估值＝产成品重置成本×在产品约当量
＝产成品重置成本×在产品完工率

在产品约当量、完工率可以根据其完成工序与全部工序比例、生产完成时间与生产周期予以确认。当然，确定时应分析完成工序、完成时间与其成本耗费的相互关系。

2. 市场法

在产品评估中的市场法是指按同类在产品和半成品的市价，扣除销售过程中所预计的相关费用后确定在产品评估值的一种方法。该方法适用于在制品和自制半成品只能按评估时的状态向市场出售情况下的评估。通常而言，当被评估资产通用性好，尚能用于产品配件更换或用于维修时，其评估值就相对较高。对不能继续生产，又无法参与市场调剂的专用配件只能按废料回收价格进行评估。其计算公式为：

某在产品评估值＝在产品实有数量×可接受的不含税单位市场价格
－预计发生的费用

如调剂过程中存在变现风险，还需在初步评估结论的基础上考虑评估对象的变现风险。

某报废在产品评估值＝可回收废料总量×现行单位回收价格

例6－5 某企业因产品技术落后而全面停产，准备并入另一家企业，现就这个企业的在产品进行评估。有关评估资料如下：

在产品原账面成本为175万元。在产品按其状态及通用性可划分为三类：

一类：已从仓库中领出，但尚未进行加工的原料；

二类：已加工成部件，可通过市场调剂且流动性较好的在产品；

三类：所加工的部件无法调剂，又无法继续加工，只能按报废处理的在产品。

对于第一类在产品，可按实有数量、技术鉴定情况、现行市场价格计算其评估值；第二类可根据市场可接受现行价格、调剂过程中的费用、调剂的风险确定其评估值；第三类只能按废料的回收价格确定其评估值。

根据以上评估资料可确定某企业整体在产品的评估值（见表6－3、表6－4、表6－5）。

表6－3 **车间已领用尚未加工的原材料** 单位：元

材料名称	编号	计量单位	实有数量	现行单位市价	按市价计算的资产价格
黑色金属	A001	吨	150	1 600	240 000
有色金属	A002	公斤	3 000	18	54 000
有色金属	A003	公斤	11 500	12	138 000
合计					432 000

表6－4 **车间已加工成部件并可直接销售的在产品** 单位：元

部件名称	编号	计量单位	实有数量	现行单位市价	按市价计算的资产价格
A	B001	件	1 800	54	97 200
B	B002	件	600	100	60 000
C	B003	台	1 000	250	250 000
D	B004	台	130	165	21 450
合计					428 650

表6－5 **报废在产品** 单位：元

在产品名称	计量单位	实有数量	单件可回收废料	可回收废料数量	单件回收价格	评估值
D001	件	5 000	35	175 000	0.4	70 000
D002	件	6 000	10	60 000	0.4	24 000
D003	件	4 500	2	9 000	6	54 000
D004	件	3 000	11	33 000	5	165 000
合计						313 000

四、产成品及库存商品的评估

产成品是指已经完成全部生产过程，并经过质量检测，但尚未办理入库手续的产品；库存商品是指已经完成全部生产过程，经过质量检测并已经验收入库的产品。产成品和库存商品均为完工产品，其主要区别在于是否已经入库，二者皆适用于成本法和市场法进行评估。

（一）成本法

采用成本法对生产及加工工业的产成品进行评估，主要根据生产、制造该项产成品全过程中所发生的成本费用确定其评估值。具体评估过程中，可分以下两种情况进行：

（1）当评估基准日与产成品完工时间较为接近，成本升降变化不大时，可以直接按产成品账面成本确定其评估值。计算公式为：

产成品评估值＝产成品数量×单位产成品账面成本

（2）当评估基准日与产成品完工时间相距较远，制造产成品的成本费用变化较大时，产成品评估值可按下列公式计算：

产成品评估值＝产成品实有数量×(合理材料工艺定额×材料单位现行价格＋合理工时定额×单位小时合理工时工资、费用)

或

产成品评估值＝产成品实际发生成本×(材料成本比例×材料综合调整系数＋工资、费用成本比例×工资、费用综合调整系数)

例6-6 某评估机构对某企业进行资产评估。经核查，该企业产成品实有数量为12 000件，根据该企业的成本资料，结合对同行业成本耗用资料的分析，确定合理的材料工艺定额为500公斤/件，合理工时定额为20小时。评估时，由于生产该产成品的材料价格由原来的60元/公斤上涨至62元/公斤，单位小时合理工时工资、费用不变，仍为15元/小时。根据上述分析和有关资料，可以确定该企业产成品评估值为：

产成品评估值＝12 000×(500×62＋20×15)

＝375 600 000(元)

例6-7 某企业产成品实有数量60台，每台实际成本为58元。根据会计核算资料，生产该产品的材料费用与工资、其他费用的比例为60∶40。根据目前价格变动情况和其他相关资料，确定材料综合调整系数为1.15，工资、费用综合调整系数为1.02。由此可计算该产成品的评估值为：

产成品评估值＝60×58×(60%×1.15＋40%×1.02)

＝3 821.04(元)

（二）市场法

采用市场法对生产及加工工业的产成品进行评估，主要是指按不含价外税的可接受市场价格，扣除相关费用后计算被评估产成品评估值的方法。其中工业企业的产品以卖出价为依据，商业企业一般以买进价为依据。

应用市场法评估产成品，在选择市场价格时应注意考虑以下几项因素：第一，产品及库存商品的使用价值。根据对产品本身的技术水平和内在质量的技术鉴定，确定产品是否具有使用价值以及产品的实际等级，以便选择合理的市场价格。第二，分析市场供求关系和被评估产成品的前景。第三，所选择的价格应是在公开市场上所形成的近期交易价格。非正常交易价格不能作为评估依据。第四，对于技术水平先进但外表有不同程度残损的产成品，可根据其损坏程度，通过调整系数予以调整。

采用市场法评估产成品时，现行市价中包含了成本、税金和利润的因素，而如何处理待实现的利润和税金，成为一个不可忽视的问题。对此，评估实务操作中有不同的看法，一种意见认为，用市场法评估的产成品价格，应以扣除流转税、所得税和相应的销售费用后的余额作为评估价格；另一种意见认为只应扣除流转税和相应的销售费用，不应扣除所得税；第三种意见认为，只应扣除销售费用，不必扣除各种税。

实务操作中，对这一问题应作具体分析，可视产成品评估的特定目的，即根据所发生的何种经济行为而定。假如以产成品出售为目的，就应直接以现行市场价格作为其评估值，而无须考虑扣除其销售费用和税金。理由是，任何低于市场价格的评估值，对于卖方来说都是不能接受的。另外，对于缴纳增值税的产成品来说，其销项税额尽管向购买方收取，但并不构成产成品价格。而且，对于买方来说，支付给卖方的销项税额即为自身的进项税额，在其买进的产成品再卖出时，所支付税款是销项税款与进项税款的差额，本身就意味着税款的扣除。在对企业以投资为目的进行产成品评估时，由于产成品在新的企业中按市价销售后，流转税金和所得税等流出企业，因此所追加的销售费用也应得到补偿。而且产成品的评估值折价后作为投资者权益，具有分配收益的依据，因此，在这种情况下，必须从市价中扣除各种税金和利润后，才能作为产成品评估值。

第三节　债权类及货币类流动资产评估

债权类资产是指在法律意义上具有资产属性的各种债权。债权类流动资产包括应收账款、预付账款、应收票据、短期投资及其他费用（如待摊费用）等。货币类流动资产包括库存现金和各项存款。

一、应收账款及预付账款的评估

企业的应收账款和预付账款主要指企业在经营过程中由于赊销原因而形成的尚未收回的款项，以及企业根据合同规定预付给供货单位的货款等。这些应收账款和预付账款属于企业债权性质的流动资产，但由于存在回收风险，因此，在对这些资产进行估算时，一方面要清查核实应收账款数额，另一方面还应判断可能的坏账损失。以应收账款评估为例，其基本计算公式为：

应收账款评估值＝应收账款账面价值－已确定坏账损失－预计坏账损失

（一）账面价值的确定

评估时可根据债权资产内容进行分类，即分为外部债权、机构内部独立核算单位之间往来、票据及其他债权，并根据其特点及内容，采取不同的方法进行核实。对外部债权，除了与账表核对外，应尽可能要求按户发函核对，查明各项应收账款的虚实和金额，以及每笔账款是否具有合法有效的原始凭证。此外，还要注意查明各笔款项发生的时间并作记录，作为在评估时考虑其坏账损失的一种依据。对机构内部独立核算单位之间往来则进行双向核对，避免重计漏计，以及规避其他不真实的债权关系。

（二）已确定坏账损失的确认

已确定的坏账损失是指评估时债务人已经死亡或企业破产倒闭而确实无法收回的应收账款。对于已确定坏账损失，应严格按照有关经济合同法的相关条款予以确认。

（三）预计坏账损失的确定

应对应收账款回收的可能性进行判断，一般可以根据企业与债务人的业务往来以及债务人的信用情况将应收账款分为几类，并按分类情况估计应收账款回收的可能性。

1. 预计坏账损失的详细分类

（1）业务往来较多、对方结算信用较好的应收账款通常能够如期全部收回；

（2）业务往来少、结算信用一般的应收账款收回的可能性很大，但回收时间不确定；

（3）对于一次性业务往来且信用情况尚未明确的应收账款，其收回的可能性需具体判断，实务操作中可按照账面值的一定比例确认损失；

（4）对于长期拖欠或应付一方已不复存在的应收账款，其收回的可能性较小，可在谨慎性原则的基础上，确认无法收回的坏账损失。

上述分类方法，可同时用于对坏账损失可能性及坏账损失定量的判断。

2. 定量所预计坏账损失的相关方法

（1）坏账估计法。坏账估计法是指按坏账的比例，判断不可回收坏账损失数额的一种方法。坏账比例的确定，可以根据被评估企业前若干年（一般为3～5年）的实际坏账损失额与应收账款实际发生额的比例予以确认。计算公式为：

$$坏账比例=\frac{评估前若干年发生的坏账数额}{评估前若干年应收账款余额}\times 100\%$$

然而，当某企业的应收项目多年未清理，账面找不到处理坏账的相关数额时，也就无法推算出坏账损失率，此种情况下，坏账估计法的适用性将大大降低。

例6-8 经核实，某整体资产评估项目中，截至评估基准日的账面应收账款为520万元，前5年应收账款发生及坏账处理情况如表6-6所示。

表6-6　某企业前5年的应收账款发生和坏账处理情况　　单位：元

	应收账款余额	处理账款额
第1年	1 500 000	200 000
第2年	2 450 000	72 000
第3年	2 500 000	120 000
第4年	3 050 000	83 500
第5年	2 140 000	10 100
合计	11 640 000	485 600

计算前5年坏账占应收账款的百分比为：

$$(485\ 600/11\ 640\ 000)\times 100\%=4.17\%$$

因此，预计评估基准日应收账款账面金额的坏账损失额为：

$$520\times 4.17\%=21.68(万元)$$

确定坏账损失比率时，还应该分析因特殊原因所造成的坏账损失，而此类坏账损失产生的坏账比率有其特殊性，不能直接作为未来预计损失计算的依据。

(2) 账龄分析法。账龄分析法是指按应收账款拖欠时间的长短，分析判断可收回金额和坏账的一种方法。通常而言，应收账款账龄越长，其所对应坏账损失的可能性就越大。因此，可将应收账款按账龄长短分成若干组，并按组估计坏账损失的可能性，进而计算坏账损失的金额。

例 6－9 某企业评估时，经核实，该企业应收账款实有额为 858 000 元，具体发生情况以及由此所确定的坏账损失情况如表 6－7、表 6－8 所示。

应收账款评估值＝858 000－118 138＝739 862(元)

表 6－7 应收账款拖欠时间分析表 单位：元

应收账款项目	总金额	其中：未到期	其中：过期			
			半年	1 年	2 年	3 年及 3 年以上
A	487 000	202 000	85 000	160 000	40 000	
B	176 000	80 000	40 000		10 000	46 000
C	66 000			18 400	32 000	15 600
D	129 000	22 000	18 000	24 000	25 000	40 000
合计	858 000	304 000	143 000	202 400	107 000	101 600

表 6－8 坏账计算分析表 单位：元

拖欠时间	应收金额	预计坏账率	坏账金额	备注
未到期	304 000	1%	3 040	
半年	143 000	10%	14 300	
1 年	202 400	15%	30 360	
2 年	107 000	25%	26 750	
3 年及以上	101 600	43%	43 688	
合计	858 000	—	118 138	

“坏账准备”科目是应收账款的备抵账户，是企业根据坏账损失发生的可能性采用特定方法所计提的金额。对应收账款的评估，应按实际可收回的可能性予以测算。通常而言，在应收账款评估值中已考虑坏账准备的情况下，账面值中“坏账准备”科目应按零值计算，即评估结果中无须再考虑此项目。

二、应收票据的评估

应收票据是由付款人或收款人签发、由付款人承兑、到期无条件付款的一种书面凭证。应收票据按承兑人不同分为商业承兑汇票和银行承兑汇票；按其是否附息分为附息商业汇票和不附息商业汇票。商业汇票既可以依法背书转让，也可以向银行申请贴现。所谓背书转让是指经指定收款人在商业汇票背面签章后，可将其转让他人。应收票据主要包括顾客自身所签发的本票、顾客交来的他人签发背书的本票和汇票以及企业自身签发的经付款人承兑的汇票。

由于票据有附息和不附息之分，因此对不附息票据，其评估值即为其票面金额。对于附息票据，应收票据的评估值应由本金和利息两部分组成。本金是指出票人承诺的债务金额，利息则为债务到期时所应支付的资金使用成本。应收票据评估通常采取下列两种方法。

（一）按本息和估算应收票据评估值

计算公式为：

应收票据评估值＝本金×(1＋利息率×时间)

例6-10 某企业拥有一张期限为一年的票据，本金为75万元，月息为10‰，截至评估基准日距票据到期日尚有三个半月的时间。由此确定其评估值为：

75×(1＋10‰×8.5)＝81.38(万元)

（二）按应收票据贴现值估算其评估值

该方法是指对企业所拥有尚未到期的票据，按其评估基准日到银行可获得的贴现值来测算其评估值。计算公式为：

应收票据评估值＝票据到期价值－贴现息

贴现息＝票据到期价值×贴现率×贴现期

例6-11 甲企业向乙企业售出一批材料，价款为500万元，商定6个月收款，采取商业承兑汇票结算。甲企业于4月10日开出汇票，并经乙企业承兑。汇票到期日为10月10日。现对甲企业进行评估，基准日为6月10日。由此确定贴现日期为120天，贴现率按月息6‰计算。则有

贴现息＝500×120×(1/30)×6‰＝12(万元)

应收票据评估值＝500－12＝488(万元)

与应收账款类似，如果被评估的应收票据系在规定时间内尚未收回的票据，应按应收账款的评估思路，在分析判断其尚未兑付原因的基础上，进行坏账处理。

三、待摊费用、预付费用和短期投资的评估

（一）待摊费用的评估

待摊费用是指一次支付但其效用或影响涉及未来若干时期的相关费用。待摊费用的分类如表6-9所示。

表6-9　　待摊费用分类

序号	分类标准	特征
1	预付费用性质	此类费用已由企业于评估基准日之前支出，但评估基准日之后方能产生效益，因此可将此类预付费用看作未来取得服务的特定权利。如预付保险费、预付租金、预付报刊费等。
2	均衡成本性质	此类费用是为均衡成本而按受益期进行摊销的待摊费用。如一次大量领用低值易耗品，一次支付数额较大的印花税等。

续前表

序号	分类标准	特征
3	无形资产形成性质	由于涉及相应的无形资产，而在待摊费用中予以反映的费用支出。如因引进生产线而开支的职工技术培训费等。
4	特殊性质	此类费用通常视同折旧而进行成本分摊。如按规定分期摊入成本的融资租入固定资产的租赁费、固定资产购置费等。

待摊费用是对已耗用资产的反映，本身并不是一项资产。但其支出可以形成一定形态的有形资产和无形资产。因此，评估待摊费用的价值，实际上是确定其实体资产或某种权利的价值。

对待摊费用进行评估，原则上应按其所形成具体资产的价值而确定。例如，某企业待摊费用中，发生待摊修理费 1 万元，而在对机器设备进行评估时，由于以上所发生的修理费会延长机器设备的寿命或提升其性能，从而使机器设备评估增值，因此，所发生的 1 万元待摊费用，已在机器设备价值中得以体现，因此无须在待摊费用评估中再次考虑所发生的维修费用。

（二）预付费用的评估

预付费用之所以作为资产，是因为此类费用虽已由企业于评估基准日之前支出，但在评估基准日之后方能产生效益。如预付的报刊费、预付保险金、预付租金等。因此，可将此类预付费用看作未来取得服务的特定权利。

预付费用的评估主要依据其未来可产生效益的时间。如果预付费用的效益已在评估基准日前全部体现，只因发生的数额过大而采用分期摊销的方式，则这种预付费用不应体现在最终评估结果中。只有那些在评估基准日之后仍将发挥作用的预付费用，才应作为评估对象。

例 6-12 评估基准日为 2017 年 6 月 30 日。某企业预付费用账面余额为 86.78 万元（不含车间在制品成本），其中包括预付一年的保险金 7.56 万元，已摊销 1.89 万元，余额 5.67 万元；尚待摊销的低值易耗品余额 39.71 万元；预付的房租租金 25 万元，已摊销 5 万元，余额 20 万元，租约起始时间为 2015 年 6 月 30 日，终止时间为 2020 年 6 月 30 日；以前年度应结转的过高成本费用为 21.4 万元。评估人员根据上述资料进行评估。

（1）预付保险金的评估，根据保险金全年支付数额计算每月应分摊数额为：

75 600/12＝6 300(元)

应预留保险金(评估值)＝6 300×6＝37 800(元)

（2）低值易耗品根据实物数量和现行市场价格评估，评估值为 412 820 元。

（3）租入固定资产的评估，按租约规定的租期和 5 年总租金计算，每年的租金为 5 万元，租赁的房屋尚有 3 年使用权。

评估值＝5×3＝15(万元)

（4）以前年度应结转的过高成本由于是应转未转费用，因此评估值为零。

最终评估结果为：

37 800＋412 820＋150 000＝600 620(元)

(三) 短期投资的评估

短期投资是企业利用正常运营中暂时多余的资金，所购入的非承担企业主营业务需求且能予以及时变现的有价证券，既能保证企业现金支付需求，又可获得一定额外收益。短期投资中对于公开挂牌交易的有价证券，可按评估基准日的收盘价确定其评估值；对于不能公开交易的有价证券，可按其本金加持有期利息来确定其评估值。

四、库存现金及各项存款的评估

货币性资产通常不会因时间的变化而改变其价值。因此，对于库存现金和各项存款的评估，实际上是对库存现金和各项存款的清查确认过程。通过清查盘点及与银行对账，核实现金和各项存款的实有数额，在此基础上以核实后的实有额作为其评估值。如有外币存款，需按评估基准日的当时汇率折算成人民币值。

本章小结

流动资产种类较多，评估实务中应区分实物类、债权类、货币类和其他类流动资产分别进行评估，通常所采用的评估方法为市场法和成本法。流动资产评估中涉及许多会计核算方面的问题，诸如存货的计价方式、低值易耗品的摊销、坏账准备金的提取等，具体操作时需注意评估与会计计价的差异。

思考题

1. 流动资产评估应注意哪些具体事项？
2. 如何进行存货类流动资产的评估？
3. 如何进行应收账款的评估？如何考虑应收账款会计账面余额、坏账准备和评估值三者之间的关系？
4. 评估预付费用的主要依据是什么？

第七章

长期投资及其他资产评估

第一节 长期投资评估及其特点

一、长期投资的概念及其分类

（一）长期投资的概念

从投资者角度而言，长期投资是指不准备随时变现、持有期超过一年的投资，通常将长期投资分为广义和狭义两种类型。广义的长期投资是指企业向本企业或企业以外的其他经济体的相关投入，以期获得投资报酬的一种活动或经济行为。狭义的长期投资则是指企业向那些非直接为本企业使用的项目所投入的资产，并以利息、使用费、分红、股息或租金收入等形式获得收益的行为。

从资产评估视角来看，长期投资是反映在企业“长期投资”账户上的、非直接为本企业使用的项目所投入相关资产的特定活动或经济行为，包括股票投资、债券投资和其他对外投资等形式。企业持有这些资产的目的是获取投资收益或投资资本增值，持有时间一般超过一年。长期投资的存续基于对其他企业所享有的权益，因此对长期投资的评估实际也是对长期投资所代表的权益进行评估。

（二）长期投资的分类

总体而言，投资者进行长期投资的根本目的是为获取投资收益及资本增值。然而，长期投资会在不同条件下表现为不同形式或阶段性的投资目的。例如，为达到控制目的而大量购买另一企业的股票，通过长期投资与另一企业建立合作关系等。

1. 股权投资

股权投资又称权益投资，是指投资者为获取其他企业的权益或净资产收益所进行的投资。通常而言，权益投资属于永久性的长期投资。表 7－1 给出了股权投资的细化形式。

表 7-1　　股权投资内容细化表

股权投资分类	股权投资方式	股权投资内容
直接投资	以实物资产投资	投资方以实物资产方式，包括厂房、机器设备、材料等作为资本投入或参与其他企业运营或组成联营企业。
	以无形资产投资	投资方以自身拥有的无形资产，如专利技术、商标、土地使用权等作为资本投入其他企业或组成联营企业。
	以现金投资	以现金或现金等价物方式进行股权投资。
间接投资	投资证券资产	通过证券市场购买其他企业的股票或债券，以期达到投资于其他企业的目的。

2. 债权投资

债权投资是指企业通过债券市场购买各种中长期债券而进行的投资。如通过债券市场购买企业债券、政府债券、金融机构债券等。债券投资一般属于长期的确定性收益投资（永久性债券和可转换债券除外）。

3. 混合性投资

混合性投资是指兼有股权和债权双重性质的投资。这种投资通常表现为混合性证券投资，如优先股、可转换公司债券、混合型投资基金等的混合形式投资。

二、长期投资评估的特点

长期投资评估的特点取决于长期投资自身的特点，主要表现为以下几个方面：

（一）长期投资评估是对资本的评估

从出资形式来看，用于长期投资的资产可以是货币资金、实物资产、无形资产等。但无论其出资形式如何，投资者都是将其作为资本投入到另一企业或特殊项目中。而且从长期投资所发挥的作用来看，都具有资本的功能。因此，长期投资的评估实际上是对某项资本的评估，这是长期投资的一个显著特点。

（二）长期投资评估是对被投资企业偿债能力和获利能力的评估

长期投资的根本目的是为获取投资收益，因此其价值主要体现为其获利能力的大小。长期投资获利能力的大小，同时取决于其投资数量和投资风险。偿债能力是衡量其投资风险的重要指标。因此，对长期投资的评估，实际上是对投资标的获利能力和偿债能力的评估。

三、长期投资评估程序

长期投资评估的程序通常为：（1）明确长期投资项目的相关详细内容，如投资类型、原始投资额、评估基准日余额、投资比重、投资双方相关会计核算方式等；（2）判断长期投资投入和回收金额计算的精确性与合理性，判断被投资企业财务报表的真实性；（3）根据长期投资的特点选择适用的评估方法，可上市交易的债券和股票一般采用市场法进行评估，按评估基准日的收盘价确定评估值，而非上市交易及不能采用市场法评估的债券和股票一般采用收益法，根据综合因素确定合理的折现率，确定评估值；（4）在以上步骤的基础上，获取合理评估结论。

第二节　有价证券投资的评估

一、债券投资的评估

（一）债券的含义

债券是政府、企业、银行等债务人为筹集资金，按照法定程序发行并向债权人承诺于指定日期还本付息的有价证券。按债券发行主体划分，债券可分为以下三种类型：

1. 政府债券

政府债券是政府为筹集资金而向出资者出具并承诺在一定时期支付利息和偿还本金的债务凭证，具体包括国家债券即中央政府债券、地方政府债券和政府担保债券等形式。

2. 公司债券

公司债券是公司所发行的、在一定时期支付利息和偿还本金的债务凭证。公司债券是公司筹集长期资金的重要方式，一般期限较长。公司债券的风险相对较大，因此其利率也高于一般政府债券和金融债券。

由于公司债券的风险较高，为保证投资者的资金安全，很多国家的法律都对公司债券的发行进行了一定的限制，一般体现在以下几个方面：（1）对拟发行债券的公司进行信用评级，而评定债券等级的主要依据是发行债券的公司的历史、业务范围、财务状况和经营管理水平。评级越高，表明资信水平越高，债券风险越小。（2）要求发行债券的公司提供抵押品担保。（3）对公司债券发行总额进行限制。

3. 金融债券

金融债券是指银行及其他金融机构所发行的债券。金融债券期限一般为3～5年，其利率略高于同期定期存款利率。金融债券由于其发行者为金融机构，因此资信等级相对较高，多为信用债券。

（二）债券投资的特点

1. 收益相对稳定

债券收益由债券面值和债券票面利率所决定。债券通常在发行伊始都规定票面利率，票面利率并不随市场利率的变动而变动。一般情况下，债券发行主体为吸引投资者，所定债券利率通常高于同期银行定期存款利率。因此，在债券发行主体稳定经营的前提下，债券的收益也相对较为稳定。

2. 投资风险小

债券的投资风险主要来自债券的发行主体，因此债券市场通常有严格的准入机制，无论是政府、企业还是银行发行债券都必须按国家有关规定严格执行，并且加之财产担保。政府发行的债券以国家财政作为担保；银行发行债券以银行的信誉及资产作为担保；发行公司债券的企业通常有较好的发展前景，并由企业资产进行担保。同时，银行发行的金融债券和公司发行的企业债券的期限较短。因此，在正常情况下，债券投资风险相对较小。

（三）上市债券的评估

上市债券是指可以在证券市场上进行自由交易的债券，主要采用市场法进行评估。当长期投资中的债券作为评估对象时，如果该种债券可以在市场上流通买卖，并且市场上有该种债券的现行市价，那么，对于投资者来说，尽管不准备在近期内将这种债券变现，该种债券的现行市价仍是该种债券价格的最重要依据。

正常情况下，上市债券的现行市场价格可直接作为其评估值。可上市交易债券的现行市场价格，一般以评估基准日的收盘价确定评估值。同时，资产评估专业人员应在资产评估报告中说明所用评估方法和结论，并明确该评估结论应随市场价格变动而进行相应调整。

应当明确的是，不论按何种方法进行评估，上市债券的评估值一般不应高于证券交易所公布的同类债券的卖出价。当证券市场存在投机现象、债券价格严重扭曲、债券价格与其收益现值严重背离时，对上市债券的评估，可参照非上市债券的评估方法。

例7-1 某企业持有2017年发行的5年期国债1 000张，每张面值100元。评估时，2017年发行的面值100元的国库券市场交易价为112元，则资产评估专业人员评估该企业持有的该种国库券评估基准日的评估值为：

评估值＝1 000×112＝112 000(元)

（四）非上市债券的评估

非上市债券是指不能进入市场自由买卖的债券。此类债券无法通过市场取得现行市价，因此主要采用收益法进行评估。根据非上市债券还本付息的方式，把非上市债券分为分期支付利息、到期还本和到期一次性还本付息两类情况，对每一类非上市债券采取不同的评估方法。

1. 分期支付利息、到期还本的债券评估

分期支付利息、到期还本的债券评估，通常采用有限期的收益法，其计算公式为：

$$P=\sum\frac{E_i}{(1+r)^i}+\frac{P_0}{(1+r)^n}$$

式中，P 为债券的评估值；P_0 为债券的面值；E_i 为债券在第 i 年的预期收益（利息）；r 为适用的折现率。

由上式可见，对长期债券收益现值的评估，实际上是在投资年份里，对长期投资所带来收益和投资本金进行折现求和。由于债券利率和还本期都为事先约定，计算预期收益并不困难。而债券评估的折现率也是由两部分内容构成的，即无风险报酬率和风险报酬率。前者可参照政府所发放短期债券的利率、国库券利率或银行贷款利率等；后者可考虑如下相关因素：发行债券的企业财务状况、债券到期年限、行业风险等。

就我国公司债券发行情况看，公司发行债券需经国家批准，而国家对发行债券的

公司有着严格的约束条件，所以，发行债券的公司大多数是交通、电力等基础建设行业，具有信誉好、经济效益高、风险小等优势。只要评估人员认为债券发行主体具有偿债能力和付息能力，债券风险就不是很大。

例 7-2　某被评估企业拥有债券 150 000 元，期限为 3 年，年息为 10%，按年付息，到期还本。评估时债券购入已满一年，第一年利息已作投资收益入账。评估时，国债年利率为 4%。考虑到债券为非上市债券，不能随时变现、经测定公司财务状况等因素，按 5%确定为风险报酬率。因此测定该种债券的折现率为 9%。评估过程如下：

$$\text{评估值}=\frac{15\ 000}{1+9\%}+\frac{15\ 000}{(1+9\%)^2}+\frac{150\ 000}{(1+9\%)^2}$$
$$=13\ 761+12\ 625+126\ 252$$
$$=152\ 638(\text{元})$$

2. 到期后一次性还本付息的债券评估

这类债券是指平时不支付利息，到期后连本带利一次性支付的债券。评估时，应将债券到期时一次性支付的本利和进行折现，以获取评估值。其计算公式为：

$$P=\frac{F}{(1+r)^n}$$

式中，P 为债券的评估值；F 为债券到期时本金和利息之和；n 为评估基准日到债券还本付息的期限；r 为折现率。

关于本利和 F 的计算，应视债券利率是采用单利还是复利计算而定。

（1）采用单利计算时，可按下式计算：

$$F=p_0(1+m\cdot r)$$

式中，p_0 为债券面值或计算本金值；m 为债券的期限或计息期限；r 为债券利息率。

（2）采用复利计算时，可按下式计算：

$$F=p_0(1+r)^m$$

式中，符号含义同上。

例 7-3　被评估公司持有某建设债券 50 000 元，发行期为 4 年，一次性还本付息。年利率为 10%，不计复利。评估时债券的购入时间已满 3 年，资产评估专业人员参考国债收益率，结合被评估债券的个别风险，确定其折现率为 9%。该债券评估过程如下：

$$F=p_0(1+m\cdot r)$$
$$=50\ 000\times(1+10\%\times 4)$$
$$=70\ 000(\text{元})$$

$$P=\frac{70\ 000}{1+9\%}=64\ 220(\text{元})$$

二、股票投资的评估

（一）股票的含义

股票是股份证书的简称，是股份公司发给出资人的股份所有权的书面凭证，每股股票都代表股东对企业拥有一个基本单位的所有权。股票是股份公司资本的构成部分，可以转让、买卖或作价抵押，是资金市场的主要长期信用工具。股票表明公司与股东的约定关系，实质上是一种特殊的信用工具。股票的种类如表7－2所示。

表7－2 股票的划分标准及种类

序号	分类标准	股票分类
1	票面是否记名	记名股票和无记名股票
2	有无票面金额	面值股票和无面值股票
3	股利分配和剩余财产分配顺序	普通股、优先股和后配股
4	股票是否上市	上市股票和非上市股票
5	投资主体	国家股、法人股、个人股和外资股

（二）股票投资及其特点

股票投资是指投资者通过购买股票，借以获得被投资企业收益的行为。股票投资是一种没有期限的长期投资。股票一经买入，只要股票发行公司存在，任何股票持有者都不能退股，即不能向股票发行公司要求抽回本金。因此，股票投资有其自身的特点。

1. 收益的不确定性

股票持有人作为公司的股东，有参加股东大会、参与公司经营管理活动和利润分配的权利。投资者获得收益的数量取决于发行者的获利情况及其股利分配政策。这些未知因素的存在，使得股票投资收益具有不确定性。

2. 风险性较大

股票投资与债券投资相比，投资风险较大。股票投资的收益由“收入收益”和“资本利得”两部分构成。收入收益是指股票投资者以股东身份，按照持股的份额，在公司盈利分配中得到的股息和红利的收益；资本利得是指投资者在股票价格的变化中所得到的收益。所以，股票投资收益不仅受股票发行公司业绩的影响，还受经济、政治、社会甚至人为等诸多因素的影响，而且处于不断变化中，大起大落时有发生。

（三）股票价值的表现形式

股票不仅种类多，而且有多种价值表现形式。

1. 票面价格

票面价格是指股份公司在所发行的股票票面上标明的票面金额，通常以元/股为单位，其作用是用来表明每一张股票所包含的资本数额。在我国上海和深圳证券交易所流通的股票的面值均为每股1元。

2. 发行价格

发行价格是指股份公司在发行股票时的出售价格，主要有：面额发行、溢价发行和折价发行。一般同一种股票只能有一种发行价格。

3. 账面价格

账面价格又称股票净值，也称每股净资产，是指股东持有的每单位股票在公司财务账单上所表现出来的净值，是证券分析师和财会人员通常关注的概念。用公司的净资产（包括注册资金、各种公积金、累积盈余等，不包括债务）除以总股本，得到的就是每股净值。股份公司的账面价值越高，股东实际拥有的资产就越多。由于账面价值是财务统计计算的结果，数据较精确且可信度较高，因此其成为股票投资者评估和分析上市公司实力的重要依据之一。

4. 清算价格

清算价格是指股份公司清算时，每股股票所代表的实际价格，是公司净资产与公司股票总数的比值。股票的清算价格取决于其账面价格、资产出售损益、清算费用高低等因素。

5. 内在价格

内在价格主要代表一种理论依据，是根据证券分析人员对未来收益的预测而折算出来的股票现时价格。股票内在价格的高低，主要取决于公司的发展前景、财务状况、管理水平以及获利风险等因素。

6. 市场价格

市场价格是指证券市场上股票的买卖价格。在证券市场发育完善的条件下，股票市场价格是市场对企业股票的一种客观评价。

对股票进行评估时，股票的评估值与上述前三种股票价格关系不大，只与股票的内在价格、清算价格和市场价格有关。由于股票有上市股票和非上市股票之分，因此股票评估可分两类进行。

（四）上市股票的评估

上市股票是指企业公开发行的、可以在股票市场上自由交易的股票。在正常交易条件下，股票的市场价格基本上可以作为股票的直接评估依据。其计算公式为：

上市股票评估值 = 股票股数 × 评估基准日该股票收盘价

例 7-4 A 企业持有 B 企业上市股票 10 000 股，评估基准日该股票的收盘价为每股 6.5 元，则

股票评估值=10 000×6.5=65 000(元)

（五）非上市股票的评估

1. 优先股的评估

优先股是股份公司发行的在分配红利和剩余财产时比普通股具有优先权的股份。优先股也是一种没有期限的有权凭证，优先股股东一般不能在中途向公司要求退股（少数可赎回优先股例外）。按照惯例，优先股在发行时就已规定了股息率。对优先股评估，主要是判断股票发行企业是否有足够的税后利润用于优先股的股息分配。如果发行企业经营情况良好，具有较强的支付能力，表明优先股基本上具备了“准企业债券”的性质。资产评估专业人员可根据事先确定的股息率计算优先股的年收益额，然后进行折现或资本化处理。其计算公式为：

$$P=\sum_{i=1}^{\infty}\frac{R_i}{(1+r)^i}=\frac{A}{r}$$

式中，P 为优先股的评估值；R_i 为第 i 年的优先股收益；r 为折现率；A 为优先股的等额

股息收益。

例7-5 某被评估企业持有另一家股份公司优先股500股，每股面值10元，年股息率为10%。评估时，资产评估专业人员经过调查分析，确定该优先股的折现率（资本化率）为9%。根据上述资料，评估结果如下：

$$P=\frac{A}{r}$$

$$=\frac{500\times 10\times 10\%}{9\%}$$

$$=5\ 556(\text{元})$$

如果非上市优先股有上市的可能，持有人又有转售意向，此类优先股可按照下列公式评估：

$$P=\sum_{i=1}^{n}\frac{A_i}{(1+r)^i}+\frac{R_{n+1}}{(1+r)^n}$$

式中，P 为评估值；A_i 为持有期第 i 年的定额股息；R_{n+1} 为转让市价；r 为折现率。

例7-6 被评估企业拥有另一家百货公司发行的15万股非上市股票，每股面值1元。该股票发行时，宣布5年后公开上市。被评估企业持有该股票2年，每年每股股票的股利收益率为15%左右。被评估企业拟在股票公开上市时出售所持该股票。资产评估专业人员在对该百货公司经营情况进行调查分析后认为，在今后3～5年，每股股息率保持在15%是有充分把握的，3年后股票上市的市盈率达到10倍是较为客观的。经测定折现率为9%。其评估过程如下：

$$P=\sum_{i=1}^{3}\frac{A_i}{(1+r)^i}+\frac{R}{(1+r)^3}$$

$$=150\ 000\times 15\%\times\frac{1-\dfrac{1}{(1+9\%)^3}}{9\%}+10\times 15\%\times 150\ 000\times\frac{1}{(1+9\%)^3}$$

$$=230\ 695\ (\text{元})$$

2. 普通股的评估

普通股股息和红利的分配顺序在优先股之后，因此其收益额不固定，实际上是对企业剩余权益的分配。由此可见，对普通股预期收益的预测，实际上相当于对股票发行企业剩余权益的预测。为便于评估，可将普通股分为三类：固定红利模型、红利增长模型和分段式模型。

（1）固定红利模型。固定红利模型是针对经营情况比较稳定、红利分配具有延续性的普通股的评估所设计的一种模型。其运用假设的方式，认定今后企业的红利分配策略呈现相对稳定的趋势。其计算公式为：

$$P=\frac{D_i}{r}$$

式中，P 为股票评估值；D_i为下一年的红利额；r 为折现率或资本化率。

例7-7 被评估企业甲持有机械厂乙发行的非上市股票20万股，每股面值1元。甲持股期间，每年股票收益率保持在12%左右的水平。资产评估专业人员经过调查分析，判断机械厂乙生产经营比较稳定，在可预见的年份中，保持10%的红利分配水平是可行的。同时，考虑到该股票为非上市流通股，加之机械行业技术进步较快、竞争较为激烈，在选用国债利率4%的基础上确定无风险报酬率为5%，则折现率为9%。依上述资料，评估过程和结果如下：

每股股票价格为：

$$
\begin{aligned}
P_0 &= \frac{D_i}{r} \\
&= \frac{0.10 \times 1}{4\% + 5\%} \\
&= 1.11(\text{元})
\end{aligned}
$$

被评估企业持有的股票价值为：

$$
\begin{aligned}
P &= 1.11 \times 200\ 000 \\
&= 222\ 000(\text{元})
\end{aligned}
$$

(2) 红利增长模型。红利增长模型适合对成长型企业股票的评估。通常而言，成长型企业的发展前景好、潜力大，追加投资能带来较高的收益。该模型假设股票发行企业预留一部分收益用于追加投资，扩大生产经营规模，增加企业的获利能力，最终使得股东的潜在获利能力增大，红利呈增长趋势。根据成长型企业股票红利分配的特点，可按红利增长模型评估股票的价值。其计算公式为：

$$P = \frac{D_i}{r - g}\text{，}r > g$$

式中，P为股票的评估值；D_i为下一年股票的股利额；r为折现率；g为增长比率。

股利增长率g的测定方法有两种：第一种是历史数据分析法，是在分析企业历年红利分配数据的基础上，利用统计方法计算出股票红利历年的平均增长速度，作为增长率g的基本依据。第二种是发展趋势分析法，主要是根据股票发行企业股利分配政策，以企业剩余收益中用于再投资的比率与企业股本利润率的乘积，确定股利增长率g。

例7-8　某被评估企业拥有另一企业发行的面值共50万元的非上市普通股股票。从持股期间看，每年股利分派相当于票面价格的10%左右。经资产评估专业人员调查了解：股票发行企业每年只用75%的税后利润用于股利发放，另25%用于扩大再生产。经过分析，从总的趋势看，今后几年股本利润率将维持在15%左右，测定其折现率为9%，则该普通股评估过程如下：

$$
\begin{aligned}
& D_i = 500\ 000 \times 10\% = 50\ 000(\text{元}) \\
& r = 9\% \\
& g = 25\% \times 15\% = 3.75\% \\
& P = \frac{50\ 000}{9\% - 3.75\%} = 952\ 381(\text{元})
\end{aligned}
$$

(3) 分段式模型。分段式模型是为避免上述永久折现法的各种缺点而产生的。该模型的基本思路是，先按照评估目的将股票收益期分为两段：一段是连续不断取得股利的持股期；另一段是第一段期末以后的收益期。如果持股人是中长期股票投资者，将前段逐年预期的股利进行折现，结合对后段按股票预期市价的折现，即可获取股票评估值。

例7-9　甲公司拥有乙公司发行的非上市普通股200万股，每股面值1元。经资产评估专业人员预测，评估基准日后该股票第一年每股收益率（每股股利与每股面值的比例）为5%，第二年每股收益率为8%，第三年每股收益率为10%。从第四年起，每股收益率可达12%，乙公司每年年终将把税后利润的60%用于股利分配，另40%用于公司扩大再生产，乙公司净资产收益率将保持在15%的水平上。如果无风险报酬率为4%，风险报酬率为6%，评估基准日为2017年1月1日，则甲公司所拥有的乙公司股票的评估过程为：

$$折现率=4\%+6\%=10\%$$

$$未来前三年股票收益现值之和=\frac{200\times5\%}{1+10\%}+\frac{200\times8\%}{(1+10\%)^2}+\frac{200\times10\%}{(1+10\%)^3}$$

$$=37.34(万元)$$

$$第四年起的股利增长率=40\%\times15\%=6\%$$

$$未来第四年起股票收益现值之和=\frac{200\times12\%}{(4\%+6\%)-6\%}\div(1+10\%)^3$$

$$=450.79(万元)$$

$$该股票评估值=37.34+450.79=488.13(万元)$$

第三节　股权投资的评估

股权投资是指通过协议或合同，规定投资方和被投资方的权利、责任、义务以及投资收益的分配形式，是组建联营企业、合资经营企业或合作经营企业等所进行的直接投资。股权投资的投资期限一般较长。

一、股权投资的形式及本金处置

对股权投资进行评估，应根据不同的投资形式、收益获取方式和投资占被投资企业实收资本或所有者权益的比重，采用不同的评估方法。

（一）股权投资的形式

（1）按投资额占被投资企业实收资本的比例，参与被投资企业净收益的分配；

（2）按被投资企业销售收入或利润的一定比例提成；

（3）按投资方出资额的一定比例支付资金使用报酬。

（二）股权投资本金的处置

对投资本金，一般按照投资协议或合同的约定进行处置。

如协议或合同规定了投资的期限，则在协议期满后，可选择如下处置方式：

（1）按投资时的作价金额以现金退还；

（2）返还实投资产；

（3）按协议期满时，实投资产的变现价格或续用价格作价，以现金等形式返还。

如协议或合同未规定投资期限，则不存在投资本金的处置问题。

二、股权投资的评估方法

对于股权投资，无论采取什么样的投资和收益分配形式，其评估方法一般应选用收益法。

对于合同、协议明确约定了投资报酬的，可将按规定应获得的收益折为现值，作为评估值。对到期收回的实物资产，按约定或所预测的收益折为现值，再加上到期收回资产的价值作为评估值。对于不是直接获取资金收入，而是取得某种权利或其他间接经济利益的，可尝试测算相应的经济收益，折现计算评估值，或根据剩余的权利或利益所对应的重置价值确定评估值。明显没有经济利益，也不能形成任何经济权利的，按零值计算。

例 7-10　食品机械厂 A 以其机器设备向食品厂 B 投资，协议联合生产经营期限为 10 年，双方按各自投资比重分配食品厂 B 的利润。机械厂 A 投资 50 万元，占食品厂 B 资本总额的 25%。双方约定投资期届满时，食品厂 B 按机械厂 A 投入机器设备折余价值返还 A，确定年折旧率为 5%。评估时，双方联营期已届 5 年。经调查分析，资产评估专业人员预测今后 5 年食品厂 B 经营规模和财务状况相对比较稳定，每年预计分得红利 10 万元。经测定折现率为 10%，其评估结果如下：

$$
\begin{aligned}
P &= \sum_{i=1}^{n} \frac{R_i}{(1+r)^i} + \frac{P_0}{(1+r)^n} \\
&= 100\ 000 \times \frac{(1+10\%)^5 - 1}{10\% \times (1+10\%)^5} + 250\ 000 \times \frac{1}{(1+10\%)^5} \\
&= 379\ 079 + 155\ 230 \\
&= 534\ 309\ (\text{元})
\end{aligned}
$$

例 7-11　甲纺织厂以专利权向乙纺织厂投资，联合经营期双方约定为 10 年，甲纺织厂每年按乙纺织厂使用其专利技术生产产品销售收入的 3%收取投资收益。在协议期满甲纺织厂允诺放弃该项专利技术，评估时双方已联营 5 年，乙纺织厂历年销售额在 150 万元上下波动。资产评估专业人员分析，今后 5 年仍可保持前期水平，折现率确定为 11%。该项专利直接投资的价值为：

$$
\begin{aligned}
P &= \sum_{i=1}^{n} \frac{R_i}{(1+r)^i} \\
&= 1\ 500\ 000 \times 3\% \times \frac{(1+11\%)^5 - 1}{11\% \times (1+11\%)^5} \\
&= 166\ 315(\text{元})
\end{aligned}
$$

以上是股权投资中直接投资评估的基本思路。直接投资由于投资比重不同，可以分为全资投资、控股投资和非控股投资。资产评估专业人员在进行评估时，应查阅协议章程等文书，根据规定评定其评估值。

对全资企业和控股企业的直接投资，应对被投资企业进行整体评估，资产评估专业人员现场实地核查其资产和负债情况，并采用整体企业评估方式评估确定其净资产额。全资企业的净资产额，作为对该企业直接投资的评估值。对控股企业，应按投资股权比例计算应分得的净资产额，即为对该企业直接投资的评估值。如果被投资企业经过评估，净资产额为零或为负值，对该企业的直接投资的评估值为零。

对非控股的直接投资，一般应采用收益法进行评估，即根据历史上的投资收益和被投资企业的未来经营情况及风险预测长期投资的未来收益，用适当的折现率折算为现值。再根据直接投资所占的份额，计算确定评估值。

对投资份额很小，或直接投资发生时间不长、被投资企业资产账实基本相符的，则可根据被评估企业经过注册会计师审计的资产负债表上的净资产数额，以及投资方应占的份额，确定评估值。

第四节 其他资产的评估

一、其他资产及其确认

（一）其他资产的概念

其他资产是指除流动资产、长期投资、固定资产、无形资产以外的资产，如长期待摊费用。

长期待摊费用是指企业已经支出，但摊销期限在一年以上（不含一年）的各项费用，包括固定资产大修理支出、租入固定资产的改良支出等。

（二）作为资产评估对象的其他资产的界定

其他资产属预付费用性质，收益期满后，其本身没有交换价值，不可转让，一经发生就已消耗，但能为企业创造未来收益，并从未来收益的会计期间抵补各项支出。只有当它赖以依存的企业发生产权变动时，才有可能涉及企业其他资产的评估。

从资产评估的角度，特别是从潜在投资者的角度来看待这些在评估基准日以前业已发生的预付性质的费用，它的价值并不取决于它在评估基准日前业已支付了多少数额，而是取决于它在评估基准日之后能够为企业新的产权主体带来多大的利益。所以，只有它能为新的产权主体形成某些新的资产和带来经济利益时，才能成为资产评估的对象。

评估实务中，首先要了解其他资产评估对象的合法性、合理性、真实性和准确性，认真检查核实，了解费用支出摊销和结余情况，了解形成新资产和权利及尚存情况。其他资产的评估值，要根据评估目的实现后资产占有者还存在的且与其他评估对象没有重复的资产和权利的价值确定。例如经过大修、装饰性改良的固定资产，因修理、装修所增加的价值已经在固定资产中得到体现，那么，这部分预付费用即应按零值处理。

二、其他资产的评估方法

其他资产评估的根本标准是在评估基准日后，只有能为新的产权主体产生利益时，才能界定为其他资产的评估对象。为此，对其他资产进行评估的主要依据有：

（1）其他资产未来可产生效益的时间，应作为对其评估的主要依据。如果在评估基准日后，没有尚存的资产和权利时，只是因为数额过大才采用分期摊销的办法，不应计算其评估值。

（2）其他资产在未来单位时间内（每年、月）可产生的效益或可节约的货币支出额，取决于其他资产发生时预付费用的数额、预付费用取得某项服务权利持续的时间和评估基准日后该项服务权利尚剩余的时间。

（3）其他资产在评估基准日后所能产生的效益，是否需要考虑其货币时间价值，主要应根据新的产权主体在未来受益期的长短来定。一般来说，在一年以内的不予考虑；超过一年的，视其具体内容、数额大小，以及市场行情变化趋势而定。

例 7-12 某被评估企业因产权变动，涉及其他资产评估。截至评估基准日，企业其他资产科目账面借方余额为 136 万元，其中营业室装饰性费用 82 万元；预付房租 36 万元，租期 3 年，租赁期尚余 2 年，已摊销 20 万元，账面余额 16 万元；长期借款利息 38 万元。评估人员经过调查分析，根据评估基准日能否产生经济效益为标准，对其他资产进行评估。

（1）营业室装饰性费用，已在固定资产价值评估中体现，本项目评估值为零。

（2）预付房租，租期 3 年，使用权尚剩余 2 年，则

$$评估值=\frac{36}{3}\times 2=24(万元)$$

（3）借款利息属期间费用，其效益在评估基准日以前业已体现，应按零值处理。

因此，企业其他资产评估值为 24 万元。

本章小结

长期投资的评估包括债券、股票等有价证券评估和股权类投资的评估。长期投资是企业的一项资产，反映的是被投资企业的特定权益价值。上市债券、股票可按评估基准日收盘价估算评估值，而非上市债券、股票的价值可采用收益法进行评估。收益法的具体应用需注意其收益分配情况以及收益法的具体应用形式。其他资产主要是指长期待摊费用，应根据其评估基准日后能够为企业主体带来的利益评定其价值。

思考题

1. 如何理解长期投资评估的特点？
2. 如何正确利用收益法评估长期投资？
3. 资产评估如何解决长期投资中出现的新问题？

第八章

企业价值评估

第一节　企业价值评估概述

一、企业及企业价值

（一）企业及其特点

研究企业价值，首先应明确企业的概念。企业是社会生产力发展到一定阶段的产物。关于企业的起源、性质的学说和论点颇多，形成了不同的经济学流派。这些流派的观点对于我们理解和把握企业的概念有重要作用。从资产评估的角度来看，企业是以营利为目的，由各种要素资产组成并具有持续经营能力的相对完整的系统整体。作为一类特殊的资产，企业有其自身的特点。

1. 营利性

企业作为一类特殊的资产，其经营目的就是营利。为了达到营利的目的，企业需要在既定的生产经营范围内，将若干要素资产有机组合并形成相应的生产经营结构和功能。

2. 整体性

构成企业的各个要素资产虽然各具不同的性能，但它们在服从特定系统目标前提下构成企业整体，企业的各个要素资产功能不会都很健全，但它们可以组合成具有良好整体功能的资产综合体。反之，即使构成企业的各个要素资产的个体功能良好，但如果它们之间的功能不匹配，由此组合而成的企业整体功能也未必很好。因此，整体性是企业不同于其他资产的一个重要特征。

3. 持续经营性

企业要实现盈利，必须进行经营，而且要在经营过程中努力降低成本和费用。为此，企业要对各种生产经营要素进行有效组合并保持最佳利用状态。影响生产经营要素最佳利用的因素很多，持续经营是保证正常盈利的一个重要方面。

（二）企业价值的含义

企业价值理论自20世纪50年代提出以后，引起了西方经济学家的普遍重视。罗伯特·默顿（Robert C. Merton）、迈伦·斯科尔斯（Myron Scholes）、威廉·夏普（William F. Sharpe）、默顿·霍华德·米勒（Merton Howard Miller）和弗兰科·莫迪利安尼（Franco Modigliani）等经济学家，都因为从事企业价值理论及其相关领域研究并建立了相应的理论体系而获得诺贝尔经济学奖。但企业价值的定义仍是未解的问题。

传统意义上的企业价值是指构成企业的各项资产的现值之和，反映企业的整体实力和竞争能力。进入20世纪以后，经济学家对其进行了深入的研究，对企业价值的内涵也有了更多的认识。目前，企业价值一般被认为是能够反映企业未来盈利能力的企业未来现金流量的现值。经典的价值评估理论认为，一项资产真正的或者内在本质的价值取决于该资产创造未来现金流的能力。[①] 确定靶子企业价值的过程体现的是射手企业的企业家能力。在他们眼中，企业是一种特殊的商品，企业的当前价值是其未来预期盈利能力的净现值。西方评估理论认为，企业价值是"投入资本市场价值"的同义词。通常，企业价值可以用来表示公司的某种总价值，也可以用来表示少数股东权益的总价值、普通股权益或拥有控制权益的价值、投入资本的价值、部分或全部资产的价值等。

由于企业价值评估更多地采用收益法，具体体现为现金流量折现法、经济利润折现法等，所以更多的人认为，企业价值即为现金流量的资本化。

二、企业价值的形态

企业作为独立的、特定的经济实体，具有其自身的价值。企业存在形态及其计量标准不同，企业价值的形态也不一样。一般来说，企业价值形态有以下三种：账面价值（账面净值）、市场价值和内在价值（也称核心价值）。

（一）账面价值（账面净值）

账面价值（账面净值）是指按照会计核算的原理和方法反映计量的企业价值。账面价值（账面净值）的特点表现在：（1）它是会计的名词，是将资产账户的总和减去折旧、摊提和负债而得的权益账面价值；（2）它是历史成本；（3）它受会计原理、原则、方法的改变而改变；（4）无形资产账面价值与实际价值往往存在较大差异；（5）与公平市价的关系较弱，仅供评价参考。

账面价值只能从一定程度上反映企业的内在价值，很多情况下往往与内在价值相去甚远。

（二）内在价值

企业的内在价值是企业自身所具有的价值，它是一种客观存在，是由企业内在的品质所决定的。企业的内在价值是决定企业市场价值的重要因素，但二者经常表现得不一致。一方面，企业的内在价值制约并影响市场价值；另一方面，市场价值对内在

---

① 罗杰·莫林，谢丽·杰瑞尔．公司价值［M］．北京：企业管理出版社，2002：109.

价值也会产生影响。由于信息的不对称性，企业的内在价值与企业市场价值之间通常并不一致，从而形成价值缺口。价值缺口越大，说明二者偏离幅度越大，这种偏离会直接影响到投资者的投资决策和企业经营者对于企业运营的判断。

内在价值与投资价值不同，它代表了以投资固有可见特征为基础采用分析法得出的价值。内在价值不受任何投资者特性的影响，但会因资产评估专业人员对可见特征的不同解释而受影响。

（三）市场价值

市场价值有广义和狭义之分，广义的市场价值指的是市场条件下价值的统称。例如，西方经济学中，GDP的定义是“在某一既定时期一个国家内生产的所有最终货物和服务的市场价值”，这里所称市场价值指的是利用市场价格衡量各种不同类型货物和服务的价值。财务学领域中的市场价值一般描述为企业股东权益的市场价值（即发行在外的普通股股数乘以每股市场价值）加上企业的债务价值。当一个公司的股票上市交易时，很容易计算出该公司的市场价值。更多的情况下，市场价值需要通过评估获得。

市场价值与账面价值是两个不同的概念，不仅反映在数量上，也反映在内涵上。市场价值与账面价值的差异，即反映了市场条件变化引致物价变动带来的差异，也反映了计量范围内涵上的不一致。有学者指出，企业的市场价值反映企业的市场盈利能力，而企业资产的账面价值则是购得资产成本的历史记录。当企业的盈利能力有很大的增长或急剧衰退时，企业的市场价值与账面价值会发生很大的偏离。现实中，一般认为，三个方面的原因使账面价值与市场价值存在较大的偏离：一是通货膨胀的存在使一项资产的价值不等于它的历史价值减折旧；二是技术进步使某些资产在寿命终结前已经过时贬值；三是组织资本的存在使得多种资产的组合会超过相应各单项资产价值之和。

三、企业价值评估

中国资产评估协会颁布的《资产评估执业准则——企业价值》第二条对企业价值评估进行了明确定义，指出，企业价值评估，是指资产评估机构及其资产评估专业人员遵守法律、行政法规和资产评估准则，根据委托对评估基准日特定目的下的企业整体价值、股东全部权益价值或者股东部分权益价值等进行评定估算，并出具资产评估报告的专业服务行为。该定义明确了两个问题：一是强调企业价值评估是一种专业服务行为。将评估结论以及获得评估结论的过程结合起来，既强调了企业价值评估中依据充分的必要性，同时对正确理解评估结论提出了新的要求。二是明确企业价值的构成。企业价值评估的结论从构成来说，包括企业整体价值、股东全部权益价值和股东部分权益价值。

企业整体价值是企业总资产价值（含负债）。

企业股东全部权益价值是企业的所有者权益价值或净资产价值。

企业股东部分权益价值是企业股东全部权益价值的一部分。一般来说，评估股东部分权益价值时，首先应对企业股东全部权益价值进行评估，然后按照一定的股权比例估算股东部分权益价值。但由于存在控股权溢价和少数股权折价因素，因此，股东部分权益价值并不必然等于股东全部权益价值与股权比例的乘积。

第二节 企业价值评估的范围与评估程序

一、企业价值评估的范围

评估范围界定是任何一项资产评估必须做的工作。就绝大部分有形可确指的单项资产评估，其评估范围的界定相对来说是比较容易的，即通过明确评估对象本身就能较为准确地界定评估范围。而对企业来讲，情况会复杂一些，企业价值评估的范围界定至少包括以下两个层次：一是企业资产范围的界定；二是企业有效资产的界定。我们把上述两个层次的评估范围界定称为企业价值评估的一般范围和具体范围。

（一）企业价值评估的一般范围

一般范围亦即企业的资产范围。这是从法律的角度界定企业价值评估的资产范围。从产权的角度，企业价值评估的范围应该是企业的全部资产，包括企业产权主体自身占用及经营的部分，企业产权权利所能控制的部分，如全资子公司、控股子公司，以及非控股子公司中的投资部分。在具体界定企业评估的资产范围时应根据以下有关资料进行：（1）企业提出资产评估申请时的申请报告及上级主管部门的批复文件所规定的评估范围。（2）企业有关产权转让或产权变动的协议、合同、章程中规定的企业资产变动的范围。

（二）企业价值评估的具体范围

具体范围是指资产评估专业人员具体实施评估的资产范围，亦即有效资产范围，是在评估的一般范围的基础上经合理必要的重组后的评估范围。前面已经提到，企业的价值及其高低取决于企业的获利能力，而企业的获利能力是企业中有效资产共同作用的结果。将企业中的有效资产与非有效资产进行合理必要的划分，有利于企业价值的合理评估。从这个意义上讲，在企业价值评估时应合理界定其评估的具体范围。

在界定企业价值评估具体范围时应注意的问题有：

首先，对于在评估时点一时难以界定的产权或因产权纠纷暂时难以得出结论的资产，应划为“待定产权”，暂不列入企业评估的资产范围。

其次，在产权界定范围内，若企业中明显地存在生产能力闲置或浪费，以及某些局部资产的功能与整个企业的总体功能不一致，并且可以分离，按照效用原则应提醒委托人进行企业资产重组，重新界定企业评估的具体范围，以避免造成委托人的权益损失。

最后，资产重组是形成和界定企业价值评估的具体范围的重要途径。在企业改制、上市的过程中，应考虑企业设计及现有生产能力，了解企业目前和预测期内是否有改变生产经营规模的规划和措施。资产评估专业人员应充分了解和掌握资产重组方案，但无权决定资产重组方案。

资产重组对资产评估的影响主要有以下几种情况，在资产评估时应加以重视。

第一，资产范围的变化。企业中的资产包括经营性资产和非经营性资产，按其发挥效能状况，又可以分为有效资产和溢余资产。通常，进行资产重组时，往往剥离非经营性资产和溢余资产，有时也会剥离一部分经营性资产，但剥离的经营性资产应以不影响企业正常的生产经营为前提，否则会影响企业获利能力，影响对企业收益的预测。

第二，资产负债结构的变化。为了实现合理的负债结构，许多企业需要进行资产重组。重组方案不仅会改变企业资产负债结构，还会影响企业获利能力和企业的偿债能力，这在预测风险时需加以注意。

第三，收益水平的变化。以上市公司为例，经资产重组以后，企业的净资产收益率会相应增加，这种效果不仅通过剥离非经营性资产和无效资产减少资产总额获得，而且非经营性资产减少使得收益计算中的折旧费减少，从而增加了收益。所有这些，均作为对未来收益预测的基础。资产重组方案中的土地使用权、商标权等无形资产，出于种种原因（如资产收益率的原因），如采用租赁和许可使用的方式，单项资产评估时也需对这些资产进行价值评估，只是评估价值不计入企业整体价值中作为折股依据，但要评估出土地使用权租金标准和商标权等的许可使用费标准，作为企业签订租赁或许可使用合同的依据。另外，在对管理费用的预测中应增加这些租金和许可使用费，相应减少收益，保持预测口径的一致，这在评估时应加以注意。

二、企业价值评估的程序

企业价值评估是一项复杂的系统工程，制定和执行科学的评估程序，有利于评估效率的提高，有利于评估结果的真实和科学。

（一）明确评估目的和评估基准日

接受资产评估委托时，首先必须弄清和明确评估的特定目的。评估的特定目的不同，选择的价值内涵即价值类型也不一样，评估结果也不相同。评估基准日是反映评估价值的时点定位，一般应考虑选择某一个结算期的终止日。

（二）明确评估对象

企业价值评估的对象指的是企业整体价值、股东全部权益价值和股东部分权益价值，而评估范围为评估对象涉及的资产及负债内容，如房地产、股权投资、债权和债务等。明确评估对象包括两方面内容：一是确定被评估资产的范围和数量；二是确定资产的权益。就被评估资产的范围和数量来说，要明确哪些资产要评估，哪些资产不属于评估范围。例如，股份制改组过程中，是以全部资产作价入股，还是以企业净资产，还是以剥离企业办社会性资产后剩余的全部净资产或全部资产，还是以剥离非经营性资产和企业办社会性资产后剩余的全部资产等作价入股，直接影响到评估范围的确定。就资产权益来说，指的是评估企业资产的哪方面权益，是所有权还是使用权，这些都必须明确。

（三）制定比较详尽的评估工作计划

这个工作计划包括：（1）整个评估工作（项目）的人员组成及项目的分工。（2）

整个需要准备的资料，包括两部分：企业提供资料，应对企业所提供资料进行验收；现场查勘资料。有时会出现企业提供资料与现场查勘资料不一致的情况，应进行协调，有关事宜也可在将来的评估报告中载明。例如，评估土地使用权时，如果未对该企业占用土地做实际丈量，而企业又提供了有关部门的具体资料，评估时如按企业提供资料评估，应在评估报告中说明。（3）工作进程的安排。整个评估工作分成若干阶段进行，并分阶段汇总讨论，随时解决评估中的具体问题。

（四）对资料加以归纳、分析和整理，并加以补充和完善

对收集到的资料要按照一定的方法，进行整理、归纳，并对其进行分析、补充。

（五）根据资产的特点、评估目的选择合适的方法，评估估算资产价值

根据评估对象的特点确定合适的评估方法，以使计算出的资产价值更加科学、合理、可信。

（六）讨论和纠正评估值

评估完成后，应召集包括委托人在内的评估行为相关方进行讨论，对评估过程加以说明，对特殊内容作出解释，未尽事宜进一步协商。在讨论和纠正评估值的过程中，不能随意调整评估值，应防止不必要的行政干预。

（七）产生结论，完成资产评估报告

在上述一系列工作的基础上，就可得出企业价值评估的结论，并撰写资产评估报告。

第三节 企业价值评估的收益法

一、企业价值评估中收益法的应用形式

企业价值评估的假设前提是持续经营。一是假设企业仍按原先设计与兴建的目的使用，企业在生产经营过程中能自觉地保持资产的再生产；二是企业经营期限是无穷长，即 $n \to \infty$。在此基础上，收益法应用于企业整体评估的形式有两种。

（一）年金资本化法

其计算公式表示为：

$$P=\frac{A}{r}$$

式中，P 为企业评估价值；A 为企业年金收益；r 为资本化率。

上式的数学推导过程在本书第二章中已有说明，这里不再赘述。这种方法主要用于企业每年收益额均相等的情况。但是，在实际工作中，每年收益额均相等的企业是没有的。因此，这种方法往往适用于企业生产经营活动比较稳定，并且市场变化不太大的企业评估。

具体操作过程是：根据对企业前几年的生产状况、销售状况、成本和收益情况以

及同期企业外部环境的全面分析，预测企业未来若干年的收益额。然后，计算企业未来若干年内收益额的现值，并进行年金化，即计算年等值。最后，将年金化的预期收益进行资本化处理，即可确定企业评估价值。

公式推导与表达式为：

$$PV=\sum_{i=1}^{n}\frac{R_i}{(1+r)^i}=A\cdot\frac{(1+r)^n-1}{r\ (1+r)^n}$$

$$\therefore A=\frac{\sum_{i=1}^{n}\frac{R_i}{(1+r)^i}}{\frac{(1+r)^n-1}{r(1+r)^n}}$$

$$\therefore P=\frac{A}{r}=\frac{\sum_{i=1}^{n}\frac{R_i}{(1+r)^i}}{\frac{(1+r)^n-1}{r(1+r)^n}}\div r$$

式中，$\frac{(1+r)^n-1}{r\ (1+r)^n}$为年金现值系数，可直接查表获得。

（二）分段法

这种方法是在充分调查和了解被评估企业内部经营环境和外部环境的基础上，根据企业前几年的经营状况以及产品的市场营销情况，预测企业未来若干年收益，并假定从前若干年最后一年开始，以后各年将保持固定收益。这样，可分别将两部分收益进行折现和资本化处理后折现，最后加总计算出企业的评估价值。计算公式为：

$$P=\sum_{i=1}^{n}\frac{R_i}{(1+r_1)^i}+\frac{R_{n+1}}{r_2}\times\frac{1}{(1+r_1)^n}$$

式中，P 为企业评估价值；R_1 为未来各年度收益额；r_1 为折现率；r_2 为资本化率。

例8-1 某企业的有关资料如下：根据该企业以前5年的经营实绩，预测其未来5年的收益额分别为2 500万元、2 800万元、2 700万元、2 900万元和3 000万元。根据资料确定国债收益率为5%，风险报酬率为10%，资本化率为12%。假定从第6年起，每年收益额均为3000万元，根据以上资料，确定该企业评估价值。

（1）确定未来5年收益现值。根据国债收益率和风险报酬率确定的折现率为15%（5%+10%），由此计算未来5年的收益现值为：

$$\frac{2\,500}{(1+15\%)}+\frac{2\,800}{(1+15\%)^2}+\frac{2\,700}{(1+15\%)^3}+\frac{2\,900}{(1+15\%)^4}+\frac{3\,000}{(1+15\%)^5}$$
$$=2\,500\times0.869\,6+2\,800\times0.756\,1+2\,700\times0.657\,5+2\,900\times0.571\,8+3\,000\times0.497\,2$$
$$=9\,216.15(万元)$$

（2）计算未来永久性收益的资本化价值。

$$\frac{3\,000}{12\%}=25\,000(万元)$$

（3）确定企业评估价值。

$$9\,216.15+\frac{25\,000}{(1+15\%)^5}=21\,646.15(万元)$$

因此，该企业评估价值为 21 646.15 万元。

有时，企业收益前一阶段不相等，但从（$n+1$）年的后段起，企业预期收益按某一固定比率（g）等比增长，这时分段法的计算公式可写为：

$$P=\sum_{i=1}^{n}\frac{R^i}{(1+r_1)^i}+\frac{R_{n+1}\ (1+g)}{r_2-g}\times\frac{1}{(1+r_1)^n}$$

二、企业价值评估应考虑的因素

为了科学地进行企业价值评估，必须对被评估企业作综合的考察判断。影响企业整体价值的因素很多，既有企业内部的因素，也有外部环境因素。一般来说，在评估时，主要应考虑以下三个方面的因素。

（一）企业全部资产价值

企业的资产包括有形资产和无形资产。从投资方式来说，既有满足企业自身生产经营活动的投资，也有为获得收益或控制其他企业目的的对外投资。在一定条件下，企业所拥有的资产数额越多，企业的获利能力就越大。因此，掌握企业全部资产数量和质量是进行企业价值评估的关键。

（二）企业的获利能力

这是进行企业资产评估的一项非常重要的指标。分析确定企业的获利能力，应广泛地研究各方面的因素。

1. 企业所属行业的收益

由于政策、价格、市场需求等因素的影响，不同行业的企业获利能力是不同的，主要表现在同样资产在不同的行业中所提供的利润额和利润率有很大差异，这在评估时应予以足够的重视。

2. 市场竞争因素

确定其获利能力是根据企业现实水平预测未来的收益，因此，有的企业现在的盈利水平很高，但要分析其原因，预测其产品未来的销路、市场对企业产品的需求情况、该企业产品的市场占有率、其他企业产品销量扩大对其产品销售的影响等。

3. 企业的资产结构和负债比例

企业的资产结构是指企业各类资产在全部资产中所占的比重。在资产总额一定的情况下，不同的资产结构，会对企业的盈利水平产生不同的影响。从理论上说，固定资产和流动资产应保持一定的比例，但这种比例应是多少，视不同类型的企业而定。一般来说，企业的固定资产盈利能力较强，为提高企业获利能力，应增加这方面的投资。但不能顾此失彼，固定资产的增加，会导致对流动资产的需求，当流动资产短缺，不能满足固定资产需求时，就会造成停工待料或闲置资产增加，由此固定资产的生产能力也只能是现存可能的生产能力，而不能变成现实的生产能力。

从企业筹资渠道来说，尽管融资渠道和方式很多，但总的来说，无非有两种：权益资本和负债。负债的资本成本较低，负债比例越高，企业获利能力越强。但负债比例过高，企业风险就会增加，反过来也会引起资本成本的提高。因此，负债比例也直接影响企业的获利能力和水平。

4. **企业的经营管理水平**

管理作为一项资源，在企业生产经营过程中具有重要地位。同样资产在不同的企业中，由于管理水平的高低，其获利能力也是不同的。企业经营管理水平的提高，取决于企业基础工作的好坏、企业人员的构成、技术素质、适应市场的能力、企业信誉等，应综合进行考察。

此外，企业所处的地理位置、资源供应等也是影响企业未来获利能力的重要因素。

（三）企业的外部环境

企业的生存和发展，除了取决于企业自身的努力外，还受外部环境的影响。企业的外部环境包括市场、政府政策法规等。比如被评估企业的产品是属于国家产业政策鼓励发展的产品还是限制生产的产品，能源、交通运输等的发展对其制约程度，体制改革对其影响程度等。

三、企业价值评估中的财务分析

企业财务分析是依据企业财务报表所提供的数据，对企业过去经营状况进行的比较研究，并对企业未来财务状况做出有效判断的动态过程。财务分析的目的不同，进行财务分析的主体（如债权人、投资者、企业经营者）不同，采用的分析方法也不一样。企业价值评估时进行的财务分析，主要是在分析企业现有财务状况的基础上，判断企业未来的发展能力，以有效地确定企业整体评估价值。这种分析主要从企业的偿债能力、企业的运营能力以及企业的盈利能力等方面进行。

（一）企业的偿债能力

偿债能力是指偿还各种到期债务的能力。债务融资是企业进行生产经营活动的重要融资方式，企业的负债规模、负债状况直接影响企业的收益，同时也与企业的风险程度有关。

偿债能力一般可分为短期偿债能力和长期偿债能力。短期偿债能力主要是企业资产的流动能力及随时支付债务的能力。长期偿债能力主要分析企业资产质量。偿债能力分析一般可以通过下列指标来进行。

1. **流动比率**

流动比率反映的是每1元流动负债拥有的流动资产的保证能力。流动比率是用来评价企业短期偿债能力的指标，计算公式为：

$$流动比率=\frac{流动资产}{流动负债}$$

流动比率的高低一般应依据企业的性质来决定，一般情况下，流动资产对流动负债以2∶1为宜。但是，不同行业对流动比率有不同要求，如电力行业的流动比率可以保持1∶1的水平，许多制造行业的流动比率如果降低至2∶1时，企业就会陷入困境。可见，流动比率的高低应视企业性质而定，不能一概而论。正常情况下，流动比率越高，偿债能力越强，但比率过高，说明企业会有过多的资产占压在流动资产上，而流动资产的获利能力通常较低，会使企业整个盈利水平降低；相反，如果流动比率过低，企业则可能没有足够的容易变现的资产来偿付流动负债，使企业的经营发生困难。另外，对于流动比率分析还应结合企业资产的内部结构及其他有关资料一起进行。

表 8-1 列示了某企业的资产负债表，根据表中资料，可以计算该企业的流动比率。

$$流动比率=\frac{750\ 000\ 000}{470\ 000\ 000}=1.6$$

该企业的流动比率为 1.6∶1，即企业中每 1 元流动负债，即有 1.60 元的流动资产做保障。该指标比较接近 2∶1 的经验数据，但要得出有效的结论，还要根据该企业的行业特点等情况进行分析。

表 8-1　　资产负债表

2017 年 12 月 31 日　　单位：元

资产		负债及所有者权益	
流动资产：		流动负债：	
货币资金	60 000 000	短期借款	120 000 000
短期投资	40 000 000	应付账款	260 000 000
应收账款	120 000 000	应付票据	90 000 000
存货	530 000 000	流动负债合计	470 000 000
流动资产合计	750 000 000	长期负债：	
固定资产：		长期借款	800 000 000
厂房	2 000 000 000	应付债券	430 000 000
设备	600 000 000	长期负债合计	1 230 000 000
固定资产合计	2 600 000 000	所有者权益：	
无形及递延资产：		实收资本	1 000 000 000
无形资产	400 000 000	资本公积	250 000 000
递延资产	200 000 000	盈余公积	800 000 000
无形及递延资产合计	600 000 000	未分配利润	200 000 000
资产合计	3 950 000 000	负债及所有者权益总计	3 950 000 000

2. 速动比率

速动比率，又称酸性测验比率，是用来评价企业在不依靠出售存货情况下所具有的迅速偿债能力的指标。计算公式为：

$$速动比率=\frac{速动资产}{流动负债}$$

式中，速动资产是指可以迅速转化为现金的资产项目，包括流动资产中除存货以外的库存现金、银行存款、短期投资、应收账款等。

速动比率是流动比率的辅助指标，因为流动资产中既包括速动资产，也包括存货，而存货的变现时间长，并且可能有积压残次，因此，即使流动比率较高，而如果速动比率很低，说明企业的支付能力仍然是差的。但是，速动资产是企业中收益率最低的资产，如果数量过多，则会造成企业资产的浪费。一般情况下，速动比率以 1∶1 为宜，这样既可以保持企业的偿债能力，又可以提高资产运营效率。

仍按表 8-1 计算：

$$速动比率=\frac{750\ 000\ 000-530\ 000\ 000}{470\ 000\ 000}=0.47$$

该企业的速动比率为0.47∶1，说明其即期偿债能力较弱，风险较大。另外，分析时还应结合企业资产收益率进行。

3. 资产负债率

资产负债率又称举债经营比率，它是用以衡量企业利用债权人提供资金进行经营活动的能力，以及反映债权人发放贷款的安全程度的指标。通过将企业的负债总额与资产总额相比较，反映在企业全部资产中负债的比率。计算公式为：

$$资产负债率=\frac{负债总额}{全部资产总额}\times 100\%$$

利用资产负债率评价企业财务状况时，要注意各行业、各国的负债比率的差异性，要结合企业和行业所在的社会环境考虑。从企业财务的角度，负债越大，风险越大，但负债越少，经营越保守，因此，负债比例要适度。单纯从资产负债率看并不能说明企业借债是否合适，还要结合负债的盈利能力一起考虑。

仍按表8-1计算：

$$资产负债率=\frac{470\ 000\ 000+1\ 230\ 000\ 000}{3\ 950\ 000\ 000}\times 100\%=43\%$$

（二）企业运营能力

企业运营能力反映企业使用经济资源的效率，这种效率的程度体现在资产周转速度快慢上。资产运转过程贯穿企业整个生产经营活动的始终，资产使用效率高，说明资产周转速度快，周转天数短。企业运营能力如何，通常可采用如下指标考察。

1. 存货周转率

存货周转率表示在一定时期内存货周转的速度，是影响资产周转效率的重要指标。存货周转率包括存货周转次数和存货周转天数两种。

（1）存货周转次数，是指一年内企业库存商品的周转次数，计算公式为：

$$存货周转次数=\frac{年销货成本}{存货平均余额}$$

$$存货平均余额=\frac{期初存货余额+期末存货余额}{2}$$

（2）存货周转天数，也称存货周转期，是指存货周转一次所需要的时间，计算公式为：

$$存货周转天数=\frac{360}{存货周转次数}=\frac{360\times 存货平均余额}{年销货成本}$$

存货周转率是衡量企业营销能力强弱和存货管理效果的指标。通常情况下，存货周转速度快，存货管理效果好，其存货周转次数就多，存货周转天数就短，反映的利润率就高。最佳的存货周转率没有一个客观标准，应在行业内部、行业间进行横向比较。例如，零售商业企业存货周转速度较快，建筑业的存货周转速度就较慢。一般来说，存货周转次数越多或周转天数越少，说明其运营能力越强。存货周转次数越少或周转天数越多，则表示企业可能库存旧货难以出售，存货太多占压大量资金，反映其管理效率低下。

同样，如果一个企业的存货周转率大大超过同类型行业中其他企业的存货周转率，也可能说明该企业存货不足，市场上的产品有可能供不应求，或者生产方面也可能因原料库存不足而停工待料。

此外，存货可细分为原材料、半成品和产成品等，在分析计算存货周转率时，也可相应分别计算各种存货周转率，以分析确定存货周转率状况的结构影响，分析其中原因，确定最佳存货结构。

2. 应收账款周转率

应收账款周转率是用以评估应收账款变现速度和管理效率的指标，通常用应收账款周转次数和应收账款周转天数表示。

（1）应收账款周转次数，是企业销售过程中赊销净额与应收账款平均余额的比率，计算公式为：

$$应收账款周转次数=\frac{赊销净额}{应收账款平均余额}$$

$$赊销净额=销售收入-现销收入-销售退回折让和折扣$$

$$应收账款平均余额=\frac{期初应收账款余额+期末应收账款余额}{2}$$

（2）应收账款周转天数，也称平均收账期，计算公式为：

$$应收账款周转天数=\frac{360}{应收账款周转次数}=\frac{360\times 应收账款平均余额}{赊销净额}$$

应收账款周转率可用以估计应收账款的变现速度及账款催收工作的效率，进而增加对企业流动资产状况和经营总效率的了解。通常，应收账款周转率越高越好，因为收账速度快不仅可以节约资金，也说明顾客信用状况良好，不易发生坏账损失，企业偿债能力强；反之，如果应收账款周转率很低，说明企业因催收账款不利，有过多的资金积压在应收账款上。当然，应收账款周转率的高低，因企业所属的行业不同、销售和信用方针不同而有所差异，并且要受当时经济形势和金融情况的影响。因此，没有一个绝对的标准比率来衡量。

（三）企业盈利能力

企业盈利能力是指企业赚取利润的能力。一个企业不但要有较好的财务结构、较高的运营能力，而且其最终目标是具有较好的盈利能力。企业盈利能力分析的指标有以下几种。

1. 投资报酬率

投资报酬率反映企业每元投资所能带来的利润，主要有下列两项指标：

（1）资产报酬率，也称资产利润率，是企业一定时期内实现利润与资产总额的比率。计算公式为：

$$资产利润率=\frac{利润}{资产}\times 100\%$$

式中，利润可以采用利润总额，也可以采用税后利润（净利润）。采用利润总额指标分析资产利润率时，应将其与同类型行业中企业以及企业不同时期的资产利润率相比较，以研究企业的收益水平以及企业的收益水平的变动趋势。采用净利润指标时，它反映的是每百元资产所获取的可供企业支配的利润额，这是投资者、债权人十分关注的。

（2）净资产利润率。计算公式为：

$$净资产利润率=\frac{税后利润}{净资产}\times 100\%$$

2. 销售利润率

销售利润率指利润占销售收入比率，主要有下列两项指标：

（1）销售毛利率，指销售收入扣除销售成本后的余额与销售收入的比率。计算公式为：

$$销售毛利率=\frac{销售收入-销售成本}{销售收入}\times 100\%$$

式中，因为“销售收入－销售成本”等于“利润＋税金”，所以，在我国财务制度中往往把销售毛利率称作销售收入利税率。销售收入指的是当期净销售收入，即当期销售收入扣除销售退回、折扣、折让后的净额。

（2）销售净利率，指税后利润占销售收入的比率。计算公式为：

$$销售净利率=\frac{税后利润}{销售收入}\times 100\%$$

销售净利率说明企业每元销售收入可获取净利润的水平。销售净利率越高，表明企业的获利能力越强。

3. 每股利润

每股利润也称每股收益或每股盈余，是指股份公司发行在外的普通股每股可能分得当期企业所获利润的多少。计算普通股收益时，如该公司同时存在优先股，则应首先将在净利润中优先支付的优先股股利扣除。其计算公式为：

$$每股利润=\frac{税后利润-优先股股利}{流通在外的普通股股数}$$

每股利润越高，说明普通股当期可能分红越多，它不仅说明企业获利能力，而且可以用来衡量投资风险的高低。同时，每股利润与股票价格和股利发放率有着密切的关系。

4. 每股股利

每股股利是指一定时期内企业支付给每一普通股股东的现金额。计算公式为：

$$每股股利=\frac{普通股股利总额}{流通在外的普通股股数}$$

该指标反映的是每一普通股获取股利的大小，每股股利越高，股本获利能力越强。同时，它也是影响股票价格的一项重要指标。

5. 市盈率

市盈率又称价格盈余比率，指普通股市价与每股利润的比率。其计算公式为：

$$市盈率=\frac{普通股市价}{每股利润}$$

市盈率是衡量股份制企业盈利能力的重要指标。普通股市价与每股利润进行比较，可以反映普通股当期盈余与市场价格之间的关系。因此，评估价值用于折价入股时，市盈率是一项重要参数。

四、企业收益及其选择

（一）企业收益的界定与选择

企业收益都来自企业劳动者创造的纯收入，整体企业资产评估中的企业收益也不例外。但是，在具体界定企业收益时应注意以下两个方面：（1）不归企业权益主体所有的企业纯收入不能作为企业评估中的企业收益，如税收，不论是流转税，还是所得税。（2）凡是归企业权益主体所有的企业收支净额，均可视同企业收益，无论是营业收支、资产收支，还是投资收支，只要形成净现金流入量，就应视同收益。企业收益界定是从企业发生产权变动，为确定企业交易价格这一特定目的作为出发点的。从潜在投资者参与产权交易后企业收益分享的角度，企业收益只能是企业所有者投资该企业所能获得的净收入。其表现形式有两种口径：企业净利润和企业净现金流量。

从投资回报的角度，企业收益的边界是可以明确的。企业净利润是所有者的权益，利息是债权人的收益。针对企业发生产权变动而进行企业资产评估这一特定目的，企业产权转让的是企业所有者权益，即企业只易业主而并不更换债主。因此，整体企业的评估值应该是企业的所有者权益的公平市场价值。

（二）净利润与现金流量

1. 质的不同

企业净利润是企业一定时期实现的用货币表现的最终财务成果，它表明企业生产经营业绩和获利能力。它是以权责发生制为基础分期确认，依据费用同收入的配比和因果关系而形成的。现金流量反映的是企业现金的实际进出。净利润与现金流量的差异不仅体现在数量上，而且在对企业财务状况评价时所具有的作用也不相同。

2. 量的不同

净利润与现金流量在数量上的差异在于：在企业的整个存续期间，其净利润与现金流量在数额上是相同的，但在某一会计期间，金额上则会有差别。这两者之间之所以会有差别，是因为采用不同会计概念和时间推移而造成的。具体表现在以下几个方面：

（1）净资本性支出。资本性支出在付款时是一种现金流出，但以后以折旧形式在其估计的使用年限内作为利润的冲销。因此，在一个会计期间，如果资本支出超过折旧，超出数额就会相应抵减现金流量表中的现金流入数量；反之，则相反。

（2）存货的周转。存货的增加，在购入付款时是一种现金流出，只有以后在售出而取得净利润时才能冲销。因此，在一个会计期间，如果库存增加，就会抵减现金流量，其所抵减的金额就是这一增加额。当然，如果库存或在制品减少，则正好相反。

（3）应收、应付款的存在。应收账款反映的赊销收入和应付账款相对应的赊购支出在确认收入或支出时就体现在利润表中，只有在以后现金结算时才是现金流量的增减。因此，如果在一个会计期间应收款增加，其所对应的现金流量就会低于净利润，而如果应付款增加，所对应的现金流量就高于净利润；反之，情况就相反。

（4）其他额外资金的流动。有额外资金进入企业，或企业偿还借款，这些都是现金流量，但对资产负债表和利润表的影响并非都一一对应。

正是以上四个方面的相互制约，才形成了净利润和现金流量之间的差异。企业生产经营活动中的一个常见现象是：当企业在扩张时，资本性支出将超过折旧，各种存货周转量也会增加，同时应收款和应付款也将增加，因此，有利可图的扩张通常伴之以较大的现金流出。这种现象称为“超过营运资金的经营”，即扩张时没有适当地控制负现金流量和随之投入所需增加的资本。这是造成企业经营困境，或经营获利而经营活动的现金流量却为负数的常见原因。

3. 两者的相互关联

净利润与现金流量既有差异，也存在密切联系，主要体现在以下方面：

（1）净利润是预计未来现金流量的基础。未来现金流量的估计是通过现金预算的编制进行的，现金预算是保证现金收支管理的重要工具。净损益调整法是现金预算编制的重要方法之一，它是以预计损益表中按权责发生制原则确定的净利润作为现金编制的出发点，通过逐笔调整处理各项影响损益和现金余额的会计事项，把本期净收益调整为净现金流量的方法。

（2）现金流量与净利润的差异，可揭示收益品质的好坏。所谓收益品质，是指对企业净利润与现金流量之间的差异程度予以反映的一个概念。一般而言，净利润与现金流量之间的伴随关系越强，表明企业的收益品质越好，即净利润与现金流量之间的差异（数量上、时间分布）越小，说明净利润的收现能力越强。收益品质越好，企业的资产流动性和财务适应性就越强。

（三）股权自由现金流量与企业自由现金流量

企业现金流量最一般的形式为“企业自由现金流量”（自由现金流量是20世纪80年代以哈佛大学詹森教授为首的一些学者提出的概念），即企业经营活动所创造的、可供管理当局自由支配运用的那一部分现金流量。自由现金流量没有明确的定义，一般来说，自由现金流量是指公司经营活动的现金流入减去公司所有的支出，包括经营成本开支、资本性支出增量、营运资本的增量、利息、税收支出等所形成的净现金流量。它是企业所有权利要求者，包括普通股股东、优先股股东和债权人的现金流量的总和，其计算公式为：

$$\text{企业自由现金流量}=\text{息税前利润}\times(1-\text{税率})+\text{折旧与摊销}-\text{资本性支出}-\text{追加营运资本}$$

股权自由现金流量则是企业支付所有营运费用、再投资支出、所得税和净债务支付（即利息、本金支付减发行新债务的净额）后可分配给企业股东的剩余现金流量，其计算公式为：

$$\text{股权自由现金流量}=\text{净利润}+\text{折旧与摊销}-\text{资本性支出}-\text{营运资本追加额}-\text{债务本金偿还}+\text{新发行债务}$$

估算现金流量时，应遵循现金流量与折现率必须保持一致，即股权自由现金流量对应股权资本成本，企业自由现金流量对应资本加权平均成本。

经济学家认为公司的价值基础是现金流量。当现金流量的变动与利润的变动不一致时，公司的价值变化与现金流量的变化更为一致。

西方资本市场研究表明：(1) 企业的现金流量是企业价值的最终决定因素而非权责发生制的会计收益；(2) 现金流量与应计制收益结合起来比任何一个单独使用更为有用（Aswath Domodaran，1998）。

（四）经济增加值（EVA）

经济增加值是指一定时期的企业税后经营净利润与投入资本的资金成本的差额。EVA 产生于 20 世纪 80 年代的美国，逐渐在其他国家推广。与传统的业绩评价指标相比，EVA 基于股权资本同样具有机会成本的认识，在计算企业的资本成本时，不仅考虑了负债资本的成本，而且考虑了股权资本的成本，从而克服了传统评价指标在评价企业业绩时未扣除股权资本成本的缺陷，使评价结果更加准确。EVA 指标设计的基本思路是：理性的投资者都期望自己所投入的资产获得的收益超过资产的机会成本，即获得增量收益；否则，他就会想方设法将已投入该资产的资本转移，投入到其他的资产中去。EVA 的计算公式为：

$$\text{EVA}=(\text{税后资本回报}-\text{资金成本})\times\text{公司资产经济账面值}$$

式中，

$$\text{税后资本回报}=\frac{\text{息税前盈余}\times(1-\text{公司税率})}{\text{公司资产经济账面值}}$$

公司资产包括固定资产和营运资金，而资产经济账面值是会计账面值加上权益约当储备（如折旧及商誉）的调整。

当企业的税后净营业利润超过资本成本时，EVA 大于零，表明企业的经营收入在扣除所有的成本和费用后仍然有剩余。由于这部分剩余收入归股东所有，股东价值增大。反之，EVA 小于零，表明企业经营所得不足以弥补包括股权资本成本在内的成本和费用，股东价值降低。可见，EVA 与股东价值成同方向变化，追求 EVA 最大化就是追求股东价值最大化。而股东价值是企业价值的重要组成部分，股东价值的增减必然会引起企业价值的增减。

选择和采用经济增加值作为收益额，其优势表现在：

第一，从股东角度定义企业利润。正如彼得·德鲁克所说：在一家公司获得大于其资本成本的利润回报之前，它的经营都是处于亏损状态的……只要企业对经济的回报小于对资源的损耗，它就是在摧毁财富，而不是在创造财富。从股东的角度来看，只有当企业的税后收益高于投资的机会成本时，该项投资才是真正盈利的。这是 EVA 较其他会计指标的优势所在。

第二，与直接将股价作为业绩评价依据相比，EVA 具有天然的优越性。市场上股价的形成是多种因素综合的结果，除了经营上的因素，还有很多其他方面的因素。如果将其作为对经营者业绩评价的依据，并不能得出客观公正的结论，甚至可能使经营者更多地关注在其任期内如何使股价升高，这可能引发很多问题。EVA 不仅能为上市公司，而且也能为非上市公司提供业绩标准，并使得非上市公司具有能与上市公司进行业绩比较的共同基础。这正是EVA具有广泛认同性的一个重要原因。

五、企业收益的预测

（一）企业收益预测的基础

企业收益预测首先应明确企业收益预测的基础。企业收益的基础不同，预测时考虑的因素也不一样。收益基础的判断，重要的是对企业整体评估时经济行为的理解。以股份制企业上市为例，以发起人企业为对象评估，目的是要对拟投入上市公司的发起人企业价值评估，以此作为折价入股的依据。因此，预测企业未来收益时，应以发起人企业为基础。通常，上市发起人企业需进行资产重组，所以，收益预测应以资产重组后的原企业为基础。显而易见，预测时不应将公司上市后筹资数额作为影响企业收益额的依据。正因为如此，资产评估时的收益预测不同于上市审计的盈利预测。企业收益预测必须注意以下因素：（1）企业预期收益的预测必须以企业现实存量资产为出发点，并考虑正常经营范围内的合理改进和资产重组的因素。（2）企业预期收益的预测必须以企业未来进行正常经营为基础，并考虑业已产生或潜在的有利因素和不利因素。

（二）企业收益预测的方法

1. 综合调整法

这是一种以企业收益现状为基础，考虑影响企业未来收益的各种因素的预期影响，对收益进行调整以确定近期收益的办法。其计算公式为：

$$\text{预期年收益}=\begin{matrix}\text{当前正常}\\\text{年收益额}\end{matrix}+\sum\begin{matrix}\text{预期有利因素}\\\text{增加收益额}\end{matrix}-\sum\begin{matrix}\text{预期不利因素}\\\text{减少收益额}\end{matrix}$$

使用综合调整法的具体步骤为：

（1）设计收益预测表。

（2）按收益预测表的主要项目，逐项分析预期年度内可能出现的变化因素。一个有效的办法是根据以往资产评估实践经验的积累，总结归纳出影响企业收益变化的主要因素，作为发现预期年度影响因素的向导。实际评估时，先查明企业收益偏高或偏低的主要原因，把它们作为分析的重点，然后通过查阅各种资料，分析和预测市场形势，同企业管理人员讨论，发现预期年限影响收益变动的重要因素。

（3）分析各影响因素对收益预测表中各个项目的影响，采取一定的方法，计算出各项目的预测值。如某种原材料价格严重偏高，预期未来市场价格将会下浮，则可以直接按预期降价幅度和该原材料占成本的比重确定成本减少额。

（4）将各个项目的预测值汇总，得出预测的收益值。

综合调整法直接根据各种预期发生的因素进行计算，便于人们检查评估结论的客观性，可鉴别各影响因素的性质和影响程度，详细反映了预期收益的依据，成为当前企业收益预测中最常用的方法。

2. 产品周期法

当企业高额盈利主要是由于产品具有特色或产品价高利大引起时，一般采用产品周期法预测企业未来收益，即根据企业主导产品寿命周期的特点来评估企业收益的增减变化趋势。

采用产品周期法来预测企业未来收益，首先必须掌握大量的产品寿命周期统计资料，画出图形，或建立周期模型；然后应根据企业产品销售的历史情况和当前市场状况，判断企业产品所处的大致周期阶段；最后参照各类似商品寿命周期曲线，来推测企业产品的寿命周期阶段，据以估算销售量和收益的增减变动情况。

3. 统计法

这是将统计预测的基本理论和方法，运用于企业未来收益的预测而产生的方法。当被评估企业属于综合实力型，开发能力、管理能力都较强，原材料供给和产品市场也可得到保障，企业在过去年份内趋于某种稳定趋势，并且预测期内其生产经营环境也较为明确时，可采用统计法。

统计法具体又可分为时间序列法和回归分析法，其原理和计算方法与需求预测时采用的时间序列法和回归分析法一样，只是变换了预测的对象而已。

六、折现率和资本化率的估算

折现率和资本化率的原理具有一致性，但其适用的条件不同。折现率和资本化率的确定，是企业价值评估的难点，评估时应谨慎确定。

（一）折现率和资本化率确定的原则

1. 折现率和资本化率应不低于安全利率

安全利率是无风险报酬率，是最低收益率，投资者购买国库券或进行银行存款时，风险率最低，因此，其收益率可以作为无风险报酬率。投资者投资于企业的目的，在于在承担风险的同时，获得超过无风险报酬率的报酬率，因此，折现率和资本化率作为衡量投资收益率的尺度，必须超过安全利率即无风险报酬率。

2. 折现率和资本化率应与收益额口径保持一致

收益法应用中，不同的折现率、资本化率与收益额之间存在密切关系，最终会引致评估结果和价值含义的差异。如上所述，折现率和资本化率的本质是收益率，如果折现率或资本化率计算中的收益采用的是净利润，预期收益额也应采用净利润口径。从形式上说，折现率和资本化率确定时是否包含通货膨胀率，也应与收益额预测的口径保持一致。

3. 折现率和资本化率应参考同行业平均收益率而定

折现率和资本化率的本质是收益率，在估算收益率时，可借鉴同行业的平均收益率。在企业收益额一定的情况下，企业自身收益率超过行业平均收益率，该企业的评估值就高；反之，如果企业自身收益率低于行业平均收益率，该企业的评估值就低。

（二）折现率和资本化率的估算方法

1. 资本资产定价模型

如果没有负债，权益资本成本（cost of equity capital）和加权平均资本成本（weighted average cost of capital，WACC）之间没有差别。但是，一般来说，WACC

才是适当的折现率，因为它是作为对债权人和股权所有者全部现金流量折现的资本成本。股权资本成本，或者估算股权价值时的折现率可以采用资本资产定价模型（the capital asset pricing model，CAPM）进行衡量。其模型表示为：

$$R_E=R_f+\beta\,[E(R_m)-R_f]$$

式中，R_E 为预期回报率；R_f 为无风险报酬率；$[E(R_m)-R_f]$ 为风险溢价；β 为权益的系统风险。

资本资产定价模型是继哈里·马科维茨（Harry M. Markowity）在1952年建立现代资产组合理论之后，由经济学家威廉·夏普（William F. Sharpe）、约翰·林特纳（John Lintner）于20世纪60年代创立的。其核心观点是，权益性投资面临的公司风险可以通过分散投资组合来消除。也可以说，任何证券的期望回报率都与该证券相对于市场组合的系统风险（β）正线性相关。

风险是事物发展的未来结果的不确定性。这种不确定性存在两种可能的趋势：一种是未来实际结果比事先期望的结果要好，可以看作风险收益；一种是未来实际结果比事先期望结果要差，即为风险损失。风险形成的原因是复杂的，一般可以划分为系统风险和非系统风险。

非系统风险（unsystematic risk）也称公司自身风险，其产生原因是只影响某一证券收益的独特事件，如由于某公司投资决策失败，导致产品的市场占有率下降、业绩下滑等，这种风险可以通过多元化投资组合来减少或消除。系统风险（systematic risk）即市场风险，是指由于某种因素会以同样方式对所有证券的收益产生影响的风险，这种风险一般不能通过多元化投资组合来减少或消除。β 系数是用来衡量各种证券市场风险的一个重要指标。

β 系数是反映某种股票随市场波动的趋势。如果某只股票的收益率随整体市场同步运动，这种股票称为平均风险股票，$\beta=1$；若 $\beta<1$，如 $\beta=0.5$，则这种股票的变动性只相当于市场变动性的一半，该种股票的风险只相当于平均风险的一半；若 $\beta>1$，说明该种股票风险高于社会平均风险。证券组合的 β 是个别证券的 β 的加权平均值（见图8-1）。

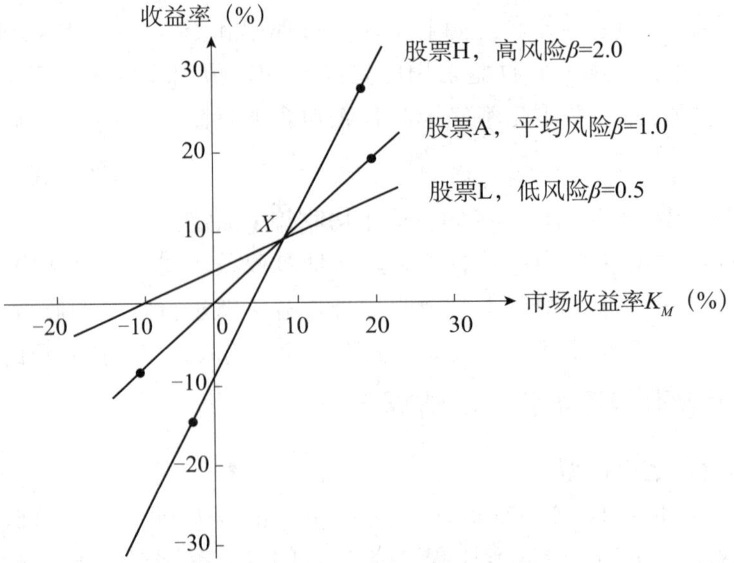

图8-1 β图

资本资产定价模型在财务界具有重要影响。但该模型是建立在若干基本假设基础上的，这些假设包括：（1）资本市场是高度有效的，包括信息畅通，没有信息成本，没有转换成本，没有税赋，在投资方面几乎没有任何限制，没有投资者大到足以能够影响证券的市场价值；（2）投资者对个别证券的预期报酬率和风险存在一致看法，投资者的预期建立在相同的持有时间上。在这些基本假设的条件下，投资者将以相同的方式画出相同的风险资产的组合曲线及效率曲线。

上述假设的要求是苛刻的，进而制约了该模型的使用。尽管资本资产定价模型在资本市场上是一种有效的风险资产价格预测模型。但模型的严格以及过多的假设影响了其适用性。基本假设的核心是证券市场是一个有效的市场，这是该模型的应用前提。

鉴于我国目前证券市场信息公开化程度较低，信息披露不完备以及投资者结构、股权结构不合理的状况，为了提高资本资产定价模型在我国证券市场，特别是估算折现率方面的适用性，必须在完善信息披露制度，加强信息披露管理；大力培育机构投资者，改善投资主体结构；合理解决上市公司股权结构问题等方面寻求有效途径。

2. 加权平均资本成本

关于资本成本（cost of capital，COC）的定义，著名的《新帕尔格雷夫货币金融大辞典》中指出，“资本成本是企业资产的投资者要求获得的预期收益率。以价值最大化为目标的公司经理把资本成本作为评价投资项目的贴现率或最低回报率”。可见，资本成本是从资本提供者即投资者角度表示与投资机会成本和投资风险相适应的回报率。

企业融资分为债务融资和股权融资。融资方式不同，融资成本也不一样。

债务融资一般包括借款和债券，需要支付利息和债息，但利息和债息可以计入财务费用，是在税前列支的。因此，债务融资的利息或债息扣除所得税部分的差额即为债务成本。

股权融资包括优先股融资和普通股融资。股权的股息红利是在缴纳所得税以后的收益中支付的，不会因此而减少企业的所得税，因此，其资本成本基本上就是其支付的股息红利额。

优先股的股息一般事先规定，其数额相对稳定，其成本计算比较容易。但普通股成本计算较为困难。如果普通股红利支付相对稳定，则可以采用与优先股相同的方法计算其成本。如果普通股股利随公司的增长而不断增长，则可以采用红利增长模式计算其成本。当然，股权资本成本还可以通过资本资产定价模型（CAPM）估算获得。

计算各类融资资本成本后，即可以计算加权平均资本成本，其计算公式为：

$$K=\sum_{i=1}^{n} K_i W_i$$

式中，K 为加权平均资本成本；K_i 为各类融资资本成本；W_i 为各类融资占总融资的比重，即权数。

确定各种资本权数的方法一般有三种：

（1）以企业资产负债表中（账面价值）各种资本的比重为权数；

（2）以占企业外发证券市场价值（市场价值）的现有比重为权数；

（3）以在企业的目标资本构成中应该保持的比重为权数。

采用企业资产负债表中记录的各类资本的账面价值作为资本权数，其优点是与资产负债表中列示的资产额相一致，因此，采用这种方法能与企业公布的数据保持一致，而且容易获得。但这种方法存在一定的缺陷。如果企业的各种有价证券自由流通的话，它们出售时的市场价值会与资产负债表中的数字存在较大差异。

采用市场价值作为权数，市场价值权数是在各种证券的当前市场价格和当前市场变化的条件下计算得到的，因此反映了其实际情况。这时，由于普通股的市价会高于其账面价值，相对于其他资本要素而言，普通股的权数增加了。一般认为，使用市场价值权数计算企业资本成本是一种合理的方法。

当然，也可以使用目标权数。但目标权数确定的主观性较大，有人会使用本企业所在行业内最好企业的权数作为标准；有人会比较与自己有相似特点的企业融资结构作为标准；也有人会按行业内平均资本结构作为标准。

3. 风险累加法

企业在其经营过程中总要面临经营风险、财务风险、行业风险及其他风险的挑战。因此，在无风险报酬率的基础上将企业可能面临的各项风险因素予以量化并累加，可以得到相应的折现率和资本化率。用公式可表示为：

折现率、资本化率＝无风险报酬率＋风险报酬率

风险报酬率＝经营风险报酬率＋财务风险报酬率＋行业风险报酬率＋其他风险报酬率

式中，经营风险主要是指企业在经营过程中，市场需求、要素供给以及同类企业间的竞争给企业未来预期收益带来的不确定性影响；财务风险主要是指企业在经营过程中资金周转、资金调度以及资金融通中可能出现的不确定性因素对企业的预期收益的影响；行业风险主要是指企业所在行业的行业性市场特点、投资开发特点以及国家产业政策调整等因素造成的行业发展不确定给企业预期收益带来的影响；其他风险主要包括通货膨胀、通货紧缩风险，以及预测期内国内外政治经济局势对企业生产经营产生的影响等。

量化各种风险所要求的回报率，目前大多采用经验判断，粗略估计各种风险所要求的风险报酬率。当然，量化风险报酬率的工作有待进一步完善，使之更科学，更合理，更客观。

第四节　企业价值评估的其他方法

一、资产基础法

（一）资产基础法及其适用性

资产基础法（asset based approach）在我国也称为成本法和成本加和法。我国《资产评估执业准则——企业价值》定义的企业价值评估中的资产基础法是指以被评估单位评估基准日的资产负债表为基础，合理评估企业表内及可识别的表外各项资产、

负债价值，确定评估对象价值的评估方法，是确定企业、企业所有者权益或企业证券价值的一种常用评估方法。

资产基础法是以资产负债表为导向的评估方法。企业资产负债表本来就体现其现行价值（一定定义下的）。资产基础法涉及未入账的有形资产、无形资产和负债的确定和评估，同时也对已计入资产负债表中的资产和负债进行重估。我国企业价值评估长期采用资产基础法，说明资产基础法有一定的适用性。尽管资产基础法存在局限性，但以资产基础法本身分析，其优点表现在以下几个方面：

第一，资产基础法的评估结果是以惯用的资产负债表的形式表示的。这种形式对于熟悉财务报表的人来说是非常适合和容易把握的。

第二，资产基础法在评估过程中，分别对每一种资产估算其价值，将每一种资产对企业价值的贡献全面地反映出来。

第三，资产基础法对于企业购买者和出售者双方在谈判中是有用的。采用收益法可以从其收益水平角度来评估企业价值。然而，评估不能忽视一家公司的潜在资产这一问题，价值总是基于公司的资产和盈利两方面。虽然盈利（或潜在的盈利）可能在决定公司价值方面是一个明显的因素，但买方对涉及资产很少而商誉很高的交易常常不感兴趣。

第四，这种方法对于作为诉讼依据和争议解决是有用的。由于分别确定了企业中各单项资产的单独价值，因此很容易衡量某一项资产价值对企业价值的影响程度。这种方法能够应用于企业解体时股东或合伙人争议中的资产的分配或某一重大资产分割纠纷中的资产分割。

第五，这种方法获得的评估结果便于进行账务处理。

（二）资产基础法的局限性

采用资产基础法具有理论和技术上的局限性，表现在以下几个方面。

1. 资产基础法是从投入角度评估企业价值的

企业价值是由组成企业生产经营活动的各项资产要素组成的，是各项资产的集合。从评估理论角度，如果能够将所有形成企业价值的资产，既包括账面资产，也包括账外资产，统统包括在评估范围内，就能够正确地评估企业价值。但技术方法的限制使得这一思路难以变成现实。因为企业资产账面价值是根据会计计价原则形成的，有一些资产尽管对形成企业价值有贡献，但并不符合会计计价原则而不能反映在账面价值中。如果在评估时根据其现实确定资产范围又会产生随意性和不规范性，因此未包含在账面价值中的资产难以恰当确认。

2. 企业作为资产有机体，其资产构成是复杂的，现代会计计价理论并没有真正地反映企业资产的全部

根据制度经济学的解释，企业作为市场的替代品，是为了减少或降低交易费用而产生的。同时，企业的形成增加了组织和协调成本，这些组织和协调成本是影响企业资产价值的重要因素。现代企业理论认为，企业是人力资本与非人力资本的特别合约（周其仁，1996）。企业价值是由人力资本和非人力资本共同形成的，账面价值中只反映了非人力资本价值，而忽略了人力资本价值。作为企业评估价值的市场价值和账面价值是两个不同的概念。账面价值与市场价值的差异，既反映了市场条件变化引致物价变动带来的差异，也反映了计量范围、内涵的差异。账面价值通过会计核算方式，遵循会计核算规则获得，各类资产均作为生产要素，特别是现在，对于各类无形资产的计量也日益全面和准确，但仍有大量的无形资产并未计量。安达信公司调查结果证实了公司市场价值与账面价值之间关系的明显转换：1978年，公司账面价值平均相当于市场价值的95%，而1988年下降至28%，估计现在已低于20%。换言之，在新经济下公司市场价值有80%来自于非资产负债表上的资产，深入研究可以发现主要来自于知识、品牌、人才以及关系等无形资产。世界著名的微软公司有形资产的数量仅与小型企业相差无几，而企业的市值则超过美国三大汽车公司市值的总和，这表明无形资产对企业未来现金流量发挥着十分重要的作用。1969年经济学家詹姆斯·托宾（James Tobin）提出了著名的系数即托宾系数：

$$托宾 Q=企业市场价值/企业资产重置成本$$

该系数揭示了企业市场价值与其资产现行重置成本之间存在的差距。布瑞德特·康纳尔在《公司价值评估》一书中认为，重置成本法（资产基础法）的最大不足是它忽略了组织资本。正像前面已经注意到的一样，公司之所以存在，是因为它们可以按照一定方式组合资产和人员使得总体的价值超过每一部分单独价值的和。依据重置成本法（资产基础法）评估，无论各项资产的重置成本测定得多么完美，也忽略了这样一种追加的协调价值。因此，重置成本法（资产基础法）不能考虑一开始导致公司形成的某些因素的价值。

从我国上市公司来看，截至2016年底，我国A股上市公司的无形资产账面净额为2.28万亿元，近99%的上市公司拥有无形资产，但无形资产占总资产的比例却很低，无形资产规模在上市公司总资产中约占1.1%。这一现状产生的原因，一部分在于上市公司对无形资产的重组，另一部分在于对无形资产的确认存在一定问题。

资产基础法作为企业价值评估的一种方法，应该是有选择地使用，而不应该是硬性规定使用这种方法，对于这种方法的选择是有条件的。美国评估师协会的《企业价值评估规范》中规定，企业设立时所进行的评估以及以下企业的评估，应考虑采用资产基础法：（1）投资公司或不动产经营这样的股权企业；（2）所评估企业的评估前提为非持续经营时。当对持续经营前提下直接进行生产经营的企业进行评估时，资产基础法不应作为评估项目中唯一使用的评估方法。当评估人员仅采用此评估方法时必须提供单独选择此评估方法的依据。

（三）资产基础法的应用

采用资产基础法评估企业价值，首先应明确企业资产评估的范围。此外，还应明确企业价值的内涵，即是企业总资产价值还是净资产价值或其他。如要评估净资产价值，还需对负债进行审核评估。

资产基础法是对各单项资产价值评估的汇总。各单项资产价值评估的方法在前面各章中均有详细介绍，这里仅就资产基础法运用中的问题作一些说明。

第一，应在分别就企业中现有资产进行分类、清查的基础上，采取相应方法进行评估。

第二，对外投资是企业资产的构成内容，如对外投资占被投资企业股权比例很高时，应对被投资企业进行评估，然后按股权比例确定对外投资价值。

第三，根据资产重组方案，有些资产，如土地使用权、商标权等作为租赁或许可使用的资产，资产评估专业人员仍要对土地使用权和商标权进行评估，并评估出其租金或许可使用费标准。

第四，需要确定企业净资产评估值时，还应对负债进行评估处理。负债的评估处理主要是对于企业负债的审核，包括两方面内容：一是负债的确认；二是负债的计量。

负债的评估以是否存在实际债权人为评估基础。从评估角度，负债可以分为三大类，即业务往来负债、以国家或职工个人为债权人的负债以及非实际承担的负债。评估过程中，基本上是按审计准则和方法对账面价值核实后确定评估值。其中：（1）对于业务往来形成的负债，应根据业务是否确定发生进行评估。（2）对于以国家或职工个人为债权人的负债，应根据有关法律法规和企业规定的制度进行评估。（3）对于非实际承担的负债项目，可按零值计算。

对于负债的评估还应注意企业账面负债的可免除部分和应免除部分，以及企业将面临的或产生的负债。

此外，负债评估原则还应与流动资产中债权类资产评估的原则保持一致，否则，就会因为债权和债务评估的差异，引致整个评估结果的不合理。

（四）资产基础法应用中应注意的几个问题

1. 正确处理账面资产与评估资产的关系

如前所述，账面资产是按会计计量的要求确认和反映的，与评估确认的标准具有一定的差异。评估时，既要充分利用账面资产（经过审计的财务报表具有可靠性），同时，又要确认未计入账面的账外资产。长期的资产评估实际工作中，账面价值的审计似乎成为决定资产评估结论的重要因素，也就是说，经审计以后确认的资产才能作为评估对象。事实上这是一种错误。经审计确认后的账面资产范围及其价值，表明了其真实性和可靠性，为企业价值评估利用企业财务资料提供了保证。但采用资产基础法时，不仅要利用这些账面资料，还要对账外资产予以确认。《资产评估执业准则——企业价值》中第三十六条规定，资产评估专业人员应当根据会计政策、企业经营等情况，要求被评估单位对资产负债表表内及表外的各项资产、负债进行识别。资产评估专业人员应当知晓并非每项资产和负债都可以被识别并单独评估。识别出的表外资产与负债应当纳入评估申报文件，并要求委托人或其制定的相关当事方确定评估范围。当存在对评估对象价值有重大影响且难以识别和评估的资产或者负债时，应当考虑不同评估方法的适用性。

2. 处理好价值类型和评估方法使用问题

企业价值评估是为某一特定经济行为服务的，特定经济行为是决定其价值类型的重要依据。而且，某一企业价值评估的价值类型是唯一的，采用资产基础法评估每一项资产时，均应服从相同的价值类型。由于企业中资产构成是复杂的，每一类资产评估采用的方法也不一样。但无论采用什么方法，在应用时必须受价值类型制约，方法应用的结果必须服从和服务于价值类型。

3. 单项资产价值应置于企业价值整体中予以考虑

这涉及两方面问题：一是企业中的单项资产不能脱离企业，因此就决定了其评估价值是作为企业价值构成中的一部分。例如，对某企业中的一幢房屋建筑物进行评估时，由于该企业所处地理环境下，周边房地产开发价格很高，那么就应考虑周边房地产开发对其的影响，但决不能按房地产开发价格直接估算企业中房屋建筑物价值。二是企业单项资产评估时，应坚持最佳最有效使用的评估原则。最佳最有效使用表现在，首先必须是依法使用；其次是最佳最有效使用是有条件、有层次的，这种条件和层次是由企业发生的经济行为来决定的。

二、市场法

市场法应用于企业价值评估，一是要寻找相同或相似的企业；二是确定可比较企业的因素。随着我国市场经济的不断发展和完善，企业并购、交易的案例不断发生，相同或相似企业大量存在，为市场法用于企业价值评估提供了现实可能性。不同企业的比较因素的确定，首先应明确可以综合反映企业经营状况的指标，然后才能在此基础上进行比较，评估企业的价值。根据理论研究和现实分析，市场法用于企业价值评估的模型主要有以下几种。

（一）市盈率评估模型

市盈率指上市公司每股股票价格与其年净收益之比。市盈率评估模型正是利用了公司（由若干股份构成）的价格与其收益之间的关系，通过市盈率作为乘数与被评估企业的预期收益推算出被评估企业的价值。市盈率评估模型的基本思路是：首先从证券交易所收集与被评估企业相同或相似的上市公司，包括所在行业、生产产品、生产经营规模等方面的条件要大体接近，把上市公司的股票价格按公司不同口径的收益额计算出不同口径的市盈率，作为评估被评估企业整体价值的乘数；其次分别按各口径市盈率相对应口径计算被评估企业的各种收益额；再次按相同口径用市盈率乘以被评估企业的收益额得到一组被评估企业初步整体价值；最后对于一组整体企业初步价值分别给予权重，加权平均计算出整体企业的评估值。其计算公式是：

目标企业每股价值＝可比企业平均市盈率×目标企业的每股盈利

式中，

市盈率＝市值/盈利＝每股市价/每股盈利

该模型假设股票市价是每股盈利的倍数，每股盈利越大，则股票价值越大。同类企业有相似的市盈率，所以，目标企业的股权价值可以用每股盈利与可比企业的平均市盈率的乘积，再乘以目标企业的股权数进行计算。

市盈率评估模型的优点是：（1）市盈率计算简单，所需数据容易获得；（2）市盈率将价格与收益联系起来，反映了投入与产出的直接关系；（3）市盈率综合反映了投资者对公司的盈利时机、增长率、未来现金流和分红政策的风险期望值；（4）市盈率可以视为对公司未来前景的概括反映。

市盈率评估模型的缺点是：（1）该方法假定投资收益是恒定的，但实际的市盈率会随着时间的变化，伴随其驱动因素的变化而变化；（2）当每股盈利是负数时，市盈率就失去了意义；（3）市盈率除了受基本面的影响外，还受整个经济景气状况的影响。

（二）市净率评估模型

该模型假定股权价值是净资产账面价值的函数，相似企业有相同的市净率，净资产越大，股权价值越大。因此，股权价值是净资产的倍数，目标企业的价值可以用每股净资产乘以平均市净率计算。计算公式为：

$$股权价值=可比企业的市净率\times 目标企业净资产$$

式中，

$$市净率=\frac{市值}{净资产}=\frac{每股市价}{每股净资产}$$

净资产的账面价值是指资产的账面价值与债务的账面价值之差。

市净率评估模型的优点是：（1）相对于市场价格而言，净资产账面价值提供了一种相对稳定、符合直觉的价值计量方法；（2）如果会计标准合理，而且不同企业的会计政策一致，市净率可以作为一个高估或低估的信号，在同类企业中进行比较；（3）即使是收益为负数的、无法用市盈率评估模型评估的企业，也可以用市净率评估模型进行价值评估。

市净率评估模型的缺点是：（1）净资产账面价值受折旧及其他变量的会计处理方法的影响，当企业之间的会计政策或执行的会计准则差异较大时，市净率评估模型会失去可比性；（2）对于固定资产很少的服务性企业而言，账面价值多少可能没有太大的意义；（3）净资产账面价值为负数的企业，市净率评估模型不能使用。

（三）收入乘数评估模型

该模型假定影响企业价值的关键变量是销售收入，企业作为销售收入的函数，销售收入越大，企业价值越大。同类企业具有相似的收入乘数（市销率），因此，目标企业的价值可以用销售收入乘以可比企业的平均收入乘数计算。计算公式为：

$$目标企业股权价值=可比企业平均收入乘数\times 目标企业的销售收入$$

式中，

$$收入乘数=\frac{市值}{销售收入}=\frac{每股市价}{每股收入}$$

收入乘数评估模型的优点是：（1）收入乘数比率不会出现负数，即使对于处于困境的企业，也可以有一个有意义的比率；（2）不会受企业的折旧、存货、非常性支出及销售收入的会计处理的影响，因而不容易被人为操作；（3）收入乘数比率不会像市盈率那样剧烈波动；（4）从考察企业的价格政策变化以及企业战略方面的变化来看，收入乘数比率提供了更为方便的指标。

三、实物期权法

（一）实物期权法的内涵和实物期权的种类

企业价值评估中的实物期权法是指在合理辨识和分析企业生产经营中所含实物期权的基础上，通过对影响实物期权价值的相关因素进行量化，进而确定评估对象价值的一种评估方法。实物期权法评估企业价值的基本思路是通过将企业各项可确指资产在经济行为中的演变路径与经济行为相关方的最优决策规则相结合，从而实现对各种或有决策回报方式的模拟，最终得出同时包含企业整体资产预期收益现值和依附于评估对象的非人为设计选择权价值的评估结果。

实物期权通常表现为扩张期权、收缩期权、推迟期权、退出期权、转换期权和增长期权等6种形式。评估对象既可以是单独形式的期权，也可以表现为以上几种期权形式的组合。中国资产评估协会颁布的《实物期权评估指导意见》中明确了评估业务中经常涉及的实物期权形式为增长期权和退出期权。常见的增长期权包括追加投资的期权，战略投资进入下一阶段的期权，利用有形和无形资产扩大经营规模、增加新产品和拓展新业务的期权等；常见的退出期权包括股权投资按约定退出条款形成的期权等。

（二）实物期权法的特点

实物期权是一种权利，是金融期权在实际生产经营领域的延伸，这项权利使得期权所有者在面对不确定的未来前景时，可以预先以一定代价锁定损失，同时保留获取未来发展和投资机会的权利，拥有或者控制这种权利的相关方通过执行这种选择权能够带来预期的经济利益。与金融期权相比，实物期权具有非交易性、非独占性、先占性和复合性的特点。非交易性是指实物期权不受金融期权所依附的交易合同和交易市场等交易性框架的约束；非独占性是指实物期权并没有特定的所有者权利主体，实物期权通常以多方共有的形式存在，其权利大小取决于行权可能性的大小；先占性是指最先执行期权的一方可获得实物期权的战略主动权，先占性是非独占性的进一步延伸；复合性是指复杂标的资产中可能存在前后相继或相互关联形式的实物期权。

（三）实物期权法的应用前提和应用范围

1. 实物期权法的应用前提

实物期权法并非适用于所有企业价值评估的业务，通常要求被评估企业在具备获利价值、战略价值和管理灵活性价值的前提下方可使用。获利价值也称评估对象的实物期权特征，由被评估企业可确指资产所决定，是其能为相关权利人带来潜在收益的能力；战略价值由评估对象外部环境决定，体现为权利人针对外部环境变化所做出的开发、投入、终止投资等的选择权；管理灵活性价值由评估对象内部环境决定，体现为企业管理者根据管理经验及时调整生产经营策略并最终予以执行的能力。企业管理者是否具备管理和执行能力可以通过资产评估专业人员对企业生产经营的历史和战略规划的执行等情况进行分析判断，而评估对象是否具备实物期权性质，则需通过实物期权的辨识度、重要性以及期权相互关系等各要素综合进行判断。

评估实务中，对于可辨识的实物期权，可通过表8-2进行期权重要性判断。

表8-2　实物期权重要性的判断

参考角度	实物期权重要程度		实物期权重要性参考标准
标的资产范围	大	重要程度高	企业整体资产＞生产车间资产＞某生产线资产。
	小	重要程度低	同规模企业随行业内竞争者数量增多，实物期权重要程度下降。
标的资产价值	高	重要程度高	绝对标准和相对标准。
	低	重要程度低	
实物期权行权可能性	大	重要程度高	执行力强＞执行力弱；灵活决定行权期限＞被动接受行权期限。
	小	重要程度低	
权利人资源	多	重要程度高	企业中特许经营权、独占使用权、长期合同、长期合作、完善营销网络等资源的多少。
	少	重要程度低	

2. 实物期权法的应用范围

实物期权法并非适用于所有企业价值评估的业务。通常而言，对于以投资、交易为目的的企业价值评估，例如企业兼并收购以及股权战略投资等业务中，涉及对评估对象协同效应价值的测算时，适用实物期权法进行评估。另外，对于具有发展前景（如生物工程、医药、环保）、从事大宗商品交易（如石油、天然气、矿产资源）、面临经营或财务困境需通过资产重组进行转产的企业，也可结合其他因素综合考虑实物期权法的适用性。

在考虑实物期权法应用范围的同时，还需明确不同实物期权之间的几种相互关系。

（1）互斥或替代关系。当企业价值评估中多个实物期权之间存在互斥或替代关系时，应当选择期权中最为重要的一项进行评估，其他期权则假设其无法正常行权而无需列入评估范围。

（2）互补关系。当多个实物期权之间存在互补关系时，应当结合以上对期权辨识程度和重要性的分析，对其进行一揽子评估或者统一不列入评估范围。

（3）因果关系。当多个实物期权之间存在因果关系时，首先应当根据重要性原则选择对本次企业价值评估最为重要的实物期权，将其与其因果关系中为“因”的期权进行一揽子评估；而重要性期权的“果”期权，则需视行权可能性以及风险程度大小而判断是否将其列入评估范围。

（四）实物期权模型及价值影响因素

1. 实物期权模型

《实物期权评估指导意见》中所建议的常用实物期权模型为布莱克-斯科尔斯模型（Black-Scholes model，BS）和二项树模型（binomial model，BM）。

（1）布莱克-斯科尔斯模型，也称为布莱克-斯科尔斯-默顿模型（Black-Scholes-Merton model），主要针对无红利流量情况下欧式期权的价值评估，其计算公式为：

$$C_0=SN(d_1)-X\mathrm{e}^{-rT}N(d_2)$$

$$P_0=X\mathrm{e}^{-rT}N(-d_2)-SN(-d_1)$$

$$d_1=\frac{\ln(S/X)+(r+\sigma^2/2)T}{\sigma\sqrt{T}}$$

$$d_2=\frac{\ln(S/X)+(r-\sigma^2/2)T}{\sigma\sqrt{T}}=d_1-\sigma\sqrt{T}$$

式中，C_0和P_0分别代表欧式买方期权和卖方期权的价值；e^{-rT}代表连续复利下的现值系数；$N(d_1)$和$N(d_2)$分别表示标准正态分布下变量小于d_1和d_2时的累积概率；S和σ分别表示标的资产评估基准日的价值及其波动率；X代表期权行权价格；T代表期权行权期限；r代表无风险收益率。

（2）二项树模型，既可以用于评估欧式期权，也可以在判断各期末实物期权提前行权必要性的基础上，以倒推形式测算各期末实物期权的价值，从而评估美式实物期权。应用二项树模型时，可以根据需要将期权的行权期限划分为任意多个变化的区间。从理论上讲，区间划分越细，评估结果就越精确。评估实务中，对模型基础数据的估算是资产评估专业人员在现有资料和数据的基础上结合主观判断的结果。因此，区间划分过于精细，评估结果反而可能受主观因素的影响，从而降低最终结果的精确程度，所以通过增加期数而提高评估结果精确度的现实意义不大。从实际评估效果角度考虑，通常是采用一期或二期二项树模型，其计算公式为：

$$f=e^{-rT}[pfu+(1-p)fd]$$

$$f=e^{-2rt}[p^2fuu+2p(1-p)fud+(1-p)^2fdd]$$

$$p=\frac{e^{rT}-d}{u-d}$$

$$u=e^{\sigma\sqrt{t}}$$

$$d=e^{-\sigma\sqrt{t}}$$

式中，f 代表买方或者卖方期权的价值；T 代表期权行权期限；t 代表每期的时间长度；p 值一般无须专门估计，可以依据其他参数直接测算，因此也将其称为假概率，p 值在模型中的数学地位相当于标的资产价格在一期中上升的概率，相应地，$(1-p)$ 则相当于标的资产价格在一期中下降的概率；u，d 分别代表标的资产价值一次上升或下降后相较于初始状态的倍数；fu，fuu 分别代表标的资产价值一次和两次上升后期权的价值；fd，fdd 分别代表标的资产价值一次和两次下降后期权的价值；fud 代表标的资产价值一次上升和一次下降后期权的价值。

BS 模型和 BM 模型分别适用于连续性和非连续性时间点的动态分析，二者的假设前提包括完全充分的市场条件、市场无套利机会以及风险中性。虽然二者的原理和操作方法不尽相同，但在理想状态下，例如二项树模型中时间步长足够短且步长数量足够多时，二者的计算结果趋向于一致。

2. 价值影响因素

通常认为，在其他因素保持不变的情况下，实物期权价值随企业投资成本增加和持权现金流损失增加而降低；随企业现金流、不确定性、利率以及期权有效期的增加而增加。对企业价值评估中影响实物期权价值的相关因素如表 8－3 所示。

表 8－3　企业价值评估中实物期权价值影响因素

实物期权价值较高	实物期权价值较低
市场状况不稳定	市场状况较为稳定
波动率较大	波动率较小
行权期限较长	行权期限较短
垄断或寡头垄断市场	垄断竞争和自由竞争市场
市场准入门槛较高	市场准入门槛较低
产权受保护程度强	产权受保护程度弱
权利人拥有行业内重要战略资产	竞争对手拥有行业内重要战略资产
管理层富有经验	管理层缺乏经验
管理层执行力强	管理层执行力弱

另外，从实物期权模型参数的角度来看，影响实物期权价值的参数主要包括标的资产评估基准日价值（S）及其波动率（σ）、行权价格（X）、行权期限（T）以及无风险收益率（r）等。

（1）标的资产评估基准日价值（S）。增长期权的标的资产是指企业预测期内的现有资产或项目状况的变动以及潜在业务或者项目的开展；退出期权的标的资产是指评估基准日企业现有资产的集合。标的资产评估基准日的价值可以根据成本法、收益法等适当的评估方法进行测算，但应当明确的是，标的资产的评估值是未包含实物期权价值的评估值。

（2）波动率（σ）。波动率是指标的资产预期收益率的标准差，即标的资产在行权期限内无红利流量的情况下，其价值相对变动的标准差。评估实务中可用经验值法、近似资产收益率法、蒙特卡洛法、模拟标的资产净现值概率分布函数等方式进行测算。

另外，对于复杂标的资产、整体项目、互补期权及因果期权等实物期权形式而言，可能需要通过组合方差模型来测算企业整体资产或项目的波动率，其计算公式为：

$$\sigma_p^2=\sum_{i=1}^{n} \omega_i^2\sigma_i^2+\sum_{i=1}^{n}\sum_{j=1}^{n} \omega_i\omega_j\sigma_{ij}\sigma_j p_{ij}$$

式中，σ_p 为整体波动率；σ_i 为资产 i 或项目 i 的波动率；ω_i 为资产 i 或项目 i 的加权波动率；p_{ij} 为 i 和 j 的相关性。

（3）行权价格（X）。行权价格是指经济行为相关方行权时所支付或者获得的金额。增长期权的行权价格是形成标的资产投资所需要的金额；退出期权的行权价格是标的资产在未来行权时间可以卖出的价格，或者在可以转换用途情况下，标的资产在行权时的价值。评估实务中，资产评估专业人员可在企业发展战略、投资规划以及经济行为相关方历史经验数据等资料的基础上，结合自身判断来确定行权价格。

（4）行权期限（T）。行权期限是指评估基准日至实物期权行权日之间的时间跨度。企业价值评估中的实物期权通常没有准确的行权期限，可以按照预计的最佳方案执行时间并根据稳健性原则估计行权期限。此外，在考虑行权期限时，应当适当考虑企业各项资产的剩余经济寿命。当未来重大资本性支出对企业不再经济时，行权期限即告终止。

（5）无风险收益率（r）。无风险收益率是指不存在违约风险的收益率，可以参照剩余期限与期权行权期限相同或者相近的国债到期收益率。

（五）实物期权法操作流程

评估实务中，实物期权法的操作流程可归纳为：第一步：构造应用框架；第二步：选择实物期权模型；第三步：实施定价评估；第四步：结果的检验与调整。

1. 构造应用框架

实物期权具有非交易性和不完全可逆性的特点，期权的决策、执行及效果评价等并没有统一的形式和标准，因此在使用实物期权法进行评估之前，应当针对具体评估业务的特性，构造实物期权法应用流程的框架。

（1）资料收集。此过程包括所有可能收集到的内外部资料，目的是判断现阶段所能获取的资料能否支持实物期权法的应用。

（2）决策分析。决策分析包括对决策的对象、决策的执行者、决策执行的可能性以及决策执行期限的分析等。

（3）风险程度分析。风险程度分析主要是针对标的资产在行权期间的不确定性及其风险程度所进行的分析，目的是为选择期权模型以及模型参数选取奠定基础。

2. 选择实物期权模型

BS模型和BM模型是企业价值评估中常用的实物期权模型，二者的应用前提和适用性有所不同，使用时应当结合具体评估业务的情况和特点加以判断，选择针对性和适用性更强的一种作为最终的评估模型。

3. 实施定价评估

实物期权模型确定后，即可实施定价评估。此时工作的重点是确定模型中重要的价值影响因素和相关参数。应当注意的是，在价值影响因素和参数的确定过程中，还应确保二者之间的协调性以及选取原则的一致性。

4. 结果的检验与调整

实物期权法的评估过程较为复杂，为确保评估结果的合理性，需要对模型所得结果进行检查并予以调整细化。首先，应当确定模型中的基本变量和价值影响因素并未对评估结果产生方向和程度上的错位影响。在此基础上，可进一步检验多标的复合实物期权中各期权间的相互作用，并以此进行敏感性分析，确保最终结果的合理性。除此之外，当企业的收益预测期较长时，经济环境的变化也可能导致多方面因素的相关性发生相应变化，此时应当考虑并尽量剔除这种变化对最终结果产生的影响。在完成上述步骤后，还需分析评估结果是否满足最初的评估假设，将评估结果与评估对象的现实状况进行分析和比对，以此判断评估方案的集合是否需要扩展，并进一步细化框架。在此过程中，如果发现被评估企业中新的不确定性来源，或者找到新的期权特征及所对应的实物期权类型，则应当对上述过程反复进行调整和决策，直至得到客观、公正的评估结论。

（六）实物期权法的优点及使用时应当注意的问题

实物期权思想认为客观环境是动态的，风险是不确定的，同时权利人具有主观能动性，有能力抓住不确定性产生的机会，这种应对不确定性的能力也具有价值。因此，实物期权思想下企业的价值包括：获利价值、战略价值和管理灵活性价值。实物期权法的这一主导思想克服了传统评估方法忽视市场风险、否定决策者主观能动性以及基于市场静态不变假设的缺陷。另外，实物期权法中充分考虑了企业风险与收益的相关性，通过在模型中引入复制组合收益的波动率来反映由企业整体资产所带来收益或损失的变动幅度，进而将这种波动进行量化。因此，无论从基本思想还是最终结果而言，实物期权法都是对被评估企业价值的"量身定做"。评估过程中不仅考虑了评估对象的内外部相关因素，还将经济行为相关方的状况作为影响被评估企业价值的重要因素，使得整个评估过程和最终评估结论与企业价值的实现规律和实现方式更趋于一致。

然而，实物期权法并不是万能的，其计算方法较为复杂且假设条件较多，除非被评估企业具有可靠的相关参数或比较准确的未来收益预测，否则其最终结论的可信度将大打折扣。另外，管理灵活性并非对所有实物期权权利人都有价值。如果权利人不愿及时对企业战略规划以及内外部环境出现的变动情况做出调整，或缺乏利用管理灵活性获利的能力，则此类企业中的实物期权并无价值。除此之外，计划内发展规划的变动也与期权价值无关。只有当企业生产经营环境存在不确定性，并且这种不确定性对企业生产经营的影响较大时，实物期权法的使用才具备合理的基础。否则，企业中管理灵活性回应不确定性的权利与价值也不复存在。

本章小结

企业价值评估是资产评估中的难点。随着资产评估从单项评估向综合性评估发展，企业价值评估越来越重要。要进行企业价值评估，首先应界定企业的性质、特点，然后要界定企业价值的含义，还要分析影响企业生存和发展的各项因素，包括宏观经济政策、法律环境、财务状况等。企业价值有别于单项资产作为生产要素汇总的数额，它是企业货币资本和人力资本结合的产物。研究收益法在企业价值评估中的应用，应着重于收益额的判断、预测，折现率的估算等，还要寻求其有效的计算方法。市场法、资产基础法以及实物期权法也是企业价值评估可选用的方法，对于这些方法应用的参数获得等，以及其适用性应很好地把握。

思考题

1. 如何理解企业价值评估的特点？
2. 如何确定企业价值评估中的折现率？
3. 如何分析、判断影响企业价值的因素？
4. 应用资产基础法评估企业价值的优点有哪些？局限性有哪些？
5. 市场法评估企业价值的模型有哪些？优缺点是什么？
6. 实物期权法评估企业价值的模型及价值影响因素有哪些？实物期权法的优点和使用时应当注意的问题有哪些？

第九章

资产评估报告

第一节　资产评估报告的作用

一、资产评估报告的基本概念

（一）资产评估报告

根据《资产评估执业准则——资产评估报告》，资产评估报告是指资产评估机构及其资产评估专业人员遵守法律、行政法规和资产评估准则，根据委托履行必要的资产评估程序后，由资产评估机构对评估对象在评估基准日特定目的下的价值出具的专业报告。

资产评估报告既是资产评估机构完成对资产作价意见，提交给委托人的出证性的报告，也是评估机构履行评估合同情况的总结，还是评估机构为资产评估项目承担法律责任的证明文件。

（二）资产评估报告的类型

资产评估报告作为资产评估过程的反映，其类型取决于资产评估的类型。从这一角度出发，资产评估报告可以分为以下几类。

（1）按照资产评估的对象划分，资产评估报告可以分为单项资产评估报告和整体资产评估报告。

单项资产评估报告就是以单项资产为对象所出具的评估报告，如无形资产评估报告、机器设备评估报告、房地产评估报告等；整体资产评估报告则是以整体资产为对象所出具的评估报告，如企业价值评估报告等。

（2）按资产评估工作的内容可以分为正常评估、评估复核和评估咨询。相应地，资产评估报告也可以分为正常评估报告、评估复核报告和评估咨询报告。

美国《专业评估执业统一标准》（2016—2017）（以下简称《专业评估执业统一标准》）认为，评估执业包括但不限于评估和评估复核。评估是评估师对评估对象形成价值意见的行为或过程；评估复核则是评估师对其他评估师完成的评估或评估复核的质量进行分析并提供意见的行为或过程；评估复核的对象根据委托要求可以是评估报告、工作底稿或者两者兼而有之的全部或某一部分。《专业评估执业统一标准》由此将评估执业报告区分为评估报告和评估复核报告。

（3）根据评估基准日的不同，资产评估可以分为追溯性评估、现值性评估和预期性评估。评估报告相应划分为追溯性评估报告、现值性评估报告和预期性评估报告。

评估报告涉及两个重要的时间概念：

1）基准日。它是对资产进行清查、核实以及作为确定取价标准的日期。

2）出具报告日期。具体是指资产评估专业人员完成整个评估过程出具评估报告的日期。

在一般的评估中，资产评估专业人员确定的是资产的现时价值，而根据评估基准日分类的资产评估还涉及资产的过去价值和未来价值。

《专业评估执业统一标准》针对资产的现时价值、过去价值和未来价值，规定了三种评估类型，分别为：现时性评估、追溯性评估、预测性评估。我国《资产评估执业准则——资产评估报告》也规定，资产评估报告载明的评估基准日，可以是过去、现在或者未来的时点。

1）现时性评估。该类型的评估，基准日与出具报告日期是接近的。大多数评估项目都要求评估资产的现时价值。

2）追溯性评估。它是指需要确定过去价值的评估，即评估基准日会明显早于出具报告日期。在资产纳税、司法诉讼等情况下，经常需要进行该类型评估。

3）预测性评估，即资产未来价值评估，评估基准日会晚于出具报告日期。对正在开发的项目（如房地产开发）的资产权益进行评估时可能需要确定资产的未来价值。

从表面上看，现时性评估、追溯性评估、预测性评估的差异在于时间上不同，但本质上来说，区别在于评估时其经济行为是否发生。

（4）根据提供内容和数据资料的繁简程度，评估报告可以划分为完整评估报告、简明评估报告和限制评估报告。

《专业评估执业统一标准》中，将评估报告区分为评估报告（appraisal report）和限制性评估报告（restricted appraisal report）。相关说明中提到，当评估结果的预计使用者包括除评估委托人之外的人员时，必须提供评估报告。当评估结果的预定使用者不包括除评估委托人之外的人员时，可以提供限制性评估报告。这两种报告类型的基本区别在于报告所提供信息的内容和信息量。适当的报告类型与报告中所必需的信息量由评估结果预定用途与预定使用者决定。

（5）根据资产评估业务是否为法律明确要求，评估报告可以划分为法定业务评估报告和非法定业务评估报告。

根据《中华人民共和国资产评估法》的规定，涉及国有资产或者公共利益等事项，法律、行政法规规定需要进行资产评估的业务属于法定资产评估业务；反之，法律、行政法规未作要求，由自然人、法人或其他组织自愿选择进行的资产评估业务则属于非法定资产评估业务。法定评估业务的资产评估报告应当由至少两名承办该项业务的资产评估师签名并加盖资产评估机构印章；非法定业务的资产评估报告应当由至少两名承办该项业务的资产评估专业人员签名并加盖资产评估机构印章。

二、资产评估报告的作用

资产评估报告的作用表现在以下方面：

1. 为被委托评估的资产提供价值意见

资产评估报告是资产评估机构根据委托评估资产的特点和要求，遵循评估原则，按照法定的程序，运用科学的方法对被评估资产价值进行评定和估算后，通过报告的形式提出的评估价值意见。该意见不代表任何当事人一方的利益，是一种专家评估的意见，具有公正性和科学性，因而成为委托人实现评估目的时确定被评估资产价值的参考依据。

2. 资产评估报告是反映和体现资产评估工作情况，明确委托人及有关方面责任的依据

资产评估报告用文字的形式，对受托进行资产评估的目的、范围、依据、价值类型、程序、方法等过程和评定的结果进行阐述、说明和总结，体现了评估机构的工作成果。同时，资产评估报告也反映和体现了受托资产评估机构与执业人员的权利与义务，并以此来明确委托人、受托人有关方面的法律责任。

资产评估报告也是资产评估机构履行资产评估委托合同、向委托人或有关方面收取评估费用的依据。

3. 对资产评估报告进行审核，是管理部门完善资产评估管理的重要手段

资产评估报告是反映评估机构和资产评估专业人员职业道德、执业能力水平以及评估质量高低和机构内部管理机制完善程度的重要依据。有关管理部门通过审核资产评估报告，可以有效地对评估机构的业务开展情况进行监督和管理，对评估工作中出现的不足加以完善。

4. 资产评估报告是建立评估档案，归集评估档案资料的重要信息来源

评估机构和资产评估专业人员在完成资产评估任务之后，必须按照档案管理的有关规定，将评估过程收集的资料、工作记录以及资产评估过程的有关工作底稿进行归档，以便进行评估档案的管理和使用。由于资产评估报告是对整个评估过程的工作总结，其内容包括了评估过程的各个具体环节和各有关资料的收集和记录，因此，不仅评估报告的底稿是评估档案归集的主要内容，而且撰写资产评估报告过程采用到的各种数据、依据、工作底稿和资产评估报告制度中形成的有关的文字记载等都是资产评估档案的重要信息来源。

三、资产评估报告规范的回顾与分析

可以说，我国资产评估业发展的历史，就是资产评估不断调整规范的历史，也是资产评估报告不断规范的历史。1991年国务院颁布的《国有资产评估管理办法》（国务院令第91号）规定，资产评估机构对委托单位（指国有资产占有单位）被评估资产的价值进行评定和估算，要向委托单位提供资产评估结果报告书。委托单位收到资产评估机构的资产评估结果报告书后，应当报其主管部门审查，主管部门同意后，报同级国有资产管理行政主管部门确认资产评估结果。经国有资产管理行政主管部门授权或委托，国有资产占有单位的主管部门也可以确认资产评估结果。这是我国最早的资产评估报告制度。1993 年，原国家国有资产管理局制定和发布国资办发〔1993〕55 号《关于资产评估报告书的规范意见》；1995 年，原国家国有资产管理局又制定和颁布了《关于资产评估立项、确认工作的若干规范意见》；1996 年 5 月 7 日，国资办发〔1999〕23 号文件转发了中国资产评估协会制定的《资产评估操作规范意见（试行）》，规定了资产评估报告书及送审专用材料的具体要求，以及资产评估工作底稿和项目档案管理，进一步完善了资产评估报告制度。1999 年，财政部财评字〔1999〕91 号文件颁布的关于印发《资产评估报告基本内容与格式的暂行规定》的通知，对原有的资产评估报告有关制度做了进一步修改完善，使资产评估报告制度不仅适用于国有资产评估，也同样适用于非国有资产评估。

通过历史回顾和分析可以看出，我国资产评估管理部门一直致力于资产评估报告的规范工作。但从过去规范工作的分析可以看出，主要存在以下几个问题：

一是规范资产评估报告缺乏理论分析。撰写评估报告，只说明资产评估专业人员应该怎么做，而对为什么应该这样做缺少理论阐述。

二是以统一格式代替规范内容。这种做法本身是从资产评估行政管理部门角度，有利于资产评估报告的验证确认工作，但忽略了资产评估内在的规律。格式化的资产评估报告并不意味着评估报告规范，这种复杂问题简单化的做法，尽管出发点是好的，但不利于评估报告的有效规范。

三是以企业整体评估为对象规范评估报告，忽略了单项资产评估报告的特殊性。以往有关资产评估报告规范都是以企业为对象的，但资产评估业务中，大量的单项资产评估存在，其报告只能参照企业评估报告规范进行。尽管近些年来有些单项资产评估报告规范也在进行，并有相关文本发布，例如，1999 年 2 月 12 日，由国家质量技术监督局、建设部联合发布的《房地产估价规范》（已于 2015 年 4 月修订更新）；2001 年 11 月 12 日，国家质量监督检验检疫总局发布了《城镇土地估价规程》（已于 2014 年 7 月修订更新）。这些文件对于规范房地产、土地等单项资产评估报告发挥了重要作用，但单项资产评估报告规范的范围仍落后于实践。而且，由于管理体制等原因，各项报告规范存在较大的差异。

当然，从规范资产评估报告历史分析也可以发现，无论对资产评估报告形式、格式的规定如何变化，对评估结果取得的依据和前提条件分析的要求越来越重视。

2007 年，中国资产评估协会颁布的《资产评估准则——评估报告》，对于所有资产评估报告的要素、内容等统一进行了规范；2008 年，中国资产评估协会根据《资产评估准则——评估报告》制定了适用于非金融类国有企业的《企业国有资产评估报告指南》；2009 年，中国资产评估协会制定了《金融企业国有资产评估报告指南》。2017 年 8 月财政部发布了《资产评估基本准则》，该准则设专章对资产评估报告进行了规范。2017 年 9 月中国资产评估协会发布了经修订的《资产评估执业准则——资产评估报告》《企业国有资产评估报告指南》和《金融企业国有资产评估报告指南》。2018 年 10 月中国资产评估协会发布了新修订的《资产评估执业准则——资产评估报告》《资产评估执业准则——企业价值》《资产评估执业准则——资产评估档案》《资产评估执业准则——资产评估程序》。

第二节　资产评估报告的基本内容及其编制

一、资产评估报告的基本内容

资产评估报告应以清楚地表达评估结果和充分的依据说明为目标，根据影响资产评估价值的因素进行分析说明。也就是说，对于资产评估价值来说，不存在没有条件的结论，不存在没有依据的结论，也不存在没有特定目的的结论。一般来说，一份合格的资产评估报告至少应包括以下内容：

（1）说明拥有被评估资产的公司或权利人的名称；

（2）说明资产评估报告使用人；

（3）说明资产评估的对象和范围；

（4）说明评估目的和基准日；

（5）定义价值类型；

（6）列出评估方法及其重要参数的确定依据和过程；

（7）说明评估结论；

（8）重要声明。

在以上内容规范的基础上，资产评估专业人员有着充分的表达空间，使每一份评估报告更加科学、合理、有用。

根据上述内容，分述如下：

（1）关于说明拥有被评估资产的公司或权利人的名称。因为资产必须是隶属于所有者或占有者，因此，必须准确描述资产的归属。

（2）关于说明资产评估报告使用人。资产评估报告使用人包括委托人、资产评估委托合同中约定的其他资产评估报告使用人和法律、行政法规规定的资产评估报告使用人。委托人或者其他资产评估报告使用人未按照法律、行政法规规定和资产评估报告载明的使用范围使用资产评估报告的，资产评估机构及其资产评估专业人员不承担责任；除委托人、资产评估委托合同中约定的其他资产评估报告使用人和法律、行政法规规定的资产评估报告使用人之外，其他任何机构和个人不能成为资产评估报告的使用人。

（3）关于说明资产评估的对象和范围。根据资产评估中资产的特点，资产反映的是某种权利，而且，在资产评估时，对资产也会有各种类似资产重组等行为，因此，资产评估对象的描述、范围的界定，都是评估结论科学的基础。如果资产对象界定不清，范围模糊，就无法为委托方提供合理、有效的结论。

（4）关于说明评估目的和基准日。不同的评估目的下，其评估值是不同的。评估过程进行的前提之一就是评估目的，准确地描述评估目的，本身就界定了资产评估结论的含义边界。评估基准日是指评估价值的时点，应根据经济行为的性质确定。

（5）关于定义价值类型。每一个评估价值都是其质和量的统一，所谓质，就是价值类型。综观各国评估报告，其资产评估报告中均有价值类型的规定。因此，在资产评估报告中，必须说明该评估价值的价值类型以及该价值类型的定义。

(6) 关于列出评估方法及其重要参数的确定依据和过程。评估方法是获得资产评估结果的思路。评估过程中，应根据评估特定目的、市场条件、资产特性等选择合适的方法。在资产评估报告中，应说明评估过程所选择、使用的评估方法和选择评估方法的依据或原因。对于重要参数，应列示其获得的来源渠道。

(7) 关于说明评估结论。评估结论是资产评估报告的关键内容之一，应当清晰、明确地列示，对评估对象采用两种以上方法评估的，还应分析不同方法结果的差异，以及评估结论的确定理由。

(8) 关于重要声明。资产评估结论依据前述各要素获得。同时，为了更好地使报告使用者有效使用资产评估报告和规避资产评估专业人员风险，资产评估报告中还应就评估过程中相关事项做重要声明，诸如特殊事项的声明、资产评估报告使用范围、法律效力的声明等。

中国资产评估协会颁布的《资产评估执业准则——资产评估报告》第十一条规定，资产评估报告的内容包括：标题及文号、目录、声明、摘要、正文、附件。该准则第十四条指出，资产评估报告正文应当包括：

(1) 委托人及其他资产评估报告使用人；

(2) 评估目的；

(3) 评估对象和评估范围；

(4) 价值类型；

(5) 评估基准日；

(6) 评估依据；

(7) 评估方法；

(8) 评估程序实施过程和情况；

(9) 评估假设；

(10) 评估结论；

(11) 特别事项说明；

(12) 资产评估报告使用限制说明；

(13) 资产评估报告日；

(14) 资产评估专业人员签名和资产评估机构印章。

二、资产评估报告的编制与审核

(一) 资产评估报告的编制

编制资产评估报告是完成评估工作的最后环节。资产评估专业人员和资产评估机构通过资产评估报告不仅要真实准确地反映评估工作情况，而且表明其在今后一段时期里对评估的结果和有关的资料承担相应的法律责任。这就要求资产评估专业人员和资产评估机构编制的报告要思路清晰，文字简练准确，有关的取证材料和数据真实可靠。为了达到这些要求，资产评估专业人员应按下列步骤进行资产评估报告的编制。

(1) 评估资料的分类整理。大量真实的评估工作记录，包括被评估资产的有关背景资料、技术鉴定情况资料及其他可供参考的数据记录等，是编制评估报告的基础。一般来说，一个较复杂的评估项目是由一组评估人员合作完成的，为了正确反映评估的全过程，首先要求评估小组按工作的分工情况，将全部评估资料进行分类整理，包括评估作业分析表的审核、评估依据的说明、分类明细表的编制，最后要求形成分类评估的文字资料。

（2）评估资料的分析讨论。在整理分类资料工作完成后，应召集参与评估工作过程的有关人员，对评估的情况和初步结论进行分析讨论，对于存在的问题，应进行必要的调整。对采用两种不同方法评估并得出两个结论的，需要在充分讨论的基础上，得出一个正确的结论。

（3）评估资料的汇总和评估报告的编排。评估报告的总纂人应根据分类评估资料讨论后的修正意见，进行全部资料的汇总编排和资产评估报告的编写工作。

（4）资产评估机构按照评估项目管理和质量控制制度，对已形成的初步资产评估报告组织内部审核，由承办项目的资产评估专业人员根据审核要求进行核查、修改和完善，审查复核无误后打印正式报告，将正式报告及附件交付客户。如客户另有要求的，资产评估专业人员还应向客户进行特别说明。

（二）资产评估报告责任制度

资产评估报告作为法律文书，出具资产评估报告应承担法律责任。根据《中华人民共和国资产评估法》，评估报告应当由至少两名承办该项业务的资产评估专业人员签名并加盖资产评估机构印章；资产评估机构开展法定评估业务，应当指定至少两名相应专业类别的评估师承办，资产评估报告应当由至少两名承办该项业务的评估师签名并加盖资产评估机构印章。资产评估机构及签署资产评估报告的资产评估专业人员对所签发的资产评估报告承担法律责任。

《资产评估执业准则——资产评估报告》明确规定，资产评估报告正文应包括“资产评估专业人员签名和资产评估机构印章”。在评估报告附件中提供“资产评估机构及签名资产评估专业人员的备案文件或资格证明文件”。

资产评估中的风险和责任是客观存在的，明确责任人是为了确定责任范围。但责任人并不是被动地承担风险，而应该采取各种措施，规避风险。因此，在编制和出具资产评估报告过程中，各环节、各参与者都应认真负责，履行应有的程序，形成资产评估报告责任制度。

（三）资产评估报告审核制度

资产评估机构应该建立相应的报告质量控制制度并严格履行，同时相关法律法规以及准则制度对资产评估报告的内部控制进行了规定。其中，《中华人民共和国资产评估法》要求资产评估机构建立健全质量控制制度，并要求资产评估机构应当对资产评估报告进行内部审核。《资产评估基本准则》也要求资产评估机构“应当对初步资产评估报告进行内部审核后出具资产评估报告”，并要求“资产评估报告应当履行内部审核程序”。《资产评估执业准则——资产评估程序》《资产评估机构业务质量控制指南》也对资产评估报告的内部审核进行了相关规定。

资产评估机构应当根据其规模、业务特点和机构人员条件，合理设计评估项目的质量控制制度。合理的质量审核体系通常包括项目团队内部相关层级按照分工和责任的审核，以及独立于项目团队的专业审核，必要时也可以引入外部审核资源。

我国资产评估实践中，资产评估机构内部多实行二级或三级审核制度。以下是有关各级审核内容的一种参考示例。

1. 一级审核

一级审核人着重从自身基本职责和操作实务的角度审核评估报告，具体要求是：

（1）根据关于资产评估报告结构的规定，从总体结构上审核评估报告正文的编制是否达到以下要求：内容是否完整，应列入报告的各项内容是否都已分列叙述清楚，有无错漏；附件有无短缺；报告中文字上的差错是否已改正等。

（2）通过审核评估报告，回顾本项目开展评估的全过程，审视整体评估工作是否客观、公正、科学，是否全部符合关于资产评估操作程序的规定，如发现有疏忽不妥之处，要及时弥补。

（3）重点审核评估结果，对报告所列评估对象的评估依据、评估价值认真进行审核，保证评估结果的科学性、准确性、客观性、公正性、有效性。

2. 二级审核

二级审核人对评估报告的审核尤为重要。有的国家的评估准则中规定：二级审核人应承担与一级审核人相同的责任。二级审核人审核评估报告的具体要求如下：

（1）二级审核人要在一级审核人初步审核的基础上，对已初步修正的评估报告再次就以上审核内容进行复核。

（2）对评估报告的审核，要结合审核评估说明，保持二者的一致性，防止初审后再出现错漏之处。

（3）二级审核人审核的关键也是评估结论。要从保证评估结论的可靠性、准确性出发，着重审核报告所列各项数据，特别是评估结论，即报告最后向委托人报告的本项目的评估价值。在审核中，必要时应对报告所列的数据着重重新审核、计算，以求万无一失。

（4）对评估报告的文字等进一步审核、改正。

3. 三级审核

三级审核人要对评估报告进行最后的把关，应在一级审核人、二级审核人审核的基础上，着重从政策上、原则上、业务规范执行和评估结果的科学性上把关。主要要求是：

（1）审核报告是否符合合法性原则。

1）委托人的委托依据、所提供的文件和材料是否充分、可靠；

2）本评估机构开展评估的全过程是否符合资产评估准则、规范要求；

3）评估结论的获得是否符合国家和政府主管部门的法律、法令和法规精神；

4）本评估报告是否体现了本评估机构在该项目评估中恪守职业道德、坚持原则、秉公执业的形象。

（2）强化涉及本项目评估的实质性内容的审核。包括进一步审核报告所表述的评估目的是否明晰；评估对象和范围是否确切；评估过程和步骤是否合乎要求；评估原则和评估依据是否适当；评估基准日的选定是否可行；特别是评估结论是否切合实际，有没有不妥当或考虑不周之处；是否符合评估目的的要求和资产评估委托合同的约定；评估的增值或减值是否合理，等等。

（3）对评估报告从总体结构等方面作最后的审核。

第三节 资产评估报告的利用

一、委托人和其他报告使用人对资产评估报告的使用

委托人在收到受托资产评估机构送交的正式资产评估报告及有关资料后，可以依据资产评估报告所揭示的评估目的和使用范围，合理使用资产评估报告。一般来说，委托人根据评估目的、资产评估报告披露和资产评估委托合同约定，对资产评估报告的利用主要体现在以下方面：

（1）作为产权交易定价的基础材料。对企业联营、股份经营、中外合资等情况下的资产评估资料可作为确定资产交易谈判底价的参考依据，或作为各方确定投资比例、出资价格的证明材料。

（2）作为进行会计记录的依据，一般是指为满足会计核算需要进行的评估，评估的报告及各类明细评估表格中的有关数据，可作为会计进行账簿登记的依据。按评估值对会计账目的调整必须由财务主管部门批准。

（3）作为法庭辩论和裁决时确认财产价格的举证材料。一般是指发生经济纠纷时的资产评估，其评估结果可作为法庭做出裁决的证明材料。

（4）作为支付评估费用的依据。当委托人收到资产评估报告及约定的其他材料，也就是说资产评估报告等约定材料已经按照资产评估委托合同的约定出具、提交时，委托人应以此为依据同受托的评估机构结清评估费用。

委托人和资产评估报告使用人是两个不同的概念。委托人是资产评估服务的订立方，也是资产评估报告的使用人。但资产评估报告的使用人不仅包括委托人，还包括资产评估委托合同中约定和法律、行政法规规定的其他资产评估报告使用人。

《中华人民共和国资产评估法》第三十二条要求，“委托人或者评估报告使用人应当按照法律规定和评估报告载明的使用范围使用报告。委托人或者评估报告使用人违反前款规定使用评估报告的，评估机构和评估专业人员不承担责任”。

二、资产评估行政管理部门和行业自律组织对资产评估报告的运用

《中华人民共和国资产评估法》第三十六条规定的评估行业协会履行的职责中包括“规范会员从业行为，定期对会员出具的评估报告进行检查”。《资产评估行业财政监督管理办法》（财政部令第 86 号）规定了财政部和省级财政部门开展资产评估业务和执业质量检查的监督管理职能。资产评估报告可以作为资产评估行政管理部门和行业自律组织履行监督管理职能的检查对象。

资产评估行政管理部门和行业自律组织通过对资产评估机构出具的资产评估报告

及有关资料的运用，一方面能大体了解资产评估机构从事资产评估工作的业务能力和组织管理水平；另一方面也可据此对资产评估机构和承办项目的资产评估专业人员的执业质量进行评价。

三、其他部门对资产评估报告的利用

除资产评估行政管理部门和行业自律组织可运用资产评估报告外，其他管理部门在履行职责时也可能需要利用资产评估报告，主要包括证券监督管理部门、国有资产管理部门、保险监督管理部门、工商行政管理部门、税务、金融和法院等有关部门。

证券监督管理部门对资产评估报告的利用，主要表现在两个层面：

一个层面是对上市或拟上市公司的相关行为履行行政许可、审查和监管时，对作为申报材料的资产评估报告的运用。包括对首次公开发行股票（IPO）提交的有关申报材料的审核，对上市公司的股东配售发行股票时申报材料的审核，对上市公司重大资产重组行为有关申报材料的审核，以及对上市公司及其资产其他产权变动或财务报告编制行为的监管等。例如，根据有关规定，首次公开发行股票的公司信息披露需要列示以下资产评估情况：

（1）发行人在设立时以及在报告期内进行资产评估的，应扼要披露资产评估机构名称及主要评估方法，资产评估前的账面值、评估值及增减情况，增减变化幅度较大的，应说明原因。

（2）募集资金拟用于向其他企业增资或收购其他企业股份的，应披露增资资金折合股份或收购股份的评估、定价情况。

（3）募集资金拟用于收购资产的，应披露拟收购资产的评估、定价情况。

证券监督管理部门在审查以上信息披露内容时就可能利用到相关资产评估报告。

另一层面是证券监督管理部门在对取得证券期货从业资格的资产评估机构开展证券期货资产评估业务情况进行监管时，会将相关资产评估机构出具的资产评估报告等资料作为其检查对象。

保险监督管理部门、工商行政管理部门、税务、金融和法院等部门也都能通过对资产评估报告的利用来达到实现其管理职能的目的。

本章小结

资产评估报告是资产评估过程的反映和总结。资产评估报告必须规范，但规范并不一定是统一格式，按照资产评估理论和规律，资产评估报告合格的标准是：清楚地表达评估结果，充分的依据说明。根据上述标准，规范资产评估报告内容的要素。另外，委托人及其他报告使用人使用资产评估报告的要求以及有关部门如何合理利用资产评估报告，也是应该加以研究和明确的内容。

思考题

1. 如何规范资产评估报告？
2. 资产评估报告的种类有哪些？
3. 资产评估报告应包括哪些内容？
4. 如何将资产评估报告的内容与规范评估风险联系起来？

第十章 资产评估行业管理

第一节 我国资产评估行业管理回顾与分析

一、我国资产评估行业管理的回顾

资产评估作为一种服务于市场经济的专业服务活动，可以追溯到百年以前。而作为一种有组织、有理论指导的专业服务活动则起始于20世纪40年代。20世纪70年代以后，世界各国的资产评估活动趋于规范化和国际化。中国的资产评估是在改革开放和建设社会主义市场经济的过程中兴起的，并在服务市场经济的过程中迅速发展，成为我国市场经济发展中不可或缺的行业。资产评估行业发展过程中表现出了如下特点：一是资产评估业务量不断增长；二是资产评估服务范围从单一的国有资产评估向非国有资产评估领域拓展，形成多元化资产评估体系；三是资产评估业务种类增加。传统的股份制改造、中外合资的评估业务量占总评估业务量比重下降，这不仅是因为企业兼并、股权转让、破产抵押等评估业务增加，而且，一些新的业务类型，如政府征税、保险、企业投资、企业并购、法律诉讼、以财务报告为目的的评估等评估业务行为正在开拓，使得资产评估业务在各个领域发挥着越来越重要的作用。

为了促进资产评估行业的协调有序发展，必须加强资产评估管理。资产评估发展的历史，也是资产评估管理发展的历史。以我国财政部门监管的资产评估行业发展为例，资产评估管理的手段、方法多种多样，在不同历史阶段各有差异，但总体来说，可以归纳为：

(1) 1991年11月，国务院以91号令的形式发布了《国有资产评估管理办法》，它是我国第一部对全国的资产评估行业进行政府管理的最高法规。《国有资产评估管理办法》的发布，标志着我国评估业走上了政府法制化管理的轨道。它具体明确规定了全国资产评估管理的政府职能部门是国有资产管理部门，同时还规定了将审批评估机构纳入国有资产管理部门的管理，规定了被评估资产的管理范围、评估遵循的程序、评估的方法及法律责任等。由于国有资产占全社会资产的绝对优势，国务院第91号令的颁布为发展统一的评估行业奠定了基础，保证了全国资产评估业务的健康有序发展。

（2）1993年12月，中国资产评估协会成立，标志着我国资产评估管理由政府管理向行业自律化管理过渡。资产评估行业的特点，决定了资产评估行业应实行行业自律管理。植根于传统经济下的中国资产评估行业，虽然发展伊始得到政府的扶持、干预，但行业自律管理作为其方向，应逐步实现。中国资产评估协会就是这样一个组织，它既受政府的管理和监督，又协助政府贯彻执行有关资产评估的法规政策。它作为独立的社团组织，具有跨地区、跨部门、跨行业、跨所有制的特点，使资产评估管理工作覆盖整个行业。

之所以说中国资产评估协会的成立，标志着我国资产评估管理由政府管理向行业自律化管理过渡，是因为：从其发展轨迹来看，首先是独立的资产评估协会与资产评估行政管理部门并存（1993年）；然后是资产评估协会与资产评估行政管理部门合二为一，即“两块牌子，一班人马”（1994年）；1998年国务院机构改革以后，中国资产评估协会成为一个真正独立的行业自律组织，无疑是历史性的进步。从中国资产评估协会职能角度分析，尽管从构架上具有了行业自律管理的特征，但在我国经济管理体制改革尚未完成的条件下，其行业自律管理的本质特征并没有真正具备。资产评估行业协会实现行业自律化管理，更需要实质内容的变化。

（3）1995年开始，我国实行注册资产评估师制度，标志着我国资产评估管理由过去的重视机构管理、项目管理向注重资产评估人员管理转变。这一制度的建立，一是有利于促进资产评估人员的执业准入控制，规范资产评估行业人员管理，为资产评估机构和人员摆脱政府行政部门干预，独立、客观、公正地执业打下良好基础。二是有利于提高资产评估人员素质和执业水平，从而推进我国评估行业的发展。注册资产评估师制度的建立，引进了资产评估人员的竞争机制。资产评估人员经过统一考试、公平竞争，合格者才能进入评估行业，具有执业的法律资格。这种竞争方式，将逐步改进评估队伍的知识结构、年龄结构，淘汰不合格人员，无疑它必将促进评估队伍进一步发展壮大，促使评估人员提高资产评估质量，更好地满足社会主义市场经济发展的需要。三是强化了注册资产评估师的责任，增强其风险意识。特别是从1998年6月1日开始实行注册资产评估师签字制度，使评估师责权利有机结合起来，进一步规范了评估师的行为。四是有利于与国际惯例接轨，通过与其他国家对评估师资格的对等管理等，加深与国际评估市场的联系。

（4）1996年5月，《资产评估操作规范意见（试行）》颁布实施，使我国资产评估行业走上科学化、规范化操作的新阶段。长期以来，由于缺乏统一的评估操作规程和操作标准，各个评估机构自行拟定评估操作方法和规程，对于同一类资产评估，各个评估机构的评估程序、评估规则各不相同，不利于评估质量提高，也不利于行业水平的提高。同时，经过若干年的积累，资产评估理论研究取得进展，评估理论日渐成熟，评估操作积累了丰富的经验，因此，制定《资产评估操作规范意见（试行）》并颁布实施，有利于提高评估业务水平，有利于规范评估业务。同时也为以后制定行业统一评估准则奠定了基础。

（5）2001年12月31日，国务院批转财政部《关于改革国有资产评估行政管理方式，加强资产评估监督管理工作意见的通知》（以下简称《通知》），取消政府部门对国有资产评估项目的立项确认审批制度，实行核准制和备案制。

这次改革，是对国有资产管理部门行使资产评估管理职能调整的过程。以往国有资产管理部门通过对国有资产评估的立项确认，实际上同时行使了国有资产所有者职能和政府管理者职能。从行使政府行政管理者职能角度来说，通过这次改革，改变了政府管理方式，由政府直接管理资产评估方式转变为间接管理方式，也就是退出微观领域，通过研究制定法律、法规，实施对资产评估行业的间接调控。从行使国有资产所有者角度来说，对国有资产评估项目的立项确认，正是这种职能的具体体现。取消国有资产评估的立项确认制度，并不是弱化国有资产所有者职能，相反，必须强化对国有资产的管理。因此，对于涉及国有资产产权变动等行为的重大项目仍要实行核准制，对其他国有资产评估项目实行备案制，其职责也分别由财政部门和企业集团承担，这也是基于目前国有资产管理体制现状的一种现实选择。同时，正如《通知》中所指出的，国有资产管理部门不仅对资产评估活动进行监督管理，而且还要严格规范资产评估活动中国有资产各有关主体的行为。可见，通过这次改革，虽然改变了对资产评估管理的方式，但是进一步强化了国有资产所有者管理职能，避免在企业改制、中外合资、企业兼并、破产等活动中，借评估行为弄虚作假，造成国有资产流失。

这次改革，对于注册资产评估师和资产评估机构提供了充分的业务空间，同时也强化了注册资产评估师和资产评估机构的风险和责任。注册资产评估师必须恪守独立、客观、公正的原则，全面提高资产评估业务水平。

（6）2004 年 2 月 25 日，财政部发布《资产评估准则——基本准则》和《资产评估准则——职业道德准则》，标志着资产评估准则体系的初步形成，各项准则的制定加紧进行。2006 年 6 月 8 日，全国人大财经委员会全面启动资产评估立法工作，资产评估管理工作进入新阶段。

（7）2007 年，中国资产评估协会发布了八项资产评估准则，随后又陆续颁布了一系列资产评估准则。截至 2016 年 3 月底，由财政部和中国资产评估协会制定颁布的资产评估准则已达 28 项。资产评估准则的颁布，标志着中国资产评估准则体系的基本形成。

（8）2009 年 12 月 29 日，财政部颁布《关于推动评估机构做大做强做优的指导意见》，促进评估机构的壮大和发展。2011 年 8 月 1 日，财政部发布《资产评估机构审批和监督管理办法》。对规范资产评估机构审批，加强对资产评估机构监督，具有重大意义。2012 年 10 月 23 日，财政部印发《中国资产评估行业发展规划》，资产评估行业进入新的发展阶段。

（9）2014 年 8 月 12 日，国务院发布《关于取消和调整一批行政审批项目等事项的决定》，取消了注册资产评估师职业资格许可和认定。2014 年 8 月 13 日，人力资源和社会保障部印发《关于做好国务院取消部分准入类职业资格相关后续工作的通知》，将资产评估师职业资格调整为水平评价类职业资格，赋予了行业协会更多的管理职能，进一步强化了行业自律管理。

（10）2016 年 7 月 2 日，第十二届全国人大常委会第二十一次会议审议通过了《中华人民共和国资产评估法》，全面确立了资产评估行业的法律地位，资产评估行业进入依法治理新时代，对促进资产评估行业发展具有重大历史和现实意义。

（11）为了贯彻落实资产评估法，2017 年 4 月 21 日，财政部制定印发了《资产评估行业财政监督管理办法》（财政部令第 86 号），为加强资产评估行业财政监督管理，促进资产评估行业健康发展提供了行政管理依据。

（12）2017 年 8 月 23 日，财政部制定印发了《资产评估基本准则》；9 月 8 日，中国资产评估协会发布了资产评估执业准则和职业道德准则修订稿。修订后的资产评估准则体系包括 1 项基本准则、1 项职业道德准则和 24 项执业准则，形成了覆盖资产评估主要执业流程及领域、符合国情、与国际趋同的较为完整的资产评估准则体系。这些准则符合资产评估的执业和监管需求，对规范执业行为、促进行业发展、提高行业公信力发挥着重要作用。

2018 年 10 月 29 日，中国资产评估协会印发了重新修订的《资产评估执业准则——资产评估程序》《资产评估执业准则——资产评估报告》《资产评估执业准则——资产评估档案》《资产评估执业准则——企业价值》，建立起了资产评估准则动态修订的常态机制。

二、我国资产评估行业发展和管理中存在的问题分析

在我国，资产评估行业是一个起步比较晚、发展比较快的行业，对促进社会主义市场经济的建立和发展发挥着越来越广泛、越来越重要的作用。为了加强资产评估管理，进一步促进评估行业的发展，从形成统一的资产评估行业体系分析，我国资产评估行业在发展和管理中存在一些需要解决的问题。

（1）资产评估行业发展需与社会主义市场经济的发展同步。资产评估是来源于市场、服务于市场的行为，它是伴随社会主义市场经济的建立而发展起来的。市场变化引起评估业务范围、内容的变化。统计资料分析表明，资产评估业务量、业务结构与当时企业改革的形式和措施呈正相关性。但资产评估行业毕竟是为社会主义市场经济，具体来说，是为市场经济主体——企业服务的社会性中介机构，它的发展不能超越社会主义市场经济，不能脱离企业的现实。同样，在评估业务对企业行为产生影响，成为企业改制、重组等必不可少的手段时，不能因为非市场因素，干预、削弱资产评估职能的实现。

（2）资产评估理论研究较为滞后。我国的资产评估行业起步较晚，发展初期对具体评估方法和参数选取等问题的研究较多，而对评估基本理论的研究较为滞后，至今尚未形成完整的评估理论体系。资产评估行业的健康发展离不开理论的开拓，我国目前资产评估工作中遇到的问题从深层次上看都与理论研究滞后和理论体系不健全有关。

第二节　资产评估行业管理模式及其选择

一、资产评估行业管理模式

资产评估行业发展过程中，如何加强管理，是评估理论界和实务界一直研究和亟待解决的问题。资产评估行业发展过程，也是不断强化资产评估行业管理的过程。比较和研究我国和西方主要资产评估行业发达国家的管理制度，资产评估业的管理模式主

要有三种，即：政府管理模式；行业自律管理模式；政府监管下的行业自律管理模式。

1. 政府管理模式

资产评估政府管理模式是指资产评估业务活动，包括人员资格、机构、项目均由政府行政管理部门进行。

政府行政管理在资产评估业发展初期作用非常明显。我国长期实行计划经济，资产评估行业的建立与发展，虽然产生于市场经济，但是由政府推动建立起来的。在资产评估发展初期，资产评估管理是纯粹的政府管理，国家国有资产管理局是资产评估的行政主管部门。政府管理模式适合于由计划经济向市场经济转换过程中的国家。在法律不完善，行业准则未建立的情况下，这种管理模式有其客观必要性。但政府管理模式在资产评估日益发展后，其局限性和弊端就显露出来了。它容易造成政府部门直接干预评估业务，使评估行业有失公正、公允；政府部门出于本位利益设立本部门的评估体系，导致多头管理、评估市场条块分割等。

2. 行业自律管理模式

行业自律管理模式是指资产评估行业置于社会自发形成的行业协会管理之下，资产评估行业的发展依赖于评估业内形成的准则和规范进行。资产评估行业协会作为资产评估机构和资产评估专业人员实现自我管理、自我约束、自我教育、自我监督的自律性组织，具有对会员的行为规范、规则约束和权益维护作用。

行业自律管理适合于资产评估行业依靠市场需求自发形成的国家和资产评估行业日益发展成熟的阶段。市场经济发达国家如美国、英国等在行业自律管理方面积累了丰富的经验。

美国是奉行自由经济的国家，长期以来，评估业与律师业、会计师业等被视为自由职业者，政府除了在税收等方面对评估业进行与其他行业共性的管理外，对评估业不进行任何干预，主要通过评估协会等非政府性质的评估行业专业组织进行自律性管理。20 世纪 80 年代美国遭受泡沫经济的严重冲击，在事后的研究与分析中，不当的评估行为被作为导致泡沫经济原因之一受到广泛指责。经济学家指出，由于政府放任资产评估业的管理和监督，直接损害了银行等金融机构的利益和资产质量，在一定意义上促进了泡沫经济的形成。这种观点被经济和管理部门广为接受。为规范评估执业行为，保护国家和公共利益，在综合各方面因素的基础上，1989 年美国国会通过了《金融机构改革、复原和强制执行法令》（FIRREA）。这是美国关于评估管理方面的重要立法，也是政府干预、管理评估业的开始和最直接体现。这一立法，结束了美国对评估业的自由放任管理，认为美国不动产评估，尤其是涉及联邦权益和社会公共利益的评估行为，政府必须进行依法监管。

我国香港特区政府一般不存在对测量师行的领导问题，评估结果也无须由政府部门确认。但对一些重大的评估项目涉及众多投资者利益时，评估人员资格须得到政府的认可。

3. 政府监管下的行业自律管理模式

由于资产评估服务会涉及社会公共利益，从公共管理角度，政府需要对资产评估实施必要的监管。在我国，由于国有企业事关国计民生和国家经济命脉，而国有资产评估在整个评估业务体系中占有很大的比重，对国有资产评估的管理也是资产评估行业实施监管的重要内容。因此政府主导行业规范发展的模式仍将在一定时期内存在。

另外，作为现代高端服务业的资产评估，其走向发展、成熟也离不开行业自我约束、自我管理机制的健全，这是激励资产评估行业发展的内在动力。

因此，政府监管下的行业自律模式就成为一种新的资产评估管理模式。探讨政府监管的程度和内容、政府监管的手段，就成为资产评估管理需要研究的问题。

《资产评估行业财政监督管理办法》提出了财政监管的资产评估行业的监督管理体系，明确了各级财政部门对资产评估专业人员、资产评估机构和资产评估行业协会的监管内容和监管要求，充分发挥了资产评估行业协会作为资产评估自律性组织参与和实施社会治理的重要作用，对资产评估机构自主管理的内容和责任也做出了具体规定，要求建立行政监管、行业自律与机构自主管理相结合的资产评估管理体系。

二、我国资产评估行业管理模式的选择

（一）资产评估管理需明确的基本问题

针对我国资产评估管理的状况，要加强资产评估管理，首先需明确和澄清以下基本问题。

一是资产评估管理与国有资产评估管理。我国的资产评估是作为加强国有资产管理的一项重要手段兴起的。国有资产总量巨大以及它在社会总资产中占有相当比例，表明国有资产评估在资产评估中占有相当大的比重。但是，从管理学角度，资产评估作为一个行业，单独强调国有资产评估管理难免以偏概全，是欠妥当的。

二是资产评估管理与资产管理。资产评估管理不同于资产管理。资产评估管理是对资产评估行业业务行为的管理，而不是对某一属性资产的管理。对资产评估的管理要发挥专业资产管理部门对部门资产性能、特点熟悉和了解的优势，也要符合资产评估行业的发展规律，有利于推动其协调、健康发展。

三是评估管理与评估项目管理。资产评估管理是对评估行业的管理，并非只是评估项目管理。这并不是说，某一项目不经有关部门验证确认就不属于评估管理范围了，资产评估管理应由过去主要项目的直接管理过渡到以人员管理和机构管理为主，通过制定资产评估标准、准则，指导评估过程的间接管理上。

（二）资产评估统一管理的必要性

统一管理是针对多头管理而言的。由于我国资产评估管理体制不统一，资产评估行业管理被行政管理所替代，相关部门有的按资产的类别划分管理权限，有的按所有制归属划分管理权限，有的按业务范围划分管理权限，形成了各自的评估管理体系。各专业管理部门从各自部门角度，分别制定本专业资产的评估标准和方法，对规范和提高本专业资产评估业务水平发挥了重要作用。但是，多头管理带来了我国资产评估发展和管理的不协调，机构和人员资格不统一，评估标准和方法不统一，评估质量和水平参差不齐，资产评估市场的条块分割等问题。

1997年，由中国资产评估协会等单位联合举办的“中国资产评估标准国际研讨会”在北京召开，美国评估师协会1996—1997年度主席萨森先生谈到资产评估管理问题时认为，尽管资产评估的目的和资产的种类千差万别，评估方法和技巧也有着很大的不

同，但资产评估在其最基本的方法、原则上是一致的，评估师及评估机构所应遵循的职业道德和基本准则也应当是一致的。综合和统一是资产评估行业发展的必然趋势。这种综合和统一的动力源在于：（1）评估行业发展到今天，作为一个日趋成熟的行业应对外形成统一的声音。正是因为这些行业组织是非政府的，受私人经济影响大，因此往往偏重于各自领域，对外形成不了统一的声音，这极大地影响了评估行业的声誉和社会形象，不利于公众及立法、司法机构对资产评估工作及评估师形成信任感。评估行业发展需要法律的保护，但具有立法权的议会认为评估行业达不成统一共识，是不成熟的行业，在立法约束、保护及法院司法实践中都导致了对评估业发展的不利局面。这一点已为美国评估行业内机构、人士所共识，并成为资产评估行业日趋走向统一管理的重要外在动力。（2）多重的资格管理极大地妨碍了评估行业发展。美国这么多评估协会均是非政府组织，需要有自己的会费和来自考试培训等的收入，每个协会都有自己的一套会员资料管理制度，如符合什么样条件可申请会员资格，参加若干课程考试，每年交纳会费及接受再教育等。从单个协会角度来看，这种制度是很重要的，也是必需的，但从整个行业角度来看，这些制度有相当多是雷同的，造成了人力、物力上的极大浪费。由于协会领域的交叉性，有的人具有多重会员资格。这样，评估师每年得交纳多项会费，花费不少时间参加多个协会的再培训，如果一个年轻人想进入评估行业，就得参加多个协会的考试和培训。这种考试、培训与再培训在安排上很可能是矛盾和交叉的，使评估师疲于应付。这种人力、物力的重复浪费已引起业内人士的强烈不满，成为行业日趋走向统一管理的内在动力。（3）计算机科技的高速发展为评估行业的统一管理提供了技术可行性：计算机的普及和相关信息服务的提高，极大地影响了评估工作方法、程序以及协会管理体制，过去封闭、专门性的行业组织的重要性日益削弱，行业的统一管理不仅十分必要，而且成为可能。

美国评估师协会1998—1999年度主席理查德·瑞蒙·阿拉斯科在其《评估协会多专业学科的原因》一文中分析道：每个评估领域都专注于一种类型的资产，并且在对资产进行叙述时鼓励使用专业词汇。专业词汇的精确应用可以诠释资产价值的特征，比如土地测量单位，泥土土质，土地的恰当用途，机器的生产能力和使用年限，电话线路及网络服务器的容量，飞机的抬举限量，制造厂商的市场占有份额，或者产品的市场认知程度等都是各个评估领域会员们使用的资产描述技巧。但是，对资产进行评估的必要的技术最终是与传统的方法一致的。

中国评估行业的形成、发展和管理体制与美国等国家的资产评估行业存在较大差别，但其存在和发展过程中面临和需要解决的问题有相似的地方。有些国家的资产评估，最初都是从不动产开始的，我国的资产评估开展伊始，范围就极为广泛。但根据资产类型，分别成立评估管理部门和协会的做法，使得各协会（学会）内部研究评估理论和方法，形成各自的准则体系。但评估行业越发展，不同协会（学会）间的不协调就越严重，在评估理论和方法研究方面，投入很大但相互间不能分享；准则体系各自独立，标准不一，差异很大，这些直接影响了我国评估行业的发展。

我国资产评估立法过程中曾试图解决评估行业多头管理问题，但由于有关部门对如何建立资产评估行业管理协调配合机制意见分歧较大，为争取最大程度的共识，推动评估立法工作，立法机关决定《资产评估法》暂不改变由财政部门、国土资源部门、住房和城乡建设部门、商务部门和保险监督管理机构分别管理本领域评估活动的行业管理体制。

虽然如此，《资产评估法》立足我国评估行业实际，在维持各管理部门分别管理各自专业领域评估活动的现行体制下，将资产评估、土地估价、矿业权评估、房地产估价、保险公估和旧机动车估价等不同专业的评估管理统一在一部法律框架之下予以规范，统一了监管尺度、行业自律规则、法律责任等核心内容。这种制度安排既考虑了对各评估专业的统一规范管理，也着眼于发挥各评估专业和管理部门的优势。同时，《资产评估法》第六条规定：评估行业可以按照专业领域依法设立行业协会，实行自律管理，并接受有关评估行政管理部门的监督和社会监督。《资产评估法》还要求有关评估行业协会加强联系，有效沟通，建立沟通协作和信息共享机制，共同促进评估行业健康有序发展。

第三节 资产评估准则与行业统一管理

实现资产评估行业统一管理，促进资产评估业有序发展，应从两方面进行：一是资产评估准则的制定；二是资产评估机构的脱钩改制。鉴于我国资产评估机构脱钩改制工作已于1999年完成，这里着重介绍资产评估准则与行业统一管理的问题。

一、制定中国资产评估准则的必要性

（一）制定资产评估准则，有利于实现资产评估行业的统一管理

制定统一的资产评估准则，是资产评估行业统一管理的基础。国外的相关实践和经验为此提供了有益的启示。

西方发达国家的评估团体经过多年鼎足而立，正在走向联合与统一。而联合和统一的标志之一，就是形成统一的资产评估准则标准。例如，英国有关评估的协会有三家，其中影响最大的是英国皇家特许测量师协会（RICS），另外两家分别是估价师与拍卖师联合会（ISVA）和税收评估协会（IRRV）。三家协会在寻求合并和统一之路，并于1995年共同制定和发布了“红皮书”《皇家特许测量师协会评估与估价手册》。具有一百多年历史的美国资产评估业在发展过程中，自发成立了许多综合和专业性的民间自律性组织，这些组织均有自己的规范。1987年，成立了评估促进委员会，并制定了统一的行业标准USPAP。1995年已有16个评估协会成为促进会会员，统一遵守行业标准。在澳大利亚，尽管有许多评估行业团体，但澳大利亚资产学会（API）是唯一真正的专业化评估团体。为了统一执业标准，学会每年出版《专业实务手册》，为资产评估专业人员提供了统一的执业规范。《专业实务手册》出版的目的不仅要唤起民众的意识、推动专业化的实践以及追求高标准，而且要保持连续性。该手册每年9月发布，下一年执行。由于《专业实务手册》的许多要素都已按同一方式撰写，因此，不管用户从事何种业务，都可以很快地熟悉其内容。无论是实务准则还是指导性说明，这种固定的应用方式在每一要素组合中都具有重要性。西方国家各类资产评估协会、组织

形成的动因、环境、条件等与我国有很大差异，但其为实现行业统一管理实施的思路对我们很有借鉴意义。

（二）制定资产评估准则，有利于实现政府行政管理向行业自律管理转变

没有相对完善的资产评估准则体系，就难以规范业务活动和资产评估专业人员的道德行为，形成不了行业自律体系，强化评估管理只能依靠行政管理的加强。因此，制定资产评估准则并形成评估准则体系，可以逐渐淡化政府行政管理，实现行业自律管理。

（三）制定资产评估准则，有利于资产评估行业执业水平的提高

衡量一个国家评估业务水平的标志之一是其准则体系形成情况。评估准则是资产评估业务发展过程中产生的客观需求，资产评估越发展，对评估准则的要求越强烈；评估准则体系越完善，资产评估业务越规范。相比较而言，发达国家的资产评估准则制定较早，也比较完善；新兴国家评估准则形成较晚，亟须完善。但无论怎样，发达国家也好，新兴市场国家也好，为了促进资产评估行业发展，都把制定资产评估准则作为行业发展中的重要任务来完成。

二、中国资产评估准则的定位

中国资产评估行业发展伊始就得到了政府的支持和参与，这也是中国资产评估行业得以迅猛发展的重要原因。但是，从制定资产评估准则来说，首先应研究资产评估准则的定位问题。资产评估准则定位，应服从于其目标。

2016 年发布的《资产评估法》中 9 处提到了评估准则，提高了评估准则的地位，也对评估准则提出了新的要求。《资产评估行业财政监督管理办法》也对财政监管的资产评估行业资产评估准则的执行和监管做出了明确规定。资产评估准则包括财政部制定的资产评估基本准则和中国资产评估协会依据资产评估基本准则制定的资产评估执业准则和职业道德准则，是开展资产评估活动的行为规范。

中国资产评估准则制定的目标应体现在以下几个方面：（1）有利于资产评估的行业管理；（2）有利于资产评估业务规范化；（3）有利于资产评估工作效率的提高；（4）有利于资产评估结果的科学性、准确性；（5）有利于有序的资产评估市场的形成；（6）有利于与国际惯例接轨。

资产评估准则的制定是对资产评估行业进行行政监管和行业自律管理的重要举措。从范围上说，资产评估准则是对资产评估业务行为的规范，而不只是对某一种属性资产（如国有资产）的评估行为的规范。同样，既然是对评估业务行为的规范，无论资产的性质和类别如何，只要涉及资产评估行为，均应纳入资产评估准则统一规范的范围。从作用时间上来说，资产评估行业发展中面临着许多问题，但市场经济的发展，必然带动和促进资产评估行业的发展。尽管目前中国资产评估发展受到市场经济不完善等诸多因素的影响，但是，规范化的评估准则是评估业发展的必要保证。因此，资产评估准则既要研究规范目前评估工作中的问题，更重要的是要保证资产评估准则在相当长的时期内发挥作用。可见，资产评估准则的制定应具有超前性和预测性，保持其连续性，不应被一时一事所左右。

制定资产评估准则时应充分认识资产评估的特点，把握资产评估规律。资产评估过程在于解决每类资产在交易、转让、投资等行为中的价值问题，由于其发生的经济行为、市场环境、资产类型及其使用状况不同，每一类资产的评估、每一次资产的评估均具有特殊性，因此，资产评估不同于会计计价，会计计价具有普遍性、统一性的特点，可以有许多具体的、统一的规定。评估的特殊性就在于对每一类资产特征及不同市场环境的把握，所有这些并不能通过强制性地规定某一数额或比率得到解决。如果不重视资产评估的这一特点，在资产评估准则中试图通过强制性推行某些指标参数，以达到统一资产评估行为的目的，其结果只能是意愿和结果背道而驰。可见，资产评估准则用以规范评估行为，但不能也不可以将评估行为规定死，资产评估专业人员在评估方面应有充分的创造空间。因此，对于资产评估准则来说，从资产评估专业人员的角度，应从对评估业务特点的了解上理解准则的原则性规定，而从准则制定者角度来看，并不是要把资产评估准则作为资产评估专业人员直接套用的范本。资产评估准则是资产评估业务行为的规范性文件，是业内人士必须遵循的。同时，任何准则都代替不了法律，其内容不得与现行法律相抵触。资产评估准则的制定应依法进行。

制定资产评估准则需要实践经验的积累和评估理论的指导。资产评估实践经验的积累是制定资产评估准则的前提条件，但仅有实践经验是不够的，实践需要理论指导，评估理论研究是资产评估准则制定的必备条件。在我国，资产评估理论滞后是不争的事实，理论准备不足是制约中国资产评估准则制定的重要因素。因此，制定中国资产评估准则，必须强化资产评估理论研究，或者说，制定资产评估准则的过程，也就是进一步加强资产评估理论研究的过程。资产评估的基本概念、基本理论模糊不清，就无法形成合理的资产评估准则的框架体系，就经不起时间的检验，也就难以处理好资产评估与其他行业、学科的关系。如果资产评估准则单是对现行处理惯例加以选择或认可，缺乏系统研究，不能确定其基本概念、基本方法，所制定的评估准则就无法对变化了的经济环境做出正确的反映，并无力抵制某些外界压力。尽管资产评估准则制定以后，还会不断修改和完善，这种修改和完善是必要的，但只应是对某些项目、内容上的修改和补充，对资产评估准则框架不能随意变动，理论基础不得动摇。当然，突出基本概念、基本理论，并不是在资产评估准则中罗列概念和理论，而是通过对基本概念和理论的理解和诠释，进一步把握资产评估的规律和特点，形成指导资产评估实践的理论基础。

中国的资产评估行业与同为中介服务性质的注册会计师业相比，差距表现在：一是资产评估行业起步较晚；二是资产评估缺乏系统的理论基础和深入的理论研究。后者是制约评估行业发展的最大障碍。评估业的竞争是人才的竞争，而对评估理论缺乏充分研究，不能系统掌握资产评估理论的资产评估专业人员是危险的。

制定资产评估准则，会有理论上的争鸣和分歧，这是必然的，也应该是所期待的，它是夯实资产评估理论基础的过程。资产评估准则反映的是理论争鸣的结论，而不是争鸣的过程，这似乎也应是制定中国资产评估准则需要遵循的原则。

2017年8月23日，财政部制定印发了《资产评估基本准则》。《资产评估基本准则》规范了资产评估准则体系、资产评估机构及其资产评估专业人员从事资产评估业务的基本遵循、资产评估程序、资产评估报告和档案等重要事项。与我国国情相适应，

《资产评估基本准则》与原《资产评估准则——基本准则》相比，拥有更丰富的内涵，更充实的内容，既是制定执业准则和职业道德准则的依据，同时也是财政部门进行资产评估业务监管的依据。

2017 年 9 月 8 日，中国资产评估协会印发了《资产评估职业道德准则》和 24 项资产评估执业准则，完善了资产评估行业自律标准。

三、我国资产评估准则的内容

（一）我国资产评估准则的框架体系

准则是一公共职业为获取社会公众的信任和提高职业的工作质量而制定成延溯的、得到全行业公认的、通过行业的内在约束力来贯彻实施的行为规范。《辞海》中对准则的注释为“法式、标准”等含义，意为有约束力的行为规范。所有的职业均受各自从业人员所公认的准则的指导。资产评估准则从其行为规范要求出发，总体上来说，包括基本准则、职业道德准则和执业准则等方面的内容。

目前，我国财政监管的资产评估行业的资产评估准则框架体系包括：

1.《资产评估基本准则》

《资产评估基本准则》，由财政部制定，是资产评估机构及其资产评估专业人员执行各种资产类型、各种评估目的资产评估业务的基本规范。其规范内容应不区分所评估资产的类别和评估目的，而是各类资产评估业务中所应当共同遵守的基本规则。《资产评估基本准则》对于制定资产评估执业准则和《资产评估职业道德准则》具有指导作用。

2.《资产评估职业道德准则》

《资产评估职业道德准则》，由中国资产评估协会制定，是对资产评估专业人员必不可少的职业道德标准要求，对规范资产评估机构及其资产评估专业人员职业道德行为，提高职业素质，维护职业形象具有重要作用。

3. 资产评估执业准则

资产评估执业准则，由中国资产评估协会制定，分为资产评估具体准则、资产评估指南和资产评估指导意见。

（1）资产评估具体准则。资产评估具体准则分为程序性准则和实体性准则两个部分。程序性准则是关于资产评估机构及其资产评估专业人员通过履行一定的专业程序完成评估业务、保证评估质量的规范，包括资产评估委托合同、资产评估程序、资产评估档案、资产评估报告、利用专家工作及相关报告等准则。实体性准则是针对不同资产类别的特点，分别对不同类别资产评估业务的执业行为进行规范，主要包括企业价值、无形资产、不动产、机器设备、珠宝首饰等评估准则。

（2）资产评估指南。资产评估指南包括对特定评估目的、特定资产类别（细化）的评估业务以及对评估中某些重要事项的规范。由于资产评估机构及其资产评估专业人员在执行不同评估业务中所关注的事项不同，因此资产评估指南主要对资产评估行业涉及的特定评估目的和业务进行规范，如《以财务报告为目的的评估指南》《知识产权资产评估指南》《企业国有资产评估报告指南》和《金融企业国有资产评估报告指南》等。此外，资产评估指南还包括一些对资产评估工作中重要特定事项的规范，如《资产评估机构业务质量控制指南》等。

（3）资产评估指导意见。资产评估指导意见是针对资产评估业务中的某些具体问题的指导性文件。该层次较为灵活，针对评估业务中新出现的问题及时提出指导意见，如《金融不良资产评估指导意见》《实务期权评估指导意见》《投资性房地产评估指导意见》等。某些尚不成熟的评估指南或具体评估准则也可以先作为指导意见发布，待成熟后再上升为具体准则或指南，如2011年发布的《资产评估准则——企业价值》，就是在总结2004年出台的《企业价值评估指导意见（试行）》实施经验的基础上，结合评估理论和实践的发展制定的。

2017年，在财政部的指导下，中国资产评估协会完成了资产评估准则的全面修订工作，形成了现有的、较为完整的资产评估准则体系，这是资产评估行业加强《资产评估法》配套制度建设的又一重要举措。本次修订在保护资产评估当事人的合法权益和公共利益、有效衔接法律法规、吸收理论和实践的最新成果三大原则下，保留已实施准则中符合行业实际、行之有效的内容，保持准则体系和内容基本稳定，增加和调整因市场、法律和专业环境变化而确有必要补充和调整的内容，从立足行业整体发展着眼进行修改完善。保证了准则合法性，提高了准则操作性和专业性，使准则体系更加系统和完善，对于规范执业行为、促进资产评估行业健康发展具有重要意义。

（二）我国已颁布的资产评估准则

1. 2001—2006年，陆续颁布了一系列准则（见表10-1）

表10-1　2001—2006年我国陆续颁布的准则

类型	颁布部门	准则名称	颁布时间	施行时间
基本准则	财政部	《资产评估准则——基本准则》	2004.2.25	2004.5.1
		《资产评估职业道德准则——基本准则》		
具体准则	财政部	《资产评估准则——无形资产》	2001.7.23	2001.9.1
指导意见	中国资产评估协会	《珠宝首饰评估指导意见》	2003.1.28	2003.3.1
	中国注册会计师协会	《注册资产评估师关注评估对象法律权属指导意见》	2003.1.28	2003.3.1
	中国资产评估协会	《企业价值评估指导意见（试行）》	2004.12.30	2005.4.1
	中国资产评估协会	《金融不良资产评估指导意见（试行）》	2005.3.21	2005.7.1

2. 2007年中国资产评估协会加快了资产评估准则的制定

财政部于2007年11月在北京举行资产评估准则体系发布会，发布的准则包括：

（1）2007年11月9日颁布、2007年12月31日起施行的《以财务报告为目的的评估指南（试行）》。

（2）2007年11月28日颁布、2008年7月1日起施行的资产评估准则有：《资产评估准则——评估报告》《资产评估准则——评估程序》《资产评估准则——业务约定书》《资产评估准则——工作底稿》《资产评估准则——机器设备》《资产评估准则——不动产》《资产评估价值类型指导意见》。

3. 2008 年颁布的准则

2008 年 11 月 28 日颁布、2009 年 7 月 1 日起施行的资产评估准则有：《资产评估准则——无形资产》（对 2001 年准则修改后发布），《专利资产评估指导意见》，《企业国有资产评估报告指南》。

4. 2009 年颁布的准则

2009 年 12 月 18 日颁布、2010 年 7 月 1 日起施行的资产评估准则有：《投资性房地产评估指导意见（试行）》，《资产评估准则——珠宝首饰》（对 2003 年《珠宝首饰评估指导意见》修改后发布）。

5. 2010 年颁布的准则

2010 年 12 月 18 日颁布、2011 年 7 月 1 日起施行的资产评估准则有：《金融企业国有资产评估报告指南》《著作权资产评估指导意见》《评估机构业务质量控制指南》。

6. 2011 年颁布的准则

2011 年 12 月 30 日颁布、2012 年 7 月 1 日起施行的资产评估准则有：《实物期权评估指导意见（试行）》，《商标资产评估指导意见》，《资产评估准则——企业价值》（对 2004 年准则修订后重新发布，并从指导意见上升到具体准则的层次），《企业国有资产评估报告指南》（对 2008 的准则有关条款修订后重新发布），《金融企业国有资产评估报告指南》（对 2010 年的准则有关条款修订后重新发布），《资产评估准则——评估报告》（对 2007 年的准则有关条款修订后发布），《资产评估准则——业务约定书》（对 2007 年的准则有关条款修订后发布）。

7. 2012 年颁布的准则

2012 年 12 月 28 日颁布、2013 年 7 月 1 日起施行的资产评估准则有：《资产评估准则——利用专家工作》《资产评估准则——森林资源资产》《资产评估职业道德准则——独立性》

8. 2015 年颁布的准则

2015 年 12 月 31 日颁布、2016 年 7 月 1 日起施行的资产评估准则有：《知识产权资产评估指南》。

9. 2016 年颁布的准则

2016 年 3 月 30 日颁布、2016 年 7 月 1 日起施行的资产评估准则有：《文化企业无形资产评估指导意见》。

10. 2017 年颁布的准则

为规范资产评估执业行为，保护资产评估当事人合法权益和公共利益，维护社会主义市场经济秩序，根据《资产评估法》等有关规定，财政部制定了《资产评估基本准则》，于 2017 年 8 月 23 日颁布，自 2017 年 10 月 1 日起施行。2017 年 9 月 8 日，中国资产评估协会发布了资产评估执业准则和职业道德准则修订稿，自 2017 年 10 月 1 日起施行。本次发布的准则包括 1 项职业道德准则：《资产评估职业道德准则》和 24 项资产评估执业准则：《资产评估执业准则——资产评估程序》《资产评估执业准则——资产评估报告》《资产评估执业准则——资产评估委托合同》《资产评估执业准则——资产评估档案》《资产评估执业准则——利用专家工作及相关报告》《资产评估执业准则——企业价值》《资产评估执业准则——无形资产》《资产评估执业准则——不动产》《资产评估执业准则——机器设备》《资产评估执业准则——珠宝首饰》《资产评估执业准则——森林资源资产》《企业国有资产评估报告指南》《金融企业国有资产评估报告指南》《知识产权资产评估指南》《以财务报告为目的的评估指南》《资产评估机构业务质量控制指南》《资产评估价值类型指导意见》《专利资产评估指导意见》《资产评估对象法律权属指导意见》《著作权资产评估指导意见》《商标资产评估指导意见》《金融不良资产评估指导意见》《投资性房地产评估指导意见》《实物期权评估指导意见》。

11. 2018年颁布的准则

2018年10月29日颁布、2019年1月1日起施行的资产评估准则有：《资产评估执业准则——资产评估程序》《资产评估执业准则——资产评估报告》《资产评估执业准则——资产评估档案》《资产评估执业准则——企业价值》，均是对2017年9月发布的准则中有关条款修订后的重新发布。

本章小结

资产评估行业发展过程，也是资产评估管理不断加强和完善的过程。回顾资产评估行业的发展，会发现其存在的问题，通过资产评估管理模式的比较，选择科学的资产评估行业管理模式，并探讨通过资产评估准则等的制定和颁布，使资产评估行业管理得以有效地实施。

思考题

1. 资产评估行业管理主要有哪些模式？
2. 论述《资产评估法》所确定的我国资产评估管理模式。
3. 资产评估准则制定的必要性和可行性。
4. 中国资产评估准则体系的构成是怎样的？

附 录

复利系数公式和复利系数表

1. 复利系数公式

各种复利系数公式总结如下：

复利系数名称	符号	公式
(1) 整付复本利系数	$(F/P, r, n)$	$(1+r)^n$
(2) 整付现值系数	$(P/F, r, n)$	$(1+r)^{-n}$或$\frac{1}{(1+r)^n}$
(3) 年金复本利系数	$(F/A, r, n)$	$\frac{(1+r)^n-1}{r}$
(4) 基金年存系数	$(A/F, r, n)$	$\frac{r}{(1+r)^n-1}$
(5) 年金现值系数	$(P/A, r, n)$	$\frac{(1+r)^n-1}{r(1+r)^n}$
(6) 投资回收系数	$(A/P, r, n)$	$\frac{r(1+r)^n}{(1+r)^n-1}$

从上述公式中，可以清楚地看出各种系数之间的关系。在整付复本利系数和整付现值系数之间，年金复本利系数和基金年存系数之间，年金现值系数和投资回收系数之间，都存在倒数关系。

2. 复利系数表

为了便于时间价值的换算，根据上述公式计算的六种复利系数表附后。

1%复利系数表

年限	整付复本利系数	整付现值系数	年金复本利系数	基金年存系数	年金现值系数	投资回收系数
	已知现值求将来值	已知将来值求现值	已知年金求将来值	已知将来值求年金	已知年金求现值	已知现值求年金
1	1.010 0	0.990 1	1.000 0	1.000 0	0.990 1	1.010 0
2	1.020 1	0.980 3	2.010 0	0.497 5	1.970 4	0.507 5
3	1.030 3	0.970 6	3.030 1	0.330 0	2.941 0	0.340 0
4	1.040 6	0.961 0	4.060 4	0.246 3	3.902 0	0.256 3
5	1.051 0	0.951 5	5.101 0	0.196 0	4.853 4	0.206 0

续前表

年限	整付复本利系数	整付现值系数	年金复本利系数	基金年存系数	年金现值系数	投资回收系数
	已知现值求将来值	已知将来值求现值	已知年金求将来值	已知将来值求年金	已知年金求现值	已知现值求年金
6	1.061 5	0.942 0	6.152 0	0.162 5	5.795 5	0.172 5
7	1.072 1	0.932 7	7.213 5	0.138 6	6.728 2	0.148 6
8	1.082 9	0.923 5	8.285 7	0.120 7	7.651 7	0.130 7
9	1.093 7	0.914 3	9.368 5	0.106 7	8.566 0	0.116 7
10	1.104 6	0.905 3	10.462 2	0.095 6	9.471 3	0.105 6
11	1.115 7	0.896 3	11.566 8	0.086 5	10.367 6	0.096 5
12	1.126 8	0.887 4	12.682 5	0.078 8	11.255 1	0.088 8
13	1.138 1	0.878 7	13.809 3	0.072 4	12.133 7	0.082 4
14	1.149 5	0.870 0	14.947 4	0.066 9	13.003 7	0.076 9
15	1.161 0	0.861 3	16.096 9	0.062 1	13.865 0	0.072 1
16	1.172 6	0.852 8	17.257 9	0.057 9	14.717 9	0.067 9
17	1.184 3	0.844 4	18.430 4	0.054 3	15.562 2	0.064 3
18	1.196 1	0.836 0	19.614 7	0.051 0	16.398 3	0.061 0
19	1.208 1	0.827 7	20.810 9	0.048 1	17.226 0	0.058 1
20	1.220 2	0.819 5	22.019 0	0.045 4	18.045 6	0.055 4
21	1.232 4	0.811 4	23.239 2	0.043 0	18.857 0	0.053 0
22	1.244 7	0.803 4	24.471 6	0.040 9	19.660 4	0.050 9
23	1.257 2	0.795 4	25.716 3	0.038 9	20.455 8	0.048 9
24	1.269 7	0.787 6	26.973 5	0.037 1	21.243 4	0.047 1
25	1.282 4	0.779 8	28.243 2	0.035 4	22.023 1	0.045 4
26	1.295 3	0.772 0	29.525 6	0.033 9	22.795 2	0.043 9
27	1.308 2	0.764 4	30.820 9	0.032 4	23.559 6	0.042 4
28	1.321 3	0.756 8	32.129 1	0.031 1	24.316 4	0.041 1
29	1.334 5	0.749 3	33.450 4	0.029 9	25.065 8	0.039 9
30	1.347 8	0.741 9	34.784 9	0.028 7	25.807 7	0.038 7
31	1.361 3	0.734 6	36.132 7	0.027 7	26.542 3	0.037 7
32	1.374 9	0.727 3	37.494 1	0.026 7	27.269 6	0.036 7
33	1.388 7	0.720 1	38.869 0	0.025 7	27.989 7	0.035 7
34	1.402 6	0.713 0	40.257 7	0.024 8	28.702 7	0.034 8
35	1.416 6	0.705 9	41.660 3	0.024 0	29.408 6	0.034 0
40	1.488 9	0.671 7	48.886 4	0.020 5	32.834 7	0.030 5
45	1.564 8	0.639 1	56.481 1	0.017 7	36.094 5	0.027 7
50	1.644 6	0.608 0	64.463 2	0.015 5	39.196 1	0.025 5
55	1.728 5	0.578 5	72.852 4	0.013 7	42.147 2	0.023 7
60	1.816 7	0.550 4	81.669 6	0.012 2	44.955 0	0.022 2
65	1.909 4	0.523 7	90.936 6	0.011 0	47.626 6	0.021 0
70	2.006 8	0.498 3	100.676 3	0.009 9	50.168 5	0.019 9
75	2.109 1	0.474 1	110.912 8	0.009 0	52.587 0	0.019 0
80	2.216 7	0.451 1	121.671 5	0.008 2	54.888 2	0.018 2
85	2.329 8	0.429 2	132.978 9	0.007 5	57.077 7	0.017 5
90	2.448 6	0.408 4	144.863 2	0.006 9	59.160 9	0.016 9
95	2.573 5	0.388 6	157.353 7	0.006 4	61.143 0	0.016 4
100	2.704 8	0.369 7	170.481 3	0.005 9	63.028 9	0.015 9

2%复利系数表

年限	整付复本利系数 已知现值求将来值	整付现值系数 已知将来值求现值	年金复本利系数 已知年金求将来值	基金年存系数 已知将来值求年金	年金现值系数 已知年金求现值	投资回收系数 已知现值求年金
1	1.020 0	0.980 4	1.000 0	1.000 0	0.980 4	1.020 0
2	1.040 4	0.961 2	2.020 0	0.495 1	1.941 6	0.515 1
3	1.061 2	0.942 3	3.060 4	0.326 8	2.883 9	0.346 8
4	1.082 4	0.923 8	4.121 6	0.242 6	3.807 7	0.262 6
5	1.104 1	0.905 7	5.204 0	0.192 2	4.713 5	0.212 2
6	1.126 2	0.888 0	6.308 1	0.158 5	5.601 4	0.178 5
7	1.148 7	0.870 6	7.434 3	0.134 5	6.472 0	0.154 5
8	1.171 7	0.853 5	8.582 9	0.116 5	7.325 5	0.136 5
9	1.195 1	0.836 8	9.754 6	0.102 5	8.162 2	0.122 5
10	1.219 0	0.820 3	10.949 7	0.091 3	8.982 6	0.111 3
11	1.243 4	0.804 3	12.168 7	0.082 2	9.786 8	0.102 2
12	1.268 2	0.788 5	13.412 0	0.074 6	10.575 3	0.094 6
13	1.293 6	0.773 0	14.680 3	0.068 1	11.348 4	0.088 1
14	1.319 5	0.757 9	15.973 9	0.082 6	12.106 2	0.082 6
15	1.345 9	0.743 0	17.293 4	0.057 8	12.849 2	0.077 8
16	1.372 8	0.728 4	18.639 2	0.053 7	13.577 7	0.073 7
17	1.400 2	0.714 2	20.012 0	0.050 0	14.291 8	0.070 0
18	1.428 2	0.700 2	21.412 2	0.046 7	14.992 0	0.066 7
19	1.456 8	0.686 4	22.840 5	0.043 8	15.678 4	0.063 8
20	1.485 9	0.673 0	24.297 3	0.041 2	16.351 4	0.061 2
21	1.515 7	0.659 8	25.783 2	0.038 8	17.011 2	0.058 8
22	1.546 0	0.646 8	27.298 9	0.036 6	17.658 0	0.056 6
23	1.576 9	0.634 2	28.844 9	0.034 7	18.292 2	0.054 7
24	1.608 4	0.621 7	30.421 8	0.032 9	18.913 9	0.052 9
25	1.640 6	0.609 5	32.030 2	0.031 2	19.523 4	0.051 2
26	1.673 4	0.597 6	33.670 8	0.029 7	20.121 0	0.049 7
27	1.706 9	0.585 9	35.344 2	0.028 3	20.706 9	0.048 3
28	1.741 0	0.574 4	37.051 1	0.027 0	21.281 2	0.047 0
29	1.775 8	0.563 1	38.792 1	0.025 8	21.844 3	0.045 8
30	1.811 4	0.552 1	40.567 9	0.024 7	22.396 4	0.044 7
31	1.847 6	0.541 3	42.379 3	0.023 6	22.937 7	0.043 6
32	1.884 5	0.530 6	44.226 9	0.022 6	23.468 3	0.042 6
33	1.922 2	0.520 2	46.111 4	0.021 7	23.988 5	0.041 7
34	1.960 7	0.510 0	48.033 6	0.020 8	24.498 5	0.040 8
35	1.999 9	0.500 0	49.994 3	0.020 0	24.998 6	0.040 0
40	2.208 0	0.452 9	60.401 7	0.016 6	27.355 4	0.036 6
45	2.437 8	0.410 2	71.892 4	0.013 9	29.490 1	0.033 9
50	2.691 6	0.371 5	84.579 0	0.011 8	31.423 6	0.031 8
55	2.971 7	0.336 5	98.586 1	0.010 1	33.174 7	0.030 1
60	3.281 0	0.304 8	114.051 0	0.008 8	34.760 8	0.028 8
65	3.622 5	0.276 1	131.125 5	0.007 6	36.197 4	0.027 6
70	3.999 5	0.250 0	149.977 1	0.006 7	37.498 6	0.026 7
75	4.415 8	0.226 5	170.790 9	0.005 9	38.677 1	0.025 9
80	4.875 4	0.205 1	193.770 9	0.005 2	39.744 5	0.025 2
85	5.382 9	0.185 8	219.142 7	0.004 6	40.711 2	0.024 6
90	5.943 1	0.168 3	274.155 2	0.004 0	41.586 9	0.024 0
95	6.561 7	0.152 4	278.083 2	0.003 6	42.380 0	0.023 6
100	7.244 6	0.138 0	312.230 3	0.003 2	43.098 3	0.023 2

3%复利系数表

年限	整付复本利系数	整付现值系数	年金复本利系数	基金年存系数	年金现值系数	投资回收系数
	已知现值求将来值	已知将来值求现值	已知年金求将来值	已知将来值求年金	已知年金求现值	已知现值求年金
1	1.030 0	0.970 9	1.000 0	1.000 0	0.970 9	1.030 0
2	1.060 9	0.942 6	2.030 0	0.492 6	1.913 5	0.522 6
3	1.092 7	0.915 1	3.090 9	0.323 5	2.828 6	0.353 5
4	1.125 5	0.888 5	4.183 6	0.239 0	3.717 1	0.269 0
5	1.159 3	0.862 6	5.309 1	0.188 4	4.579 7	0.218 4
6	1.194 1	0.837 5	6.468 4	0.154 6	5.417 2	0.184 6
7	1.229 9	0.813 1	7.662 5	0.130 5	6.230 3	0.160 5
8	1.266 8	0.789 4	8.892 3	0.112 5	7.019 7	0.142 5
9	1.304 8	0.766 4	10.159 1	0.098 4	7.786 1	0.128 4
10	1.343 9	0.744 1	11.463 9	0.087 2	8.530 2	0.117 2
11	1.384 2	0.722 4	12.807 8	0.078 1	9.252 6	0.108 1
12	1.425 8	0.701 4	14.192 0	0.070 5	9.954 0	0.100 5
13	1.468 5	0.681 0	15.617 8	0.064 0	10.635 0	0.094 0
14	1.512 6	0.661 1	17.086 3	0.058 5	11.296 1	0.088 5
15	1.558 0	0.641 9	18.598 9	0.053 8	11.937 9	0.083 8
16	1.604 7	0.623 2	20.156 9	0.049 6	12.561 1	0.079 6
17	1.652 8	0.605 0	21.761 6	0.046 0	13.166 1	0.076 0
18	1.702 4	0.587 4	23.414 4	0.042 7	13.753 5	0.072 7
19	1.753 5	0.570 3	25.116 9	0.039 8	14.323 8	0.069 8
20	1.806 1	0.553 7	26.870 4	0.037 2	14.877 5	0.067 2
21	1.860 3	0.537 5	28.676 5	0.034 9	15.415 0	0.064 9
22	1.916 1	0.521 9	30.536 8	0.032 7	15.936 9	0.062 7
23	1.973 6	0.506 7	32.452 9	0.030 8	16.443 6	0.060 8
24	2.032 8	0.491 9	34.426 5	0.029 0	16.935 5	0.059 0
25	2.093 8	0.477 6	36.459 3	0.027 4	17.413 1	0.057 4
26	2.156 6	0.463 7	38.553 0	0.025 9	17.876 8	0.055 9
27	2.221 3	0.450 2	40.709 6	0.024 6	18.327 0	0.054 6
28	2.287 9	0.437 1	42.930 9	0.023 3	18.764 1	0.053 3
29	2.356 6	0.424 3	45.218 8	0.022 1	19.188 5	0.052 1
30	2.427 3	0.412 0	47.575 4	0.021 0	19.600 4	0.051 0
31	2.500 1	0.400 0	50.002 7	0.020 0	20.000 4	0.050 0
32	3.575 1	0.388 3	52.502 7	0.019 0	20.388 8	0.049 0
33	2.652 3	0.377 0	55.077 8	0.018 2	20.765 8	0.048 2
34	2.731 9	0.366 0	57.730 2	0.017 3	21.131 8	0.047 3
35	2.813 9	0.355 4	60.462 1	0.016 5	21.487 2	0.046 5
40	3.262 0	0.306 6	75.401 2	0.013 3	23.114 8	0.043 3
45	3.781 6	0.264 4	92.719 8	0.010 8	24.518 7	0.040 8
50	4.383 9	0.228 1	112.796 8	0.008 9	25.729 8	0.038 9
55	5.082 1	0.196 8	136.071 6	0.007 3	26.774 4	0.037 3
60	5.891 6	0.169 7	163.053 4	0.006 1	27.675 6	0.036 1
65	6.830 0	0.146 4	194.332 7	0.005 1	28.452 9	0.035 1
70	7.917 8	0.126 3	230.594 0	0.004 3	29.123 4	0.034 3
75	9.178 9	0.108 9	272.630 7	0.003 7	29.701 8	0.033 7
80	10.640 9	0.094 0	321.362 9	0.003 1	30.200 8	0.033 1
85	12.335 7	0.081 1	377.856 7	0.002 6	30.631 2	0.032 6
90	14.300 5	0.069 9	443.348 7	0.002 3	31.002 4	0.032 3
95	16.578 2	0.060 3	519.271 7	0.001 9	31.322 7	0.031 9
100	19.218 6	0.052 0	607.287 4	0.001 6	31.598 9	0.031 6

4%复利系数表

年限	整付复本利系数	整付现值系数	年金复本利系数	基金年存系数	年金现值系数	投资回收系数
	已知现值求将来值	已知将来值求现值	已知年金求将来值	已知将来值求年金	已知年金求现值	已知现值求年金
1	1.040 0	0.961 5	1.000 0	1.000 0	0.961 5	1.040 0
2	1.081 6	0.924 6	2.040 0	0.490 2	1.886 1	0.530 2
3	1.124 9	0.889 0	3.121 6	0.320 3	2.775 1	0.360 3
4	1.169 9	0.854 8	4.246 5	0.235 5	3.629 9	0.275 5
5	1.216 7	0.821 9	5.416 3	0.184 6	4.451 8	0.224 6
6	1.265 3	0.790 3	6.633 0	0.150 8	5.242 1	0.190 8
7	1.315 9	0.759 9	7.898 3	0.126 6	6.002 1	0.166 6
8	1.368 6	0.730 7	9.214 2	0.108 5	6.732 7	0.148 5
9	1.423 3	0.702 6	10.582 8	0.094 5	7.435 3	0.134 5
10	1.480 2	0.675 6	12.006 1	0.083 3	8.110 9	0.123 3
11	1.539 5	0.649 6	13.486 3	0.074 1	8.760 5	0.114 1
12	1.601 0	0.624 6	15.025 8	0.066 6	9.385 1	0.106 6
13	1.665 1	0.600 6	16.626 8	0.060 1	9.985 6	0.100 1
14	1.731 7	0.577 5	18.291 9	0.054 7	10.563 1	0.094 7
15	1.800 9	0.555 3	20.023 6	0.049 9	11.118 4	0.089 9
16	1.873 0	0.533 9	21.824 5	0.045 8	11.652 3	0.085 8
17	1.947 9	0.513 4	23.697 5	0.042 2	12.165 7	0.082 2
18	2.025 8	0.4936	25.645 4	0.039 0	12.659 3	0.079 0
19	2.106 8	0.474 6	27.671 2	0.036 1	13.133 9	0.076 1
20	2.191 1	0.456 4	29.778 1	0.033 6	13.590 3	0.073 6
21	2.278 8	0.438 8	31.969 2	0.031 3	14.029 2	0.071 3
22	2.369 9	0.422 0	34.247 9	0.029 2	14.451 1	0.069 2
23	2.464 7	0.405 7	36.617 9	0.027 3	14.856 8	0.067 3
24	2.563 3	0.390 1	39.082 6	0.025 6	15.247 0	0.065 6
25	2.665 8	0.375 1	41.645 9	0.024 0	15.622 1	0.064 0
26	2.772 5	0.360 7	44.311 7	0.022 6	15.982 8	0.062 6
27	2.883 4	0.346 8	47.084 2	0.021 2	16.329 6	0.061 2
28	2.998 7	0.333 5	49.967 5	0.020 0	16.663 1	0.060 0
29	3.118 6	0.320 7	52.966 2	0.018 9	16.983 7	0.058 9
30	3.243 4	0.308 3	56.084 9	0.017 8	17.292 0	0.057 8
31	3.373 1	0.296 5	59.328 3	0.016 9	17.588 5	0.056 9
32	3.508 1	0.285 1	62.701 4	0.015 9	17.873 5	0.055 9
33	3.648 4	0.274 1	66.209 5	0.015 1	18.147 6	0.055 1
34	3.794 3	0.263 6	69.857 8	0.014 3	18.411 2	0.054 3
35	3.946 1	0.253 4	73.652 1	0.013 6	18.664 6	0.053 6
40	4.801 0	0.208 3	95.025 4	0.010 5	19.792 8	0.050 5
45	5.841 2	0.171 2	121.029 2	0.008 3	20.720 0	0.048 3
50	7.106 7	0.140 7	152.666 9	0.006 6	21.482 2	0.046 6
55	8.646 4	0.115 7	191.158 9	0.005 2	22.108 6	0.045 2
60	10.521 9	0.095 1	237.990 3	0.004 2	22.623 5	0.044 2
65	12.798 7	0.078 1	294.967 9	0.003 4	23.046 7	0.043 4
70	15.571 6	0.064 2	364.289 8	0.002 7	23.394 5	0.042 7
75	18.945 2	0.052 8	448.630 5	0.002 2	23.680 4	0.042 2
80	23.049 8	0.043 4	551.243 8	0.001 8	23.9154	0.041 8
85	28.043 5	0.035 7	676.088 6	0.001 5	24.108 5	0.041 5
90	34.119 3	0.029 3	827.981 4	0.001 2	24.267 3	0.041 2
95	41.511 3	0.024 1	1 012.782 0	0.001 0	24.397 8	0.041 0
100	50.504 8	0.019 8	1 237.621 0	0.000 8	24.505 0	0.040 8

5%复利系数表

年限	整付复本利系数 已知现值求将来值	整付现值系数 已知将来值求现值	年金复本利系数 已知年金求将来值	基金年存系数 已知将来值求年金	年金现值系数 已知年金求现值	投资回收系数 已知现值求年金
1	1.050 0	0.952 4	1.000 0	1.000 0	0.952 4	1.050 0
2	1.102 5	0.907 0	2.050 0	0.487 8	1.859 4	0.537 8
3	1.157 6	0.863 8	3.152 5	0.317 2	2.723 2	0.367 2
4	1.215 5	0.822 7	4.310 1	0.232 0	3.545 9	0.282 0
5	1.276 3	0.783 5	5.525 6	0.181 0	4.329 5	0.231 0
6	1.340 1	0.746 2	6.801 9	0.147 0	5.075 7	0.197 0
7	1.407 1	0.717 0	8.142 0	0.122 8	5.786 4	0.172 8
8	1.477 5	0.676 8	9.549 1	0.104 7	6.463 2	0.154 7
9	1.551 3	0.644 6	11.026 5	0.090 7	7.107 8	0.140 7
10	1.628 9	0.613 9	12.577 9	0.079 5	7.721 7	0.129 5
11	1.710 3	0.584 7	14.206 8	0.070 4	8.306 4	0.120 4
12	1.795 9	0.556 8	15.917 1	0.062 8	8.863 2	0.112 8
13	1.885 6	0.530 3	17.712 9	0.056 5	9.393 6	0.106 5
14	1.979 9	0.505 1	19.598 6	0.051 0	9.898 6	0.101 0
15	2.078 9	0.481 0	21.578 5	0.046 3	10.379 6	0.096 3
16	2.182 9	0.458 1	23.657 4	0.042 3	10.837 8	0.092 3
17	2.292 0	0.436 3	25.840 3	0.038 7	11.274 1	0.088 7
18	2.406 6	0.415 5	28.132 3	0.035 5	11.689 6	0.085 5
19	2.526 9	0.395 7	30.538 9	0.032 7	12.085 3	0.082 7
20	2.653 3	0.376 9	33.065 9	0.030 2	12.462 2	0.080 2
21	2.786 0	0.358 9	35.719 2	0.028 0	12.821 1	0.078 0
22	2.925 3	0.341 9	38.505 1	0.026 0	13.163 0	0.076 0
23	3.071 5	0.325 6	41.430 4	0.024 1	13.488 6	0.074 1
24	3.225 1	0.310 1	44.501 9	0.022 5	13.798 6	0.072 5
25	3.386 3	0.295 3	47.727 0	0.021 0	14.093 9	0.071 0
26	3.555 7	0.281 2	51.113 3	0.019 6	14.375 2	0.069 6
27	3.733 4	0.267 8	54.669 0	0.018 3	14.643 0	0.068 3
28	3.920 1	0.255 1	58.402 4	0.017 1	14.898 1	0.067 1
29	4.116 1	0.242 9	62.322 5	0.016 0	15.141 1	0.066 0
30	4.321 9	0.231 4	66.438 6	0.015 1	15.372 4	0.065 1
31	4.538 0	0.220 4	70.760 6	0.014 1	15.592 8	0.064 1
32	4.764 9	0.209 9	75.298 6	0.013 3	15.802 7	0.063 3
33	5.003 2	0.199 9	80.063 5	0.012 5	16.002 5	0.062 5
34	5.253 3	0.190 4	85.066 7	0.011 8	16.192 9	0.061 8
35	5.516 0	0.181 3	90.320 0	0.011 1	16.374 2	0.061 1
40	7.040 0	0.142 0	120.799 3	0.008 3	17.159 1	0.058 3
45	8.985 0	0.111 3	159.699 5	0.006 3	17.774 1	0.056 3
50	11.467 4	0.087 2	209.347 0	0.004 8	18.255 9	0.054 8
55	14.635 6	0.068 3	272.711 3	0.003 7	18.633 5	0.053 7
60	18.679 1	0.053 5	353.581 8	0.002 8	18.929 3	0.052 8
65	23.839 8	0.041 9	456.795 4	0.002 2	19.161 1	0.052 2
70	30.426 2	0.032 9	588.524 9	0.001 7	19.342 7	0.051 7
75	38.832 4	0.025 8	756.648 7	0.001 3	19.485 0	0.051 3
80	49.561 1	0.020 2	971.222 0	0.001 0	19.596 5	0.051 0
85	63.253 9	0.015 8	1 245.078 0	0.0008	19.683 8	0.050 8
90	80.729 7	0.012 4	1 594.595 0	0.000 6	19.752 3	0.050 6
95	103.033 8	0.009 7	2 040.677 0	0.000 5	19.8059	0.050 5
100	131.500 1	0.007 6	2 610.003 0	0.000 4	19.847 9	0.050 4

6%复利系数表

年限	整付复本利系数	整付现值系数	年金复本利系数	基金年存系数	年金现值系数	投资回收系数
	已知现值求将来值	已知将来值求现值	已知年金求将来值	已知将来值求年金	已知年金求现值	已知现值求年金
1	1.060 0	0.943 4	1.000 0	1.000 0	0.943 4	1.060 0
2	1.123 6	0.890 0	2.060 0	0.485 4	1.833 4	0.545 4
3	1.191 0	0.839 6	3.183 6	0.314 1	2.673 0	0.374 1
4	1.262 5	0.792 1	4.374 6	0.228 6	3.465 1	0.288 6
5	1.338 2	0.747 3	5.637 1	0.177 4	4.212 4	0.237 4
6	1.418 5	0.705 0	6.975 3	0.143 4	4.917 3	0.203 4
7	1.503 6	0.665 1	8.393 8	0.119 1	5.582 4	0.179 1
8	1.593 8	0.627 4	9.897 5	0.101 0	6.209 8	0.161 0
9	1.689 5	0.591 2	11.491 3	0.087 0	6.801 7	0.147 0
10	1.790 8	0.558 4	13.180 8	0.075 9	7.360 1	0.135 9
11	1.898 3	0.526 8	14.971 6	0.066 8	7.886 9	0.126 8
12	2.012 2	0.497 0	16.869 9	0.05g 3	8.383 8	0.119 3
13	2.132 9	0.468 8	18.882 1	0.053 0	8.852 7	0.113 0
14	2.260 9	0.442 3	21.015 0	0.047 6	9.295 0	0.107 6
15	2.396 6	0.417 3	23.275 9	0.043 0	9.712 2	0.103 0
16	2.540 3	0.393 6	25.672 5	0.039 0	10.105 9	0.0990
17	2.692 8	0.371 4	26.212 8	0.035 4	10.477 3	0.095 4
18	2.854 3	0.350 3	30.905 6	0.032 4	10.827 6	0.092 4
19	3.025 6	0.330 5	33.758 9	0.029 6	11.158 1	0.089 6
20	3.207 1	0.311 8	36.785 5	0.027 2	11.469 9	0.087 2
21	3.399 6	0.294 2	39.992 7	0.025 0	11.764 1	0.085 0
22	3.603 5	0.277 5	43.392 2	0.023 0	12.041 6	0.083 0
23	3.819 7	0.261 8	46.995 7	0.021 3	12.303 4	0.081 3
24	4.048 9	0.247 0	50.815 5	0.019 7	12.550 4	0.079 7
25	4.291 9	0.233 0	54.864 4	0.018 2	12.783 4	0.078 2
26	4.549 4	0.219 8	59.156 3	0.016 9	13.003 2	0.076 9
27	4.822 3	0.207 4	63.705 7	0.015 7	13.210 5	0.075 7
28	5.111 7	0.195 6	68.528 0	0.014 6	13.406 2	0.074 6
29	5.418 4	0.184 6	73.639 7	0.013 6	13.590 7	0.073 6
30	5.743 5	0.174 1	79.058 0	0.012 6	13.764 8	0.072 6
31	6.088 1	0.164 3	84.801 5	0.011 8	13.929 1	0.071 8
32	6.453 4	0.155 0	90.889 6	0.011 0	14.084 0	0.071 0
33	6.840 6	0.146 2	97.343 0	0.010 3	14.230 2	0.070 3
34	7.251 0	0.137 9	104.183 5	0.009 6	14.368 1	0.069 6
35	7.686 1	0.130 1	111.434 5	0.009 0	14.498 2	0.069 0
40	10.285 7	0.097 2	154.761 6	0.006 5	15.046 3	0.066 5
45	13.764 5	0.072 7	212.743 0	0.004 7	15.455 8	0.064 7
50	18.420 1	0.054 3	290.335 1	0.003 4	15.761 9	0.063 4
55	24.650 2	0.040 6	394.170 8	0.002 5	15.990 5	0.062 5
60	32.987 6	0.030 3	533.126 3	0.001 9	16.161 4	0.061 9
65	44.144 8	0.022 7	719.080 3	0.001 4	16.289 1	0.061 4
70	59.075 7	0.016 9	967.928 4	0.001 0	16.384 5	0.061 0
75	79.056 6	0.012 6	1 300.943 0	0.000 8	16.455 8	0.060 8
80	105.795 5	0.009 5	1 746.592 0	0.000 6	16.509 1	0.060 6
85	141.578 3	0.007 1	2 342.971 0	0.000 4	16.548 9	0.060 4
90	189.463 6	0.005 3	3 141.060 0	0.000 3	16.578 7	0.060 3
95	253.544 9	0.003 9	4 209.082 0	0.000 2	16.600 9	0.060 2
100	339.300 2	0.002 9	5 638.368 0	0.000 2	16.617 5	0.060 2

7%复利系数表

年限	整付复本利系数	整付现值系数	年金复本利系数	基金年存系数	年金现值系数	投资回收系数
	已知现值求将来值	已知将来值求现值	已知年金求将来值	已知将来值求年金	已知年金求现值	已知现值求年金
1	1.070 0	0.934 6	1.000 0	1.000 0	0.934 6	1.070 0
2	1.144 9	0.873 4	2.070 0	0.483 1	1.808 0	0.553 1
3	1.225 0	0.816 3	3.214 9	0.311 1	2.624 3	0.381 1
4	1.310 8	0.762 9	4.439 9	0.225 2	3.387 2	0.295 2
5	1.402 6	0.713 0	5.750 7	0.173 9	4.100 2	0.243 9
6	1.500 7	0.666 3	7.153 3	0.139 8	4.766 5	0.209 8
7	1.605 8	0.622 7	8.654 0	0.115 6	5.389 3	0.185 6
8	1.718 2	0.582 0	10.259 8	0.097 5	5.971 3	0.167 5
9	1.838 5	0.543 9	11.978 0	0.083 5	6.515 2	0.153 5
10	1.967 2	0.508 3	13.816 5	0.072 4	7.023 6	0.142 4
11	2.104 9	0.475 1	15.783 6	0.063 4	7.498 7	0.133 4
12	2.252 2	0.444 0	17.888 5	0.055 9	7.942 7	0.125 9
13	2.409 8	0.415 0	20.140 7	0.049 7	8.357 7	0.119 7
14	2.578 5	0.387 8	22.550 5	0.044 3	8.745 5	0.114 3
15	2.759 0	0.362 4	25.129 1	0.039 8	9.107 9	0.109 8
16	2.952 2	0.338 7	27.888 1	0.035 9	9.446 7	0.105 9
17	3.158 8	0.316 6	30.840 3	0.032 4	9.763 2	0.102 4
18	3.379 9	0.295 9	33.999 1	0.029 4	10.059 1	0.099 4
19	3.616 5	0.276 5	37.379 0	0.026 8	10.335 6	0.096 8
20	3.869 7	0.258 4	40.995 5	0.024 4	10.594 0	0.094 4
21	4.140 6	0.241 5	44.865 2	0.022 3	10.835 5	0.092 3
22	4.430 4	0.225 7	49.005 8	0.020 4	11.061 2	0.090 4
23	4.740 5	0.210 9	53.436 2	0.018 7	11.272 2	0.088 7
24	5.072 4	0.197 1	58.176 8	0.017 2	11.469 3	0.087 2
25	5.427 4	0.184 2	63.249 1	0.015 8	11.653 6	0.085 8
26	5.807 4	0.172 2	68.676 6	0.014 6	11.825 8	0.084 6
27	6.213 9	0.160 9	74.484 0	0.013 4	11.986 7	0.083 4
28	6.648 8	0.150 4	80.697 8	0.012 4	12.137 1	0.082 4
29	7.114 3	0.140 6	87.346 7	0.011 4	12.277 7	0.081 4
30	7.612 3	0.131 4	94.460 9	0.010 6	12.409 0	0.080 6
31	8.145 1	0.122 8	102.073 2	0.009 8	2.531 8	0.079 8
32	8.715 3	0.114 7	110.218 4	0.009 1	12.646 6	0.079 1
33	9.325 4	0.107 2	118.933 6	0.008 4	12.753 8	0.078 4
34	9.978 1	0.100 2	128.259 0	0.007 8	12.854 0	0.077 8
35	10.676 6	0.093 7	138.237 1	0.007 2	12.947 7	0.077 2
40	14.974 5	0.066 8	199.635 5	0.005 0	13.331 7	0.075 0
45	21.002 5	0.047 6	285.750 0	0.003 5	13.605 5	0.073 5
50	29.457 1	0.033 9	406.530 0	0.002 5	13.800 7	0.072 5
55	41.315 1	0.024 2	575.930 2	0.001 7	13.939 9	0.071 7
60	57.946 6	0.017 3	813.522 8	0.001 2	14.039 2	0.071 2
65	81.273 1	0.012 3	1 146.759	0.000 9	14.109 9	0.070 9
70	113.989 8	0.008 8	1 614.140	0.000 6	14.160 4	0.070 6
75	159.876 6	0.006 3	2 269.666	0.000 4	14.196 4	0.070 4
80	224.235 3	0.004 5	3 189.075	0.000 3	14.222 0	0.070 3
85	314.501 6	0.003 2	4 478.594	0.000 2	14.240 3	0.070 2
90	441.104 9	0.002 3	6 287.213	0.000 2	14.253 3	0.070 2
95	618.672 6	0.001 6	8 823.894	0.000 1	14.262 6	0.070 1
100	867.720 4	0.001 2	12 381.720	0.000 1	14.269 3	0.070 1

8%复利系数表

年限	整付复本利系数	整付现值系数	年金复本利系数	基金年存系数	年金现值系数	投资回收系数
	已知现值求将来值	已知将来值求现值	已知年金求将来值	已知将来值求年金	已知年金求现值	已知现值求年金
1	1.080 0	0.925 9	1.000 0	1.000 0	0.925 9	1.080 0
2	1.166 4	0.857 3	2.080 0	0.480 8	1.783 3	0.560 8
3	1.259 7	0.793 8	3.246 4	0.308 0	2.577 1	0.388 0
4	1.360 5	0.735 0	4.506 1	0.221 9	3.312 1	0.301 9
5	1.469 3	0.680 6	5.866 6	0.170 5	3.992 7	0.250 5
6	1.586 9	0.630 2	7.335 9	0.136 3	4.622 9	0.216 3
7	1.713 8	0.583 5	8.922 8	0.112 1	5.206 4	0.192 1
8	1.850 9	0.540 3	10.636 6	0.094 0	5.746 6	0.174 0
9	1.999 0	0.500 2	12.487 6	0.080 1	6.246 9	0.160 1
10	2.158 9	O.463 2	14.486 6	0.069 0	6.710 1	0.149 0
11	2.331 6	0.428 9	16.645 5	0.060 1	7.139 0	0.140 1
12	2.518 2	0.397 1	18.977 1	0.052 7	7.536 1	0.132 7
13	2.719 6	0.367 7	21.495 3	0.046 5	7.903 8	0.126 5
14	2.937 2	0.340 5	24.214 9	0.041 3	8.244 2	0.121 3
15	3.172 2	0.315 2	27.152 1	0.036 8	8.559 5	0.116 8
16	3.425 9	0.291 9	30.324 3	0.033 0	8.851 4	0.113 0
17	3.700 0	0.270 3	33.750 3	0.029 6	9.121 6	0.109 6
18	3.996 0	0.250 2	37.450 3	0.026 7	9.371 9	0.106 7
19	4.315 7	0.231 7	41.446 3	0.024 1	9.603 6	0.104 1
20	4.661 0	0.214 5	45.762 0	0.021 9	9.818 1	0.101 9
21	5.033 8	0.198 7	50.423 0	0.019 8	10.016 8	0.099 8
22	5.436 5	0.183 9	55.456 8	0.018 0	10.200 7	0.099 0
23	5.871 5	0.170 3	60.893 3	0.016 4	10.371 1	0.096 4
24	6.341 2	0.157 7	66.764 8	0.015 0	10.528 8	0.095 0
25	6.848 5	0.146 0	73.106 0	0.013 7	10.674 8	0.093 7
26	7.396 4	0.135 2	79.954 5	0.012 5	10.810 0	0.092 5
27	7.988 1	0.125 2	87.350 9	0.011 4	10.935 2	0.091 4
28	8.627 1	0.115 9	95.338 9	0.010 5	11.051 1	0.090 5
29	9.317 3	0.107 3	103.966 0	0.009 6	11.158 4	0.089 6
30	10.062 7	0.099 4	113.283 3	0.008 8	11.257 8	0.088 8
31	10.867 7	0.092 0	123.346 0	0.008 1	11.349 8	0.088 1
32	11.737 1	0.085 2	134.213 7	0.007 5	11.435 0	0.087 5
33	12.676 1	0.078 9	145.950 8	0.006 9	11.513 9	0.086 9
34	13.690 1	0.073 0	158.626 9	0.006 3	11.586 9	0.086 3
35	14.785 4	0.067 6	172.317 0	0.005 8	11.654 6	0.085 8
40	21.724 5	0.046 0	259.056 9	0.003 9	11.924 6	0.083 9
45	31.920 5	0.031 3	386.506 2	0.002 6	12.108 4	0.082 6
50	46.901 7	0.021 3	573.771 1	0.001 7	12.233 5	0.081 7
55	68.914 0	0.014 5	848.924 7	0.001 2	12.318 6	0.081 2
60	101.257 3	0.009 9	1 253.216	0.000 8	12.376 6	0.080 8
65	148.780 2	0.006 7	1 847.252	0.000 5	12.416 0	0.080 5
70	218.606 9	0.004 6	2 720.086	0.000 4	12.442 8	0.080 4
75	321.205 3	0.003 1	4 002.566	0.000 2	12.461 1	0.080 2
80	471.956 0	0.002 1	5 886.950	0.000 2	12.473 5	0.080 2
85	693.458 3	0.001 4	8 655.729	0.000 1	12.482 0	0.080 1
90	1 018.918 0	0.001 0	12 723.980	0.000 1	12.4877	0.080 1
95	1 497.125 0	0.000 7	18 701.560	0.000 1	12.491 7	0.080 1
100	2 199.768 0	0.000 5	27 484.610	0.000 0	12.494 3	0.080 0

9%复利系数表

年限	整付复本利系数	整付现值系数	年金复本利系数	基金年存系数	年金现值系数	投资回收系数
	已知现值求将来值	已知将来值求现值	已知年金求将来值	已知将来值求年金	已知年金求现值	已知现值求年金
1	1.090 0	0.917 4	1.000 0	1.000 0	0.917 4	1.090 0
2	1.188 1	0.841 7	2.090 0	0.478 5	1.759 1	0.568 5
3	1.295 0	0.772 2	3.278 1	0.305 1	2.531 3	0.395 1
4	1.411 6	0.708 4	4.573 1	0.218 7	3.239 7	0.308 7
5	1.538 6	0.649 9	5.984 7	0.167 1	3.889 7	0.257 1
6	1.677 1	0.596 3	7.523 3	0.132 9	4.485 9	0.222 9
7	1.828 0	0.547 0	9.200 4	0.108 7	5.033 0	0.198 7
8	1.992 6	0.501 9	11.028 5	0.090 7	5.534 8	0.180 7
9	2.171 9	0.460 4	13.021 0	0.076 8	5.995 2	0.166 8
10	2.367 4	0.422 4	15.192 9	0.065 8	6.417 7	0.155 8
11	2.580 4	0.387 5	17.560 3	0.056 9	6.805 2	0.146 9
12	2.812 7	0.355 5	20.140 7	0.049 7	7.160 7	0.139 7
13	3.065 8	0.326 2	22.953 4	0.043 6	7.486 9	0.133 6
14	3.341 7	0.299 2	26.092	0.038 4	7.786 2	0.128 4
15	3.642 5	0.274 5	29.360 9	0.034 1	8.060 7	0.124 1
16	3.970 3	0.251 9	33.003 4	0.030 3	8.312 6	0.120 3
17	4.327 6	0.231 1	36.973 7	0.027 0	8.543 6	0.117 0
18	4.717 1	0.212 0	41.301 4	0.024 2	8.755 6	0.114 2
19	5.141 7	0.194 5	46.018 5	0.021 7	8.950 1	0.111 7
20	5.604 4	0.178 4	51.160 2	0.019 5	9.128 5	0.109 5
21	6.108 8	0.163 7	56.764 6	0.017 6	9.292 2	0.107 6
22	6.658 6	0.150 2	62.873 4	0.015 9	9.442 4	0.105 9
23	7.257 9	0.137 8	69.532 0	0.014 4	9.580 2	0.104 4
24	7.911 1	0.126 4	76.789 9	0.013 0	9.706 6	0.103 0
25	8.623 1	0.116 0	84.701 0	0.011 8	9.822 6	0.101 8
26	9.399 2	0.106 4	93.324 1	0.010 7	9.929 0	0.100 7
27	10.245 1	0.097 6	102.723 3	0.009 7	10.026 6	0.099 7
28	11.167 2	0.089 5	112.968 4	0.008 9	10.116 1	0.098 9
29	12.172 2	0.082 2	124.135 5	0.008 1	10.198 3	0.098 1
30	13.267 7	0.075 4	136.307 7	0.007 3	10.273 7	0.097 3
31	14.461 8	0.069 1	149.575 4	0.006 7	10.342 8	0.096 7
32	15.763 4	0.063 4	164.037 2	0.006 1	10.406 2	0.096 1
33	17.182 1	0.058 2	179.800 6	0.005 6	10.464 4	0.095 6
34	18.728 4	0.053 4	196.982 7	0.005 1	10.517 8	0.095 1
35	20.414 0	0.049 0	215.711 1	0.004 6	10.566 8	0.094 6
40	31.409 5	0.031 8	337.883 1	0.003 0	10.757 4	0.093 0
45	48.327 4	0.020 7	525.859 8	0.001 9	10.881 2	0.091 9
50	74.357 7	0.013 4	815.085 3	0.001 2	10.961 7	0.091 2
55	114.408 5	0.008 7	1 260.095	0.000 8	11.014 0	0.090 8
60	176.031 8	0.005 7	1 944.797	0.000 5	11.048 0	0.090 5
65	270.846 8	0.003 7	2 998.297	0.000 3	11.070 1	0.090 3
70	416.731 4	0.002 4	4 619.238	0.000 2	11.084 4	0.090 2
75	641.193 1	0.001 6	7 113.256	0.000 1	11.093 8	0.090 1
80	986.555 2	0.001 0	10 950.610	0.000 1	11.099 8	0.090 1
85	1 517.938 0	0.000 7	16 854.860	0.000 1	11.103 8	0.090 1
90	2 335.536 0	0.000 4	25 939.290	0.000 0	11.106 4	0.090 0
95	3 593.513 0	0.000 3	39 916.810	0.000 0	11.108 0	0.090 0
100	5 529.066 0	0.000 2	61 422.950	0.000 0	11.109 1	0.090 0

10%复利系数表

年限	整付复本利系数	整付现值系数	年金复本利系数	基金年存系数	年金现值系数	投资回收系数
	已知现值求将来值	已知将来值求现值	已知年金求将来值	已知将来值求年金	已知年金求现值	已知现值求年金
1	1.100 0	0.909 1	1.000 0	1.000 0	0.909 1	1.100 0
2	1.210 0	0.826 4	2.100 0	0.476 2	1.735 5	0.576 2
3	1.331 0	0.751 3	3.310 0	0.302 1	2.486 9	0.402 1
4	1.464 1	0.683 0	4.641 0	0.215 5	3.169 9	0.315 5
5	1.610 5	0.620 9	6.105 1	0.163 8	3.790 8	0.263 8
6	1.771 6	0.564 5	7.715 6	0.129 6	4.355 3	0.229 6
7	1.948 7	0.513 2	9.487 2	0.105 4	4.868 4	0.205 4
8	2.143 6	0.466 5	11.435 9	0.087 4	5.334 9	0.187 4
9	2.357 9	0.424 1	13.579 5	0.073 6	5.759 0	0.173 6
10	2.593 7	0.385 5	15.937 4	0.062 7	6.144 6	0.162 7
11	2.853 1	0.350 5	18.531 2	0.054 0	6.495 1	0.154 0
12	3.138 4	0.318 6	21.384 3	0.046 8	6.813 7	0.146 8
13	3.452 3	0.289 7	24.522 7	0.040 8	7.103 4	0.140 8
14	3.797 5	0.263 3	27.975 0	0.035 7	7.366 7	0.135 7
15	4.177 2	0.239 4	31.772 5	0.031 5	7.606 1	0.131 5
16	4.595 0	0.217 6	35.949 7	0.027 8	7.823 7	0.127 8
17	5.054 5	0.197 8	40.544 7	0.024 7	8.021 6	0.124 7
18	5.559 9	0.179 9	45.599 2	0.021 9	8.201 4	0.121 9
19	6.115 9	0.163 5	51.159 1	0.019 5	8.364 9	0.119 5
20	6.727 5	0.148 6	57.275 0	0.017 5	8.513 6	0.117 5
21	7.400 3	0.135 1	64.002 5	0.015 6	8.648 7	0.115 6
22	8.140 3	0.122 8	71.402 8	0.014 0	8.771 5	0.114 0
23	8.954 3	0.111 7	79.543 1	0.012 6	8.883 2	0.112 6
24	9.849 7	0.101 5	88.497 4	0.011 3	8.894 7	0.111 3
25	10.834 7	0.092 3	98.347 1	0.010 2	9.077 0	0.110 2
26	11.918 2	0.083 9	109.181 8	0.009 2	9.160 9	0.109 2
27	13.110 0	0.076 3	121.100 0	0.008 3	9.237 2	0.108 3
28	14.421 0	0.069 3	134.210 0	0.007 5	9.306 6	0.107 5
29	15.863 1	0.063 0	148.631 0	0.006 7	9.369 6	0.106 7
30	17.449 4	0.057 3	164.494 1	0.006 1	9.426 9	0.106 1
31	19.194 4	0.052 1	181.943 5	0.005 5	9.479 0	0.105 5
32	21.113 8	0.047 4	201.137 9	0.005 0	9.526 4	0.105 0
33	23.225 2	0.043 1	222.251 7	0.004 5	9.569 4	0.104 5
34	25.547 7	0.039 1	245.476 8	0.004 1	9.608 6	0.104 1
35	28.102 5	0.035 6	271.024 5	0.003 7	9.644 2	0.103 7
40	45.259 3	0.022 1	442.592 8	0.002 3	9.779 1	0.102 3
45	72.890 5	0.013 7	718.905 3	0.001 4	9.862 8	0.101 4
50	117.390 9	0.008 5	1 163.909	0.000 9	9.914 8	0.100 9
55	189.059 3	0.005 3	1 880.593	0.000 5	9.947 1	0.100 5
60	304.481 9	0.003 3	3 034.819	0.000 3	9.967 2	0.100 3
65	490.371 2	0.002 0	4 893.712	0.000 2	9.979 6	0.100 2
70	789.747 8	0.001 3	7 887.478	0.000 1	9.987 3	0.100 1
75	1 271.897 0	0.000 8	12 708.970	0.000 1	9.992 1	0.100 1
80	2 048.403 0	0.000 5	20 474.030	0.000 0	9.995 1	0.100 0
85	3 298.973 0	0.000 3	32 979.730	0.000 0	9.997 0	0.100 0
90	5 313.030 0	0.000 2	53 120.300	0.000 0	9.998 1	0.100 0
95	8 556.688 0	0.000 1	85 556.880	0.000 0	9.998 8	0.100 0
100	13 780.630 0	0.000 1	137 796.300	0.000 0	9.999 3	0.100 0

11%复利系数表

年限	整付复本利系数	整付现值系数	年金复本利系数	基金年存系数	年金现值系数	投资回收系数
	已知现值求将来值	已知将来值求现值	已知年金求将来值	已知将来值求年金	已知年金求现值	已知现值求年金
1	1.110 0	0.900 9	1.000 0	1.000 0	0.900 9	1.110 0
2	1.232 1	0.811 6	2.110 0	0.473 9	1.712 5	0.583 9
3	1.367 6	0.731 2	3.342 1	0.299 2	2.443 7	0.409 2
4	1.518 1	0.658 7	4.709 7	0.212 3	3.102 4	0.322 3
5	1.685 1	0.593 5	6.227 8	0.160 6	3.695 9	0.270 6
6	1.870 4	0.534 6	7.912 9	0.126 4	4.230 5	0.236 4
7	2.076 2	0.481 7	9.783 3	0.102 2	4.712 2	0.212 2
8	2.304 5	0.433 9	11.859 4	0.084 3	5.146 1	0.194 3
9	2.558 0	0.390 9	14.164 0	0.070 6	5.537 0	0.180 6
10	2.839 4	0.352 2	16.722 0	0.059 8	5.889 2	0.169 8
11	3.151 8	0.317 3	19.561 4	0.051 1	6.206 5	0.161 1
12	3.498 5	0.285 8	22.713 2	0.044 0	6.492 4	0.154 0
13	3.883 3	0.257 5	26.211 6	0.038 2	6.749 9	0.148 2
14	4.310 4	0.232 0	30.094 9	0.033 2	6.981 9	0.143 2
15	4.784 6	0.209 0	34.405 4	0.029 1	7.190 9	0.139 1
16	5.310 9	0.188 3	39.190 0	0.025 5	7.379 2	0.135 5
17	5.895 1	0.169 6	44.500 8	0.022 5	7.548 8	0.132 5
18	6.543 6	0.152 8	50.395 9	0.019 8	7.701 6	0.129 8
19	7.263 3	0.137 7	56.939 5	0.017 6	7.839 3	0.127 6
20	8.062 3	0.124 0	64.202 8	0.015 6	7.963 3	0.125 6
21	8.949 2	0.111 7	72.265 2	0.013 8	8.075 1	0.123 8
22	9.933 6	0.100 7	81.214 3	0.012 3	8.175 7	0.122 3
23	11.026 3	0.090 7	91.147 9	0.011 0	8.266 4	0.121 0
24	12.239 2	0.081 7	102.174 2	0.009 8	8.348 1	0.119 8
25	13.585 5	0.073 6	114.413 3	0.008 7	8.421 7	0.118 7
26	15.079 9	0.066 3	127.998 8	0.007 8	8.488 1	0.117 8
27	16.738 6	0.059 7	143.078 6	0.007 0	8.547 8	0.117 0
28	18.579 9	0.053 8	159.817 3	0.006 3	8.601 6	0.116 3
29	20.623 7	0.048 5	178.397 2	0.005 6	8.650 1	0.115 6
30	22.892 3	0.043 7	199.020 9	0.005 0	8.693 8	0.115 0
31	25.410 5	0.039 4	221.913 2	0.004 5	8.733 1	0.114 5
32	28.205 6	0.035 5	247.323 7	0.004 0	8.768 6	0.114 0
33	31.308 2	0.031 9	275.529 2	0.003 6	8.800 5	0.113 6
34	34.752 1	0.028 8	306.837 5	0.003 3	8.829 3	0.113 3
35	38.574 9	0.025 9	341.589 6	0.002 9	8.855 2	0.112 9
40	65.000 9	0.015 4	581.826 1	0.001 7	8.951 1	0.111 7
45	109.530 3	0.009 1	986.638 7	0.001 0	9.007 9	0.111 0
50	184.564 9	0.005 4	1 668.771	0.000 6	9.041 7	0.110 6
55	311.002 5	0.003 2	2 818.205	0.000 4	9.061 7	0.110 4
60	524.057 3	0.001 9	4 755.067	0.000 2	9.073 6	0.110 2
65	883.067 1	0.001 1	8 018.792	0.000 1	9.080 6	0.110 1
70	1 488.019 0	0.000 7	13 518.360	0.000 1	9.084 8	0.110 1
75	2 507.399 0	0.000 4	22 785.450	0.000 0	9.087 3	0.110 0
80	4 225.114 0	0.000 2	38 401.030	0.000 0	9.088 8	0.110 0
85	7 119.562 0	0.000 1	64 714.200	0.000 0	9.089 6	0.110 0
90	11 996.880 0	0.000 1	109 053.400	0.000 0	9.090 2	0.110 0
95	20 215.440 0	0.000 0	183 767.600	0.000 0	9.090 5	0.110 0
100	34 064.180 0	0.000 0	309 665.300	0.000 0	9.090 6	0.110 0

12%复利系数表

年限	整付复本利系数	整付现值系数	年金复本利系数	基金年存系数	年金现值系数	投资回收系数
	已知现值求将来值	已知将来值求现值	已知年金求将来值	已知将来值求年金	已知年金求现值	已知现值求年金
1	1.120 0	0.892 9	1.000 0	1.000 0	0.892 9	1.120 0
2	1.254 4	0.797 2	2.120 0	0.471 7	1.690 1	0.591 7
3	1.404 9	0.711 8	3.374 4	0.296 3	2.4018	0.416 3
4	1.573 5	0.635 5	4.779 3	0.209 2	3.037 3	0.329 2
5	1.762 3	0.567 4	6.352 8	0.157 4	3.604 8	0.277 4
6	1.973 8	0.506 6	8.115 2	0.123 2	4.111 4	0.243 2
7	2.210 7	0.452 3	10.089 0	0.099 1	4.563 8	0.219 1
8	2.476 0	0.403 9	12.299 7	0.081 3	4.967 6	0.201 3
9	2.773 1	0.360 6	14.775 7	0.067 7	5.328 3	0.187 7
10	3.105 8	0.322 0	17.548 7	0.057 0	5.650 2	0.177 0
11	3.478 5	0.287 5	20.654 6	0.048 4	5.937 7	0.168 4
12	3.896 0	0.256 7	24.133 1	0.041 4	6.194 4	0.161 4
13	4.363 5	0.229 2	28.029 1	0.035 7	6.423 5	0.155 7
14	4.887 1	0.204 6	32.392 6	0.030 9	6.628 2	0.150 9
15	5.473 6	0.182 7	37.279 7	0.026 8	6.810 9	0.146 8
16	6.130 4	0.163 1	42.753 3	0.023 4	6.974 0	0.143 4
17	6.866 0	0.145 6	48.883 7	0.020 5	7.119 6	0.140 5
18	7.690 0	0.130 0	55.749 7	0.017 9	7.249 7	0.137 9
19	8.612 8	0.116 1	63.439 7	0.015 8	7.365 8	0.135 8
20	9.646 3	0.103 7	72.052 4	0.013 9	7.469 4	0.133 9
21	10.803 8	0.092 6	81.698 7	0.012 2	7.562 0	0.132 2
22	12.100 3	0.082 6	92.502 6	0.010 8	7.644 6	0.130 8
23	13.552 3	0.073 8	104.602 9	0.009 6	7.718 4	0.129 6
24	15.178 6	0.065 9	118.155 2	0.008 5	7.784 3	0.128 5
25	17.000 1	0.058 8	133.333 9	0.007 5	7.843 1	0.127 5
26	19.040 1	0.052 5	150.333 9	0.006 7	7.895 7	0.126 7
27	21.324 9	0.046 9	169.374 0	0.005 9	7.942 6	0.125 9
28	23.883 9	0.041 9	190.698 9	0.005 2	7.984 4	0.125 2
29	26.749 9	0.037 4	214.582 8	0.004 7	8.021 8	0.124 7
30	29.959 9	0.033 4	241.332 7	0.004 1	8.055 2	0.124 1
31	33.555 1	0.029 8	271.292 6	0.003 7	8.085 0	0.123 7
32	37.581 7	0.026 6	304.847 7	0.003 3	8.111 6	0.123 3
33	42.091 5	0.023 8	342.429 5	0.002 9	8.135 4	0.122 9
34	47.142 5	0.021 2	384.521 0	0.002 6	8.156 6	0.122 6
35	52.799 6	0.018 9	431.663 5	0.002 3	8.175 5	0.122 3
40	93.051 0	0.010 7	767.091 4	0.001 3	8.243 8	0.121 3
45	163.987 6	0.006 1	1 358.230	0.000 7	8.282 5	0.120 7
50	289.002 2	0.003 5	2 400.018	0.000 4	8.304 5	0.120 4
55	509.320 6	0.002 0	4 236.005	0.000 2	8.317 0	0.120 2
60	897.596 9	0.001 1	7 471.641	0.000 1	8.324 0	0.120 1
65	1 581.872 0	0.000 6	13 173.940	0.000 1	8.328 1	0.120 1
70	2 787.800 0	0.000 4	23 223.330	0.000 0	8.330 3	0.120 0
75	4 913.055 0	0.000 2	40 933.790	0.000 0	8.331 6	0.120 0
80	8 658.482 0	0.000 1	72 145.690	0.000 0	8.332 4	0.120 0
85	15 259.210 0	0.000 1	127 151.700	0.000 0	8.332 8	0.120 0
90	26 891.930 0	0.000 0	224 091.100	0.000 0	8.333 0	0.120 0
95	47 392.780 0	0.000 0	394 931.500	0.000 0	8.333 2	0.120 0
100	83 522.270 0	0.000 0	696 010.600	0.000 0	8.333 2	0.120 0

13%复利系数表

年限	整付复本利系数	整付现值系数	年金复本利系数	基金年存系数	年金现值系数	投资回收系数
	已知现值求将来值	已知将来值求现值	已知年金求将来值	已知将来值求年金	已知年金求现值	已知现值求年金
1	1.130 0	0.885 0	1.000 0	1.000 0	0.885 0	1.130 0
2	1.276 9	0.783 1	2.130 0	0.469 5	1.668 1	0.599 5
3	1.442 9	0.693 1	3.406 9	0.293 5	2.361 2	0.423 5
4	1.630 5	0.613 3	4.849 8	0.206 2	2.974 5	0.336 2
5	1.842 4	0.542 8	6.480 3	0.154 3	3.517 2	0.284 3
6	2.082 0	0.480 3	8.322 7	0.120 2	3.997 5	0.250 2
7	2.352 6	0.425 1	10.404 7	0.096 1	4.422 6	0.226 1
8	2.658 4	0.376 2	12.757 3	0.078 4	4.798 8	0.208 4
9	3.004 0	0.332 9	15.415 7	0.064 9	5.131 7	0.194 9
10	3.394 6	0.294 6	18.419 7	0.054 3	5.426 2	0.184 3
11	3.835 9	0.260 7	21.814 3	0.045 8	5.686 9	0.175 8
12	4.334 5	0.230 7	25.650 2	0.039 0	5.917 6	0.169 0
13	4.898 0	0.204 2	29.984 7	0.033 4	6.121 8	0.163 4
14	5.534 8	0.180 7	34.882 7	0.028 7	6.302 5	0.158 7
15	6.254 3	0.159 9	40.417 4	0.024 7	6.462 4	0.154 7
16	7.067 3	0.141 5	46.671 7	0.021 4	6.603 9	0.151 4
17	7.986 1	0.125 2	53.739 0	0.018 6	6.729 1	0.148 6
18	9.024 3	0.110 8	61.725 1	0.016 2	6.839 9	0.146 2
19	10.197 4	0.098 1	70.749 4	0.014 1	6.938 0	0.144 1
20	11.523 1	0.086 8	80.946 8	0.012 4	7.024 8	0.142 4
21	13.021 1	0.076 8	92.469 9	0.010 8	7.101 5	0.140 8
22	14.713 8	0.068 0	105.490 9	0.009 5	7.169 5	0.139 5
23	16.626 6	0.060 1	120.204 8	0.008 3	7.229 7	0.138 3
24	18.788 1	0.053 2	136.831 4	0.007 3	7.282 9	0.137 3
25	21.230 5	0.047 1	155.619 4	0.006 4	7.330 0	0.136 4
26	23.990 5	0.041 7	176.850 0	0.005 7	7.371 7	0.135 7
27	27.109 3	0.036 9	200.840 4	0.005 0	7.408 6	0.135 0
28	30.633 5	0.032 6	227.949 7	0.004 4	7.441 2	0.134 4
29	34.615 8	0.028 9	258.583 1	0.003 9	7.470 1	0.133 9
30	39.115 9	0.025 6	293.199 0	0.003 4	7.495 7	0.133 4
31	44.200 9	0.022 6	332.314 8	0.003 0	7.518 3	0.133 0
32	49.947 0	0.020 0	376.515 7	0.002 7	7.538 3	0.132 7
33	56.440 2	0.017 7	426.462 7	0.002 3	7.556 0	0.132 3
34	63.777 4	0.015 7	482.902 9	0.002 1	7.571 7	0.132 1
35	72.068 4	0.013 9	546.680 3	0.001 8	7.585 6	0.131 8
40	132.781 4	0.007 5	1 013.703	0.001 0	7.634 4	0.131 0
45	244.641 0	0.004 1	1 874.162	0.000 5	7.660 9	0.130 5
50	450.735 2	0.002 2	3 459.502	0.000 3	7.675 2	0.130 3
55	830.450 3	0.001 2	6 380.387	0.000 2	7.683 0	0.130 2
60	1 530.050	0.000 7	11 761.930	0.000 1	7.687 3	0.130 1
65	2 819.018	0.000 4	21 677.070	0.000 0	7.689 6	0.130 0
70	5 193.858	0.000 2	39 945.060	0.000 0	7.690 8	0.130 0
75	9 569.345	0.000 1	73 602.660	0.000 0	7.691 5	0.130 0
80	17 630.900	0.000 1	135 614.600	0.000 0	7.691 9	0.130 0
85	32 483.770	0.000 0	249 867.500	0.000 0	7.692 1	0.130 0
90	59 849.240	0.000 0	460 371.100	0.000 0	7.692 2	0.130 0
95	110 268.300	0.000 0	848 210.200	0.000 0	7.692 2	0.130 0
100	203 162.200	0.000 0	1 562 779.00	0.000 0	7.692 3	0.130 0

14%复利系数表

年限	整付复本利系数 已知现值求将来值	整付现值系数 已知将来值求现值	年金复本利系数 已知年金求将来值	基金年存系数 已知将来值求年金	年金现值系数 已知年金求现值	投资回收系数 已知现值求年金
1	1.140 0	0.877 2	1.000 0	1.000 0	0.877 2	1.140 0
2	1.299 6	0.769 5	2.140 0	0.467 3	1.646 7	0.607 3
3	1.481 5	0.675 0	3.439 6	0.290 7	2.321 6	0.430 7
4	1.689 0	0.592 1	4.921 1	0.203 2	2.913 7	0.343 2
5	1.925 4	0.519 4	6.610 1	0.151 3	3.433 1	0.291 3
6	2.195 0	0.455 6	8.535 5	0.117 2	3.888 7	0.257 2
7	2.502 3	0.399 6	10.730 5	0.093 2	4.288 3	0.233 2
8	2.852 6	0.350 6	13.232 8	0.075 6	4.638 9	0.215 6
9	3.251 9	0.307 5	16.085 3	0.062 2	4.946 4	0.202 2
10	3.707 2	0.269 7	19.337 3	0.051 7	5.216 1	0.191 7
11	4.226 2	0.236 6	23.044 5	0.043 4	5.452 7	0.183 4
12	4.817 9	0.207 6	27.270 8	0.036 7	5.660 3	0.176 7
13	5.492 4	0.182 1	32.088 7	0.031 2	5.842 4	0.171 2
14	6.261 3	0.159 7	37.581 1	0.026 6	6.002 1	0.166 6
15	7.137 9	0.140 1	43.842 4	0.022 8	6.142 2	0.162 8
16	8.137 3	0.122 9	50.980 4	0.019 6	6.265 1	0.159 6
17	9.276 5	0.107 8	59.117 6	0.016 9	6.372 9	0.156 9
18	10.575 2	0.094 6	68.394 1	0.014 6	6.467 4	0.154 6
19	12.055 7	0.082 9	78.969 2	0.012 7	6.550 4	0.152 7
20	13.743 5	0.072 8	91.024 9	0.011 0	6.623 1	0.151 0
21	15.667 6	0.063 8	104.768 4	0.009 5	6.687 0	0.149 5
22	17.861 0	0.056 0	120.436 0	0.008 3	6.742 9	0.148 3
23	20.361 6	0.049 1	138.297 1	0.007 2	6.792 1	0.147 2
24	23.212 2	0.043 1	158.658 7	0.006 3	6.835 1	0.146 3
25	26.461 9	0.037 8	181.870 8	0.005 5	6.872 9	0.145 5
26	30.166 6	0.033 1	208.332 8	0.004 8	6.906 1	0.144 8
27	34.389 9	0.029 1	238.499 4	0.004 2	6.935 2	0.144 2
28	39.204 5	0.025 5	272.889 3	0.003 7	6.960 7	0.143 7
29	44.693 1	0.022 4	312.093 8	0.003 2	6.983 0	0.143 2
30	50.950 2	0.019 6	356.786 9	0.002 8	7.002 7	0.142 8
31	58.083 2	0.017 2	407.737 1	0.002 5	7.019 9	0.142 5
32	66.214 8	0.015 1	465.820 3	0.002 1	7.035 0	0.142 1
33	75.484 9	0.013 2	532.035 1	0.001 9	7.048 2	0.141 9
34	86.052 8	0.011 6	607.520 0	0.001 6	7.059 9	0.141 6
35	98.100 2	0.010 2	693.572 8	0.001 4	7.070 0	0.141 4
40	188.883 6	0.005 3	1 342.025 0	0.000 7	7.105 0	0.140 7
45	363.679 2	0.002 7	2 590.565 0	0.000 4	7.123 2	0.140 4
50	700.233 1	0.001 4	4 994.523 0	0.000 2	7.132 7	0.140 2
55	1 348.239	0.000 7	9 623.137 0	0.000 1	7.137 6	0.140 1
60	2 395.920	0.000 4	18 535.140	0.000 1	7.140 1	0.140 1
65	4 998.221	0.000 2	35 694.430	0.000 0	7.141 4	0.140 0
70	9 623.649	0.000 1	68 733.210	0.000 0	7.142 1	0.140 0
72	18 529.510	0.000 1	132 346.500	0.000 0	7.142 5	0.140 0
80	35 676.990	0.000 0	254 828.500	0.000 0	7.142 7	0.140 0
85	68 693.000	0.000 0	490 657.200	0.000 0	7.142 8	0.140 0
90	132 262.500	0.000 0	944 725.100	0.000 0	7.142 8	0.140 0
95	254 660.200	0.000 0	1 818 994.00	0.000 0	7.142 8	0.140 0
100	490 326.500	0.000 0	3 502 325.00	0.000 0	7.142 8	0.140 0

15%复利系数表

年限	整付复本利系数 已知现值求将来值	整付现值系数 已知将来值求现值	年金复本利系数 已知年金求将来值	基金年存系数 已知将来值求年金	年金现值系数 已知年金求现值	投资回收系数 已知现值求年金
1	1.150 0	0.869 6	1.000 0	1.000 0	0.869 6	1.150 0
2	1.322 5	0.756 1	2.150 0	0.465 1	1.625 7	0.615 1
3	1.520 9	0.657 5	3.472 5	0.2880	2.283 2	0.438 0
4	1.749 0	0.571 8	4.993 4	0.200 3	2.855 0	0.350 3
5	2.011 4	0.497 2	6.742 4	0.148 3	3.352 2	0.298 3
6	2.313 1	0.432 3	8.753 7	0.114 2	3.784 5	0.264 2
7	2.660 0	0.375 9	11.066 8	0.090 4	4.160 4	0.240 4
8	3.059 0	0.326 9	13.726 8	0.072 9	4.487 3	0.222 9
9	3.517 9	0.284 3	16.785 8	0.059 6	4.771 6	0.209 6
10	4.045 6	0.247 2	20.303 7	0.049 3	5.018 8	0.199 3
11	4.652 4	0.214 9	24.349 3	0.041 1	5.233 7	0.191 1
12	5.350 3	0.186 9	29.001 7	0.034 5	5.420 6	0.184 5
13	6.152 8	0.162 5	34.351 9	0.029 1	5.583 1	0.179 1
14	7.075 7	0.141 3	40.504 7	0.024 7	5.724 5	0.174 7
15	8.137 1	0.122 9	47.580 4	0.021 0	5.847 4	0.171 0
16	9.357 6	0.106 9	55.717 5	0.017 9	5.954 2	0.167 9
17	10.761 3	0.092 9	65.075 1	0.015 4	6.047 2	0.165 4
18	12.375 5	0.080 8	75.836 4	0.013 2	6.128 0	0.163 2
19	14.231 8	0.070 3	88.211 8	0.011 3	6.198 2	0.161 3
20	16.366 5	0.061 1	102.443 6	0.009 8	6.259 3	0.159 8
21	18.821 5	0.053 1	118.810 1	0.008 4	6.312 5	0.158 4
22	21.644 7	0.046 2	137.631 6	0.007 3	6.358 7	0.157 3
23	24.891 5	0.040 2	159.276 4	0.006 3	6.398 8	0.156 3
24	28.625 2	0.034 9	184.167 9	0.005 4	6.433 8	0.155 4
25	32.919 0	0.030 4	212.793 0	0.004 7	6.464 1	0.154 7
26	37.856 8	0.026 4	245.712 0	0.004 1	6.490 6	0.154 1
27	43.535 3	0.023 0	283.568 8	0.003 5	6.513 5	0.1535
28	50.065 6	0.020 0	327.104 1	0.003 1	6.533 5	0.153 1
29	57.575 5	0.017 4	377.169 7	0.002 7	6.550 9	0.152 7
30	66.211 8	0.015 1	434.745 2	0.002 3	6.566 0	0.152 3
31	76.143 6	0.013 1	500.957 0	0.002 0	6.579 1	0.152 0
32	87.565 1	0.011 4	577.100 5	0.001 7	6.590 5	0.151 7
33	100.699 8	0.009 9	664.665 5	0.001 5	6.600 5	0.151 5
34	115.804 8	0.008 6	765.365 3	0.001 3	6.609 1	0.151 3
35	133.175 5	0.007 5	881.170 1	0.001 1	6.616 6	0.151 1
40	267.863 6	0.003 7	1 779.090 0	0.000 6	6.641 8	0.150 6
45	538.769 3	0.001 9	3 585.128 0	0.000 3	6.654 3	0.150 3
50	1 083.658	0.000 9	7 217.717 0	0.000 1	6.660 5	0.150 1
55	2 179.622	0.000 5	14 524.150	0.000 1	6.663 6	0.150 1
60	4 383.999	0.000 2	29 219.990	0.000 0	6.665 1	0.150 0
65	8 817.787	0.000 1	58 778.580	0.000 0	6.665 9	0.150 0
70	17 735.720	0.000 1	118 231.500	0.000 0	6.666 3	0.150 0
75	35 672.870	0.000 0	237 812.500	0.000 0	6.666 5	0.150 0
80	71 750.880	0.000 0	478 332.600	0.000 0	6.666 6	0.150 0
85	144 316.700	0.000 0	962 104.300	0.000 0	6.666 6	0.150 0
90	290 272.400	0.000 0	1 935 142.000	0.000 0	6.666 6	0.150 0
95	583 814.500	0.000 0	3 892 270.000	0.000 0	6.666 7	0.150 0
100	1 174 314.000	0.000 0	7 828 750.000	0.000 0	6.666 7	0.150 0

20%复利系数表

年限	整付复本利系数	整付现值系数	年金复本利系数	基金年存系数	年金现值系数	投资回收系数
	已知现值求将来值	已知将来值求现值	已知年金求将来值	已知将来值求年金	已知年金求现值	已知现值求年金
1	1.200 0	0.833 3	1.000 0	1.000 0	0.833 3	1.200 0
2	1.440 0	0.694 4	2.200 0	0.454 5	1.527 8	0.654 5
3	1.728 0	0.578 7	3.640 0	0.274 7	2.106 5	0.474 7
4	2.073 6	0.482 3	5.368 0	0.186 3	2.588 7	0.386 3
5	2.488 3	0.401 9	7.441 6	0.134 4	2.990 6	0.334 4
6	2.986 0	0.334 9	9.929 9	0.100 7	3.325 5	0.300 7
7	3.588 2	0.279 1	12.915 9	0.077 4	3.604 6	0.277 4
8	4.299 8	0.232 6	16.499 1	0.060 6	3.837 2	0.260 6
9	5.159 8	0.193 8	20.798 9	0.048 1	4.031 0	0.248 1
10	6.191 7	0.161 5	25.958 7	0.038 5	4.192 5	0.238 5
11	7.430 1	0.134 6	32.150 4	0.031 1	4.327 1	0.231 1
12	8.916 1	0.112 2	39.580 5	0.025 3	4.439 2	0.225 3
13	10.699 3	0.093 5	48.496 6	0.020 6	4.532 7	0.220 6
14	12.839 2	0.077 9	59.195 9	0.016 9	4.610 6	0.216 9
15	15.407 0	0.064 9	72.035 1	0.013 9	4.675 5	0.213 9
16	18.488 4	0.054 1	87.442 1	0.011 4	4.729 6	0.211 4
17	22.186 1	0.045 1	105.930 6	0.009 4	4.774 6	0.209 4
18	26.623 3	0.037 6	128.116 7	0.007 8	4.812 2	0.207 8
19	31.948 0	0.031 3	154.740 0	0.006 5	4.843 5	0.206 5
20	38.337 6	0.026 1	186.688 0	0.005 4	4.869 6	0.205 4
21	46.005 1	0.021 7	225.025 6	0.004 4	4.891 3	0.204 4
22	55.206 1	0.018 1	271.030 7	0.003 7	4.909 4	0.203 7
23	66.247 4	0.015 1	326.236 9	0.003 1	4.924 5	0.203 1
24	79.496 9	0.012 6	392.484 3	0.002 5	4.937 1	0.202 5
25	95.396 2	0.010 5	471.981 1	0.002 1	4.947 6	0.202 1
26	114.475 5	0.008 7	567.377 3	0.001 8	4.956 3	0.201 8
27	137.370 6	0.007 3	681.852 9	0.001 5	4.963 6	0.201 5
28	164.844 7	0.006 1	819.223 3	0.001 2	4.969 7	0.201 2
29	197.813 6	0.005 1	984.068 1	0.001 0	4.974 7	0.201 0
30	237.376 4	0.004 2	1 181.882 0	0.000 8	4.978 9	0.200 8
31	284.851 6	0.003 5	1 419.258 0	0.000 7	4.982 4	0.200 7
32	341.821 9	0.002 9	1 704.110 0	0.000 6	4.985 4	0.200 6
33	410.186 3	0.002 4	2 045.931 0	0.000 5	4.987 8	0.200 5
34	492.223 6	0.002 0	2 456.118 0	0.000 4	4.989 8	0.200 4
35	590.668 3	0.001 7	2 948.341 0	0.000 3	4.991 5	0.200 3
40	1 469.772 0	0.000 7	7 343.858 0	0.000 1	4.996 6	0.200 1
45	3 657.263 0	0.000 3	18 281.310 0	0.000 1	4.998 6	0.200 1
50	9 100.439 0	0.000 1	45 497.190 0	0.000 0	4.999 5	0.200 0

25%复利系数表

年限	整付复本利系数 已知现值求将来值	整付现值系数 已知将来值求现．值	年金复本利系数 已知年金求将来值	基金年存系数 已知将来值求年金	年金现值系数 已知年金求现值	投资回收系数 已知现值求年金
1	1.250 0	0.800 0	1.000 0	1.000 0	0.800 0	1.250 0
2	1.562 5	0.640 0	2.250 0	0.444 4	1.440 0	0.694 4
3	1.953 1	0.512 0	3.812 5	0.262 3	1.952 0	0.512 3
4	2.441 4	0.409 6	5.765 6	0.173 4	2.361 6	0.423 4
5	3.051 8	0.327 7	8.207 0	0.121 8	2.689 3	0.371 8
6	3.814 7	0.262 1	11.258 8	0.088 8	2.951 4	0.338 8
7	4.768 4	0.209 7	15.073 5	0.066 3	3.161 1	0.316 3
8	5.960 5	0.167 8	19.841 9	0.050 4	3.328 9	0.300 4
9	7.450 6	0.134 2	25.802 3	0.038 8	3.463 1	0.288 8
10	9.313 2	0.107 4	33.252 9	0.030 1	3.570 5	0.280 1
11	11.641 5	0.085 9	42.566 1	0.023 5	3.656 4	0.273 5
12	14.551 9	0.068 7	54.207 7	0.018 4	3.725 1	0.268 4
13	18.189 9	0.055 0	68.759 6	0.014 5	3.780 1	0.264 5
14	22.737 4	0.044 0	86.949 5	0.011 5	3.824 1	0.261 5
15	28.421 7	0.035 2	109.686 8	0.009 1	3.859 3	0.259 1
16	35.527 1	0.028 1	138.108 6	0.007 2	3.887 4	0.257 2
17	44.408 9	0.022 5	173.635 7	0.005 8	3.909 9	0.255 8
18	55.511 2	0.018 0	218.044 6	0.004 6	3.927 9	0.254 6
19	69.388 9	0.014 4	273.555 8	0.003 7	3.942 4	0.253 7
20	86.736 2	0.011 5	342.944 7	0.002 9	3.953 9	0.252 9
21	108.420 2	0.009 2	429.680 9	0.002 3	3.963 1	0.252 3
22	135.525 3	0.007 4	538.101 1	0.001 9	3.970 5	0.251 9
23	169.406 6	0.005 9	673.626 3	0.001 5	3.976 4	0.251 5
24	211.758 3	0.004 7	843.032 9	0.001 2	3.981 1	0.251 2
25	264.697 8	0.003 8	1 054.791	0.000 9	3.984 9	0.250 9
26	330.872 3	0.003 0	1 319.489	0.000 8	3.987 9	0.250 8
27	413.590 3	0.002 4	1 650.361	0.000 6	3.990 3	0.250 6
28	516.987 9	0.001 9	2 063.952	0.000 5	3.992 3	0.250 5
29	646.234 9	0.001 5	2 580.940	0.000 4	3.993 8	0.250 4
30	807.793 6	0.001 2	3 227.174	0.000 3	3.995 0	0.250 3
31	1 009.742	0.001 0	4 034.968	0.000 2	3.996 0	0.250 2
32	1 262.178	0.000 8	5 044.710	0.000 2	3.996 8	0.250 2
33	1 577.722	0.000 6	6 306.888	0.000 2	3.997 5	0.250 2
34	1 972.152	0.000 5	7 884.610	0.000 1	3.998 0	0.250 1
35	2 465.191	0.000 4	9 856.762	0.000 1	3.998 4	0.250 1
40	7 523.164	0.000 1	30 088.660	0.000 0	3.999 5	0.250 0
45	22 958.880	0.000 0	91 831.500	0.000 0	3.999 8	0.250 0
50	70 064.930	0.000 0	280 255.700	0.000 0	3.999 9	0.250 0

30%复利系数表

年限	整付复本利系数	整付现值系数	年金复本利系数	基金年存系数	年金现值系数	投资回收系数
	已知现值求将来值	已知将来值求现值	已知年金求将来值	已知将来值求年金	已知年金求现值	已知现值求年金
1	1.300 0	0.769 2	1.000 0	1.000 0	0.769 2	1.300 0
2	1.690 0	0.591 7	2.300 0	0.434 8	1.360 9	0.734 8
3	2.197 0	0.455 2	3.990 0	0.250 6	1.816 1	0.550 6
4	2.856 1	0.350 1	6.187 0	0.161 6	2.166 2	0.461 6
5	3.712 9	0.269 3	9.043 1	0.110 6	2.435 6	0.410 6
6	4.826 8	0.207 2	12.756 0	0.078 4	2.642 7	0.378 4
7	6.274 8	0.159 4	17.582 8	0.056 9	2.802 1	0.356 9
8	8.157 3	0.122 6	23.857 7	0.041 9	2.924 7	0.341 9
9	10.604 5	0.094 3	32.015 0	0.031 2	3.019 0	0.331 2
10	13.785 8	0.072 5	42.619 5	0.023 5	3.091 5	0.323 5
11	17.921 6	0.055 8	56.405 3	0.017 7	3.147 3	0.317 7
12	23.298 1	0.042 9	74.326 9	0.013 5	3.190 3	0.313 5
13	30.287 5	0.033 0	97.625 0	0.010 2	3.223 3	0.310 2
14	39.373 7	0.025 4	127.912 4	0.007 8	3.248 7	0.307 8
15	51.185 9	0.019 5	167.286 2	0.006 0	3.268 2	0.306 0
16	66.541 6	0.015 0	218.472 0	0.004 6	3.283 2	0.304 6
17	86.504 1	0.011 6	285.013 6	0.003 5	3.294 8	0.303 5
18	112.455 3	0.008 9	371.517 7	0.002 7	3.303 7	0.302 7
19	146.191 9	0.006 8	483.972 9	0.002 1	3.310 5	0.302 1
20	190.049 4	0.005 3	630.164 8	0.001 6	3.315 8	0.301 6
21	247.064 3	0.004 0	820.214 0	0.001 2	3.319 8	0.301 2
22	321.183 5	0.003 1	1 067.278	0.000 9	3.323 0	0.300 9
23	417.538 5	0.002 4	1 388.462	0.000 7	3.325 3	0.300 7
24	542.800 1	0.001 8	1 806.000	0.000 6	3.327 2	0.300 6
25	705.640 0	0.001 4	2 348.800	0.000 4	3.328 6	0.300 4
26	917.332 0	0.001 1	3 054.440	0.000 3	3.329 7	0.300 3
27	1 192.532	0.000 8	3 971.772	0.000 3	3.330 5	0.300 3
28	1 550.291	0.000 6	5 164.303	0.000 2	3.331 2	0.300 2
29	2 015.378	0.000 5	6 714.594	0.000 1	3.331 7	0.300 1
30	2 619.991	0.000 4	8 729.971	0.000 1	3.332 1	0.300 1

35%复利系数表

年限	整付复本利系数	整付现值系数	年金复本利系数	基金年存系数	年金现值系数	投资回收系数
	已知现值求将来值	已知将来值求现值	已知年金求将来值	已知将来值求年金	已知年金求现值	已知现值求年金
1	1.350 0	0.740 7	1.000 0	1.000 0	0.740 7	1.350 0
2	1.822 5	0.548 7	2.350 0	0.425 5	1.289 4	0.775 5
3	2.460 4	0.406 4	4.172 5	0.239 7	1.695 9	0.589 7
4	3.321 5	0.301 1	6.632 9	0.150 8	1.996 9	0.500 8
5	4.484 0	0.223 0	9.954 4	0.100 5	2.220 0	0.450 5
6	6.053 4	0.165 2	14.438 4	0.069 3	2.385 2	0.419 3
7	8.172 2	0.122 4	20.491 9	0.048 8	2.507 5	0.398 8
8	11.032 4	0.090 6	28.664 0	0.034 9	2.598 2	0.384 9
9	14.893 7	0.067 1	39.696 4	0.025 2	2.665 3	0.375 2
10	20.106 6	0.049 7	54.590 2	0.018 3	2.715 0	0.368 3

续前表

年限	整付复本利系数 已知现值求将来值	整付现值系数 已知将来值求现值	年金复本利系数 已知年金求将来值	基金年存系数 已知将来值求年金	年金现值系数 已知年金求现值	投资回收系数 已知现值求年金
11	27.143 9	0.036 8	74.696 7	0.013 4	2.751 9	0.363 4
12	36.644 2	0.027 3	101.840 6	0.009 8	2.779 2	0.359 8
13	49.469 7	0.020 2	138.484 8	0.007 2	2.799 4	0.357 2
14	66.784 1	0.015 0	187.954 4	0.005 3	2.814 4	0.355 3
15	90.158 5	0.011 1	254.738 5	0.003 9	2.825 5	0.353 9
16	121.713 9	0.008 2	344.897 0	0.002 9	2.833 7	0.352 9
17	164.313 8	0.006 1	466.610 9	0.002 1	2.839 8	0.352 1
18	221.823 7	0.004 5	630.924 7	0.001 6	2.844 3	0.351 6
19	299.462 0	0.003 3	852.748 4	0.001 2	2.847 6	0.351 2
20	404.273 6	0.002 5	1 152.210	0.000 9	2.850 1	0.350 9
21	545.769 4	0.001 8	1 556.484	0.000 6	2.851 9	0.350 6
22	736.788 6	0.001 4	2 102.253	0.000 5	2.853 3	0.350 5
23	994.664 8	0.001 0	2 839.042	0.000 4	2.854 3	0.350 4
24	1342.79 7	0.000 7	3 833.707	0.000 3	2.855 0	0.350 3
25	1812.77 6	0.000 6	5 176.504	0.000 2	2.855 6	0.350 2
26	2 447.248	0.000 4	6 989.281	0.000 0	2.856 0	0.350 1
27	3 303.785	0.000 3	9 436.529	0.000 1	2.856 3	0.350 1
28	4 460.110	0.000 2	12 740.320	0.000 1	2.856 5	0.350 1
29	6 021.148	0.000 2	17 200.420	0.000 1	2.856 7	0.350 1
30	8 128.550	0.000 1	23 221.570	0.000 0	2.856 8	0.350 0

40%复利系数表

年限	整付复本利系数 已知现值求将来值	整付现值系数 已知将来值求现值	年金复本利系数 已知年金求将来值	基金年存系数 已知将来值求年金	年金现值系数 已知年金求现值	投资回收系数 已知现值求年金
1	1.400 0	0.714 3	1.000 0	1.000 0	0.714 3	1.400 0
2	1.960 0	0.510 2	2.400 0	0.416 7	1.224 5	0.816 7
3	2.744 0	0.364 4	4.360 0	0.229 4	1.588 9	0.629 4
4	3.841 6	0.260 3	7.104 0	0.140 8	1.849 2	0.540 8
5	5.378 2	0.185 9	10.945 6	0.091 4	2.035 2	0.491 4
6	7.529 5	0.132 8	16.323 8	0.061 3	2.168 0	0.461 3
7	10.541 4	0.094 9	23.853 4	0.041 9	2.262 8	0.441 9
8	14.757 9	0.067 8	34.394 7	0.029 1	2.330 6	0.429 1
9	20.661 0	0.048 4	49.152 6	0.020 3	2.379 0	0.420 3
10	28.925 5	0.034 6	69.813 6	0.014 3	2.413 6	0.414 3
11	40.495 6	0.024 7	98.739 1	0.010 1	2.438 3	0.410 1
12	56.693 9	0.017 6	139.234 7	0.007 2	2.455 9	0.407 2
13	79.371 5	0.012 6	195.928 7	0.005 1	2.468 5	0.405 1
14	111.120 0	0.009 0	275.300 1	0.003 6	2.477 5	0.403 6
15	155.568 1	0.006 4	386.420 1	0.002 6	2.483 9	0.402 6
16	217.795 3	0.004 6	541.988 2	0.001 8	2.488 5	0.401 8
17	304.913 4	0.003 3	759.783 4	0.001 3	2.491 8	0.401 3
18	426.878 7	0.002 3	1 064.697	0.000 9	2.494 1	0.400 9
19	597.630 2	0.001 7	1 491.576	0.000 7	2.495 8	0.400 7
20	836.682 2	0.001 2	2 089.205	0.000 5	2.497 0	0.400 5
21	1 171.355	0.000 9	2 925.888	0.000 3	2.497 9	0.400 3

续前表

年限	整付复本利系数	整付现值系数	年金复本利系数	基金年存系数	年金现值系数	投资回收系数
	已知现值求将来值	已知将来值求现值	已知年金求将来值	已知将来值求年金	已知年金求现值	已知现值求年金
22	1 639.897	0.000 6	4 097.243	0.000 2	2.498 5	0.400 2
23	2 295.856	0.000 4	5 737.140	0.000 2	2.498 9	0.400 2
24	3 214.198	0.000 3	8 032.995	0.000 1	2.499 2	0.400 1
25	4 499.877	0.000 2	11 247.190	0.000 1	2.499 4	0.400 1
26	6 299.828	0.000 2	15 747.070	0.000 1	2.499 6	0.400 1
27	8 819.759	0.000 1	11 046.900	0.000 0	2.498 7	0.400 0
28	12 347.660	0.000 1	30 866.660	0.000 0	2.499 8	0.400 0
29	17 286.730	0.000 1	43 214.320	0.000 0	2.499 9	0.400 0
30	24 201.420	0.000 0	60 501.050	0.000 0	2.498 9	0.400 0

45%复利系数表

年限	整付复本利系数	整付现值系数	年金复本利系数	基金年存系数	年金现值系数	投资回收系数
	已知现值求将来值	已知将来值求现值	已知年金求将来值	已知将来值求年金	已知年金求现值	已知现值求年金
1	1.450 0	0.689 7	1.000 0	1.000 0	0.689 7	1.450 0
2	2.102 5	0.475 6	2.450 0	0.408 2	1.165 3	0.858 2
3	3.048 6	0.328 0	4.552 5	0.219 7	1.493 3	0.669 7
4	4.420 5	0.226 2	7.601 1	0.131 6	1.719 5	0.581 6
5	6.409 7	0.156 0	12.021 6	0.083 2	1.875 5	0.533 2
6	9.294 1	0.107 6	18.431 4	0.054 3	1.983 1	0.504 3
7	13.476 5	0.074 2	27.725 5	0.036 1	2.057 3	0.486 1
8	19.540 9	0.051 2	41.202 0	0.024 3	2.108 5	0.474 3
9	28.334 3	0.035 3	60.742 8	0.016 5	2.143 8	0.466 5
10	41.084 7	0.024 3	89.077 1	0.011 2	2.168 1	0.461 2
11	59.572 8	0.016 8	130.161 9	0.007 7	2.184 9	0.457 7
12	86.380 6	0.011 6	189.734 7	0.005 3	2.196 5	0.455 3
13	125.251 9	0.008 0	276.115 3	0.003 6	2.204 5	0.453 6
14	181.615 3	0.005 5	401.367 2	0.002 5	2.210 0	0.452 5
15	263.342 1	0.003 8	582.982 5	0.001 7	2.213 8	0.451 7
16	381.846 1	0.002 6	846.324 6	0.001 2	2.216 4	0.451 2
17	553.676 8	0.001 8	1 228.171	0.000 8	2.218 2	0.450 8
18	802.831 5	0.001 2	1 781.848	0.000 6	2.219 5	0.450 6
19	1 164.106	0.000 9	2 584.680	0.000 4	2.220 3	0.450 4
20	1 687.953	0.000 6	3 748.785	0.000 3	2.220 9	0.450 3
21	2 447.532	0.000 4	5 436.739	0.000 2	2.221 3	0.450 2
22	3 548.922	0.000 3	7 884.272	0.000 1	2.221 6	0.450 1
23	5 145.937	0.000 2	11 433.190	0.000 1	2.221 8	0.450 1
24	7 461.609	0.000 1	16 579.130	0.000 1	2.221 9	0.450 1
25	10 819.330	0.000 1	24 040.740	0.000 0	2.222 0	0.450 0
26	15 688.040	0.000 1	34 860.080	0.000 0	2.222 1	0.450 0
27	22 747.650	0.000 0	50 548.120	0.000 0	2.222 1	0.450 0
28	32 984.100	0.000 0	73 295.770	0.000 0	2.222 2	0.450 0
29	47 826.940	0.000 0	106 279.900	0.000 0	2.222 2	0.450 0
30	69 349.070	0.000 0	154 106.800	0.000 0	2.222 2	0.450 0

50%复利系数表

年限	整付复本利系数 已知现值求将来值	整付现值系数 已知将来值求现值	年金复本利系数 已知年金求将来值	基金年存系数 已知将来值求年金	年金现值系数 已知年金求现值	投资回收系数 已知现值求年金
1	1.500 0	0.666 7	1.000 0	1.000 0	0.666 7	1.5000
2	2.250 0	0.444 4	2.500 0	0.400 0	1.111 1	0.900 0
3	3.375 0	0.296 3	4.750 0	0.210 5	1.407 4	0.710 5
4	5.062 5	0.197 5	8.125 0	0.123 1	1.604 9	0.6231
5	7.593 8	0.131 7	13.187 5	0.075 8	1.736 6	0.575 8
6	11.390 6	0.087 8	20.781 3	0.048 1	1.824 4	0.548 1
7	17.085 9	0.058 5	32.171 9	0.031 1	1.882 9	0.531 1
8	25.628 9	0.039 0	49.257 8	0.020 3	1.922 0	0.520 3
9	38.443 4	0.026 0	74.886 7	0.013 4	1.948 0	0.513 4
10	57.665 0	0.017 3	113.330 1	0.008 8	1.965 3	0.508 8
11	86.497 6	0.011 6	170.995 1	0.005 8	1.976 9	0.505 8
12	129.746 3	0.007 7	257.492 7	0.003 9	1.984 6	0.503 9
13	194.619 5	0.005 1	387.239 0	0.002 6	1.989 7	0.502 6
14	291.929 3	0.003 4	581.858 5	0.001 7	1.993 1	0.501 7
15	437.893 9	0.002 3	873.787 8	0.001 1	1.995 4	0.501 1
16	656.840 8	0.001 5	1 311.682	0.000 8	1.997 0	0.500 8
17	985.261 2	0.001 0	1 968.523	0.000 5	1.998 0	0.500 5
18	1 477.892	0.000 7	2 953.784	0.000 3	1.998 6	0.500 3
19	2 216.838	0.000 5	4 431.676	0.000 2	1.999 1	0.500 2
20	3 325.257	0.000 3	6 648.513	0.000 2	1.999 4	0.500 2
21	4 987.885	0.000 2	9 973.769	0.000 1	1.999 6	0.500 1
22	7 481.828	0.000 1	14 961.660	0.000 1	1.999 7	0.500 1
23	11 222.740	0.000 1	22 443.480	0.000 0	1.999 8	0.500 0
24	16 834.110	0.000 1	33 666.220	0.000 0	1.999 9	0.500 0
25	25 251.170	0.000 0	50 500.340	0.000 0	1.999 9	0.500 0
26	37 876.750	0.000 0	75 751.500	0.000 0	1.999 9	0.500 0
27	56 815.130	0.000 0	113 628.300	0.000 0	2.000 0	0.500 0
28	85 222.690	0.000 0	170 443.100	0.000 0	2.000 0	0.500 0
29	127 834.000	0.000 0	255 666.100	0.000 0	2.000 0	0.500 0
30	191 751.100	0.000 0	383 500.100	0.000 0	2.000 0	0.500 0

参考文献

1. 柴强．房地产估价：修订第七版［M］．北京：首都经济贸易大学出版社，2012.

2. 傅依，张平．公司价值评估与证券投资分析［M］．北京：中国财政经济出版社，2001.

3. 李泽临．资产评估学概论［M］．深圳：海天出版社，1994.

4. 刘玉平．资产评估教程：3版［M］．北京：中国财政经济出版社，2010.

5. 杨志明．机器设备评估［M］．北京：中国人民大学出版社，2002.

6. ［美］约翰·阿利柯．机器设备价值评估［M］．北京：中国劳动出版社，1991.

7. ［美］罗杰·莫林，谢丽·杰瑞尔．公司价值［M］．北京：企业管理出版社，2002.

8. ［美］罗伯特·赖利，等．无形资产评估［M］．北京：中国大百科全书出版社，2001.

9. 美国估价学会．不动产估价［M］．北京：地质出版社，2001.

10. ［美］阿斯沃斯·达摩达兰．投资估价：2版［M］．北京：清华大学出版社，2004.

11. ［美］罗利·托马斯，等．价值评估指南：修订版［M］．北京：电子工业出版社，2015.

12. 国际评估准则理事会．国际评估准则：2017［M］.

13. 中华人民共和国资产评估法［M］．北京：法律出版社，2016.

14. 中国资产评估协会．中国资产评估准则：2017［M］．北京：经济科学出版社，2017.

教师教学服务说明

中国人民大学出版社财会出版分社以出版经典、高品质的会计、财务管理、审计等领域各层次教材为宗旨。

为了更好地为一线教师服务，近年来财会出版分社着力建设了一批数字化、立体化的网络教学资源。教师可以通过以下方式获得免费下载教学资源的权限：

在中国人民大学出版社网站 www. crup. com. cn 进行注册，注册后进入“会员中心”，在左侧点击“我的教师认证”，填写相关信息，提交后等待审核。我们将在一个工作日内为您开通相关资源的下载权限。

如您急需教学资源或需要其他帮助，请在工作时间与我们联络：

中国人民大学出版社　财会出版分社

联系电话：010-62515987，62511076

电子邮箱：ckcbfs@crup. com. cn

通讯地址：北京市海淀区中关村大街甲 59 号文化大厦 1501 室（100872）